DUMONT

Reise-Taschenbuch

mallorca

Hans-Joachim Aubert

Senkrechtstarter

Auf vorgeschobenem Posten. Platja de Palma zu voll, Es Trenc zu eintönig – na und? Selbst in der Hochsaison lässt sich an Mallorcas Küsten immer ein ruhiges Plätzchen finden, etwas hart vielleicht und ohne die beliebte Trinkbude. Dafür ein Stück Mittelmeer ganz privat wie ein Pool auf einer Edel-Finca. Puristen, Naturalisten und Nonkonformisten haben hier ihre kleinen Paradiese, die man in keinem Strandführer findet. Wo das Foto gemacht wurde? Keine Ahnung, eben ein echter Geheimtipp.

Überflieger

Ist der Straßenknoten überwunden, wartet eine tolle Schlucht — Sa Calobra •

In Orangenhaine gebettet

Cuber •

Liegt zwar im Osten der Gebirgskette, ist aber nicht orientalisch

Enklave verblichener Künstler und frischer Küche — Deià •

Sóller •

• Tal von Orient

Chopins Regentropfen-Prélude — Valldemossa •

Draußen Wanderer, drinnen brutzelt die Lammschulter — Es Verger •

Wiederbelebung altehrwürdiger Terrassenkulturen — Banyalbufar •

Binissalem •

GR 221: Mögen auch die Füße qualmen, die Eindrücke bleiben unvergessen

Salut!

Die ›Drachen‹, die hier wohnen, sind klein und zutraulich

Dragonera •

• Sant Elm

Mit einem Bein im Meer, mit dem anderen am steilen Hang

Durch die Jahrhunderte schlendern

• Palma

Port d'Andratx •

Cala Major •

Platja de Palma •

Puig de Randa •

Düsseldorfer Loch

Miró

Lieblingstheke der Deutschen

Früher Lieblingsort der Eremiten, heute der Radlerpulks

Sozialer Wohnungsbau – vor 3000 Jahren — Capocorb Vell •

Cala Pi •

Kuschelige Bucht

Mallorca — vom Mittelmeer umspült. Mal eben drüberfliegen, von West nach Ost und von Nord nach Süd. Viel Meer, viel Küste, viel Kultur, viel Urlaub!

Auch Unverheiratete dürfen zusammen im Kloster übernachten

Cap Formentor •

Helles Positionslicht am Ende der Insel

• Badia de Pollença

Nichts für Landratten

• Lluc

• Alcúdia

Historisches Schatzkästchen, perfekt geschminkt

Alles Leder

• Sa Pobla

Nicht nur Party – hier ist auch Fischers Fritze zu Hause

• Inca

Tanzplatz der Dämonen

Cala Rajada •

Artá •

Ein Löwe bewacht den Viehmarkt

Sineu •

Hier also liegen die Wurzeln San Franciscos

Wer den Weg durch das Gassengewirr findet, darf in die Kirche

• Es Pla

• Petra

Hier schneit es im Februar Mandelblüten

Kunst, Kommerz & Bussi-Bussi

• Höhlen von Porto Cristo

Lichtspektakel in der Tiefe

Traumstrand mit Macken

• Portocolom

Kam der kleine Christoph Kolumbus hier wirklich erstmals mit Salzwasser in Kontakt?

• Santanyí

Es Trenc •

Salinen •

• Cala Figuera

Feinstes Meersalz und noch mehr Salz

Sind wir hier in Norwegen?

• Cap de Ses Salines

Gehört alles der Familie March, nur der Leuchtturm nicht

• Cabrera

Zugeknöpft und mit dunkler Vergangenheit

Querfeldein

Ein buntes Mosaik — schmale Buchten oder lange Strände, steile Berge oder weite Ebenen, Trubel oder Einsamkeit heißen die glitzernden Steinchen, aus denen sich nach Belieben ein gelungener Mallorca-Urlaub zusammenfügen lässt.

Mallorca, ein Wintermärchen

Badeurlaub kann jeder. Eine Tasse dampfenden Kakaos auf der Born an einem Dezemberabend, umhüllt von der wohligen Wärme eines Gasofens, darüber ein kunstvoll arrangierter Sternenhimmel – so schön ist Palma im Winter.

Ab in die Berge

Die Tramuntana-Kette entlang der Westküste ist wohl das größte Geschenk der Natur an die Insel. Bis dicht ans Meer drängen die Felsen, tief unten liegen kleine Buchten, dazwischen Dörfer, die sich den Hang hochziehen, verbunden durch Wanderwege mit Blicken, die süchtig machen. Wer einmal in den Bann des 140 km langen Wanderwegs GR221 geraten ist, wird nicht aufhören können, bis er auch die restlichen Kilometer zurückgelegt hat.

Unter Leuten

Eine Theke, ein paar Barhocker in einer Ecke des Mercat de l'Olivar in Palma, als Tourist zwischen Arbeitern in Overalls, Angestellten im Anzug und Hausfrauen mit Einkaufskörben – Siesta an der Bar Petit. Mit etwas Spanisch kommt man bei einem *variado grande* und einer *copa de vino* schnell ins Gespräch.

Warum zieht es uns immer wieder nach Mallorca? Wahrscheinlich ist die ›Balanguera‹ daran schuld, die Spinnenfrau aus der balearischen Nationalhymne. »Wie eine Spinne in höchster Kunst zieht sie den Faden unseres Lebens.« Da kann man halt nichts machen.

Geballter Kunstgenuss

Sonne, Sand und Sangria? Mallorca hat viel mehr zu bieten. Die weit zurückreichende Geschichte hat überall ihre Duftmarken hinterlassen. In Capocorb Vell rätselt man, wie die Menschen vor 3000 Jahren die mächtigen Steine aufeinandergetürmt haben mögen, in Palmas Kathedrale überwältigt einen die Harmonie des Raums, im Atelier des Malers Miró die Fantasie des Künstlergenies. Das sind nur einige Schnipsel aus dem dicken Buch von Kunst und Kultur, in dem es sich immer wieder zu blättern lohnt. Da wären noch die Landgüter von Raixa, Calderers und die arabischen Gärten von Alfàbia, von den zahlreichen Museen einmal ganz abgesehen, die sich über die ganze Insel verteilen. So kann auch der Geist auf Mallorca wunderbar reisen.

Aus der Zeit gefallen

Ganz entspannt durch fruchtbare Felder, Mandel- und Olivenplantagen radeln, vorbei an dösenden Schafen, geleitet von kunstvoll zusammengefügten Natursteinmauern. Am Weg liegen vom Alter gezeichnete Gehöfte und in sich ruhende Orte, Montuïri etwa oder Petra.

»Salut, amor y pesetas« – das sind die drei wichtigsten Dinge im Leben eines Spaniers.

Ausgefranst oder sanft geschwungen

Mit langen Fingern greift das Meer immer wieder weit ins Land und zaubert idyllische, von Felsen gesäumte Buchten. Einige sind sehr beliebt und voll, wie die Calas von Santanyí, Mondragó oder Mago, andere abgelegen und einsam wie die Platja des Coll Baix auf der Halbinsel Victòria oder die Calò des Màrmols an der Südküste, erreichbar nur durch längere Fußmärsche. Hier kann man den Tag ebenso verträumen wie in den kleinen Cafés der pittoresken Häfen wie Cala Figuera, Portopetro oder Portocolom. An der Süd- und Nordküste versprechen wiederum die kilometerlangen Sandstränden von Es Trenc und der Platja de Muro ungetrübte Urlaubsfreuden mit Kind und Kegel.

Inhalt

Vor Ort

Palma und Umgebung 14

Westlich von Palma 54

Altehrwürdig gibt sich das Rathaus, drum herum geht es ganz geschäftig zu. Alltag in Palma, einer ganz normalen mediterranen Metropole.

Serra de Tramuntana 76

Die Ostküste 208

Das Kleingedruckte

Das Magazin

Vor

Ort

Warum Cap de Formentor auch »Treffpunkt der Winde« heißt, erschließt sich dem Besucher schnell …

Palma und Umgebung

Die große Verführerin — geschichtsträchtig und zugleich sprühend vor Lebensfreude, zurückhaltend und doch weltoffen, alles in allem ist Mallorcas Hauptstadt ein bezaubernder, rätselhafter und widersprüchlicher Kosmos.

Palma

Der Nabel der Insel ist eine Schatztruhe, geprägt von Kunst und Kommerz, cool und doch traditionsbewusst. Palma vereint viele Welten mit unnachahmlicher Grandezza.

Kunst in Stein: Rosette von Santa Eulalia. Da bleibt nur Ehrfurcht.

Palmas Kathedrale

Mit geführter Tour und gesunden Hüft- und Kniegelenken kann man dem Gotteshaus auch aufs Dach steigen und ist dem Himmel nach 215 Stufen ganz nah.

Eintauchen

Banys Àrabs

Wellness anno dazumal. Wie schade, dass die Bäder ihre einstige Funktion verloren haben.

Canamunt

Palma abseits der Touristenströme, so wie es überall einmal war und wie es die Bewohner gern weiterhin hätten – ein wohl vergeblicher Wunsch.

Palmas Patios

Auch ohne Ariadnefaden findet man die im Labyrinth der Altstadt versteckten Innenhöfe.

Seite 32

Mercat de l'Olivar

Ein Universum leiblicher Genüsse – und eindeutiger Beweis, dass Essen weit mehr sein kann als bloße Nahrungsaufnahme.

Seite 50

Mit dem Rad an der Küste entlang

Körperertüchtigung kann so schön sein! Immer am Meer entlang radelt man vom Touristenstrand an der Platja de Palma bis zum schnuckeligen Hafen Portixol und zurück.

Seite 43

Ruta Martiana

Häppchen für Häppchen entlang der Tapas-Route durch die Nacht, locker und kommunikativ – einen schöneren Dienstagabend kann man in Palma kaum verbringen.

Seite 52

Am Ballermann

Es hat sich ausgeballert an der Platja de Palma, dem Synonym für alkoholischen Freizeitspaß. Die Trinkbude wurde aufgehübscht und auch der Promenade ein Facelifting verpasst.

Einst waren sie noch üppiger: die Sphinxen am Born-Boulevard. Auf Betreiben der Kirche sollen sie auf »erträgliche« Proportionen zurechtgemeißelt worden sein …

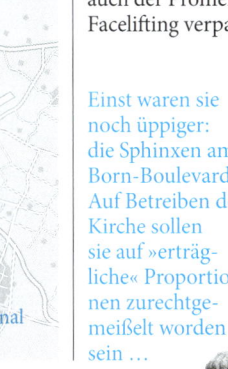

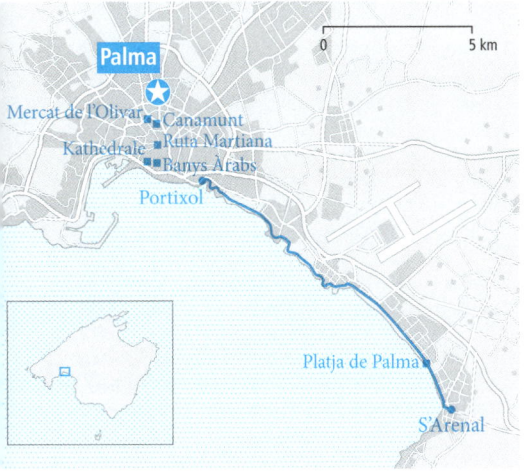

Palma
Mercat de l'Olivar
Kathedrale
Canamunt
Ruta Martiana
Banys Àrabs
Portixol
Platja de Palma
S'Arenal
0   5 km

An der Peripherie der charmanten mallorquinischen Hauptstadt hat der Massentourismus hedonistische Biotope geschaffen, die sich selbst genügen – auch einen Blick wert!

erleben

Meer und noch viel mehr

N

Natur und Kultur haben es gut gemeint mit Mallorcas Hauptstadt, haben sie maßvoll um- und überbaut, sie in hübsche Kleider gesteckt, mit südlichem Laissez-faire beschenkt und ihr einen einzigartigen Charme verliehen, der sich über Jahrhunderte entfaltet hat. Ganze Epochen wurden zusammengeklebt, ohne dass man die Nahtstellen wahrnimmt. Alles scheint schon ewig zusammenzugehören wie in einem natürlich gewachsenen Biotop, das sich zwar ständig neuen Gegebenheiten anpasst, aber dies ganz zaghaft – und so seinen unverwechselbaren Charakter behält. Römische Mauern, arabische Bögen, mittelalterliche Kirchen und fein ziselierte Art-déco-Fassaden, eingebettet in ein Geflecht enger Gassen und breiter Alleen, gesäumt von einer geschwungenen Promenade als Berührungspunkt zwischen unvergänglichem Meer und dem sich stetig wandelnden Gesicht der Stadt.

Eroberung auf ›Mallorquín‹

Palma ist keine hektische Metropole, die atemlos darum bemüht ist, neue Trends zu setzen, hip zu sein, sich mit immer höheren Wolkenkratzern zu schmücken. Es ist eine Stadt für Fußgänger, eher noch für

ORIENTIERUNG O

Internet: www.spain.info/de (Suchbegriff Palma), sehr ausführlich und informativ.
Verkehr: www.tib.org. Sehr gutes Stadtbusnetz mit Anbindung an den Flughafen. Bus- und Bahnverbindungen zu allen Orten der Insel. Strenge Regelung für private Pkw. Fahrverbot in der Altstadt, Parkplatznot. Der Verleih von Rädern ist sehr verbreitet.

Flaneure, jener fast ausgestorbenen Spezies von Genussmenschen, die ihre Umgebung bewusst mit allen Sinnen in Slow Motion wahrnehmen. Und so sollte man die Stadt auch erobern – ganz entspannt.

Kurz vor Weihnachten ist Palma vielleicht am schönsten. Der Strom der Touristen ist abgeebbt, die Kreuzfahrtschiffe haben sich auf den Weg in die Karibik gemacht, die Einheimischen atmen auf. Die Boulevards schmücken sich mit Lichterketten, Kirchen und Klöster zeigen ihre prunkvollen Krippen. Die Peripherie hingegen, die Platja de Palma im Osten und die Viertel Santa Catalina und El Terreno im Westen, erwacht erst im Sommer und verwandelt sich in eine Partymeile. Genuss und Lebensfreude, zuweilen bis zum Exzess, sind hier die Maxime – ganz so, als gäbe es kein Morgen mehr.

thologische Sphinxe nehmen die Flaneure hier in Empfang. Aus den Löwenkörpern erwachsen wohlgerundete Frauenfiguren, halbwegs mit Locken bedeckt und der Köpfe zu allem Überfluss mit helmartigem Kopfputz versehen – schön ist anders. Und mit der heutigen Freizügigkeit an den sommerlichen Stränden können die ›Löwinnen‹ eh nicht mithalten.

Man taucht nun unter ein im Sonnenlicht flirrendes Blätterdach, glaubt sich in einem Wald oder gar im Hauptschiff einer Kathedrale. Der Autoverkehr ist an die Seite gedrängt und zur Langsamkeit verdonnert. Links und rechts laden Bänke zum Sitzen und Schauen ein. Die den Born begrenzenden mehrstöckigen schick aufgeputzten Häuser gehören zu den teuersten Immobilien der Insel. Hier wohnen die ›Botifarras‹, alteingesessene Familien, residieren edle Designer wie Vuitton oder Aigner und Ketten wie Zara, das sich im prächtigen ehemaligen Kino Born eingerichtet hat. Doch auch Kunst und Kultur konnten am Born ihre Nischen finden, und das im ausgesprochen eleganten Herrenhaus **Casal Solleric** ❶ sogar zum Nulltarif (Nr. 27, Di–Sa 11–14, 15.30–20.30, So 11–14.30 Uhr). Heute ist es im Besitz der Stadt und wird für Kunstausstellungen genutzt. Auch Touristenbüro, Kunstbuchhandlung und ein nettes Café sind hier untergebracht. Ein Grund mehr, sich auf dem Born Zeit zu lassen.

Auch am Ende des Born, an der **Plaça Rei Joan Carles I**, wachen zwei Sphinxe. Hier schiebt sich auch die von Schildkrötenskulpturen getragene **Font de les Tortugues** ins Blickfeld, ein Andenken an die Krönung von Königin Isabela II im Jahr 1833. Die Spitze ziert eine bronzene Fledermaus, das Wappentier der Stadt. In dieser Toplage hat schon ewig die Tapas-Bar Born ihren angestammten Platz. Unmittelbar daneben konnte sich das Edelcafé Cappuccino ein Stück vom lukrativen Immobilien-Kuchen abknapsen. Zu den beiden gesellt sich nun auch

der Hamburger-Shop einer amerikanischen Fastfood-Kette. Da sitzen sie nun einträchtig nebeneinander an kleinen Tischen auf dem Bürgersteig, die jungen Mallorquiner und internationalen Backpacker mit dem Big Mac und der WLAN-Verbindung, die gestylten Aristokratinnen mit ihrem cremigen Latte Macchiato und die Pauschaltouristen in kurzen Hosen mit der viel gepriesenen, aber überteuerten *tapas selection*. Und alle machen einen ausgesprochen zufriedenen Eindruck. So gelingt der Einstieg mühelos.

Im Griff von Kunst und Kultur

Allerdings könnte es an der Plaça Rei Joan Carles I zum Interessenkonflikt über den weiteren Weg kommen. Breit, aber baumlos, dafür mit Arkaden vor Sonne und Regen geschützt, zieht sich die **Avinguda Jaume III** nach Nordwesten. Für über einen Kilometer buhlen hier Boutiquen, Schuhgeschäfte, Juweliere und das Kaufhaus El Corte Inglés um zahlungskräftige Kunden und vor allem Kundinnen.

Der Hauptboulevard aber verläuft in entgegengesetzter Richtung und trägt nun den Namen **Carrer de la Unió.** Es gibt einige schöne Geschäfte – im Mittelpunkt aber stehen Kunst und Kultur. Bei der Hausnr. 3 lädt ein anderer Patio zum Besuch des Kulturzentrums **Can Balague ❷** mit seinen Ausstellungsräumen ein (Mo–Sa 10–20 Uhr). Einige Meter weiter entfalten beiderseits der aneinandergrenzenden Plätze **Mercat** und **Weyler** die Fassaden des Modernisme ihre ganze Pracht, Ausdruck der katalanischen Spielart des Art déco zu Beginn des 20. Jh. Prominentestes Beispiel ist das **Grand Hotel** mit fein ziselierten Säulen, Giebelverzierungen und halbrunden, an Theaterlogen erinnernden Balkons. Heute residiert hier das Kultur- und Ausstellungszentrum **Caixa Forum** (Mo–Sa 10–20, So, 11–14 Uhr, 4 €, caixaforum.es/palma/home).

Etwas zurückgesetzt recken sich an der **Plaça del Mercat,** die ansonsten von der ausladenden Front des Justizpalastes **Can Berga** beherrscht wird, wie ein Zwillingspärchen die beiden Jugendstilfassaden der **Edificis Cassayas,** benannt nach dem Architekten Joseph Cassayas, einem Schüler von Antoni Gaudí. Der unrühmliche Einfluss des Immobilienbooms wird nur ein Stück weiter deutlich, wo die fotogene Fassade der ehemaligen Bäckerei **Forn des Teatre,** einst eine Institution, vor sich hingammelt. Drohende Mieterhöhungen zwangen Francesc Calafell 2017, »die Tür zum Paradies« zu schließen.

Anspruch und Wirklichkeit

In der nun folgenden Linkskurve fügt sich die Fassade des **Teatre Principal** in die Häuserzeile. Zwar ist der Ruhm vergangener Jahre verblichen, doch das 1860 errichtete Bauwerk spielt als Veranstaltungsort nach wie vor eine zentrale Rolle in der Kulturszene Palmas. Wer keine Lust mehr hat, der Hauptroute namens **Rambla** zu

folgen, kann hier neben der Tiefgaragenzufahrt über Treppen direkt zur Plaça Major emporsteigen. Schöner aber ist der von kleinen Geschäften gesäumte Weg über die Costa del Pois einige Schritte weiter hinauf zur Kirche Sant Miquel. Eigentlich ist die Rambla eine wahre Flaniermeile. Doch trotz des breiten, mit Platanen bestandenen und durch etliche Blumenläden aufgelockerten Mittelstreifens wird dieser Abschnitt von Fußgängern bisher nicht so recht angenommen. Möglicherweise fehlt es schlichtweg an ausreichend schicken Geschäften und den entsprechenden Konsumangeboten. Wer durchhält, gelangt zur **Oms,** einer langsam zur Plaça Espanya emporführenden ausladenden Fußgängerstraße, ausgestattet mit etlichen Cafés und Restaurants, natürlich mit Schirmen, Tischen und Plastikstühlen im Freien.

Sa Portella

Leben im Labyrinth

Was erwartet den Besucher des ältesten Stadtteils Palmas? Schmale, kahle Gassen und hohe, fast fensterlose Fassaden, scheinbar planlos zu einem wirren Netz verwoben. Von wegen planlos! Die arabischen Eroberer folgten im 10. Jh. bei der Errichtung ihrer neuen Metropole auf dem Hügel über dem Meer dem Muster islamischer Städte in Nordafrika. Aber nur in der ehemals römischen Siedlung Palmira, die einen winzigen Teil um die heutige Kathedrale und den Almudaina-Palast ausmachte, drängte sich das Leben auf engem Raum. Der Emir und sein Beamtenapparat waren froh, römische Mauern vorzufinden, hinter denen sie einigermaßen sicher leben konnten.

Schokoladenseite der Altstadt

Man kann den Blick nicht von **Sa Seu ❸** abwenden. Die Kathedrale ist von fast jeder Stelle der Hafenpromenade aus zu

Schraubt sich über den Dächern der Altstadt in die Höhe: Sa Seu

sehen, thront über der Altstadt, wuchtig und kompakt, doch gar nicht himmelstrebend wie die gotischen Schwestern auf dem Festland mit ihren schmalen, alles überragenden Türmen. Erst beim Näherkommen erahnt man ihre Größe.

Vom **Parc de la Mar** ❹ präsentiert sich die Kathedrale besonders am Abend sehr eindrucksvoll. Von Scheinwerfern in mystisches Licht getaucht, erstrahlt der Komplex aus feinstem Santanyí-Sandstein in fast überirdischer Schönheit und Harmonie. Nun aber hinauf zum geschichtsträchtigen Ensemble. Ehe man in den Hallen, Gängen und Fluren verschwindet, sollte der Blick aber erst einmal von der weiten Terrasse über die Küste und den Mastenwald der Jachten hinüber zu den in der Ferne schimmernden Bergen des Tramuntana-Gebirges schweifen.

»Die Heitere«

Man betritt das Wahrzeichen Mallorcas nicht durch einen der prächtigen Haupteingänge an der westlichen oder südlichen Fassade, sondern durch das bescheidene **Portal der Almosen** in einem Anbau an der Nordseite, wo die Bedürftigen früher eine kleine Unterstützung erhielten. Heute bittet man zur Kasse, ehe man durch das Museum geleitet wird. Reliquien in prachtvollen Gefäßen, Monstranzen, Weihrauchbehälter und Gemälde sollen den Besucher einstimmen.

GEWUSST WANN – ZU BESUCH BEI SA SEU **S**

Die **Kathedrale** ❸ ist natürlich der Hauptanziehungspunkt in der Altstadt. Das wissen auch die anderen Touristen. Vor allem in der Hochsaison ist richtiges Timing angesagt: Frühmorgens oder am späten Nachmittag sind wohl die besten Zeiten für den Besuch.

Und dann der Moment, wenn man den Kirchenraum betritt … einfach überwältigend. Er erscheint viel gewaltiger als von außen vermutet. Tatsächlich gehört er zu den größten Europas: 109 m misst er in der Länge, fast 40 m in der Breite, und mit 19,4 m übertrifft das Hauptschiff alle anderen Kathedralen. Dies täuscht leicht über die ebenfalls gewaltige Höhe hinweg, die mit 43,14 m unwesentlich hinter dem Dom von Mailand (44 m) und dem von Köln (43,60 m) zurückbleibt. Wie die meisten Kathedralen ist auch die Seu nicht aus einem Guss. Kurz nach der Eroberung Mallorcas durch Jaume I im Jahr 1228 wurde der Grundstein auf der ehemaligen Hauptmoschee gelegt. Es dauerte aber viele Jahrhunderte bis zur Fertigstellung. Erst im 17. Jh. war die Westfassade vollendet. Eine grandiose architektonische Leistung aus der Frühzeit der Kathedrale sind die ungemein schmalen Säulen, teilweise nur 1,28 m im Durchmesser.

Vor allem im Innern wurde die Kirche bis in die jüngere Vergangenheit massiv umgestaltet. Mit Unterstützung von Bischof Pere Joan Campins durfte Antoni Gaudí 1904 nach Belieben schalten und walten. Um dem Raum seine Geltung zu verschaffen, verlegte er den Altar vom Zentrum in Richtung Königskapelle und schuf unter dem ebenfalls verlegten Chorgestühl zur Verbesserung der Akustik einen Resonanzraum, der erst kürzlich wiederentdeckt wurde. Absolutes Highlight des Schaffens von Gaudí aber ist der gewaltige zentrale Leuchter **La Baldaquin,** der wie ein Heiligenschein über allem schwebt.

Im Zusammenspiel von Licht und farbigen Reflexen verleihen die insgesamt 60 Fenster, darunter zwei gewaltige Rosetten, dem Raum eine fast überirdische Magie und der Kathedrale ihren Beinamen ›La Catedral de la Luz‹. Jeweils am 2. Februar und am 11. November kann man am frühen Morgen das Lichtspektakel ›El Milagro de la Luz‹ bestaunen. Für einen kurzen Moment projizieren die Strahlen der aufgehenden Sonne das Farben der östlichen Rosette unter die westliche und formen so eine leuchtende Acht.

Es gibt noch viele Details zu bewundern, etwa die üppig ausgestatteten gotischen Seitenkapellen wie die **Capella Sant Antoni** oder die grottenartige Ausgestaltung der **Capella de Sant Pere** mit einer 300 m² großen Keramikwand von Miquel Barceló (2007).

http://catedraldemallorca.org/de, Mo–Fr 10–18.15, April, Mai, Okt. bis 17.15, 2.11.–Ende März 10–15.15, Sa ganzjährig 10–14.15 Uhr, 6 €

Zu Besuch bei Felipe

Im Schatten der Kathedrale hat **La Almudaina ❺** (April–Sept. Di–So 10–20, im Winter bis 18 Uhr, 7 €, Rentner 4 €, Mi und Do nachmittags frei für EU-Bürger) ihren Platz. Unter arabischer Herrschaft dien-

---

DER KATHEDRALE AUFS DACH K

Man kann unter sachkundiger Führung – leider bisher nur in Katalan und Spanisch – in kleinen Gruppen von max. 25 Leuten über die Dachterrassen wandern und so die Dimension der **Kathedrale ❸** aus einer völlig neuen Perspektive erfahren. Wer diese einzigartige Erfahrung machen möchte, muss allerdings gut zu Fuß sein (215 Stufen) und darf nicht an Höhenangst oder Herzproblemen leiden. Kinder ab elf dürfen teilnehmen, bis 18 Jahre aber nur in Begleitung eines Erwachsenen (12 €, Anmeldung/Bezahlung an der Kasse oder unter http://catedraldemallorca.org/de/visitas-terrazas).

te der Palast als stark befestigter Sitz des Emirs. Durch ein großes Tor, das Drassana Musulmana, konnte er mit seinem Schiff direkt in ein geschütztes privates Hafenbecken einfahren und in einer brenzligen Situation von dort rasch die Flucht ergreifen. Von der arabischen Residenz ist nach zahlreichen Umbauten nichts mehr erhalten. Heute teilen sich Militärkommandantur und spanisches Königshaus den über 20 000 m² großen Komplex. Der militärische Teil ist off limits. Nur die Königsgemächer nebst der gotischen Capella de Santa Aina mit schönem romanischem Portal und der Capella dels Pellaires im Flamboyant-Stil der französischen Spätgotik sind zu besichtigen. Aber nicht auf eigene Faust, und das Fotografieren ist auch verboten. Ist der König da, bleiben die Türen für Normalsterbliche zu.

Arabisches Wurzelwerk

Verlässt man die Kathedrale und wendet sich nach rechts, ist man schon mittendrin in der Medina Mayurica. Mag das Netz der Gassen auch arabischen Ursprungs sein, die Häuser sind es nicht. Die meisten von ihnen entstanden erst zwischen dem 14. und 17. Jh., ruhen allenfalls auf islamischen Fundamenten. Dank der guten Beschilderung kann man die zahllosen Sehenswürdigkeiten nach Belieben ansteuern. Und sollten Sie sich verlaufen, keine Panik! Jeder kleine Umweg bringt neue Entdeckungen.

Mit einem schnellen Blick von der Terrasse des **Palau Episcopal** ➏ (mit Diözesanmuseum; s. S. 39) über die Küstenpromenade verabschiedet man sich erst einmal vom Meer. Die schmalen, autofreien Gassen von Sa Portella wirken etwas bedrückend. Es empfiehlt sich, zunächst dem Schild Banys Àrabs die Carrer Portella hinab zu folgen. Vor Erreichen der Stadtmauer biegt man nach links in die Can d'en Serra und steht unvermittelt unter dem **Almudaina-Bogen** ➐. In römischer Zeit war er Teil der Stadt-

Das Antiquari ist beliebt, so beliebt, dass man sich halt draußen auf die Treppe hockt, wenn's drinnen voll ist.

mauer, in der islamischen Epoche diente er als Zugang zum Almudaina-Palast. Er wurde mehrfach modifiziert und trägt neben islamischen auch gotische Züge. Die Überbauung mit einem Haus stammt ebenfalls aus späteren Zeiten. Ob da oben einer wohnt? Eine ähnliche Überbauung findet man in der Carrer Almudaina.

Die **Banys Àrabs** ➑ liegen nur wenige Meter weiter (Can d'en Serra, 7, www.banysarabs.org, April–Sept. tgl. 10–19, So bis 14, Okt.–März tgl. 10–17.30 Uhr, 2,50 €). Die von zwei gemauerten Kuppeln überdachte Anlage aus dem 10. Jh., die sich auf Privatgelände befindet, gehört zu den wenigen erhaltenen Beispielen arabischer Architektur in Palma. Mit seinen schattenspendenden Bäumen und Bänken verlockt der kleine Garten zu einer wohlverdienten Verschnaufpause. Ausgeruht? Ein arabischer Torbogen führt in den Hauptraum, dessen Kuppel 25 zarte Säulen tragen. Er diente einst als Dampfbad, der angrenzende rechteckige Raum hingegen als Aufenthaltsraum. Das Badewesen, *hamam* genannt, übernahmen die Araber von den Römern, die in ihren Thermen eine fast exzessive Badekultur pflegten. Die Nonnen des angrenzenden Klosters Santa Clara, zu dem die Bäder eine Weile gehörten, brachen mit dieser Tradition und nutzten die Anlage zum Wäschewaschen – wie profan!

Gebäck statt Gespräch

Dennoch lohnt ein Blick in den nach wie vor von Klarissen bewohnten Konvent **Santa Clara** ❾ ein Stück bergauf und rechts um die Ecke. Mündliche Auskunft darf man von ihnen nicht erwarten, unterliegen die Nonnen doch einem strengen Gelübde. Die Urzelle des Klosters datiert aus dem Jahr 1226 und trägt gotische Züge, die spätere Erweiterung stammt

---

DER »KOMPASSJUDE« **K**

Ab Ende des 14. Jh. entwickelte sich Mallorca zur Drehscheibe des Seehandels und beheimatete zahlreiche Kartografen, viele von ihnen Juden, darunter Abraham Cresques und seinen Sohn **Jehuda** (1360–1410). Während Abraham als Schöpfer des »Katalanischen Atlas« berühmt wurde, der damals umfassendste Darstellung der Welt, ging sein Sohn, der »Kompassjude«, als gut bezahlter Kartograf an die legendäre Seefahrtsschule Heinrich des Seefahrers am Kap Sagres in Portugal und soll dort nach seiner Konvertierung zum Christentum als Leiter der geheimen Kartografieabteilung gewirkt haben, die für Vasco da Gama den Seeweg nach Indien vorbereitete.

---

aus dem Barock. Die meisten Besucher kommen aber nicht wegen der Kirchenschätze und der beachtenswerten Gemälde – vielmehr streben sie einer bescheidenen Tür im rechten Gebäudeflügel zu, hinter der sich kein Beichtstuhl, sondern das Paradies findet. Durch eine Luke mit Drehtür in der Wand wird köstlichstes Gebäck gereicht: *robiols, crespells, monas* … Zuvor heißt es: klingeln, die unsichtbaren Nonnen mit einem »Ave Maria Purisíma« grüßen, bestellen und natürlich bezahlen. Konvent: Mo–Sa 9–12.30, 16.15–17.40, So 9–11.35, 16.15–18.45 Uhr, letzter Fr im Monat geschl.; Angebot, Öffnungszeiten, Preise der Backstube hängen an der Tür aus

Schikane im Ghetto

Der Konvent liegt bereits am Rand des ehemaligen Judenviertels **Call Major**, das Jaume II nach der Rückeroberung durch die christlichen Heere 1290 einrichtete. Zeugnisse frühen jüdischen Lebens gibt es heute kaum mehr. Ein Grabstein im Museu de Mallorca, das Denkmal des bedeutenden Kartografen Jehuda Cresques vor der ehemaligen Ordensburg El Temple, Holzarbeiten in der Schule für Tourismus an der Carrer Sol – das war's.

Die erste Generation Christen schikanierte die jüdische Bevölkerung, wo es nur ging. Sie verpflichtete sie im Ghetto zu leben, einem aus sechs Häuserblocks bestehenden, mit innenliegenden Gärten versehenen Komplex, der von Mauern umschlossen und nur durch vier Tore zugänglich war. Ihren täglichen Geschäften durften die Juden auch außerhalb ihres engen Viertels nachgehen – mit beträchtlichem wirtschaftlichem Erfolg – und sie hatten eine eigene Verwaltung. Ihr Leben aber war hart und ungerecht. So untersagte Jaume III ihnen etwa die Nutzung ihrer Hauptsynagoge am Monti-sion (Berg Zions). Die Christen blickten neidisch auf die wirtschaftlichen Erfolge ihrer jüdischen Mitbürger und lasteten ihnen die Pestepidemien von 1370 und 1380 an.

1391 kam es zum Pogrom, Hunderte jüdischer Bürger starben. 1414 wurden die beiden großen Synagogen zerstört und in Kirchen umgewandelt. Der Ruf nach Vertreibung wurde immer lauter und gipfelte im sog. Alhambra-Edikt von 1492: Entweder konvertierten die Juden zum Christentum oder sie mussten das Land verlassen. Nicht alle beugten sich, viele flohen. Unter denen, die blieben, fanden sich zahlreiche Pseudo-Konvertiten, die sich zwar taufen ließen, aber ihren Glauben weiter im Geheimen praktizierten. Auf sie hatten es die Häscher der ab 1478 auch auf Mallorca wütenden Inquisition besonders abgesehen.

Der Kirche **Monti-sion** ⑩, die sich im jüdischen Zentrum breitgemacht hat, sollte man trotz der unrühmlichen Entstehungsgeschichte einen Blick gönnen. Die Jesuiten errichteten hier im ausgehenden 16. Jh. auf den Ruinen der zerstörten Synagoge eine prächtige Kirche (Mo–Mi, Fr 10–12.45, 17–19, Do 10–12.45 Uhr).

Das Fort Knox der Balearen

An der Ramon Llull wird der allmähliche Übergang zum nördlich angrenzenden Viertel Vila d'Alt erstmals spürbar, etwa an der schmalen Carrer de la Pelleteria, deren Name noch auf die ehemaligen jüdischen Silbergeschäfte verweist. Urplötzlich steht man auf einer größeren Kreuzung, in die etliche Straßen münden, darunter auch die schnurgerade Ramon Llull. Beherrscht wird der Knotenpunkt von **El Temple** ⑪, einem klotzigen Bau, der mit seinen eckigen zinnenbewehrten Türmen und der schlichten Fassade eher wie eine Mischung aus Wohnhaus und Festung anmutet. Und in der Tat kann er seine ursprüngliche Funktion als befestigtes Zugangstor, Almudaina de Gumara, nicht verleugnen. Die dicken Mauern waren somit einst auch der rechte Platz, hier Schatzkammer und Archiv des Königs unterzubringen – gewissermaßen das Fort Knox der Balearen, bewacht von

den wehrhaften Tempelrittern. Nach der Zerschlagung des Ordens 1311 fiel das Grundstück vorübergehend an die Hospitaliter, im Rahmen der Säkularisierung 1811 schließlich an den Staat. Schätze gibt es hier keine mehr, dennoch ist der Zugang zur ehemaligen Kirche der Templer versperrt. Dem neugierigen Reisenden bleibt nur das Studium einiger Infotafeln und der Blick auf das mit Lamm und Kreuz verzierte Portal.

Das nächste, bereits in der Ferne am Ende der Ramon Lull erkennbare Ziel, der Konvent San Francesc, ist da wesentlich ergiebiger. Die Bebauung der Straße selbst ist ein gelungenes Beispiel dafür, wie geschickt Architekten die Nähte zwischen den Epochen verflochten haben. Die Häuser auf der linken Seite stammen überwiegend aus dem 16. und 17. Jh., die gewaltige Fassade der Casa Cultura auf der rechten scheinbar auch. Falsch getippt – der Bau entstand nach historisierenden Plänen erst im 20. Jh.

Höhenflüge und Abgründe

Konvent und Kirche **Sant Francesc** ⑫ dominieren den großzügigen Platz gleichen Namens. An der linken Ecke springt das **Denkmal für Juníper Serra** ins Auge: Der unermüdliche, aus Petra stammende Missionar, der als Gründer von Sant Francesc und weiterer Missionen in Alta California gilt, legt schützend die Hand auf die Schulter eines fast nackten Indianerjungen. Heute würde man Serra wohl nicht mehr so darstellen.

Ihr Alter sieht man der Kirche nicht sofort an, die barocke Fassade deutet auf das 17. Jh. Erst im Innern offenbart sich beim Blick auf das riesige Kirchenschiff in reinster Gotik ihr Geburtsdatum: 1281. Man staunt, ist ergriffen und wähnt sich in einem Museum. Prächtige Retabeln und Schreine füllen die Seitenkapellen; in einer ruht Ramon Llull in einem Sarkophag, der hoch verehrte, 1316 verstorbene Missionar, Philosoph und Dichter in

Personalunion. Was hätte er wohl zu den Ereignissen des 2. November 1480 gesagt? Wie üblich hatten sich die Gläubigen zum Gottesdienst versammelt, aber nicht alle sollten die Kirche wieder lebend verlassen. Nach einem frommen »Ave Maria« zogen die Mitglieder der verfeindeten Familien Sapanyol und Armadan ihre Degen und fielen übereinander her. Blutbefleckt lagen die Verwundeten und Toten, es sollen 300 gewesen sein, zwischen den Kirchenbänken, auf dem Vorplatz und zu Füßen der Maria Immaculada, der ›unbefleckten Maria‹, der dieses Gotteshaus geweiht ist. Es waren jene Jahre, als Feudalherren mit der Waffe in der Hand um ihre Privilegien fochten und die Insel sich in einem Zustand der Anarchie befand.

Zum Durchatmen nach so viel Grausamkeit ist der angrenzende Kreuzgang der richtige Ort. Der filigrane Wandelgang mit asymmetrischem Grundriss entstand wie die Fassade der Kirche erst im 17. Jh. und bezaubert durch Leichtigkeit und Harmonie. Wahrlich keine schlechte Wahl der Aristokratie Palmas, sich hier mit einer Grabplatte, einem Kenotaph, zu verewigen. Leider nur hat man damals nicht mit den vielen Besucherfüßen gerechnet, die jahrhundertelang über die Gedenksteine schlurften. Nur noch wenige Namen lassen sich heute entziffern.

Mo–Fr 10–18, Sa 10–17, So 10–14 Uhr, 16 €; Ticket gilt im Rahmen von Spiritual Mallorca (www.spiritualmallorca.com) u. a. auch für Kloster Lluc und Santuari de Cura in Randa

Aufstand gegen den Ausverkauf

Das nördlich der Kirche angrenzende Viertel Canamunt rings um die anheimelnde **Plaça Quadrado** gehörte lange Zeit zu den vernachlässigten *barrios*. Dann warfen Investoren einen begehrlichen Blick auf die teils heruntergekommenen Gebäude, um sie in Hotels und Ferienwohnungen umzuwandeln. Mit aller Macht versuchen sich die Bewohner mit ihrem Verein »La Asociacíon de vecinos

de Canamunt« gegen die Kommerzialisierung zu wehren. »Die Stadt ist für ihre Bewohner da, nicht für die Besucher.« Ob sie Erfolg haben, ist angesichts der fortschreitenden Renovierungen mehr als fraglich. Noch kann man allerdings sich hier konzentrierende sozialkritische Graffitikunst bewundern.

Muße im Angesicht der Märtyrerin

Verschnaufen ist angesagt. Gut, dass Palma Plätze zum Verweilen ohne Ende hat. Die **Plaça de Santa Eulàlia** ist einer der lohnendsten. Zu ihr gelangt man schnell durch die Carrer de Sant Francesc. Der geräumige Platz punktet mit seinen Cafés, den schattenspendenden Bäumen, dem Gewusel der Passanten und, klar, der **Kirche Santa Eulàlia ⑬**. Ihre Fassade mit dem neogotischen Turm aus dem 19. Jh. ist nicht so prickelnd – könnte sich auch in irgendeiner mittelmäßigen Kleinstadt finden. Wie so oft verbirgt sich auch hier das Ungewöhnliche im Innern. Santa Eulàlia ist die einzige der ursprünglich vier Pfarrkirchen der frühen christlichen Epoche mit drei Schiffen, einer Bauform, die eigentlich der Kathedrale vorbehalten war. Hier wurde Jaume II gekrönt, Ramon Llull getauft. Über dem neogotischen Hauptportal wacht die hl. Eulalia, die 14-jährig in Spanien zu Zeiten der römischen Christenverfolgung den Märtyrertod erlitten haben soll. Wer die ›Spiritual Mallorca Card‹ (www.spiritualmallorca.com; s. S. 49) erworben hat, darf vom Turm aus die großartige Aussicht genießen.

Schöner wohnen

Die Mauern von Sa Portella mögen abweisend sein, aber dahinter verbergen sich oft herrliche Innenhöfe, die **Patios**, in die man zuweilen einen Blick werfen kann. Über 100 herrschaftliche Exemplare verteilen sich über die Altstadt, zum Schutz vor uns Gaffern heute leider meist mit Holztoren verrammelt. Früher durfte jedermann

Warum ist der Mann angekettet? Warum geht die Frau achtlos an ihm vorbei? Und der Hund? Wieso interessiert noch nicht einmal er sich für den Knochen? Die Wände Canamunts sind voller Geschichten.

auf den dort aufgestellten Bänken den Schatten genießen oder ein Schwätzchen halten. War das Tor angelehnt, hatte man einen Todesfall zu beklagen, zierten Blumen den Patio, freute man sich über eine Geburt. Aber es gibt auch heute noch stolze Besitzer, die gern zeigen, wie sie wohnen, und zu Fronleichnam im Mai oder Juni öffnen auch viele andere für ein paar Tage. Die meisten Patios stammen erstaunlicherweise aus dem 16. und 17. Jh., eigentlich einer Epoche des Niedergangs. Statt in die Modernisierung der Wirtschaft zu investieren, steckten die vermögenden Großgrundbesitzer ihr Kapital lieber in den Bau aufwendiger Stadtpaläste, Statussymbole und Machtdemonstration zugleich.

Merkmale dieser Architektur sind die hinter einem Tor verborgenen Eingangsbereiche mit geschwungenen Bögen, die von zierlichen Säulen gestützt werden. Zwischen ihnen führt elegant eine Treppe in den ersten Stock zu einer Galerie, hinter der die Zimmer angeordnet sind. Und auch ein Brunnen gehört zum Ensemble. Besonders schöne, neugierigen Seelen teilweise zugängliche Beispiele findet man nach Durchschreiten des Almudaina-Bogens in der Carrer de l'Almudaina mit **Can Oms** (Nr. 7) und **Can Bordils** ⑭, in der Carrer de Can Savella mit **Can Juny** (Nr. 13) und **Can Vivot** ⑮, in der Carrer d'en Morey mit dem **Can Oleza** ⑯ sowie in der Carrer de Sol das **Can Catalar,** auch **Cal Marquès de Palmer** ⑰ genannt.

Patios

Vila d'Alt

500 Jahre sind kein Alter …

Von der Kirche Eulàlia sind es nur ein paar Schritte bis zur **Plaça Cort.** Hier hat man die Altstadt Sa Portella endgültig verlassen und taucht ein in ein höchst lebendiges, vielfältiges Zentrum, architektonisch angereichert mit Klöstern und Kirchen, aufgelockert durch kleine und größere Plätze, durchzogen von Einkaufsstraßen und immer wieder umgestaltet und der Moderne angepasst. Dominiert wird der Platz von herrschaftlichen Bauten mit schmalen schmiedeeisernen Balkons und verglasten Erkern sowie der **Rathausfront** ⓲ aus dem 17. Jh., in wunderbarer Symmetrie gegliedert mit einem weit überkragenden Dach, einem durchgezogenen Balkon und wohlproportionierten Fenstern und Eingängen. Auf der Steinbank vor dem Rathaus ruhen heute fußmüde Touristen aus, in der einen Hand das Smartphone für Urlaubsgrüße nach Hause, in der anderen einen Coffee to go von Starbucks gegenüber. Man sollte sich nicht scheuen, das Rathaus zu betreten. In der Vorhalle warten riesige Figuren, die *gegants:* ein *xeremier* mit seinem Dudelsack und ein *flabiol*-Spieler mit seiner Einhandflöte. Und wer um die Weihnachtszeit in Palma verweilt, kann hier eine der schönsten Krippenlandschaften der Stadt bewundern. Sonntags gibt es um 11 und 12 Uhr kostenlose Führungen durchs Gebäude (Reservierungen unter T 618914517).

Das Augenmerk der meisten Touristen ist aber auf den 500 Jahre alten **Olivenbaum** gerichtet, der Besitz vom Zentrum des Platzes ergriffen hat und seine alten Tage als viel gefragter Statist für Selfies verbringt.

So macht Bummeln Spaß

Der altehrwürdige Baum markiert den Zugang zur Fußgängerzone, der angeblich größten Europas. Geschäft an Geschäft reiht sich hier, glücklicherweise nur wenige Ramschläden großer Ketten. Dazwischen immer wieder kuschelige Cafés, kleine, baumbeschattete Plätze vor einer Kirche, ein wunderbares Museum, sehenswerte Architektur. Die Hauptachse verläuft von Südwest nach Nordost, trägt zunächst den Namen **Carrer de Jaume II,** mündet in die **Carrer de Colom** und endet schließlich als **Carrer de Sant Miquel** an der Carrer dels Oms. Man sollte seinen Blick nicht nur auf die oftmals sehr geschmackvoll dekorierten Schaufenster richten, sondern auch einmal hochschauen. Nur einige Meter neben dem Olivenbaum erhebt sich das **Corbella-Haus** ⓳, benannt nach einer nicht mehr existierenden Apotheke. Wie ein steinerner, aus unzähligen zarten Säulchen gewebter Vorhang gleitet die Fassade, hinter sich drei Gebäude verbergen, hinab zur Straße. Erbaut wurde es kurz vor 1900 im Neo-Mudéjar-Stil, einer Wiederbelebung der maurischen Architektur. Die Stadt bunter macht auch das **Forteza-Rey-Haus** im Stil des katalanischen Modernisme an der Plaça del Marquès de Palmer, dort, wo die Jaume II in die Carrer de Colom mündet. Üppiger Skulpturenschmuck und aus bunten Keramikstücken geformte Mosaike schmücken die Fassade – sie trägt unverkennbar die Handschrift von Gaudí, der zu Beginn des 20. Jh. die Kathedrale umgestaltete. Im Erdgeschoss befindet sich das **Café Forn de Sant Cristo,** wo man direkt das leckeren Backwaren aus der Traditionsbäckerei verputzen kann, darunter ausgezeichnete *ensaïmadas.*

Wenig später öffnet sich ganz unvermittelt ein gewaltiger Platz, die italienisch anmutende, von mehrstöckigen Häusern und Arkaden umschlossene **Plaça Major.** Sie stammt aus dem 19. Jh. und gilt als das Herz und die Bühne der Vila d'Alt. Dass hier einmal das berüchtigte Schwarze Haus, Sitz der Inquisition, seinen Platz hatte und Ketzer öffentlich verbrannt wurden, ist längst vergessen. Allenfalls könnte man sich noch den lebhaften Fischmarkt vorstellen, der hier bis zur Eröffnung der Markthallen florierte. Heute teilen sich mehrere auf Touristen eingestellte Cafés das Geviert, Musikgruppen und Pantomimen tragen zur Unterhaltung bei, Porträtzeichner zeigen ihr Können und sonntags findet ein Kunsthandwerkermarkt statt. Der Weihnachtsmarkt, der im Dezember seine Tore öffnet, kann den in dieser Hinsicht verwöhnten Deutschen allerdings nur ein müdes Lächeln entlocken.

Unter dem Platz liegen ein Parkhaus und das Einkaufszentrum Plaça Major Centre. Treppen führen hinab zur Rambla. Man bleibt aber besser auf dem bisherigen Niveau und taucht auf der gegenüberliegenden Seite erneut in die Welt des Shopping ein, die jetzt den Namen Carrer de Sant Miquel trägt.

Hommage an die Haustiere

Einer Offenbarung ganz anderer Art verpflichtet fühlt sich die ein Stück weiter am Wege liegende **Kirche Sant Miquel 20**. Verglichen mit den benachbarten Häusern erscheint ihre Fassade schlicht, ja fast ärmlich. In puncto Alter kann aber kein Bau ringsum mithalten. Wir stehen vor einer der ältesten Kirchen der Stadt, die, wie so manch andere, auf den Fundamenten einer Moschee ruht. Die Fassade und einige der Skulpturen über dem Eingang stammen noch aus dem 14. Jh., im Innern allerdings herrscht üppiger Barock des 17. Jh. Auf die Zeit der Reconquista geht auch der schräg gegenüberliegende **Convent Sant Antoni Abat** zurück, dem ein Hospital angeschlossen war. Geweiht war er dem hl. Antonius Abad, heute Schutzpatron Mallorcas, vor allem für die Tiere. So bringen denn auch die Einheimischen

Im Babel möchte man Kellner sein und hin und her vom Café über die Pflastersteine der Altstadt zur Straßenterrasse flitzen. Bei so viel Atmosphäre werden die Gäste ja auch wohl ein ordentliches Trinkgeld springen lassen.

am 17. Januar ihre vierbeinigen Lieblinge her, um sie segnen zu lassen.

Im Bauch von Palma

Wen jetzt der Hunger plagt, der hat es nicht mehr weit. Man biegt am Konvent rechts ab und hat einen gewaltigen, architektonisch wenig ansprechenden modernen Komplex vor sich, der es aber in sich hat: den **Mercat de l'Olivar ㉑**, Tempel leiblicher Genüsse (Mo–Fr 7–14.30, Sa bis 15 Uhr; s. S. 282). Das schlichte funktionale Gebäude wurde 1951 errichtet; 47 Jahre später übernahmen die Händler als Gesellschafter die Verwaltung, 2003 erhielt der Markt sein heutiges Gesicht. Vergessen Sie einen deutschen Markt, und sei er noch so groß, Olivar schlägt sie alle um Längen. Eine der beiden Hallen ist mit 36 Ständen dem Seegetier vorbehalten, die andere teilen sich Gemüse, Obst und Fleisch mit über 140 Ständen! Highlight ist die Fischhalle. Die Vielfalt an Fisch und Meeresfrüchten ist umwerfend, z. T. auch erschreckend, was einen da aus den mit Eis gefüllten Vitrinen anblickt.

Wer Hunger bekommt, es bequem haben und etwas mehr ausgeben will, kann das geräumige, auch von außen zugängliche Restaurant **Mercat de l'Olivar** aufsuchen, das mallorquinische Hausmannskost auf die Teller bringt (Mo–Mi 12.30–16.30, Do–Sa 20–23 Uhr). Uriger und wesentlich preisgünstiger sind die **Bars zwischen den Verkaufsständen**, wo man sich dicht an dicht auf Hockern um eine Theke schart. Eine große Tapas-Auswahl *(selection)* gibt es schon für 6 €, dazu ein Glas Wein zu 1,50 € und vielleicht ein kostenloses Schwätzchen mit dem Nachbarn. Billiger und authentischer kann man in Palma nicht satt werden. Eine pfiffige Idee hatte ein Gastronom im ersten Stock. Man kauft unten ein und lässt seinen Fisch oder sein Fleisch gegen einen geringen Obolus oben braten. Das erspart die Vorratshaltung, und für die Qualität der verarbeiteten Produkte haftet der Kunde.

Der Kreis schließt sich

Vom Markt ist es nur ein Steinwurf zur größten Freifläche in Palmas Zentrum, der **Plaça d'Espanya.** Gewissermaßen das Entree bildet ein kleiner Park mit der Statue von Jaume I, der mit erhobenem Arm von seinem Pferd aus auf die Vila d'Alt blickt, als wolle er sagen: »Halt, von hier aus nicht weiter«. Und in der Tat verlief an dieser Stelle für viele Jahrhunderte die östliche Grenze Palmas. Markiert wird sie heute durch die siebenspurige Hauptverkehrsader. Auf der gegenüberliegenden Seite hat seit etlichen Jahren die Moderne mit dem **Parc de les Estacions ㉒** Einzug gehalten. Dass er noch nicht lange existiert, sieht man schon an der Größe der Bäume. Verglichen mit dem Ölbaum an der Plaça Cort sind sie noch Säuglinge. Somit erscheint auch die Nutzung als Kinderspielplatz gerechtfertigt. Der entstand allerdings nur als Abfallprodukt zeitgemäßer Verkehrsplanung. Das Leben findet unter der Erde statt, in der **Estació Intermodal,** in die man auf Rolltreppen hinabgleitet. Eisenbahn und Überlandbusse haben hier ihre Endstationen. Nur der historische ›Rote Blitz‹ durfte seinen angestammten Bahnhof unter alten Baumkronen am Rand des Platzes behalten.

Folgt man der Blickrichtung von Jaume I, gelangt man über die Oms hinab zur Rambla und von dort in einem Bogen entlang der Boulevards zurück zum Ausgangspunkt – der Kreis um die hoch gelegene Alt- und Neustadt hat sich geschlossen.

Vila de Baix

Leben auf dem Schachbrett

»Spiel nicht mit den Schmuddelkindern, sing nicht ihre Lieder – geh doch in die Oberstadt, mach's wie deine Brüder!« Man könnte in Palma durchaus Parallelen zu dem Lied von Franz Joseph Degenhardt finden. In der Oberstadt lebten Aristokraten und gehobenes Bürgertum, in der Unterstadt jenseits der Promenaden, die damals noch ein zuweilen reißender Strom waren, hatten Fischer, Handwerker und Tagelöhner ihr eher bescheidenes Zuhause. Entstanden ist dieses Viertel mit dem zunehmenden Seehandel ab dem 14. Jh. Wo heute die noblen Jachten ihren Winterschlaf halten, machten früher Handelsschiffe aus Malta, Zypern oder Venedig fest. Nicht mehr dem labyrinthischen Muster einer Medina folgen die Gassen, sondern den klaren Linien eines Schachbretts, typisch auch für Neugründungen in den spanischen Kolonien Lateinamerikas.

Handel und Wandel

Irgendwie vermeint man noch immer den Geruch von Fisch, Teer und Tang in der Nase zu haben, wenn man die engen Gassen des Viertels La Llonja in der Nähe der Hafenmeile durchstreift. Und in der Tat drängen sich hier Bars und Kneipen dicht aneinander, bis zum späten Nachmittag im Dämmerschlaf versunken. Die Leichtigkeit der Born findet man hier zumindest tagsüber nicht. Erst mit Beginn der Dunkelheit fallen die Nachtschwärmer ein, dann kann es laut und lustig werden. Hauptarterie ist die von der Plaça de la Reina abzweigende, parallel zur Küste verlaufende **Apuntadores** ㉓. Es ist eine dunkle schmale Gasse, in der etliche Bars mit marktschreierischen Plakaten und überhöhten Preisen für meist bescheidene Angebote auf zahlungswillige Touristen warten.

Unangefochtener Platzhirsch unter den Bars ist **Abaco** ✸. Wohl nirgendwo wird ein Cocktail in einem etwas schwülstigen Ambiente mit Blumenschmuck und zu klassischer Musik aufwendiger zelebriert. Wen die Neugier plagt, der sollte sich beeilen, Ende 2019 ist Schluss. Bodenständiger präsentiert sich da die **Taberna de La Boveda** (Paseo Sagrera 3),

die mit einer breit gefächerten Auswahl lokaler Spezialitäten aufwarten kann und statt Blumengirlanden *sobrassadas* von der Decke baumeln lässt.

Den Abschluss des ehemaligen Hafenviertels bildet die halbrunde **Plaça de la Drassana,** die eigentlich ganz schön ist, aber durch die vielen parkenden Autos etliches von ihrem intimen Charme eingebüßt hat. Früher einmal ›parkten‹ hier die kleinen Fischerboote, und Netze waren zum Trocknen ausgebreitet. In seinem Zentrum erinnert ein Denkmal an den Seefahrer und Entdecker Jaume Ferrer und damit an die glorreichen Zeiten maritimer Herrschaft.

Warten auf den Immobilienhai

Das östlich angrenzende Viertel mit seinen schmalen, baumlosen Gassen und nur teilweise renovierten Häusern träumt noch einer besseren Zukunft entgegen, die aber angesichts der explodierenden Immobilienpreise schon bald kommen dürfte. Jenseits der **Kirche Santa Creu** ㉔, die wie eine Glucke über die umliegenden Wohnquartiere des Viertels Sant Pere wacht, hat sich dieser Wandel schon vollzogen. Ausgehend von der nicht weit entfernten Born und der Einkaufsmeile Jaume III haben sich Galerien, kleine Cafés und Boutiquen in das Viertel vorgearbeitet. Besonders deutlich wird die Veränderung entlang der **Sant Feliu,** die schnurgerade auf die Born zuläuft. Bemerkenswert ist hier das ehemalige Herrenhaus **Can Belloto,** das mit seinem Maskenschmuck über dem Hauptportal und den Fenstern aus dem Rahmen fällt. Das kleine, unscheinbare Bethaus **Sant Feliu** ㉕, das sich einige Schritte weiter zwischen den renovierten Häusern versteckt, gehört zu den ältesten christlichen Gebäuden der Stadt und beherbergt heute eine angesehene Galerie moderner Kunst. Der ehemalige, zum Schaufenster umfunktionierte Seiteneingang zeigt noch gotische Elemente, der dekorativere Hauptzugang um die Ecke in der Carrer de Sant Gaietà stammt hingegen erst aus dem 16. Jh.

Folgt man dieser Gasse, passiert man gegenüber der **Kirche Sant Cayetano** den hinteren Eingang des **Casal Solleric.** Dieser letzte mallorquinische Adelspalast (18. Jh.) zieht sich mit seinem schönen Innenhof bis zum Passeig des Born hinüber. Noch ein Torbogen und man findet sich unter den Arkaden der **Avinguda Jaume III** wieder, der Hauptgeschäftsstraße Palmas, die rechts zur Plaça del Rei Joan Carles I führt. An ihrer Nordseite beginnt der **Carrer de Sant Jaume,** eine schmale, von Stadtpalästen und der gleichnamigen Barockkirche gesäumte Straße. Sehr schön sind hier die Niederlassung des schwedischen Konsulats und die Eingangshalle des zum **Hotel Born** **4** umgewandelten Can Ferrandell, eines Patrizierhauses aus dem 18. Jh. sowie die als Kulturzentrum dienende **Fundació Barceló** in einem Haus aus dem 19. Jh. gegenüber (Nr. 4, www.fundacionbarcelo.org, Mo–Fr 11–13.30, 17–19.30, Sa 11–13.30, So 10.30–13.30 Uhr).

Die Gasse endet vor dem **Konvent Santa Magdalena 26**, in dem die lokale Heilige Catalina Tomás als Nonne lebte und nun in einem gläsernen Sarg zur ewigen Ruhe gebettet ist (Mo–So 8–13.15, 16.30–19.30, Fr erst ab 11.30 Uhr). In der Weihnachtszeit gibt es hier eine schöne Krippe zu bewundern.

Die Küstenpromenade

Winde wehn, Schiffe gehn (nicht)
Die breite, palmengesäumte Küstenpromenade **Passeig Marítim** (Passeig Sagrera), die den Platz der Ende des 19. Jh. geschleiften Stadtmauer einnimmt, ist mit breitem Fußgängerweg und einem separaten Fahrradweg hervorragend ausgebaut und eignet sich mit einer Länge von mehr als 4 km vor allem für eine Radtour oder

Nicht für die Ewigkeit, aber extra für die Llotja gemacht: Rebecca Horns »Glowing Core« (Glutkern) schwebt zwischen Himmel und Erde. Ein Blick hinauf reicht nicht aus.

einen Trip mit dem Segway, den man mieten kann (www.segwaypalma.com).

Die Tour beginnt am **Denkmal des Ramón Llull 27** an der Einmündung der Avinguda Antoni Maura in die Küstenstraße unterhalb des Almudaina-Palastes. Es ist sicherlich kein Zufall, dass der Nationalheilige an diesem strategischen Punkt, wo Ober- und Unterstadt, die Boulevards und die Küstenpromenade aufeinandertreffen, seinen Platz gefunden hat.

Von einer **Aussichtsplattform** unmittelbar am Hafenbecken hat man einen weiten Blick über die schnittigen Jachten, die statt unter vollen Segeln das Meer zu durchpflügen die meiste Zeit tatenlos vor sich hindümpeln. Als Mallorca noch

Drehscheibe des Mittelmeerhandels war, dürfte es hier ganz anders ausgesehen haben. Dickbauchige Frachtensegler luden und entluden an den Piers ihre kostbaren Waren.

Filigrane Fantasien

Wie es sich für einen ordentlichen Hafen gehört, befanden sich in der Nähe der Kaianlagen auch die Verwaltungsgebäude, die den Handel kontrollierten. Je reicher man wurde, desto repräsentativer sollten diese Bauten werden. Die Seehandelsbörse **Llotja dels Mercaders** ㉘ (April–Okt. Di–So 10.30–13.30, 17.30–23, Nov.–März 10.30–13.30, 16–18 Uhr, Eintritt frei) erfüllte diese Aufgabe perfekt. Sie wurde zwischen 1426 und 1448 vom damaligen Stararchitekten Guillem Sagrera konzipiert, der auch das prächtige Eingangstor der Kathedrale schuf. Während die achteckigen Türmchen an den Ecken reine Gotik verkörpern, kündigen die zarten gedrehten Säulen im Innenraum, die an Palmen erinnern, schon die Renaissance an. Und tatsächlich schuf Sagrera nur wenig später mit dem Tor des Castel Nuevo in Neapel ein Meisterwerk dieser Stilrichtung.

Mit hochgereckten Köpfen, die Kreuzrippen des Gewölbes bestaunend, durchschreitet man heute ehrfurchtsvoll den lichten, von nur sechs Säulen getragenen Raum und glaubt sich in einer Kirche. Als Palma einer der Hauptumschlagplätze im Mittelmeerhandel war, muss es in der Halle allerdings hoch hergegangen sein. Heute nutzt die Stadt den Börsensaal mit ernsthafter Zurückhaltung für Ausstellungen und kulturelle Veranstaltungen.

Unmittelbar an die Börse grenzt das anmutige **Consolat de Mar** ㉙, ehemals Seegericht und heute Sitz der autonomen Regierung. Nur durch den Zaun kann man einen Blick auf die hübsche, aus dem 17. Jh. stammende Front mit der großen Loggia und den gepflegten Garten werfen.

Der gezähmte Fluss

Wer hätte das gedacht? Mit dem **Bastió de Sant Pere,** der Eckbefestigung der ehemaligen Stadtmauer an der Einmündung des umgeleiteten Torrent de Sa Riera, ist ein Hort moderner Kunst erreicht. Durch einen kleinen Park steigt man hinauf. Von dem ehemaligen Fort stehen nur noch die Außenmauern. Das Innere nimmt **Es Baluard** ㊶ ein, Palmas ›Bollwerk‹ für moderne Kunst (s. S. 39). Der Blick über die Hafenanlagen und über das Häusermeer zur Kathedrale lässt sich von der Terrasse kostenlos genießen, aber auch mit einem gepflegten Mittagessen im gleichnamigen Restaurant verbinden (www.restaurantesbaluard.com, tgl. 10–23.30 Uhr).

Hin und wieder kann man von der Küstenpromenade zu den Kaianlagen abzweigen. Der Weg lohnt aber nur an der Carrer Contramoll Mollet, die sich gegenüber der Festung in das Hafengelände schiebt. Und auch nur dann, wenn das empfehlenswerte Restaurant des Jachtclubs, **El Náutico** (http://tast.com/es/restaurant/el-nautico, tgl. 13–24 Uhr), das Ziel ist. Der Blick über den Wald der Masten zur Kathedrale ist von der Terrasse ebenso großartig wie das Essen. Auf Straßenniveau versperren meist Mauern, Zäune und Lagerhallen den Zugang zum und den Blick über das Wasser.

Der neben der Festung dem Meer zustrebende, in ein künstliches Bett gezwängte Torrent de Sa Riera, der früher so viel Unheil gebracht hatte, markiert die östliche Grenze der Altstadt.

Flügellahm

Auf nach **Es Jonquet** ㉚ (s. S. 36)! Der Mühlenhügel war lange zusammen mit der Kathedrale der Hingucker an Palmas Bucht. Mehrere Windmühlen blickten höchst fotogen über das Meer. Auf keinem der alten Stiche oder frühen Fotos fehlen sie. Welch Trauerspiel heute. Zu Ruinen verkommen, sind sie kaum noch eines Blickes wert. Aber es gibt Hoffnung. Die Stadt

Lieblingsort

Aufwertung auf Mallorquinisch

Ich war lange nicht mehr in **Es Jonquet** ㉚, denn früher war es ein Schandfleck. Die Mühlen ließen traurig ihre Flügel hängen, die Häuser waren vernachlässigt. Endlich tut sich etwas, unmittelbar über der schicken Hafenpromenade. Die nach wie vor meist einstöckigen Häuschen haben farbige Fassaden, hölzerne Fensterläden und Blumenkübel vor der Tür. Nun ist eine nostalgisch-sympathische Ecke mit karibischem Touch rings um den Carrer dels Molins entstanden. Und der Blick über den Mastenwald der Jachten lässt sich von hier oben auch ganz unbeschwert genießen.

hat den Eigentümern die Pistole auf die Brust gesetzt und sie zur Renovierung verdammt; die ersten Mühlen recken schon wieder ihre spinnennetzartigen Flügel in den Himmel.

Von Kreuzfahrern und Kriegern

In einem weiten Bogen schwingt die Promenade nun nach Süden, berührt das beliebte Ausgehviertel **El Terreno** ③① mit seinen Clubs, Bars und Kneipen. Dazwischen führen Treppen hinauf zum **Parc Sa Quarantenà** ③② mit schönem Blick auf den kommerziellen Hafen. Im Norden haben die Fähren ihr Terminal, gegenüber an der weit ins Meer greifenden schmalen Mole Dic de l'Oest die Kreuzfahrtschiffe. Etwas verloren steht dazwischen auf Militärgelände der Leuchtturm **Faro de Porto Pí** ③③. Der zinnengekrönte Bau aus dem 15. Jh. markierte viele Jahrhunderte die Hafeneinfahrt, bewacht vom angrenzenden **Castell de Sant Carles** ③④.

Bereits die Römer nutzten die Stelle als Landeplatz, da ihre Segler von hier aus auch bei ungünstigen Winden problemlos das offene Meer erreichen konnten. So geht denn auch der Name Portopí auf die römische Bezeichnung *portocus pini* (Hafen der Pinie) zurück und erinnert an eine mächtige Pinie, die, lange bevor es einen Leuchtturm gab, als Landmarke diente.

Santa Catalina

Es geht ums Essen!

Schon anhand des Straßennetzes wird deutlich, dass jenseits des Torrent de Sa Riera Neuland beginnt. Regelmäßige Quadrate, durchzogen von langen Diagonalen statt des Gassengewirrs der Altstadt, flache und hohe, alte und neue Häuser, etwas planlos durcheinandergewürfelt. Nicht mit spektakulären

UND ES WERDE LICHT!

Er steht etwas verloren am Rande des kommerziellen Hafens von Palma, der **Leuchtturm von Porto Pí** ③③, und ähnelt ein wenig der Koutoubia-Moschee in Marrakesch. Er stand zunächst aber erhöht an der Landspitze nebenan. Als dort 1662 das Fort San Carlos entstand und die Scheiben fortan durch den Geschützdonner immer wieder zu Bruch gingen, pfropfte man das Leuchtfeuer auf den bereits bestehenden Torre de Señales. 1972 hatte der Turm seine Schuldigkeit getan, doch fünf Jahre später erhielt er eine 1500-Watt-Birne und darf nun als historisches Monument in die Nacht leuchten. Für die Sicherheit der Schiffe sorgen seine Kinder und Enkel: Radar, GPS und Leuchtboje.

Sehenswürdigkeiten kann das Viertel aufwarten – es geht um gutes Essen. Außerhalb der Stadtmauern gelegen, war Santa Catalina die Heimat von Fischern, Müllern, Bäckern und Kleinbauern, die mit ihren Lieferungen den Hunger der Altstadt stillten.

So verwundert es nicht, dass hier auch Palmas ältester Markt seinen Platz hat. Von außen wesentlich bescheidener als sein großer Bruder in der Vila d'Alt, duckt sich der **Mercat Santa Catalina** ③⑤ zwischen die farbigen Fassaden. Im Innern aber kann er durchaus mithalten, Kenner meinen sogar, er sei exquisiter. Vielleicht gab der Markt den Impuls für die Gastronomie, die sich ringsum fast explosionsartig entfaltet hat. Nirgends gibt es auf so engem Raum so viele Restaurants. Die **Carrer de Fàbrica** ist eine regelrechte ›Fressmeile‹ – nahezu 20 Möglichkeiten auf gerade einmal 300 m!

Palma, Hafen

Ansehen

- **1** – **29** siehe Karte S. 19
- **30** Es Jonquet
- **31** El Terreno
- **32** Parc Sa Quarantenà
- **33** Faro de Porto Pí
- **34** Castell de Sant Carles
- **35** Mercat Santa Catalina
- **36** Castell Bellver
- **37** – **41** siehe Karte S. 19
- **42** Museo Histórico Militar de San Carlos
- **43** Poble Espanyol

Essen

- **12** Duke
- **13** Toque
- **14** Koh
- **15** marsim bistrobarante
- **16** Mercat 1930

Ausgehen

- **6** Teatre Municipal
- **7** Tunnel Rock Club
- **8** Kaelum-Club
- **9** Garito Café

Castell Bellver

Mit Blut getränkt

An die westliche Stadtgrenze branden bereits die Ausläufer des Tramuntana-Gebirges. Von der Spitze eines Berges blickt das **Castell Bellver** **36** über die Metropole. Jaume I gab den Bau des symmetrischen Wehrbaus mit kreisrundem Hof bereits kurz nach der Eroberung in Auftrag. Er veränderte aber in Folge fortschreitender Waffentechnik

mehrfach sein Erscheinungsbild und ist mit seiner ausgefallenen Architektur eine Augenweide.

Blut übrigens floss auf der Festung reichlich. Die Witwe des im Kampf gegen Aragón gefallenen Königs, Jaume III, schmachtete 1349 zusammen mit ihren Kindern bis zu ihrer Hinrichtung im Kerker, Juden wurden Ende des 14. Jh. auf den Mauern verbrannt, und auf den britischen General D. L. Lacy wartete 1817 ein Exekutionskommando. Er war so unvorsichtig gewesen, sich einer Verschwörung gegen den absolutistischen Herrscher Ferdinand VII. anzuschließen.

Heute kann man gefahrlos mit einem Audioguide im Ohr durch die zum Museum umfunktionierten Verliese wandern und sich gruseln.

Carrer de Camilo José Cela, s/n, www.castelldebellver.palma.cat, Di–So 10–19, im Winter bis 18 Uhr, 4 €

Museen

Einblicke, Ausblicke

③⑦ Museu Palau March: Er lebte nicht schlecht, der vom Schweinehirten zum Multimilliardär aufgestiegene Joan March (s. S. 192). Angesichts seiner Sammelleidenschaft verzeiht man ihm seine unorthodoxen, meist illegalen Geschäftspraktiken, zumal er die Objekte seiner Begierde der Öffentlichkeit zugänglich gemacht hat. So darf man sich hier am Anblick moderner Skulpturen von Henry Moore und Paul Rodin erfreuen, Dalís Fantasie bewundern und die Augen genüsslich durch das Gewusel einer neapolitanischen Krippe aus dem 18. Jh. mit über 1000 Figuren wandern lassen. Von der Terrasse ist der Ausblick über den Hafen genial.

Carrer del Palau Reial, 18, schräg gegenüber der Kathedrale, www.fundacionbmarch.es, April–Okt. Mo–Fr 10–18.30, Nov.–März 10–17, Sa ganzjährig 10–14 Uhr, 4,50 €

Mehr als monströse Monstranzen

③⑧ Museu Diocesà: Das Museum widmet sich ganz der Prachtentfaltung der katholischen Kirche – klar, es gehört zum Bischofspalast. Anhand von über 200 Exponaten wird die Entwicklung des Christentums auf der Insel in einem mittelalterlichen Gewölbe am Ende der Aussichtsterrasse sehr geschmackvoll in Szene gesetzt. An prominenter Stelle hat der Sarkophag von König Jaume II seinen Platz, der von Sa Seu ›umgesiedelt‹ wurde.

Ein Raum ist der Umgestaltung der Kathedrale durch Gaudí gewidmet. Schade, dass es die Erläuterungen nur in Katalan und Spanisch gibt.

Carrer del Mirador, 5, Mo–Sa 10–14 Uhr, 3 €, im Eintrittspreis für die Kathedrale inbegriffen

Geschichte im Zeitraffer

③⑨ Museu de Mallorca: In 14 Räumen macht das auf arabischen Fundamenten in einem Palast aus dem 17. Jh. ruhende Museum anhand ausgesuchter Exponate aus Kunst und Kunstgewerbe mit der langen, spannenden Geschichte der Insel vertraut. Von der prähistorischen Talaiot-Kultur über die römischen und maurischen Epochen spannt sich der Bogen. Beeindruckende frühchristliche Kunst ist darunter, Landschaftsbilder, aber auch Jugendstilkeramiken. Leider fehlen Sitzgelegenheiten, um die Werke etwas nachhaltiger zu genießen.

Carrer Portella, 5, museudemallorca.caib.es, Di–Fr 10–18 Uhr, 2,40 €

Auf ein Date mit Picasso & Co.

④⓪ Museu d'Art Espanyol Contemporani: Juan March hat mit seinen Schmuggelfahrten so viel Geld verdient, dass er gleich mehrere Museen auf der Insel bestücken konnte. Dieses zur Fundación Joan March gehörende Gebäude reiht sich in die Flucht der Shops an der Haupteinkaufsstraße und kann leicht übersehen werden. Eine geschwungene Treppe führt hinauf zu Picasso, Miró, Dalí und anderen Protagonisten der modernen spanischen Kunst. Im Shop gibt's die entsprechenden Bildbände und Kataloge dazu.

Sant Miquel, 11, www.march.es/arte/palma, Mo–Fr 10–18.30, Sa 10.30–14 Uhr, Eintritt frei

Brünhilde schläft auf der Festung

④① Es Baluard – Museu d'Art Modern i Contemporani: Anselm Kiefer hat seine »schlafende Brünhilde« gut zugedeckt. Man sucht sie vergeblich. Lassen wir sie schlafen und wenden uns den anderen Werken zu. Über 600 sind es von namhaften und weniger namhaften Künstlern, nationalen und internationalen. Der Mallorquiner Barceló ist darunter, natürlich Miró und auch Picasso, der Deutsche Thomas Ruff und der Japaner Tadashi Kawamata. Mindestens genauso interessant sind die vielen temporären Ausstellungen, die das Museum zu einem höchst lebendigen kulturellen Zentrum werden ließen.

Plaça de la Porta de Santa Catalina, 10, in der Festung Baluard, www.esbaluard.org, Di–Sa 10–20, So bis 15 Uhr, 6 €, über 65 Jahre 4,50 €, Wechselausstellungen 4,50 €/3 €

Betörender Blick von der Bastion

❷ Museo Histórico Militar de San Carlos: Zugegeben, der Besuch eines Militärmuseums ist sicher nicht jedermanns Sache. Zumindest die noch gut erhaltene Festungsanlage ist durchaus einen Ausflug wert, denn der Blick von den Bastionen auf den Hafen mit den Kreuzfahrtschiffen und dem alten Leuchtturm gehört zu den großartigsten Panoramaansichten der Bucht. Im Innern feiert sich das Militär mit Bildern, Dokumenten, Fahnen und Waffen aller Art. Der historisch interessierte Besucher dürfte hier jedoch einige spannende Entdeckungen machen. Und wen es nervt: Das nette kleine Café auf dem Gelände ist sehr zu empfehlen.

In der Bastion, www.museomilitarsancarlos. com, Di–So 10–14 Uhr, Eintritt frei, Buslinie 1 von der Plaça Espanya

Spanien geschrumpft

❸ Poble Espanyol: Man hat sich redlich bemüht, dem Besucher anhand verkleinerter historischer Bauwerke aus Granada, Madrid, Toledo usw. die Kultur Spaniens nahezubringen, konnte aber leider das Vorbild in Barcelona nicht im Entferntesten erreichen. Erläuterungen fehlen, das einzige Café ist nicht immer offen, die meisten Gebäude geschlossen. Gedränge wie in der Kathedrale muss man trotz der Souvenirshops nicht befürchten.

Alte Mauern, neue Mauern – sie symbolisieren den Wandel von der Festung Es Baluard zu einem Museum moderner Kunst der Extraklasse.

ENTSCHLÜSSELUNG MIT FOLGEN **E**

Sie fällt im **Militärmuseum** ⓐ von Palma nicht sofort auf, die ›Enigma‹ (griech. Rätsel). Und Rätsel gab die wie eine modifizierte Schreibmaschine aussehende Geheimwaffe deutscher Kommunikationstechnik den Briten lange Zeit auf. Nur mit viel Mühe gelang ihnen unter dem Decknamen Ultra die Entschlüsselung. Auch Glück spielte eine Rolle, fielen ihnen 1941 doch eine Enigma samt Code-Schlüsseln vom U-Boot U 110 in die Hände, zwei Jahre später die Codes von U 559. Das Schicksal der deutschen U-Boot-Waffe war damit besiegelt und der Krieg möglicherweise früher beendet als ohne den Erfolg der Truppe vom Bletchley Park in London.

Einigermaßen interessant ist die Ausstellung zu Kolumbus und Mallorca. Ähnliches gibt es aber auch in Felanitx.
Poble Espanyol, 55, tgl. 10–18, Nov.–März tgl. 9–17 Uhr, Geschäfte am Wochenende geschl., 6 €

Schlafen

Vor allem in den Wintermonaten empfiehlt sich die Metropole als Standort für einen abwechslungsreichen Aufenthalt. Die Auswahl ist groß, vom edlen Palasthotel bis zur einfachen Bleibe. Sehr umfangreich ist das über Portale vertriebene Angebot an Privatunterkünften. Wegen der neuerdings sehr strengen Regeln ist hier jedoch besondere Vorsicht geboten.

In historischem Gemäuer
❶ **Palacio Ca Sa Galesa:** Geschmackvolles Fünf-Sterne-Boutiquehotel voller An-

tiquitäten in einem ehemaligen Stadtpalais von 1576 mitten in der Altstadt. Die zwölf Zimmer, nach Musikern benannt, sind mit Kostbarkeiten ausgestattet. Den Gästen stehen eine Sauna, ein Pool und eine Dachterrasse mit umwerfendem Blick auf die Kathedrale zur Verfügung.
Carrer Miramar, 8, T 971 71 54 00, www. palaciocasagalesa.com, DZ ab 280 €

Minimalistisch mit Maximalblick
❷ **Hotel Tres:** Hinter dem eher unscheinbaren Eingang mit alter Fassade in der schmalen Apuntadores versteckt sich dieses etwas minimalistische Vier-Sterne-Edelhotel mit seinen 41 überwiegend in Weiß gehaltenen Zimmern. Auch hier hat man einen tollen Blick von der Dachterrasse. Irgendwie verständlich, dass es in schwedischem Besitz ist – der kühle Norden lässt grüßen.
Carrer Apuntadores, 3, T 971 71 73 33, www. hoteltres.com, DZ/F ab 260 €

In der Altstadt verborgen
❸ **Santa Clara Urban Hotel & Spa:** Kleines, feines Hotel in einem liebevoll restaurierten Haus mit 20 Zimmern, zuvorkommendem Personal und einem tollen Blick von der Dachterrasse. Es gibt auch einen Spa-Bereich, und die Kathedrale ist nur wenige Fußminuten entfernt. Ein weiteres Plus ist die sehr ruhige Lage, da die enge Gasse für den normalen Autoverkehr gesperrt ist.
Carrer Sant Alonso 16, T 971 72 92 31, www. santaclarahotel.es, DZ ab 190 €, zahlreiche Sonderangebote

Attraktives Altstadtflair
❹ **Hotel Born:** Ein weiteres aus einem Stadtpalast hervorgegangenes Hotel, das lange als Geheimtipp galt und von allen um seine prächtige Marmorhalle beneidet wird (s. S. 34).
Carrer Sant Jaume, 3, T 971 71 29 42, www. hotelborn.com, DZ/F ab 190 €, auch pauschal zu buchen

Versteckspiel in der Altstadt

5 Hotel Almudaina: Zentral gelegenes Hotel in historischem Gebäude mit geschmackvollen, funktionalen Zimmern, einige mit Balkon. Dachterrasse mit Bar und herrlichem Blick über die Stadt. WLAN und Frühstücksbüfett.

Avinguda Jaume III, 9, T 971 72 73 40, www.hotelalmudaina.com, DZ/F ab 180 €

Gelungenes Facelifting

6 M House: Nur zu Fuß über eine Treppe in einer schmalen Gasse ist der Eingang des frisch renovierten Hauses erreichbar. Die Zimmer sind gemütlich-elegant, im Winter gut geheizt, ordentliches WLAN. Im Sommer kann man im Innenhof sitzen; sehr aufmerksames Personal. Morgens wird man zuweilen von der Müllabfuhr geweckt, dafür sind es zur Einkaufsstraße Carrer de Sant Miguel und Mercat de l'Olivar nur wenige Schritte. Dort sollte man auch frühstücken.

Carrer Can Maçanet, 1a, T 971 21 48 48, www.mhousehotel.com, DZ ab 150 €

Wie Architekten wohnen würden

7 Brondo Architect Hotel: Hier haben Architekten ihre Träume verwirklicht. Exklusives Design in einem Stilmix aus mallorquinischem Herrenhaus und modernem Industriedesign, liebe- und geschmackvoll ausgesuchte Accessoires, dazu modernste Technik. Keines der 30 nach bekannten Architekten benannten Zimmer gleicht dem anderen. Nonkonformisten werden das trendige Boutiquehotel lieben. Die Preise variieren im Jahreslauf erheblich.

Carrer Can Brondo, 4, T 971 92 56 43, www.brondoarchitect.com/de, DZ/F ab 80 € (über Portale teurer)

Essen

Die Zahl der Restaurants ist kaum zu überschauen, wobei sich einige Szeneviertel an der Peripherie herausgebildet haben. Dicht an dicht drängen sich die Lokale in Santa Catalina entlang der Carrer de Fàbrica (s. S. 37). Die Restaurants sind hier inzwischen relativ teuer und echt mallorquinische Gerichte eher die Ausnahme. Auch der kleine Hafen von Portixol im Osten Palmas ist mittlerweile ein Hotspot (s. S. 49).

Französische Höhenflüge

1 Restaurant-Café La Bodeguita del Centro: Das noch recht unbekannte Bistro des Franzosen Emmanuel bietet französisch-mediterrane Küche hoher Qualität.

Carrer del Carme, 16, Seitenstraße der Rambla, T 971 49 52 59, Mo–Sa 13–17, Fr–Sa 20.30–23.30 Uhr, mittags 2- oder 3-Gänge-Menü 15/18 € inkl. Glas Wein

Frische, überraschende Küche

2 Aromata: Das etwas versteckt in einem historischen Gebäude liegende Restaurant von Sternekoch Andreu Genestra ist werktags die erste Wahl für ein hervorragendes Mittagsmenü mit einem Glas Wein für gerade einmal 15,50 € – das dürfte auf der Insel einmalig sein. Cooles Ambiente zwischen unverputzten Wänden und schlanken Säulen.

Carrer de la Concepció, 12, T 971 49 58 83, www.aromatarestaurant.com, Mo–Sa 13–15.30, Di–Sa auch 20–22.30 Uhr

Vegane Haute Cuisine

3 Bon Lloc: Vegetarisch, vegan, glutenfrei – nicht nur Hardcore-Vegetarier geraten hier ins Schwärmen. Kreative Speisen, frisch zubereitet und sättigend, dazu ein hervorragender Service.

Carrer Sant Feliú, 7, T 971 71 86 17, www.bonllocrestaurant.com, Mo–Sa 13–16, Di–Sa 19–22.30 Uhr, Mittagsmenü 15 €, Hauptgerichte ca. 15 €

Aschenputtel auf Erfolgskurs

4 Las Olas: Weder tolle Aussicht noch cooles Design noch trendy Location – wer es nicht kennt, läuft an dem Altstadt-Restaurant vorbei. Sehr zu Unrecht, denn hier

HÄPPCHEN FÜR HÄPPCHEN

H

Jeden Dienstag ab 19 Uhr locken 25 Tapas-Bars entlang der sog. **Ruta Martiana** (Dienstagstour) im Gerrería-Viertel zwischen der Plaça Major und der Plaça Eulàlia mit einem Angebot, dem man kaum widerstehen kann. Für 2 € bekommt man eine Tapa und ein Glas Wein oder Bier. Auch wenn man nicht alle 25 Bars schafft: für Abwechslung ist gesorgt (https://rutamartiana.word press.com/los-bares-de-la-ruta2).

wird hervorragend gekocht und freundlich bedient. Sehr gute Tapas und auch schmackhafte asiatische Kost. Das *Menú del día* gibt es Mo–Fr für knapp 14 € (Preise auf der Karte ohne Steuer, IVA). Carrer Can Fortuny, 5, T 971 21 49 05, www. lasolasbistro.com, Mo–Sa 12.30–16, Mi–Sa auch 20.30–23.30 Uhr

Deftig dabei

5 **Celler Sa Premsa:** Spanische Hausmannskost im landestypischen Ambiente eines Kellergewölbes, dekoriert mit verblassten Stierkampfplakaten. Auch die Preise sind nahezu nostalgisch, für gegrilltes Lammkotelett zahlt man um die 8 €, für ein *Menú del día* ca. 13 €.
Plaça Bisbe Berrenguer de Palóu, 8, T 971 72 35 29, www.cellersapremsa.com, Mo–Sa 12–16, 19.30–23.30 Uhr, im Sommer Sa, So geschl.

Speisen in der Welt von Amélie

6 **Café Antiquari:** Was wie eine in die Jahre gekommene Studentenkneipe wirkt, ist liebevoll arrangiert. Entspannte Atmosphäre im ehemaligen Antiquitätenladen mit viel Shabby-Schick-Flair. Tolle Tapas, Bier vom Fass – einfach gut! Hier wird glücklich, wer's noch nicht war.

Carrer Arabí, 5, T 871 57 23 13, Mo–Sa 11–1 Uhr, Hauptgerichte ab 12 €

Feel good & freche Leckereien

7 **13 %:** Kleine, charmante Mischung aus Bodega, Feinkostladen und Restaurant mit sehr zu empfehlender Tapas-Auswahl als Mittagsmenü für den kleinen Hunger (ca. 11 €), begleitet von dezenter Musik. Sehr gutes Preis-Leistungs-Verhältnis. 130 Weine im Angebot!
Carrer de Sant Feliu, 13, T 971 42 51 87, www.13prozent.com, Mo–Sa 12.30–23.30, So 18–23.30 Uhr, Hauptgerichte ab 10 €

Markt im Jugendstildekor

8 **Mercado Gastronómico San Juan:** Auf der neuen Streetfood-Meile unter dem Dach des ehemaligen, denkmalgeschützten Schlachthauses Escorxado buhlen 17 Stände auf 1000 m² mit unterschiedlichen Spezialitäten um Liebhaber internationaler und mediterraner Speisen, dazu Wein und Sekt, alles an langen Bistrotischen in lockerer beschwingter Atmosphäre.
Carrer l'Emperadriu Eugènia, 6, Centro Comercial S'Escorxador, www.mercadosanjuanpalma. es, Mo–Mi 12.30–24, Do, Fr 12.30–2, Sa 12–2, So 12–24 Uhr, Tapas ab 2 €, *bocadillos* ab 2,50 €

Plüschiges Kultcafé

9 **Ca'n Joan de S'aigo:** In einem roten Sessel in plüschiger Wohnzimmeratmosphäre versinken, einen *café con leche* und eine *ensaïmada* bestellen. Und die Schokolade ist der Hammer! Kann ein Stadtbummel einen schöneren Abschluss finden? Das Café ist eine Schwester der viel besuchten Xocolateria in der Carrer Sanc, den Touristen aber kaum bekannt.
Carrer del Baró de Santa Maria del Sepulcre, 5, Seitenstr. der Carrer Jaume, tgl. 8–21 Uhr

Uriger Tapas-Zwischenstopp

10 **Tast Unió:** Eine der derzeit beliebtesten Tapas-Bars mit authentischem Ambiente und einer irren Vielzahl dieser kleinen

Köstlichkeiten. Die Tast-Bars (es gibt drei) sind auch bei Einheimischen beliebt.

Carrer de la Unió, 2, T 971 72 98 78, www. tast.com, Mo–Sa 12.30–24 Uhr, Pinchos ab 2 €, Tapas ab 7 €

Tapas-Kult

11 **Bar España:** Die riesige Auswahl frischer Tapas, hervorragende *patatas bravas* (span. Bratkartoffeln) und sogar Craft Beer haben die charmante kneipenartige Bar im Herzen Palmas ungemein beliebt gemacht.

Carrer Can Escursac, 12, auf Facebook, Mo– Do 18.30–24, Fr, Sa 12.30–16.30, 18.30–1 Uhr, Tapas ab 3,50 €

Leicht, ausgefallen und gut

12 **Duke:** Momentan eines der angesagtesten Restaurants in Santa Catalina mit etwas Surfer-Atmosphäre (der Name stammt von Duke Kahanamoku, dem ›Vater‹ des Surfens). Hervorragende, ausgefalle-

ne Fusion-Küche. Recht kleine Portionen. Kuchen sehr teuer.

Carrer Soler, 36, T 971 07 17 38, www.duke palma.com, Mo–Sa 13–16, 19.30–23.30 Uhr, (recht preiswertes) *menú del día* 17 €, Hauptgerichte ab 16 €

Belgien trifft Mallorca

13 **Toque:** Belgische Küche mit mallorquinischem Twist auf Topniveau in Santa Catalina! Sehr gutes Preis-Leistungs-Verhältnis, persönlicher Service. Große Auswahl belgischer Biere!

Carrer Federico García Lorca, 6, T 971 28 70 68, www.restaurante-toque.com, Di–So 13–15.30, Di–Sa auch 19–23 Uhr, Mittagsmenü 15,50 €, Hauptgerichte mit Fleisch ab 17 €, vegetarische Gerichte ab 13 €

Modern asiatisch auf Mallorca

14 **Koh:** Es müssen nicht immer Tapas sein. Das eher unscheinbare Restaurant

Geselligkeit ist eine der spanischen Tugenden. Und die soll man ja bekanntlich pflegen. Wo geht das besser als bei Tapas und einem Bier?

bietet exzellente, vorwiegend thailändische Küche. Kleiner Minuspunkt: Wegen des großen Andrangs darf man nur zwei Stunden bleiben. Für Santa Catalina ein gutes Preis-Leistungs-Verhältnis. Reservierung dringend angeraten.

Carrer de Servet, 15, T 971 28 70 39, auf Facebook, Mo–Sa 19–23 Uhr, Hauptgerichte ab 15 €

Eine Frikadelle macht auf fein

15 **marsim bistrobarante:** Dass der Burger, die gute alte Frikadelle oder Boulette, längst sein Fastfood-Schmuddelimage abgelegt hat, dafür ist dieses Bistro der beste Beweis. Hervorragende, gesunde ›Klopse‹ mit reichlich Salat garniert (auch vegetarische/vegane Varianten).

Carrer d'Arnau Rossiñol 9, T 971 66 71 36, www.marsim-mallorca.com, Mo, Mi, Do 19–22.30, Fr bis 23.30 Uhr, Sa, So 13–15.30, 19–22.30 Uhr, ab 9,80 €

Stand für Stand lecker!

16 **Mercat 1930:** 14 Stände buhlen an der Küstenpromenade mit frischen Produkten unterschiedlicher Geschmacksrichtungen um die hungrigen Besucher. Die Portionen sind überschau- und bezahlbar, sodass man gleich mehreren Versuchungen erliegen darf.

Avinguda Gabriel Roca 33, tgl. 12–24 Uhr

Einkaufen

Seit den Billigflügen hat sich Palma zum Einkaufsparadies gemausert, das man vor allem im Winter gern mal für ein paar Tage ansteuert. Das ist auch den Edelmarken Gucci, Prada, Armani und Co. nicht entgangen, die in bevorzugter Lage am Passeig des Born Filialen eröffnet haben. Im Fremdenverkehrsbüro erhält man die kleine Broschüre »Palma – der beste Einkauf am Mittelmeer« mit themenbezogenen Shoppingrouten. Zwischen Plaça de Cort und Plaça d'Espanya liegt das

Einkaufsviertel für gehobene Ansprüche, das sich auch auf den Carrer des Sindicat, den Carrer Bosseria und den Carrer Argentaria erstreckt. Die Westseite der Plaça de Cort öffnet sich zur Haupteinkaufsstraße, dem Carrer Jaume II, der auf die Plaça Major zuläuft.

Kaufhaus der Superlative

1 **Corte Inglés:** Das Edelkaufhaus gibt es in zweifacher Ausführung. Eines liegt an der großen Ringstraße südlich der Plaça d'Espanya (Avinguda d'Alexandre Rosselló, 12–16), das andere an der Avinguda Jaume III, 15. Hier gibt es alles, was das Herz begehrt, in hochwertiger Qualität, vergleichbar dem KaDeWe in Berlin.

www.elcorteingles.es

Augenschmaus und Kaufgenuss

2 **Rialto Living:** Bereits das tolle Ambiente in einem alten Herrenhaus verführt zum Kauf all jener Dinge, die man eigentlich nicht braucht, aber gern haben möchte: Bücher, Mode, Kunst, Deko … Und ein Café gibt es auch.

Carrer Sant Feliu, 3, www.rialtoliving.com, Mo–Sa 10–20.30 Uhr

Schuhe wie Skulpturen

3 **Farrutx:** In der Filiale von Mallorcas bekanntester Schuhmarke gibt es die passenden Handtaschen dazu, sehr schick und sehr teuer …

Plaça del Mercat, 10, www.farrutx.com. Mo–Sa 10–20.30 Uhr

Überdimensionale Noppen

4 **Camper:** Kultschuhe aus der berühmten Werkstatt in Inca mit dem Motto: »Damit du vergisst, dass du Füße hast.«

Avinguda de Jaume III, 5 (es gibt zahlreiche weitere Geschäfte in Palma), www.camper.com

Mallorquinische Mitbringsel

5 **Estilo Sant Feliu:** Ausgesuchte Souvenirs, an denen man zu Hause noch viel Freude hat, darunter auch die berühmten

Llengües-Webereien (s. S. 130) und geschmackvolle Keramiken aus eigener Produktion. Filiale in Sóller.

Carrer de Sant Feliu, 11b, und Costa de Santa Creu, 3 (einige Meter weiter um die Ecke), www.estilosantfeliu.com, Mo–Sa 10–20 Uhr

Hier scheiterten die Weltmeister

6 Puzzles: Über 300 teils selbst entwickelte Puzzles, die es in sich haben. Die deutschen Fußballer um Löw & Co. haben sich an ihnen bereits die Zähne ausgebissen – der Autor auch! Mitbringsel mit nachhaltiger Wirkung, bis der Geduldsfaden reißt oder die Freude groß ist.

Sant Nicolau, 16, T 971 49 55 47, www.mallorca-puzzles.com, Mo–Sa 10.15–20.30 Uhr

Im Schlaraffenland

7 Colmado Santo Domingo: Der Laden ist winzig, aber die Auswahl an Delikatessen immens, natürlich fehlen weder die mallorquinischen Würste, *sobrassadas,* noch die Schinken, die in Trauben von der Decke hängen.

Carrer de Santo Domingo, 1, www.colmadosantodomingo.com

Arkadien, die Zweite

8 Son Vivot: Auswahl und Angebot sind ganz ähnlich wie bei Santo Domingo, hier ist allerdings alles etwas größer.

Plaça Porta Pintada (nahe Plaça d'Espanya), www.sonvivotpalma.com

Paradiesisches für Süßmäuler

9 Forn del Santo Cristo: Für süße Verführungen sind Mallorquiner ausgesprochen zugänglich. Insbesondere den *ensaïmadas* und Pralinen des Forn de Santo Cristo können sie kaum widerstehen. Es gibt gleich vier Geschäfte des *ensaïmada*-Spezialisten mit hübschen kleinen Cafés, besonders schön im Jugendstilhaus an der Plaça Marques de Palmer und in der Haupteinkaufsstraße Sant Miguel nahe dem Mercat de l'Olivar.

www.hornosantocristo.com, tgl. 8–20 Uhr

Schokoschätze!

10 Chocolat factory: Sehr lecker sind die feinen handgemachten Pralinen, an denen wohl keiner vorbeigeht.

Plaça del Mercat, 9, www.chocolatfactory.com

Bombastische ›Bomboneria‹

11 Pajarita: Schokolade und Pralinen aus eigener Fertigung, und das seit über 140 Jahren! Wem es nicht nach Süßem gelüstet, findet hier auch eine Auswahl an Olivenölen.

Carrer de Sant Nicolau, 2, www.lapajarita1872.com

Bewegen

Bei den geführten Touren durch die Altstadt kann man sich ans Händchen nehmen lassen. Es gibt geführte Rundgänge mit und ohne Tapas und Wein, privat oder in Gruppe, zuweilen auch auf Deutsch (Buchungen online u. a. über www.getyourguide, www.rent-a-guide.de oder ganz individuell mit der Kunstsachverständigen Ingrid Flohr, s. S. 286; www.kunst-touren-mallorca.com).

Auf zwei Rädern

1 Urban Drivestyle: Palma ist fürs Radfahren wie gemacht. Die Altstadt ist fast autofrei, die Küstenpromenade von einem Radweg gesäumt. Bei diesem Anbieter kann man nicht nur normale Fahrräder leihen, sondern auch Exoten, die echte Hingucker sind, sofern man sie beherrscht. Es gibt auch geführte Touren.

Carrer Sant Francesc, 11, T 871 03 21 44, Mo–Sa 10–14, 16–19 Uhr, ab 14 €/Tag

Seg your way

2 Segway Palma: Allein darf man mit den elektrischen Ein-Personen-Balance-Transportern nicht unterwegs sein. Die geführten Touren mit einem versierten Guide versprechen viel Spaß. Bevor es losgeht, wird eine Übungsrunde gedreht.

Für eine Stunde sind 35 € fällig, für die Drei-Stunden-Tour entlang der Küste bis Arenal 90 €.

Carrer Jaume Ferrer, 7, T 971 72 30 65, www.segwaypalma.com/de, Mo–So 9.30–18 Uhr

Markt und Menü
③ Lonja 18 – Open Kitchen Mallorca:
Auch Amateure dürfen in der Kochschule rühren und brutzeln: Kurse für Tapas bzw. von klassisch bis vegan stehen auf dem Programm, z. T. mit einer Einkaufstour auf dem Markt. Ein dreistündiges kulinarisches Erlebnis mit Partycharakter für all jene, die Englisch verstehen.

Carrer de la Lotja, 18, T 672 23 35 55, www.lonja18.com, 65 € zzgl. 15 € mit Marktbesuch

Relaxen an Bord
④ Segeltörn in der Bucht: Einen völlig neuen Blick auf Palma und die angrenzende westliche Küste bekommt man an Bord eines Katamarans. Fünf Stunden kreuzt man durch die Bucht und kann sich vom Skipper mit gegrillten Häppchen und Wein verwöhnen lassen. Für ein kurzes Bad bleibt auch noch Zeit.

Online-Buchung unter www.getyourguide.de (Stichwort Palma), gegenüber Auditorium, Pier Las Golondrinas, Passeig Maritim, 18, Törn ab 55 €

Ausgehen

Floraler Overthrill
❊ Abaco: Wegen seiner üppigen Blumendeko und der Drinks gleichermaßen berühmter Treffpunkt betuchter Nachtschwärmer nahe der Llotja. Mit ca. 16 € für einen Cocktail lässt man sich die exklusive Gestaltung, die wöchentlich 3500 € kosten soll, fürstlich honorieren; fotografieren darf man die Pracht aber nicht! Ende 2019 gehen die Lichter aus, im historischen Palast soll ein weiteres Nobelhotel entstehen.

Carrer Sant Joan, 1, T 807 57 59 77, www.bar-abaco.es, tgl. 20–1 Uhr

Location mit Livemusik
❊ Jazz Voyeur Club: Abwechslungsreiches Angebot unterschiedlichster Stile von Blues über Latino bis Flamenco.

Carrer dels Apuntadors, 5 (neben Hotel Tres), T 971 72 07 80, www.jazzvoyeurfestival.com, tgl. ab 20 Uhr

Zug durch die Gemeinde
❊ Führung durch das nächtliche Palma: Keine schlechte Idee, die angesagten Viertel zunächst mit einem lokalen Guide in einem etwa zweistündigen Rundgang zu erkunden – danach geht's auf eigene Faust los. Ohne Speisen und Getränke zahlt man nur 20 €.

Online-Buchung unter www.getyourguide.de (Stichwort Palma, Kneipentour), Treffpunkt Avinguda d'Antoni Maura, 22, Ecke Carrer de Vallseca (nahe Restaurant Lennox The Pup)

Unterhaltung auf hohem Niveau
❹❺❻ Teatre Municipal: Wer bei der abendlichen Unterhaltung auf Alkoholkonsum und Sozialkontakte verzichten kann, sollte einen Blick auf die Vorstellungen unter www.palmacultura.cat werfen. Das Angebot ist vielfältig und auf hohem Niveau, darunter Klassik, Jazz und Ballett. Die Aufführungen finden an drei Orten statt.

Teatre Xesc Forteza (4): Plaça de Miquel Maura; Teatre Catalina Valls (5): Passeig de Mallorca, 9; Teatre Mar i Terra (6): Carrer de Sant Magí, 89–91

Rock around the clock
❊ Tunnel Rock Club: Auch bei Einheimischen an Wochenenden sehr beliebter Zufluchtsort für die Generation vor Hip-Hop und Rap. Meist klassischer Rock, freundliche Bedienung, gutes Ambiente.

El Terreno, Plaça Gomila, 2, T 971 45 66 52, www.facebook.com/TunnelRockClub, Fr, Sa 23–6 Uhr, 6 € (auf Getränke anrechenbar)

Tunnelblick
❊ Kaelum-Club: Wer Platzangst hat, sollte besser draußen bleiben – es kann

im Gewölbe sehr eng werden. Der angesagte Club in Santa Catalina gilt als Vorreiter der sog. Tardeo-Bewegung, bei der das Feiern schon nachmittags beginnt. Avinguda Argentina, 1, T 606 92 17 79, www. facebook.com/kaelumclubmallorca, Do–Sa ab 23.30 Uhr, im Sommer auch Mo geöffnet, Eintritt frei

›Hafenkneipe‹

☀ **Garito Café:** Angesagter Pub mit den besten DJs und einer gepflegten Club-Atmosphäre mit Restaurantbetrieb. Bei Einheimischen sehr beliebt, Service zuweilen etwas schleppend. Carrer Dàrsena de Can Barbarà, s/n, T 971 73 69 12, www.garitocafe.com, tgl. 19–4, im Winter nur Do–Sa 20–4 Uhr

Feiern

Aktuelle Informationen zu kulturellen Veranstaltungen unter www.mallorcazeitung. es und www.cultura.palma.es.

- **Festa dels Reis:** 5. Jan. Prozession der Heiligen Drei Könige durch die Altstadt.
- **Beneïdes de Sant Antoni Abat:** 17. Jan. Segnung der Haustiere vor dem Konvent Sant Antoni Abat.

UNTERHALTUNG JENSEITS VOM DISCOSOUND

Seit die bekanntesten Discos – Pacha und Tito – schließen mussten, ist es um Palmas Nachtleben zwar etwas ruhiger geworden, Angst braucht man aber nicht zu haben. Die Szene ist nach wie vor sehr lebendig und vielfältig. Unter www. palmacultura.cat (leider nur in Katalan und Spanisch), aber auch unter www.mallorcazeitung.es (Stichwort Freizeit) findet man die aktuellen kulturellen Veranstaltungen.

- **Festa Sant Sebastià:** um den 20. Jan. Fest zu Ehren des Schutzheiligen Palmas mit spektakulärem Umzug der *gegants* (Holzfiguren) und Feuerwerk.
- **Fira del Ram:** Anfang März–Anfang April. Größte Kirmes der Balearen, im Polígon Son Fusteret in Palma.
- **Setmana Santa (Karwoche):** am Gründonnerstag Umzug mit der Christusfigur durch die Altstadt.
- **Sant Pere:** Ende Juni. Bootsprozessionen zu Ehren des Schutzpatrons der Fischer.
- **Nit del Art:** Sept. In der Nacht der Kunst öffnen zahlreiche Galerien und Museen kostenlos von 19 bis 24 Uhr ihre Tore.
- **Jazz Voyeur Festival:** Carrer dels Apuntadors, 5, T 971 72 07 80, www. jazzvoyeurfestival.com. Einmal pro Monat Jazz-Sessions an unterschiedlichen Orten, veranstaltet vom Jazz Voyeur Club.
- **Festa de Santa Catalina:** Ende Okt. Prozession durch die Altstadt.

Infos

- **Information:** s. S. 244
- **Verkehr:** Verkehrsknotenpunkt der Stadt ist die Plaça d'Espanya mit ihrem unterirdischen Bahnhof für die Züge nach Manacor und die U-Bahn sowie dem ebenfalls unterirdischen Busterminal für die Verbindungen zu den außerhalb der Hauptstadt gelegenen Orten. Auch die meisten Stadtbusse berühren die Plaça. Oberirdisch befindet sich nur noch der Bahnhof für den ›Roten Blitz‹ nach Sóller und zurück; s. S. 98.
- **U-Bahn:** Die U-Bahn, die das Zentrum mit der Universität verbindet, ist für Besucher kaum von Interesse.
- **Bus:** Palma verfügt über ein gut ausgebautes Busnetz. Alle Routen und Fahrpläne sind übersichtlich auf der Website www. emtpalma.es dargestellt (auch auf Deutsch und als App).
- **Sightseeingbusse:** Speziell für Touristen wurden die roten Doppeldeckerbusse ›City

Sightseeing‹ (Linie 50) mit offenem Oberdeck in Betrieb genommen, die im 30-Min.-Takt die wichtigsten Sehenswürdigkeiten bis nach Portopí anfahren (Route auch als App fürs iPhone). Das 24-Std.-Ticket kostet ohne Castel Bellver online 18 € (www.city-ss.es/es/palma-de-mallorca). Auf der Website www.city-sightseeing.com/en/25/palma-de-mallorca desselben Unternehmens findet man ein Seniorenticket für 9 €.

Palmas Osten

Lange waren die kleinen Fischergemeinden, die sich östlich von Palmas Zentrum die Küste entlangschlängelten, Stiefkinder der Metropole. Erst vor Kurzem hat sie der Tourismus in die Arme geschlossen und ihnen einen ungeahnten Boom beschert.

Portixol, El Molinar, Ciutat Jardín ♀ D 5

Triumvirat im Aufwind
Im fast kreisrunden kleinen Hafenbecken von **Portixol** liegen keine Jachten, sondern bescheidene winzige Fischer- und Sportboote der Einheimischen. Und den meist ein- oder zweistöckigen Häusern, die die kleine angrenzende Bucht wie eine Zuschauerschar umdrängen, sieht man trotz frisch getünchter Fassaden ihre Herkunft als Quartiere des einfachen Mannes immer noch an. Seit geraumer Zeit aber sind sie hip, ihr Wert explodiert. Statt häkelnde, schwarz gekleidete Fischerfrauen auf Stühlen oder Bänken vor grünen Holztüren sitzend, findet man nun gestylte Touristen mit verspiegelten Sonnenbrillen auf den schmalen Terrassen der Tapas-Bars, die hier wie im angrenzenden **El Molinar** das Regiment übernom-

men haben. Gewonnen haben die einst heruntergekommenen Viertel sicherlich durch die Promenade, die sich von Palma bis nach El Arenal zieht und einen ungehinderten Blick auf das Mittelmeer bietet. Nur eins sollte man vermeiden: mit dem Auto anzureisen. Ideales Verkehrsmittel ist das Fahrrad. Nach **Ciutat Jardín** zog es Gourmets schon lange, ehe Santa Catalina zu Hochform auflief. Hier kommt fast ausschließlich frischer Fisch auf den Tisch, entweder in geräumigen Familienrestaurants oder urigen Kneipen wie der Casa Fernando (s. u.).

Essen

Feinster Fisch
Casa Fernando: Im winzigen Eckrestaurant, das sein Aussehen kaum geändert hat, dinierten bereits der spanische König, Helmut Kohl und andere Prominenz. Berechnet wird nach Art und Gewicht des stets tagesfrischen Fischs – die Preise bewegen sich jenseits der 40-Euro-Marke. Carrer de Trafalgar, 27, Ciutat Jardín, T 971 26 54 17, www.restaurantecasafernando.com, Di–So 13–16, 19–24 Uhr

TOUR
Palma immer im Blick

Mit dem Rad von der Platja de Palma nach Portixol

Ich musste mich an das geliehene Fahrrad erst gewöhnen, schwer wie ein Panzer, etwas unhandlich mit dem Körbchen am Lenker. Die breite Promenade an der **Platja de Palma** bietet aber genug Platz, das Gefährt in den Griff zu bekommen. Geschäfte, Restaurants, Hotels huschen vorbei, auf der anderen Seite die spitzen Hüte der Sonnenschirme, hin und wieder die ›Trinkbuden‹, darunter der berühmt-berüchtigte Ballermann, nunmehr aufgehübscht und umbenannt in **Beach Club Six** (s. S. 277). In **Can Pastilla** muss man sich die Straße zuweilen mit den Autos teilen, hat nur noch einen schmalen Radweg mit Gegenverkehr. Bei starkem Wind blähen sich an der Bucht die Schirme der Windsurfer, heben sie spielerisch in die Luft und lassen sie mühelos über die Wellen gleiten. Die Radfahrer werden neidisch.

Vorfahrt dem Fahrrad
Noch einige Biegungen, dann gehört der Weg wieder den Fußgängern und Radfahrern. Vorsicht ist dennoch geboten. Der Pfad durchquert nun teils auf Holzplanken einen ehemaligen Steinbruch, der im Zweiten Weltkrieg zur Verteidigungsbastion ausgebaut wurde. Die runden Löcher sind keine Brunnen, sondern Fundamente von Flakgeschützen. 1978 wurde die Batterie aufgelöst. Heute gehört sie zum Naturschutzgebiet **Es Carnatge**, einer an Fossilien reichen geologischen Formation, die

Der gut ausgebaute Radweg zwischen Palma und El Arenal verspricht ungetrübte Radlerfreuden, ob allein oder in der Gruppe. Zu sehen gibt es genug – und Restaurants auch.

Zeugnis ablegt von den ehemaligen Schwankungen des Meeresspiegels zwischen den Eiszeiten. Ein Stück weiter schiebt sich die schneeweiße Entspannungs-Oase des **Puro Beach Club** wie ein großer Daumen ins Meer. Die einzige Anstrengung hier: das Sektglas heben (s. S. 52). Falls Ostwind herrscht, zieht man unwillkürlich den Kopf ein, wenn die vom Meer kommenden Jets zur Landung auf der nur 1 km entfernten Piste ansetzen.

Strand sei Dank!

Wir umrunden die Bucht von **Coll d'en Rabassa** mit nettem kleinem Hafen. Es folgt **El Molinar** mit der hübschen, gepflegten Promenade und einer angenehm niedrigen Bebauung unterschiedlicher Stilrichtungen, die wohl nur dem fehlenden Strand zu verdanken ist. Unmittelbar hinter dem kleinen Hafen geht es hinauf auf die an eine Mole erinnernde Promenade, den schönsten Abschnitt des Radwegs. Die Bucht von Palma, die man eigentlich immer vor Augen hatte, rückt immer näher. Genießen lässt sie sich von einer der vielen Bänke mit oder ohne Palmenschatten.

Tapas satt für Sattelfeste

Dann rückt der fast kreisrunde Hafen von **Portixol** (s. S. 49) ins Blickfeld. Man könnte weiterfahren, immer weiter, den Strand und die Promenade entlang bis zum Hafen von Palma weit jenseits der Kathedrale. Die kennen wir aber schon, und die Tapas-Restaurants von Portixol sollen auch nicht schlecht sein ... Und nicht zu vergessen: Da sind ja auch noch der Rückweg und der starke Wind. Also erst mal Schluss fürs Erste, obwohl es gerade mal zehn, allerdings abwechslungsreiche Kilometer waren.

Portixol ist bekannt für seine Restaurants, etwa das Molí des Portixol (Marqués de la Romana, 20; Paella, Fisch, Meeresfrüchte) oder das Portixol (Carrer Sirena; gehobener).

Erfrischend bodenständig

Hoyo 10: Das eher unscheinbare Restaurant in der etwas hippen Ecke lockt vor allem Spanier, die auf gute Hausmannskost zu vernünftigen Preisen Wert legen. Das überschaubare Angebot richtet sich nach dem Tagesfang.

Passeig de Bartomeu Barceló i Mir, 11, El Molinar, T 971 27 86 50, Mi–Mo 13–16, 20–24 Uhr, Paella 15 €

Platja de Palma und El Arenal   ♀ D 5/6

Bye-bye Ballermann

Die ineinander übergehenden Strandabschnitte gelten als Hochburgen deutscher Pauschaltouristen, bekannt nicht nur für den breiten feinen Sandstrand, sondern vor allem für exzessiven Ferienspaß mit reichlich Alkoholgenuss. Seit geraumer Zeit versucht die Balearenregierung, dem Negativimage entgegenzuwirken. Die Promenade und die Strandkioske wurden aufgehübscht, Benimmregeln

EIN ›MORDS‹-BLICK

Wer im edlen **Purobeach Palma** (Carrer Pagell, 1, Cala Estància, www.purobeach.com) seinen Drink vom gestylten Sunbed schlüft, dem könnte beim Blick auf das vorgelagerte Inselchen Na Galera das Glas aus der Hand fallen, würde er erfahren, was sich dort vor mehr als 2000 Jahren zugetragen hat: ein Mord an mindestens vier Personen, darunter eine schwangeren Frau. Die oder der Täter haben einige der Opfer gefesselt in Brunnenschächte geworfen. Erst jetzt sind die Archäologen auf das Verbrechen gestoßen.

mit drastischer Strafandrohung erlassen, Hotels renoviert und zu 4- oder gar 5-Sterne-Unterkünften upgegradet, laute Musik wurde verboten. Im Winter ist vor allem die Platja de Palma keine schlechte Wahl. Die Trinkbuden sind geschlossen, die Megadiscos und Schunkelschuppen machen Urlaub. Da nun das Partyzentrum Megapark wohl seine Tore schließen muss, dürfte sich das Image von Platja de Palma allmählich noch weiter bessern.

Von allem völlig unbeeindruckt ziehen die Fische im **Palma Aquarium,** dem spektakulären Meerwasserpark mit naturgetreuer Nachbildung der ozeanischen Biotope, tagein tagaus ihre Bahnen (Carrer Manuela de los Herreros i Sorà, www.palmaaquarium.com, Jan.–März tgl. 10–16, letzter Einlass 15, April–Dez. 10–18, letzter Einlass 17 Uhr, 19,50 €, Kinder 14 €, online günstiger, Haltestelle der Buslinien 15 und 25).

Auf keinen Fall versäumen sollte man die **Rundkirche Porciúncula,** nur 100 m von der berüchtigten ›Schinkenstraße‹, wie die Partymeile auch genannt wird, entfernt (Avinguda Fra Joan Llabrés, 1, 8.45–13, 14–18.25 Uhr, im Ticket Spiritual Mallorca eingeschlossen, s. S. 49). Die modernen Glasfenster versetzen den Betrachter in einen Farbrausch. Noch ungewöhnlicher ist das angeschlossene Museum mit einem wirren Sammelsurium von Bischofsgewändern über Hochräder bis zu Tonbandgeräten und Surfbrettern.

Essen

Fleischeslust

Ca'n Torrat: Für seine großen Fleischportionen, vor allem die Steaks vom Holzkohlegrill, bekanntes und beliebtes rustikales Restaurant, recht zentral an der Zufahrt zur Autobahn Ma-19 gelegen.

Camí de les Meravelles, 25 (nahe Autobahnabfahrt 11), T 971 26 20 55, www.cantorrat.com, tgl. 13–1.30 Uhr, Hauptgerichte ab 15 €

Zugabe
Segeln wie einst die Piraten

Auf der Rafael Verdera

Das ganze Jahr auf See zu Hause

Kaum jemand weiß, dass in Palmas Hafen das älteste noch aktive Segelschiff Spaniens liegt: die Rafael Verdera. Mindestens ebenso ungewöhnlich wie die Geschichte des zauberhaften Schoners, der seine Taufe bereits 1841 erlebte, ist das Leben der Besatzung an Bord.

Es war Liebe auf den ersten Blick, als die Katalanin Nuria an einem Tag vor 20 Jahren für einen Ausflug auf dem alten Segelschiff anheuerte. Am Steuerrad stand Mikel, der das Boot gekauft und zu seinem Zuhause gemacht hatte. Die Spanierin aus Barcelona verliebte sich unsterblich in beide – in Mikel und die Rafael Verdera. Zusammen segelte das Paar durchs Mittelmeer, ihre zwei Kinder kamen auf dem Meer zur Welt.

Den Unterhalt fürs Boot finanzieren sie mit Ausflügen für Touristen (zu buchen über: www.rafaelverdera.com). Sara und Iñaki, inzwischen 18 und 19 Jahre alt, begeistern die Gäste mit Akrobatik-Darbietungen an den Schiffsmasten sowie am Trapez, das frei über dem Wasser schwebt. Jedes Jahr im Winter besuchen die Geschwister die Zirkusschule in Palma, ein schöneres Leben als auf dem 30-Meter-Boot können sie sich nicht vorstellen.

> **An Bord ist nur das Klatschen der Wellen am Bug zu hören.**

Komplett aus Holz gebaut, fühlt sich die Rafael Verdera im Gegensatz zu modernen Plastikjachten noch sehr organisch an. Zudem kommt sie, ausgestattet mit sechs Segeln, zwei Motoren und zwei Schiffsschrauben, mit einem Minimum an Elektronik aus. In der Kajüte hängt eine Schalttafel mit einer überschaubaren Anzahl an leuchtenden Knöpfen.

„Wir möchten, dass unsere Gäste spüren, wie erholsam sich ein Tag auf einem alten Segler anfühlt", sagt Nuria. An Bord gibt's keine Musik, nur das Klatschen der Wellen am Bug ist zu hören. Mittags grillt sie Fisch und Gemüse für die Gäste, und wer sich traut, kann beim Ankern in einer einsamen Bucht in den Mast klettern und von dort in das kristallklare Wasser springen. (von Jutta Christoph) ∎

Westlich von Palma

Entspanntes Nebeneinander ohne Sozialneid — an der Cala Major erblickte der Pauschaltourismus das Licht der Welt. Heute trifft man hier nur noch den König. Bars, Buchten und lange Strände weiter westlich sind die neuen Hotspots.

Seite 57

Fundació Pilar i Joan Miró

Hier, hoch über der Küste also, entstanden die uns so vertrauten Bilder – in einer lichten Halle, so hell wie die Werke des begnadeten Künstlers.

Seite 57

Marivent

Abgeschirmt von der realen Welt liegt das Urlaubsquartier des spanischen Königs. Bereits der Garten ist auf aristokratischem Niveau.

Kommen die Briten so gern her, weil man hier Dudelsack spielt?

Eintauchen

Seite 60

Cap de Cala Figuera

Zehn schattenlose Kilometer Einsamkeit sind es hin und zurück. Nur die Vögel zwitschern hie und da.

Seite 62

Peguera

Man spricht Deutsch! Kein Wunder, dass die deutschen Touristen den Ort lieben: Der Strand ist sehr schön, die Landschaft ringsum sowieso – und gesitteter als am Ballermann ist es allemal.

Seite 64

Zeitreise durchs Hinterland

Einfach losstrampeln: von Pegueras Stränden in das traditionelle Mallorca. Wem die Puste ausgeht, der darf die Berge auslassen und gemütlich zurückzuckeln.

Seite 66
Port d'Andratx

Böse Zungen nennen die Bucht auch ›Düsseldorfer Loch‹. Man sollte sich davon nicht irritieren lassen und den Blick über die Jachten zu den Appartements am Hang ohne Neid genießen.

Seite 72
Sant Elm

Badespaß und Wanderlust satt! Der liebenswerte Ort am südwestlichen Ende der Insel ist endlich aus seinem Dornröschenschlaf erwacht.

Seite 70
Illa Sa Dragonera

Die Insel gehört wieder ganz den Tieren und Pflanzen. Besucher sind nur auf vorgeschriebenen Pfaden geduldet.

Seite 74
Der Hafen von Porto Portals

Sehen und gesehen werden – so könnte man die Atmosphäre von Porto Portals zusammenfassen. Hier trifft sich der Jetset, hier sind die Reichen und Schönen unter sich. Einen Blick voller Bewunderung dürfen auch die ›Normalos‹ wagen.

Hier trifft man auf Megajachten, größer als die Restaurants an der Promenade …

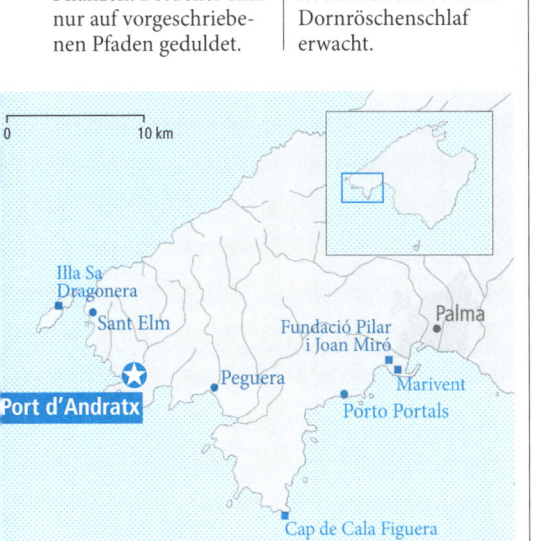

Port d'Andratx ist fest in der Hand deutscher Residenten – aber dürfen nur Düsseldorfer am ›Düsseldorfer Loch‹ wohnen?

& erleben

Sushi und Pommes

E

Eigentlich hat die Natur es mit diesem Küstenabschnitt besonders gut gemeint: Hügelketten, kleine Buchten, vorgelagerte Inselchen, Kiefernwälder und pittoreske Felsen wechseln sich ab. Hier aber wird der Tanz um das Goldene Kalb ›Tourismus‹ besonders exzessiv betrieben. Lärmende Pubs mit schaumlosem Guinness, weiträumige Golfplätze, Luxusjachten als Partykeller, Fish-and-Chips-Buden und Edelrestaurants gehören zum Bild. Betuchte Villenbesitzer und Pauschalurlauber, ein verlassener Militärposten mit blutiger Geschichte neben dem Feriendomizil des Königs – alles zusammengequetscht auf wenige Kilometer. Schon verwunderlich, dass man sich nicht in die Quere kommt.

Je weiter man sich der Westspitze Mallorcas nähert, desto spektakulärer wird die Szenerie bis hin zu den jäh abfallenden Ausläufern der Tramuntana, die bei Sant Elm die Landschaft prägen. Dass sich der Geldadel angesichts der unübertroffenen Meerblicke hier wohlfühlt, ist nur zu verstehen. Und so streitet er um jeden Quadratmeter für neue Bungalows, die trotz Baustopps nach wie vor aus dem Boden schießen. Aber auch für den nor-

ORIENTIERUNG

Information: Das Touristenbüro in Palma hält Infos zur Westküste bereit; ein weiteres Büro gibt es in Peguera.
Verkehr: Zwischen Palma (Plaça d'Espanya) und Cala Major, Santa Ponça, Magaluf, Peguera sowie Andratx/Port d'Andratx (L 104 bzw. L 102/103) bestehen gute Busverbindungen. Die Fahrt dauert, je nach Entfernung, max. 1 Std. Wer Abstecher in die Berge machen möchte, benötigt einen Wagen.

malen Touristen birgt dieser Landstrich unzählige Reize: gepflegte Sandstrände, hübsche Hafenkneipen, unvergessliche Sonnenuntergänge und duftende Pinienwälder für Wanderungen hoch über dem Meer sowie schmale Bergstraßen im Hinterland für anspruchsvolle Radtouren.

Es ist auch geschichtsträchtiger Boden wie kaum ein anderer. Piraten versteckten sich in den Buchten, Jaume I landete seine Flotte bei Sant Elm an, ehe er gegen die Muslime in Santa Ponça den Sieg errang und Mallorca in ein neues Zeitalter führte. General Franco unterhielt hier ein berüchtigtes Foltergefängnis und auch der Massentourismus nahm an der Cala Major vor den Toren Palmas seinen Anfang.

Porto Pí bis Cap de Cala Figuera

»… ich wünsche nicht, dass eines Tages an dieser Stelle irgendeiner dieser schrecklichen Wolkenkratzer gebaut wird, die mich von allen Seiten umringen …«, schrieb Mallorcas Vorzeigekünstler Joan Miró, Schöpfer von surrealistischen Monden, Sonnen und Vögeln. Er hatte 1956 oberhalb von **Porto Pí** an der **Cala Major** ein größeres Anwesen erworben, auf dem er sich in seinen Ateliers endlich austoben konnte. Die Welle des Massentourismus brandete zu jener Zeit bereits gegen die Klippen von Cala Major, einem der ersten Hotspots des neuen Wirtschaftszweigs.

Fundació Pilar i Joan Miró 📍 C5

Als der Maler Joan Miró (1893–1983) 1956 vom spanischen Festland auf die Baleareninsel übersiedelte, bezog er die hoch über der Küste liegende **Villa Son Boter** mit damals noch herrlichem Blick über die Bucht. Zur Fundació Miró erweitert, ist das Atelier heute ein Muss für jeden nur einigermaßen an Kunst interessierten Mallorca-Besucher.Der Komplex besteht aus Wohnhaus, Atelier und Museum, das Bilder des Malers – von dem man hier mehr Werke erwartet hätte –, aber auch anderer Künstler in einer etwas nüchternen Atmosphäre zeigt. Am eindrucksvollsten ist der Blick durch die Fenster in das Atelier des Meisters, das seit seinem Tod unverändert blieb.

Carrer de Saridakis, 29, miromallorca.com, 16. Mai–15. Sept. Di–Sa 10–19, So, Fei 10–15, 16. Sept.–15. Mai Di–Sa 10–18, So, Fei 10–15 Uhr, 7,50 €, erm. 3 €, Sa ab 15 Uhr und 1. So im Monat frei, Busse von Palma mit EMT 3, 46, 50, div. Führungen (Sprache checken)

Marivent 📍 C5

Die Umgebung ist genauso geworden, wie Miró es befürchtet hat. Den spanischen König stört das allerdings nicht – kein Wunder, seine Sommerresidenz Marivent ist eine eigene Welt auf 33 000 m², abgeschirmt vom niederen Volk, bis vor Kurzem. Der reiche Grieche Joan de Sardakis hatte sich hier 1925 ein Traumanwesen geschaffen, das seine Witwe nach dessen Tod der Regionalverwaltung mit der Auflage vermacht hatte, es für ein Museum zu nutzen. Das kümmerte die damals herrschende Franco-Regierung wenig. Sie stellte das Anwesen 1973 dem spanischen Prinzen- und seit 1975 Königspaar zur Verfügung und übernahm auch die Unterhaltskosten in Millionenhöhe. Seit Mai 2017 ist nun wenigstens ein Teil des

Zu Besuch bei Miró: Seine Bildsprache ist eine sehr eigene. Denn die Wirklichkeit des Malers war eine andere.

Parks für die Öffentlichkeit zugänglich, natürlich nicht, wenn der König hier von Juni bis September den Sommer verbringt und auch nicht in der Karwoche.

Im Winter tgl. 9–16.30, im Sommer bis 20 Uhr, keine Hunde

Bendinat und Porto Portals ♀ C5

Geografisch ist es nur ein kleiner Weg von der Cala Major nach **Bendinat,** vom Image aber ein gewaltiger Sprung. Ihren Namen hat die Gemeinde von dem kleinen Kastell mit vier Ecktürmen in unmittelbarer Nähe der Autobahn Ma-1. Heute beherbergt es ein luxuriöses Hotel mit traumhaften Suiten (www.bendinatcastle.com). Da kann selbst das auf Golf und Wellness spezialisierte Lindner Resort ganz in der Nähe nicht mithalten, ein edles Refugium mit viel Platz für eine überschaubare Zahl von Gleichgesinnten.

Tummelplatz des Geldadels
Die Gäste haben es dann auch nicht mehr weit bis zum Hafen von **Porto Portals,** wo ein Menü so viel kosten kann wie anderswo die Nacht in einem 4-Sterne-Hotel. Die Edelrestaurants haben sich die richtige Kulisse gewählt. Megajachten, viel größer als die Restaurants, sind an der Promenade festgezurrt. Anders als in den übrigen Jachthäfen lassen sie sich sogar ganz aus der Nähe bestaunen. Als Heimathäfen sind Malta oder Panama am häufigsten vertreten, Steuerparadiese, die die Schiffe wohl noch nie gesehen haben. Einer der begehrten Liegeplätze kostet bis zu 1500 € – pro Tag! Einen Cappuccino sollte man sich in der Hochglanzkulisse dennoch gönnen, denn die Weiterreise zum nächsten nennenswerten Ort ist mit einem Kulturschock verbunden.

Essen

Der Hafen von Porto Portals war lange Zeit Pilgerziel verwöhnter Feinschmecker. Seit zwei Nobelrestaurants geschlossen haben, ist der Hype etwas abgekühlt, wenngleich nach wie vor auf höchstem Niveau gekocht wird – eine Reservierung ist dringend angeraten. Für das Ambiente des Nobelhafens zahlt man einen deftigen Zuschlag. Die Tradition aufrecht hält das alteingesessene Flanigan (www.flanigan.es), das aber wohl noch immer vom Besuch des Königs träumt.

Kulinarische Weltreise
Baiben: Im Sternerestaurant von Fernando P. Arrellano geht es recht lässig

---

MAGIER DER FORMEN UND FARBEN

Der kleine **Joan Miró,** geboren 1893, hatte es nicht leicht. Seine Eltern hielten nichts von Kunst, obwohl sie Goldschmiede und Uhrmacher waren, erlaubten ihm aber immerhin, neben seiner kaufmännischen Ausbildung die Kunstschule in Barcelona zu besuchen. Einen wesentlichen Impuls erhielt er 1920, als er nach Paris umsiedelte und dort in den Kreis bekannter Künstler wie Pablo Picasso, Wassily Kandinsky und Paul Klee geriet. Dies bedeutete die Hinwendung zu seinen poetischen, von Dadaismus und Surrealismus geprägten Bildern, angefüllt mit rätselhaften Tiergestalten, Symbolen, kräftigen Farben, Flecken und Linien. Es sind keine spontanen Einfälle, sondern Ergebnisse bewusster Komposition.

zu mit einem tollen kulinarischen Wirbel rings um die Welt: libanesische Mezze, kreolische Empanadas, peruanisches Ceviche, beste italienische Pasta und natürlich frischer Fisch. Gewiss, die Preise sind recht hoch, aber das Preis-Leistungs-Verhältnis ist stimmig.

Carrer Antoni Maria Alcover, 2, Local 1–6, T 971 67 55 47, www.baibenrestaurants.com, tgl. 13–15.30, 19–22.30 Uhr, sehr günstiges *menú del día* 22 € inkl. Getränk

Gaumenkitzel auch für Veganer

Lila Portals Beach Restaurant & Bar: Mit innovativer frischer Küche muss sich das hoch über dem Strand gelegene Restaurant vor den noblen Konkurrenten unten am Jachthafen nicht verstecken. Das ausgezeichnete Mittagsmenü kostet ca. 23 €. Abends gibt es sogar ein Menü für Veganer zu 38 €. Hauptgerichte ansonsten ab 20 €. Und wem das noch nicht reicht, der kann sein Abendessen unter Anleitung gleich selbst kochen.

Passatge Mar, 1, T 971 67 68 94, www.lila-portals.com, tgl. 12–23 Uhr

Magaluf 📍B5/6

Bei der Erwähnung von Magaluf leuchten die Augen britischer Urlauber. Zusammen mit dem angrenzenden **Palma Nova** ist es ihr paradiesisches Biotop. Pubs, Clubs, Bingohallen und Fastfood-Buden prägen das Zentrum, die Strände aber können sich mit denen von Platja del Carmen und Platja d'Alcúdia durchaus messen. Von der feinen englischen Art ist hier allerdings so wenig zu spüren wie von deutscher Zurückhaltung in El Arenal. Eine beliebte Mutprobe der Kampftrinker ist ›Balconing‹, der Sprung von einem Hotelbalkon in den Pool. Ein paar Zentimeter daneben und der Urlaub ist zu Ende – und das Leben meist auch.

SCHLUSS MIT LUSTIG

Unlängst mussten das Tito und das BCM, Mallorcas größte Disco, ihre Tore schließen. Sie gehörten, wie der **Megapark** in Platja de Palma, dem Unterhaltungsmogul Bartolomé Cursach, der seit 2017 auf der Anklagebank sitzt und Anfang 2018 gegen eine Kaution bis zur Urteilsverkündung freigelassen wurde. Die Vorwürfe wiegen schwer: Bestechung der Polizei, unerlaubter Waffenbesitz, Nötigung, Bedrohung der Konkurrenten, Richter und Zeugen. Ob der Megapark geschlossen wird, steht noch aus.

Cap de Cala Figuera

Dass es noch ein großes Stück Einsamkeit und unberührte Natur ganz in der Nähe gibt, ist dem Militär zu verdanken. Seit die Soldaten die Südspitze der Halbinsel am Cap de Cala Figuera (nicht zu verwechseln mit dem gleichnamigen Ort an der Ostküste und dem Strand nahe Cap Formentor) geräumt hat, kann man die verkarstete Landschaft zu Fuß oder mit dem Rad unbeschwert erkunden, die hier heimische Vogelwelt beobachten, den Wolken nachschauen oder einfach den Fernblick bis zur Insel Cabrera genießen.

Santa Ponça 📍B5/6

Jenseits von Cap de Cala Figuera schwingt die Küste zurück, verliert ihren ausgefransten Charakter und empfiehlt sich mit breiten sandigen Buchten für einen entspannten Badeurlaub.

TOUR
Kleine Fluchten zu abgelegenen Buchten

Ausflüge nach Cala Mago, Portals Vells und Cala Figuera

Infos

Start: Tankstelle bei Sa Porrassa ⚲ B 6

Fahrt bis Parkplatz nahe Bucht Portals Vells ca. 12 km.

Wanderung zum Cap ohne Abstecher zur Höhle und zum Strand ca. 10 km (hin und zurück), ca. 2,5–3 Std.

Der Beginn ist alles andere als schön. Vorbei an den öden Parkplätzen der **Vergnügungsparks Aqualand** und **Western Water Park** geht es Richtung Son Ferrer und El Toro, dann aber an der abknickenden Vorfahrtsstraße kurz hinter der Tankstelle bei Sa Porrassa geradeaus. Die Straße, mittlerweile ohne Schlaglöcher, wird schmaler, durchquert einen Golfplatz, taucht dann in einen Wald ein – endlich Schatten, Ruhe und betörender Kieferduft.

Baden mit und ohne Hose

An der ersten Abzweigung geht es links zur **Cala Mago,** wo die Badehose nicht unbedingt nötig ist. Den Namen hat die Bucht von dem gleichnamigen Film, der 1967 hier mit Anthony Quinn und Candice Bergen gedreht wurde, obwohl er in Griechenland spielte. Die Schauspieler waren damals allerdings bekleidet. Fährt man an der Abzweigung geradeaus und dann nach links, gelangt man zu einem Parkplatz am Ende der Bucht **Portals Vells.** Sie öffnet sich zu einem von bewaldeten Felsen umschlossenen Sandstrand mit glasklarem Wasser, das auch Schnorchler zu schätzen wissen. Das kleine Restaurant **Es Repós** (T 971 18 04 92) stillt den Hunger – es ist längst eine Institution, vor allem der Blick ist super. Strohschirme schützen vor Sonne und Liegen verlocken zu einem Nickerchen. Gegen Ende der Saison ist es herrlich ruhig, im Sommer finden auch andere Besucher den Weg hierher, sei es mit dem Rad, dem Auto oder dem Boot. Denn beide Buchten sind längst kein Geheimtipp mehr.

Und dann zog die Madonna um …

Für viele ist hier Schluss. Aber es geht noch weiter. Da wäre zunächst die in Sichtweite liegende Höhle **Ses Coves de Mare de Déu** an der rechten Felswand, die man mit etwas Mühe zu Fuß vom Strand aus erreicht. Sie ist Zeugnis von tiefer Volksfrömmigkeit, vor der, wie die zahlreichen eingekratzten Graffiti zeigen, nicht alle Besucher Respekt haben. Ein genuesischer Kapitän soll hier im 14. oder 15. Jh. als Dank für seine Errettung unter dem Felsüberhang ein Heiligtum mit dem Bildnis der Mutter Gottes errichtet haben. Schon vor längerer Zeit ist die Madonna in die Kirche des Ortes umgezogen. Ein vor der Einfahrt entdecktes phönizisches Wrack deutet darauf hin, dass bereits die antiken Seefahrer die Höhle als Lager oder Unterschlupf nutzten. Für den Unternehmungslustigen ist die Reise aber noch nicht zu Ende, sofern er einen längeren Fußmarsch in Kauf nimmt.

Es muss ja nicht immer ein belebter Sandstrand sein, oft sind die kleinen Buchten viel charmanter. Dazu kommt klares Wasser ohne Wind und Wellen – wie im Pool, nur größer!

Einsamer Weg zum Leuchtturm

Mit etwas Kletterei gelangt man von der Höhle auf das Plateau des ehemaligen Militärgeländes und erreicht, teils ohne Weg, immer der Küstenlinie folgend, zunächst den Abstieg zur schmalen Bucht **Cala Figuera** für eine willkommene Abkühlung. Ein Stück weiter markiert der Leuchtturm am **Cap de Cala Figuera** das Südende der Bahia de Palma. Das Leuchtfeuer selbst ist nicht zugänglich, wohl aber der benachbarte alte Signalturm gegen Piratengefahr aus dem 16. Jh., ein guter Platz für eine Rast in seinem Schatten, ehe man sich auf den Rückweg macht. Ohne den Umweg über die Höhle und den Strand kann man den 5 km langen Weg zur Küste an einem Gittertor an der Zufahrtsstraße etwas oberhalb des Strandes beginnen (Parkmöglichkeit nahe dem Strand Platja de Cala Figuera). Je nach Pausen ist man 2,5 bis 3 Stunden unterwegs, überwiegend ohne Schatten – also Wasser, Sonnenschutz und Wegzehrung einpacken.

Der vor allem von Engländern, zunehmend aber auch von preisbewussten Deutschen bevorzugte Badeort Santa Ponça hat zwar unter den Bausünden zu leiden, die der Bucht vielstöckige Appartement- und Hotelblocks beschert haben, kann aber mit einem breiten gepflegten, kinderfreundlichen Sandstrand aufwarten, wie man ihn an dieser Küste nur selten findet. In einem kleinen Park an der von El Toro kommenden Hauptstraße liegt der **Mirador de Sa Foradada,** von dem aus man einen Blick auf die kleinen vorgelagerten Inseln **Conills** (Los Conejos) und **Malgrats** genießt. Leider sind die Treppen hinunter zum Wasser gesperrt.

Laut und ganz leise

So friedlich wie heute ging es in **Santa Ponça** nicht immer zu. Im September 1229 hatte Jaume I hier seine Truppen an Land gesetzt, um die arabische Vorherrschaft zu beenden. Wie zu erwarten, kam es zu erbitterter Gegenwehr. Beim Sturm auf den Hügel, der heute den Namen **Coll de Sa Batalla** (Schlachtenhügel) trägt, fielen am 12. September mit den Brüdern Montecada zwei enge Vertraute des Königs. Der angrenzende Villenort **Costa de la Calma** trägt seinen Namen nicht zu Unrecht. Wer hier seinen Urlaub verbringt, sucht sicherlich eher die Ruhe eines Appartements oder ist Tennisspieler, der die Vorzüge des hiesigen Tenniszentrums nutzt. Ein überzeugter Strandgänger hingegen findet hier nur einen Streifen von bescheidenem Ausmaß, und auch sonst bietet der Ort kaum Abwechslung.

Peguera   📍B5

Ganz anders sieht es da schon ein Stück weiter nordwestlich aus. Über gleich mehrere Strände mit viel Sand schmiegt sich **Peguera** in einer eleganten Kurve um die

Bucht, an die bereits Ausläufer des Tramuntana-Gebirges herandrängen.

Fest in deutscher Hand

Im Lauf der Jahre hat sich Peguera, wie die Platja de Palma östlich von Palma, zur Hochburg deutscher Urlaubsfreuden gemausert und dafür auch viel getan. Die Hauptdurchgangsstraße ist weitgehend Fußgängerzone, die drei Buchten Platja Palmira, Platja Toro und Platja Romana wurden aufgeschüttet und mit einem Promenadenweg verbunden. Allerdings liegen lediglich einige wenige Hotels direkt am Strand, die meisten hingegen in recht enger Bebauung oberhalb am Hang, der sich bis zur Autobahn Palma–Andratx hinaufzieht. Im Gegensatz zu den lebhaften Touristenzentren Platja de Palma und El Arenal geht es hier geruhsamer und wesentlich gesitteter zu, schon erkennbar am höheren Durchschnittsalter der Urlauber – statt Discosound und Alkoholexzess gedeckter Apfelkuchen mit Kaffee, windgeschützt an der Promenade. Dafür aber kann Peguera mit einer überaus abwechslungsreichen Umgebung punkten, von der die Badeorte an Palmas östlicher Peripherie nur träumen können.

Wie bei Magaluf liegt auch hier eine versteckte Bucht in Reichweite. Am östlichen Ende des Strandes führt ein Weg hinauf zur Siedlung **Cala Fornells,** dicht bebaut mit Appartementhäusern, die einen zauberhaften Blick über die Bucht genießen. Nach etwa 1 km, vor dem Hotelkomplex Cala Fornells, führt ein Sträßchen, das bald in eine Piste übergeht, in einen lichten Kiefernwald. Autofahrer müssen sich hier irgendwo vor der Schranke auf unebenem Gelände ein Plätzchen suchen und dann auf einem ca. 800 m langen Trampelpfad zur fjordartigen Bucht **Cala Monjo** mit glasklarem Wasser hinabklettern. Leider fehlt bisher ein *chiringuito* (Strandkiosk) und dürfte aufgrund der strengen Vorschriften wohl auch nicht so bald kommen.

Schlafen

Die Auswahl an Hotels und Appartements aller Kategorien ist in Peguera groß. In der Regel sind sie bei einem Reiseveranstalter pauschal preiswerter zu buchen als vor Ort.

Mit Weitblick

Don Antonio: Großzügige Anlage mit drei Gebäuden nahe dem westlichen Ortsende von Peguera am Hang gelegen mit schönem Panoramablick über den Ort und die Buchten. Sehr beliebt und professionell geführt. Zum Strand ist es etwa 1 km. Aber es gibt zwei große Pools auf dem Gelände. Carrer de Bonavida, s/n, T 971 03 30 33, www.hoteldonantonio.com, im Winter geschl., DZ/HP ca. 160 € (HS)

Bezahlbarer Schick

Cupido Boutique Hotel: Neues schickes Hotel mit 75 Zimmern, jeweils mit Balkon oder Terrasse, Pool. Ein weiteres Highlight ist die Dachterrasse mit Sauna, Whirlpool und Meerblick. Carrer Eucalyptus, 5, T 971 68 61 93, www.cupidoboutiquehotel.com, DZ/F ab 115 € (HS)

Aufgehübscht

BQ Paguera Boutique: Gepflegtes 3-Sterne-Hotel, etwa 3 Min. vom Strand entfernt in ruhiger Lage. 2018 komplett renoviert. Sehr freundliches Personal, gute Küche, recht gutes Preis-Leistungs-Verhältnis. Eine Empfehlung für alle, die auf Animation keinen Wert legen. Carrer Palmyra, 29, T 971 68 65 98, www.bqhoteles.com/de, DZ ab 110 € (HS)

Essen

Die Restaurants in Peguera haben sich auf eine deutsche Klientel eingestellt, die vorwiegend Halbpension bucht. So bietet das Gros Pizza, Schnitzel, Würstchen etc. an – eher nichts für Feinschmecker!

Fleischeslust

La Hacienda: Beliebtes Steakhaus in pseudo-südamerikanischem Landhausstil, etwas versteckt am Ortsrand – üppige Fleischgerichte, großes Salatbüfett. Immer voll und etwas eng. Man sollte reservieren. Carrer Pau Casals, 1, T 971 68 54 73, www.hacienda-steakhouse.es, tgl. ab 18 Uhr, Hauptgerichte ab 20 €

Fisch zum Sonnenuntergang

Mar y Mar: Gut besuchtes Fischrestaurant am Strand mit großem Angebot und wohltuend legerer Atmosphäre mit gutem Service. Neben mediterraner Küche stehen auch asiatische Spezialitäten auf der Karte. Besonders beliebt ist die Strandbar zum Sundowner. Das Essen ist ordentlich. Plaça Tora, Carrer Pinaret, 6, T 670 52 86 65, www.marymar-mallorca.com/menu.php, tgl. 11–1.30 Uhr, Hauptgerichte ab 15 € (inkl. eines eher mageren Salatbüfetts)

Pommes, Pizza, Paella

Feliciano's: Die drei Lieblingsgerichte der Touristen gibt es hier frisch zubereitet in guter Qualität. Hinzu kommen ein ausgezeichneter Service und ein sehr gutes Preis-Leistungs-Verhältnis. Avinguda Peguera, 30, T 971 68 74 85, Do–Di 13–15.30, 18–23 Uhr, Nov.–März. geschl., Hauptgerichte ab 10 €

Infos

- **Touristenbüro:** Carrer Sebelli, 5, T 971 68 70 83, www.pagueramallorca.de, Mo–Fr 9–13, 15–17 Uhr
- **Verkehr:** Wer den Bus L 102 (von Port Andratx) oder den L 104 nach Palma nehmen möchte, sollte am westlichen Ortseingang Pegueras (Haltestelle Gardencenter, schräg gegenüber Mercadona) einsteigen, nur dann ist ihm ein Sitzplatz sicher, denn der Bus hält noch drei weitere Male, sofern er nicht einfach durchfährt. Mit dem A 11 gelangt man zum Flughafen.

TOUR
Eine Zeitreise durchs Hinterland

Von Peguera mit dem Rad durch Täler und über Berge

Ein herrliches Stück Natur mit märchenhaften Blicken über Berge und Täler. In Olivenhaine, Mandel- und Obstplantagen eingebettete Gehöfte, die aus der Zeit gefallen scheinen, und eine verschlafene Ortschaft, eine Welt, wie George Sand und Frédéric Chopin sie erlebt haben. Gibt es die noch? Oh ja, und das nur wenige Kilometer von quirligen Stränden entfernt, die mit einem Male einer fernen Zukunft anzugehören scheinen. Die etwa 25 km lange, von **Peguera** ausgehende Radrundfahrt entlang wenig befahrener Straßen ist zwar nichts für konditionsschwache Couch Potatoes, lässt einen aber völlig entschleunigt zurücksinken in die Vergangenheit.

Boxenstopp besonderer Art

Man folgt vom Zentrum Pegueras der Ausfahrt zur Autobahn, quert diese und radelt auf dem erst kürzlich angelegten Radweg entlang der Ma-1012 Richtung Es Capdellà (ca. 5 km). Die erste Anforderung wartet kurz vor dem Ort. In mehreren Kehren schnauft man durch Pinienwald steil bergauf. Die **Cafetería Es Molí d'es Capdella** (Carrer Platges, 53, T 971 23 31 65) am Ortseingang hat sich einen guten Platz gesichert. An diesem Boxenstopp wird wohl kein noch so hartgesottener Radler vorbeifahren.

Steil bergan

Nach der verdienten Stärkung geht es noch ein Stück die Hauptstraße entlang, dann beim Wegweiser Andratx nach links auf die **PVM 031.** Wer den bald

Jeden Moment könnte Erzherzog Salvator um die Ecke kommen.
Es gibt noch viele Stellen, an denen die Uhren angehalten wurden – vor 100, vielleicht sogar vor 200 Jahren. Der Tourist könnte sich an den Schafen ein Beispiel nehmen und ganz entspannt Siesta im Schatten machen.

darauf nach einer scharfen Rechtskurve ins Blickfeld rückenden steilen Anstieg scheut, darf auch geradeaus fahren und sich am Informationsschild über den weiteren, gemütlichen Streckenverlauf zurück nach Peguera orientieren.

Wo sich die Spreu vom Weizen trennt

Ehrgeizige Pedalritter nehmen stattdessen die durch lichten Wald führende Serpentinenstrecke der **PMV 031** in Angriff. Sie führt an der Bergflanke entlang, immer wieder von orangefarbenen Sandsteininformationen begleitet und mit weiten Ausblicken zur anderen Seite. Kurz hinter Kilometerstein 6 gibt es sogar einen kleinen Unterstand für eine Verschnaufpause mit der letzten Fernsicht. Dann kann man laufen lassen und erreicht bald völlig entspannt den östlichen Verkehrskreisel am Stadtrand von **Andratx.** Etwa 8 km hat man seit Capdellà hinter sich gebracht und taucht wieder ein in die Zivilisation des 21. Jh.

Erschöpft, aber glücklich

Von Andratx geht es zunächst auf der Schnellstraße Ma-1 ein Stück Richtung Peguera. An der ersten Abfahrt muss man die bald zur Autobahn werdende und damit für Radfahrer gesperrte Hauptstraße verlassen und der alten Landstraße leicht bergab fahrend folgen. Man erreicht das Ausgangsziel **Peguera** am östlichen Verkehrskreisel – geschafft, aber glücklich.

Räder verleihen viele Hotels in Peguera, etwa Rad-International im Hotel Valentino (www.rad-international.de, Carrer de la Luz, 5).

Port d'Andratx und Andratx 📍A5

Port d'Andratx ⭐

Wie von Künstlerhand ausgebreitet fügen sich die Fischernetze auf der Pier von Port d'Andratx zu einem farbigen Stillleben, keine Installation, sondern Zeichen eines rauen Arbeitsalltags. Ein Stück daneben, auf der überdachten, mit Glasfenstern windgeschützten Restaurantterrasse heben zwei Touristinnen in makellos weißen Kostümen ihre Gin-Tonic-Gläser – wieder einer jener Kontraste, die zu Mallorca gehören wie Sonne, Sand und Meer.

Das ›Düsseldorfer Loch‹
Hier, wo der Gebirgszug der Tramuntana mit einer großen, fast geschlossenen Bucht im Meer versinkt, offenbart die Insel eine ihrer schönsten Landschaften. Kein Wunder, dass vermögende Zeitgenossen die Region um Port d'Andratx längst für sich entdeckt haben. Wie Peguera und die Platja de Palma ist auch Port Andratx fest in deutscher Hand, nur haftet dem Ort nicht das Etikett Party oder Beschaulichkeit an, sondern Exklusivität. Badende gibt es nicht, ein Strand fehlt. So sind es denn Tagesausflügler und jene Residenten, die von ihren sündhaft teuren Terrassenhäusern und Villen über die Bucht, auch ›Düsseldorfer Loch‹ genannt, blicken können. Denn es sollen meist Bürger der NRW-Metropole sein, die für dieses Privileg einen zweistelligen Millionenbetrag hingeblättert haben, wobei sie sich nicht einmal sicher sein können, ob der Bau auch legal errichtet wurde. Denn gerade Port d'Andratx und Umgebung stecken bis zum Hals im Korruptionssumpf um den Ex-Bürgermeister. Im benachbarten, nicht minder exklusiven **Cala Llamp,** gingen die Abrissbirnen schon in Stellung.

Seit 1979 unverändert: die Eisdiele in Port d'Andratx mit ihren kalten Köstlichkeiten – da geht so schnell niemand vorbei.

Die tief ins Land greifende Bucht mit der weit vorspringenden Halbinsel Sa Mola blickt auf eine lange Geschichte bis in römische Zeiten zurück. Mehr als ein bescheidener Landeplatz aber war Port d'Andratx wegen der Piratengefahr lange Zeit nicht und kann deshalb auch nicht mit einer pittoresken Altstadt aufwarten. So bleiben als Highlight der Bummel entlang der hübschen Hafenpromenade mit ihren Jachten, ein reiches Angebot an Restaurantterrassen oder ein Blick in das eine oder andere Schaufenster einer Boutique oder einer Immobilienfirma.

Leuchtturm und Leonardo

Die früher sehr schöne Fahrt hinauf zum Leuchtturm auf der Halbinsel **Sa Mola** mit dem weiten Blick über die Buchten und das Meer konnte man sich lange Zeit schenken – alles zugebaut. Seit die Aussichtsplattform am Leuchtturm der Halbinsel für die Öffentlichkeit zugänglich ist, lohnt sich die Fahrt zum Kap hinauf wieder. Am Weg liegt der etwas skurrile, esoterisch angehauchte Kunsttempel von Dieter Liedtke. Da könnte man vielleicht eine Grafik des »neuen Leonardo da Vinci«, so der Künstler über sich selbst, zu 50 € erwerben (www.liedtke-museum.com).

Andratx

Der größte Teil der Bevölkerung lebte seit eh und je weiter im Landesinneren, in Andratx, von wo aus man die Seeräuber schon von Weitem anrücken sah. Als die Araber die Macht übernahmen, intensivierten sie Obst- und Gartenwirtschaft und schufen mit Hilfe künstlicher Bewässerung die **Horta,** ein blühendes Kulturland, das sich als schmaler Streifen beiderseits des Torrent des Salvet bis vor die Tore des Städtchens Port d'Andratx zieht. Noch heute gehört diese Region zu den fruchtbarsten der Insel und lie-

fert vor allem Südfrüchte, Mandeln und Oliven. Beherrscht wird der Ort von der Pfarrkirche **Santa Maria** aus dem 13. Jh., deren kantiger Turm bei Seeräubergefahr als Bastion diente, sowie durch den erhöht liegenden Palast **Son Mas,** der in seinen Ursprüngen noch aus arabischer Zeit stammt.

Jeden Mittwoch wird das Städtchen aus seiner Schläfrigkeit hochgeschreckt. Es ist Markttag. Nicht nur die Einheimischen decken sich mit Obst und Gemüse ein, auch die Touristen rücken mit Bussen und Mietwagen an. Ab 14 Uhr kehrt wieder Ruhe ein. Nur die Straßenkehrer haben noch zu tun.

Schlafen, Essen

Das Angebot an Hotels hält sich in engen Grenzen. Wer hier absteigt, sucht die Ruhe, die es aufgrund des regen Nachtlebens in Port d'Andratx aber auch nicht immer gibt. Überdies stehen Preis und Leistung nicht immer in einem positiven Verhältnis. Die meisten Restaurants im Ort reihen sich dicht an dicht entlang der Promenade und haben zusätzlich eine Terrasse jenseits der Straße an der Hafenbucht. Ein gewisser Schickimicki-Zuschlag ist auch hier deutlich wahrnehmbar. Authentischer und preiswerter isst man in Andratx.

Oase ohne Schnickschnack

Hostal Residència Catalina Vera: Hübsches, kleines, privat geführtes Hostal mit sauberen, einfachen Zimmern in zentraler Lage. Es gibt einen lauschigen Garten mit Frühstücksterrasse und einen Parkplatz. Sehr gutes Preis-Leistungs-Verhältnis. Carrer Isaac Peral, 63, Port d'Andratx, T 971 67 19 18, www.hostalcatalinavera.es, DZ/F ab 95 € (Hochsaison)

Romantik unter Palmen

Vent de Tramuntana: Mal kein Blick aufs Meer wie in Andratx sonst üblich, aber ein

Lieblingsort

»Ich möchte hier sitzen«

Bei nächsten Besuch werde ich vielleicht heimlich Loriots Namen in den Baum in **Sant Elm** (📍 A 5) ritzen. Hermann, der Protagonist aus seinem berühmten Cartoon, hätte diese kleine Bank mit Blick auf das Meer als Ort des Nichtstuns sicherlich geliebt. Und so machen wir es ihm nach. Es ist auch der perfekte Platz, um den Sonnenuntergang zu genießen. Ein paar Tapas ›to go‹ aus der Fußgängerzone, ein Schluck Wein, oder auch zwei, stilecht aus mitgebrachten Gläsern. So schön kann Urlaub sein. Glücklicherweise wohnen wir gleich nebenan und können die Gläser unbemerkt zurückstellen.

toller Garten mit gehobener mallorquinischer Küche in entspannter Atmosphäre.

Diseminado, Carrer Ca'n Perot 9, Port d'Andratx, T 971 67 17 56, Mi–Mo 13–16, 19–23 Uhr, Vorspeisen ab 17 €, Hauptgerichte ab 20 €, guter Hauswein ca. 13 €, *menú del día* unter 30 €

Blickkontakt mit dem Meer

Savantry: Das alteingesessene Restaurant teilt sich mit etlichen anderen die Touristenmeile und den tollen Blick über die Bucht. Ein Touri-Hotspot, aber dennoch keine Massenabfertigung und eine ordentliche Küche zu vernünftigen Preisen.

Avinguda Almirall Riera Alemany, 12, Port d'Andratx, T 871 11 61 02, Hauptgerichte um 17 €, Tapas-Variationen für 2 Pers. 20 €, *menú del día* ca. 15 €

Kreatives in neuem Gewand

Urbano: Hinter diesem Restaurant verbirgt sich nichts anderes als das hoch gelobte El Patio. Anfang des Jahres 2015 ist es nach Andratx umgezogen und hat sich innerhalb kürzester Zeit erneut einen Spitzenplatz erkocht.

Plaça Patrons Cristino (Nebenstraße der Mateo Bosch), Port d'Andratx, T 971 67 17 03, Mai–Okt. tgl. 18–23, sonst Mi–Mo 13–15, ab 18 Uhr, 4-Gänge-Menü ab 30 €, Hauptgerichte ab 26 €

Geadelte Currywurst

Curry & Style: Hamburger gibt es in Nobelrestaurants ja schon lange in der Edelvariante zu 20 €. Nun ist die Currywurst dran, dazu Champagner. Auf Ihr Wohl! Die Wurst gibt es vom Kalb und sogar in einer vegetarischen Variante, dazu serviert man exotische Saucen. Die neue Geschäftsidee hat bombig eingeschlagen, ganz so wie die Streetfood-Bewegung.

Avinguda Almirall Riera Alemany, 13, Port d'Andratx, T 628 64 86 98, www.curryandstyle.com, Mi–Mo ab 12 Uhr, Kalbswurst 5,70 €, vegetarische Wurst 4,20 €

Schont den Geldbeutel

Sa Societat des Ca Na Fornera: Auch in Andratx versteht man gut zu kochen – und das zu Preisen, die im schicken Hafen undenkbar sind. So genießt man im Innenhof der ehemaligen Bäckervereinigung das Mittagsmenü zu weniger als 10 € inkl. Wein und Wasser. Abends gibt es eine feinere, ebenfalls sehr preiswerte Küche.

Avinguda Juan Carlos I, 19, Andratx, T 971 23 65 66, Mi–Sa, Mo 8–23.30, So 8–16 Uhr, 3-Gänge-Menü 15 €, Hauptgerichte ab 15 €

Ausgehen

Wuselig am Wasser

Tim's Bar: Die urige Traditions-Hafenkneipe empfiehlt sich für einen Sundowner oder einen abendlichen Drink bei hipper Musik. Es kann recht voll werden. Essen sollte man besser woanders.

Avinguda Almirall Riera Alemany, 7, tgl. ab 12 Uhr

Sehen und gesehen werden

Mitj & Mitj: Szenetreff der Bussi-Gesellschaft seit 20 Jahren. Gut zum Chillen und um den Sonnenuntergang zu genießen. Abends wird es mit Musik und dem tollen Blick richtig gemütlich. Die Cocktails und Tapas sind prima und bezahlbar. Kleiner Tipp: Man sollte bei den Tapas bleiben.

Avinguda Almirall Riera Alemany, 9, T 971 67 27 20, tgl. 11–4 Uhr

Infos

- **Tourismusbüro O.I.T.:** Carrer Mateo Bosch (Edifici de la Llotja), Port d'Andratx, T 971 67 13 00
- **Bus:** L 102 von Port d'Andratx über Andratx und Peguera nach Palma, L 100 von Andratx über Peguera nach Palma, in die andere Richtung nach Sant Elm.

TOUR
Der Natur zurückgeben

Die Insel Sa Dragonera

Infos

 A 5

Anfahrt: Feb.–Okt.
mehrmals tgl. ab
Sant Elm mit der
Margarita (Fahrplan
unter: www.cruceros
margarita.com),
letzte Rückfahrt um
15, im Sommer um
16.45 Uhr, Fahrpreis:
Hin- und Rückfahrt
13 €; Fahrten auch
von Port d'Andratx
(www.watertaxi.es)

**Länge der Wande-
rungen**
(hin und zurück):
grüne Route 3,5 km,
rote Route 3 km,
gelbe Route:
ca. 6 km.

Gemächlich tuckert die kleine Margarita von der **Pier in Sant Elm** über die Meerenge. Wie ein schlafendes Ungeheuer ruht das Ziel der 20-minütigen Fahrt, die etwa 4 km lange und bis zu 900 m breite Insel Sa Dragonera, vor der Bucht. Sie macht ihrem Namen alle Ehre und lässt auch niemanden so ohne Weiteres in ihre Nähe – nur Tagesausflügler sind geduldet. An der winzigen **Cala Lladó** (Räuberbucht), dem einzigen natürlichen Landeplatz, werden wir an einem Infostand in die Wildnis entlassen. Nicht ganz, denn nur auf vorgeschriebenen Wegen dürfen wir die bis auf einen Ranger unbewohnte, unter strengem Naturschutz stehende Insel auf eigene Faust erkunden.

Die Insel der besonderen Tiere

Kantige Felsen durchsetzt mit Macchie und knorrigen alten Ölbäumen bestimmen das Bild – Relikte einer längst aufgegebenen Landwirtschaft. Heidekraut, Rosmarin, Kreuzdorn und Zwergpalmen haben hier ihr geschütztes Biotop und natürlich auch seltene Tiere wie die endemische, zutrauliche Dragonera-Eidechse, der die Insel möglicherweise ihren Namen verdankt. Auf der Liste bedrohter Tierarten stehen auch die Samtkopfgrasmücke, die Korallenmöwen oder die eleganten Eleonoren-Falken, die hier in einer größeren Kolonie leben. Geologisch bildet die Insel die Fortsetzung des Tramuntana-Gebirges, das hier unter den Meeresspiegel taucht. Die dem offenen Meer zugewandte **Westküste** Sa

Illa Sa Dragonera

Far de Llebeig · Cap de Llebeig · Cala de Llebeig · Puig dels Aucells 302 m · Wanderung III · Na Pòpia 350 m · Far Vell · Wanderung I · Start/Ziel · Wanderung II · Cova del Moro · Cala Lladó · Sant Elm · Far de Tramuntana · Cap de Tramuntana · 0 · 0,5 · 1 km

Dragoneras fällt steil ab, von Osten her ist der Anstieg flacher. Die **Nordküste** dagegen ist unzugänglich; fast senkrecht stürzen die Felsen ins Meer.

Die Römer waren auch schon hier

Menschenleer war die Insel nicht immer. Spärliche Reste deuten auf römische Lager. Vom 15. bis 18. Jh. bevorzugten Piraten die Bucht. Zum einen lagen ihre Schiffe hier geschützt vor heftigen Winden und fremden Blicken, zum anderen profitierten sie von einem unterirdischen Süßwassersee, der die Trinkwasserversorgung sicherstellte. Die Küstenbewohner machten dem Spuk schließlich ein Ende, indem sie den Zugang mit einem riesigen Felsbrocken versperrten und Wachtürme bauten. Dass sich Gerüchte von vergrabenen Schätzen bis heute halten, ist nur zu verständlich, zumal es etliche Höhlen gibt, die sich als Verstecke anbieten, so die **Cova del Moro** (Maurenhöhle), in der aber bisher nur Tonscherben und Menschenknochen gefunden wurden – Anlass zu manch gruseliger Spekulation.

Wanderer allein unterwegs

Den Besucher unserer Tage verlockt natürlich vor allem der etwa 3,5 km lange stetige Aufstieg zum **Na Pòpia (grün)**, dem höchsten Punkt auf gut 350 m Höhe. Der in Serpentinen hinaufführende Weg ist nicht wirklich schwierig, aber schweißtreibend. An exponierter Stelle thronen die Reste des Leuchtturms **Far Vell** aus dem 19. Jh., der einen Piraten-Wachturm aus dem 16. Jh. ablöste, seine Funktion wegen des häufigen Nebels jedoch nicht erfüllen konnte und 1910 aufgegeben wurde. Ohne Nebel hat man eine großartige Sicht bis hinüber zur Insel Cabrera am Südende Mallorcas. Fast ein Spaziergang ist der Weg zum gut 1,5 km entfernten **Far de Tramuntana (rot)** an der Ostspitze, von dem aus man einen grandiosen Blick auf die Küste hat. Der Leuchtturm wurde 1907 in Betrieb genommen und arbeitet heute automatisch. Wer der Natur noch näher kommen will, sollte eine frühe Überfahrt wählen und sich auf den langen Weg zur westlichen Ecke der Insel machen, die vom **Far de Llebeig (gelb)** markiert wird. Hier kann man am ehesten die seltenen Eleonoren-Falken beobachten und begegnet kaum jemals Gleichgesinnten. Mit Besichtigung und Pausen sind schnell drei Stunden vergangen – und die letzte Fähre wartet nicht!

Man kann die Insel auf einer geführten Tour besuchen oder sich allein auf Entdeckungsreise begeben. Spaß macht beides!

Sant Elm ⚲ A 5

Ein kleiner Sprung über einen Ausläufer des Tramuntana-Gebirges bringt uns nach Sant Elm. In einer malerischen Bucht gelegen, markiert es die Westspitze Mallorcas und verdankt seinen Reiz der noch immer dichten Bewaldung der steil ins Meer fallenden Serra del Norte, mehr aber noch seinem Blick auf das vorgelagerte Inselchen **Pantaleu** und die lang gestreckte Insel **Sa Dragonera**. Die Piraten liebten diese Ecke Mallorcas, eine verschwiegene Bucht, ein kleines Eiland, das sicheren Ankerplatz bot, davor Dragonera als Sichtschutz. So beschlossen die Bewohner, den bereits vorhandenen Wachturm zu einer Befestigung auszubauen, mussten den Plan aus Geldmangel aber immer wieder aufschieben, bis eine Ladung Strandgut die Finanzierung sicherte.

Von Inseln behütet

Sant Elm ist heute einer der ruhigeren Ferienorte Mallorcas und hat im Lauf der letzten Jahre sehr gewonnen – nicht zuletzt durch die ausgedehnte Fußgängerzone. Nur drei Hotels haben hier ihren Platz, dafür etliche herrlich gelegene Restaurants am Anleger der Fähre zur Insel Dragonera. Stark zugenommen hat allerdings die Zahl der Ferienwohnungen, sodass es im Sommer am kleinen Strand recht eng werden kann. Es ist der rechte Ort, beschauliches Bade- und Wanderurlaub miteinander zu verbinden. Wem dies nicht genügt, der ist auf einen Mietwagen angewiesen.

Schlafen, Essen

Den Strand vor der Tür

Aparthotel Don Camillo: 57 schön gestaltete Appartements mit Terrassen – der Meerblick ist durch das Hotel Aquamarin getrübt. Ideal für Familien mit Kindern.

Carrer Cala en Cornills, T 971 23 91 07, www.universalhotels.es, im Winter geschl., DZ ab 108 € (HS), auch pauschal buchbar

Willkommen im Wohnturm

Hotel Aquamarin: Eigentlich ist es ein Schandfleck, mittlerweile aber als einziges höheres Bauwerk bereits zum Wahrzeichen geworden. Wer hier absteigt, hat den Vorteil, es nicht immer im Blickfeld zu haben und stattdessen eine grandiose Aussicht, sofern er ein Zimmer mit Meerblick hat.

Carrer Cala en Cornills, 2, T 971 23 90 75, www.universalhotels.es, im Winter geschl., DZ ab 105 € (HS), auch pauschal buchbar

Wie in der guten alten Zeit

Hostal Dragonera: Das kleine familiäre Hotel gibt es schon ›ewig‹ – so konnte es sich die beste Lage über dem Strand mit verglaster Restaurantterrasse und kleiner privater Badeplattform sichern. Die Zimmer sind sehr einfach und recht hellhörig. Man fühlt sich zurückversetzt in die Anfänge des Tourismus. Ausgezeichnetes Frühstück.

Avinguda Jaume, 1, T 971 23 90 86, www.hostaldragonera.es, geöffnet 1.04–31.10, DZ/F mit Balkon 88 €

Frischer Fisch

Na Caragola: Auf der Habenseite: eine Terrasse über der Bucht mit Blick auf den Sonnenuntergang, weiß gedeckte Tische, eine Auswahl von 17 Weinen und frisch zubereitete Köstlichkeiten aus dem Meer – insgesamt könnten Preis-Leistungs-Verhältnis und der Service aber besser sein. Die traumhafte Lage allein reicht auf Dauer nicht. Das gilt auch für das benachbarte **Es Raor** (Fischgerichte ab 25 €).

Avinguda Jaume I, 23, T 971 23 90 06, www.restaurantenacaragola.com, Paella 15 €

Infos

- **Bus:** mit L 100 nach Palma über Andratx und Peguera, 4 x tgl.

Lieblingsort

Hier sitzt man in der ersten Reihe

Ein stilles Plätzchen am Wanderweg zum ehemaligen Kloster Sa Trapa. Welch grandioser Blick hinüber zur **Insel Dragonera** (📍 A 5). Gäbe es hier eine Bank, könnte man stundenlang im Schatten sitzen und nur schauen. So aber muss man mit einem kantigen Felsen als Sitzgelegenheit vorliebnehmen, wodurch der Aufenthalt naturbedingt etwas kürzer ausfällt. Und man will auch noch weiter hinauf zum ehemaligen Trappistenkloster. Leider ist die Sanierung noch immer nicht abgeschlossen – und die Hoffnung auf ein Trappistenbier vergebens.

Zugabe
Spieglein, Spieglein ...

Im Hafen von Porto Portals

Ein Bild aus dem Hafen von Porto Portals, dem Treffpunkt der Reichen und Schönen und Bühne der Eitelkeiten. Der Jetset trifft sich hier und hat seine Boote gleich mitgebracht, um sie zu präsentieren und dem einfachen Volk zu zeigen, dass man es zu etwas gebracht hat. Nicht nur kleine Privatboote parken hier an Stegen, auch Millionärsjachten bevorzugen den Nobelhafen, präsentieren sich aber direkt an der Promenade – Reichtum zum Anfassen gewissermaßen. Getreu dem Motto: Spieglein, Spieglein an der Wand, wer ist die Schönste im ganzen Land? Ferne Häfen sind aufs Heck gepinselt, Malta oder gar Panama, Steueroasen, die sie nie gesehen haben und wohl auch nie sehen werden. Kein Märchen, vielmehr Spiegelbilder der Realität – heute mehr denn je. ∎

Serra de Tramuntana

Mallorcas Filetstück — Mallorca ohne das gut 100 km lange Tramuntana-Gebirge, dieses einmalige Geschenk der Natur? Das ist kaum vorstellbar. Und dann wäre die Mittelmeerinsel auch nur ein Badeplatz wie viele andere.

Valldemossa

Eilen Sie nicht nur zu Chopin – der Ort selbst ist bezaubernd. Man wird von Azulejos mit dem Bildnis der hier geborenen Heiligen Catalina Tomás geleitet.

Oh, seid gesegnet, Ihr Wanderer!

Monestir de Miramar und Son Marroig

Dank an Erzherzog Salvator von Österreich! Er kam zur richtigen Zeit und mit genug Geld, schnitt sich das beste Stück aus der Traumlandschaft und bewahrte es für die Nachwelt.

Deià

Das malerische Fleckchen hat seinen Flair als Künstlerort etwas eingebüßt – die Karawane ist längst weitergezogen. Der Besuch lohnt dennoch, sofern man einen Parkplatz findet.

Port de Sóller

Stilecht geht es mit der historischen Straßenbahn zum historischen Hafen in der fast kreisrunden Bucht. Er bietet viel fürs Auge und ist Balsam fürs Gemüt.

Sa Calobra und Torrent de Pareis

Ist Mallorcas spektakulärste Straße, die Ma-2141, gemeistert, sollte man sich Zeit lassen und in die atemberaubende Schlucht wandern.

Eintauchen

Seite 108

Kloster Lluc

Wo früher Mönche
ruhten, können heute
Wanderer ihr müdes
Haupt betten. Nur die
schwarze Madonna
durfte ihr geheiligtes
Domizil behalten.

Seite 110

Wanderung um Lluc

Auch Wanderrouten
kreuzen sich am Kloster.
Einfach und dennoch
lohnend ist die Kraxelei
durch den zerklüfteten
Karst.

Seite 112

Pollença

Nur keine Hektik! Erst
einmal vom Kalvarien-
berg einen Überblick
gewinnen, dann durch
die Stadt mit ihrer sehr
entspannten Atmo-
sphäre bummeln.

Seite 119

Entschleunigung in Mallorcas Bergen

Keine Wein-, aber die
Olivenernte steht in den
Bergen von Pollença in
der Pedruxella Gran an.
Zur Belohnung nimmt
man bestes Olivenöl mit
heim. Wer mag, kann
hier auch einfach nur
stilvoll übernachten.

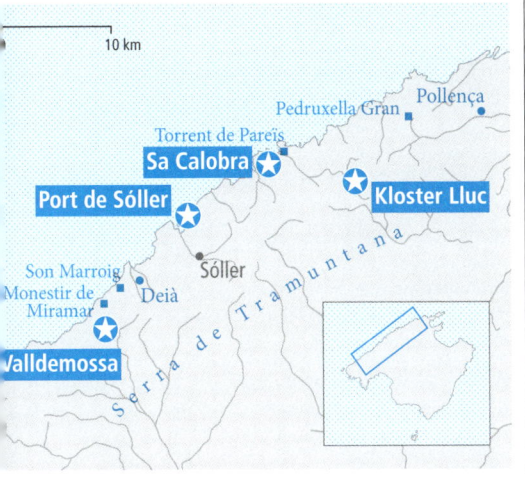

10 km

Pollença
Pedruxella Gran
Torrent de Pareís
Sa Calobra
Port de Sóller
Kloster Lluc
Son Marroig
Monestir de
Miramar
Sóller
Deià
Serra de Tramuntana
Valldemossa

Auf Mallorca
ließ Chopin
im Prélude
op. 28/15
den Regen
›tropfen‹.

Vergnügte sich ein unbescholtenes
junges Mädchen namens Maria tatsächlich mit einem Fremden an Deiàs
Strand, wie es Erotik-Autorin Anaïs
Nin schrieb, obwohl sie vielleicht
niemals vor Ort war?

erleben

Mallorcas Filetstück

Man sollte bloß nicht auf die Idee kommen, diese Traumlandschaft, obwohl von Andratx bis zum Cap de Formentor nur 138 km lang, an einem Tag bereisen zu wollen. Keiner, den ich kenne, hat das geschafft. Es gibt einfach zu viel zu sehen, zu erleben, zu erkunden. Denn nicht ohne Grund hat die UNESCO den Gebirgszug 2011 in die Liste der Welterbestätten aufgenommen. Wo sonst findet man eine derartige Harmonie von Wasser, Vegetation und Fels, von tiefem Blau, gedecktem Grün und sattem Braun?

Zum Glück hat sich das Gesicht der schroffen, bizarren Serra del Norte, deren Gipfel bis auf 1445 m ansteigen, weniger dramatisch gewandelt als das der Küste. Die Naturnähe ist vor allem Ludwig Salvator zu verdanken, einem österreichischen Adligen, der Ende des 19. Jh. ganze Küstenstriche aufkaufte und unter Naturschutz stellte. Und so gehört die Fahrt durch die Berge noch immer zu einem der nachhaltigsten Erlebnisse eines Mallorca-Aufenthalts. Man passiert verfallene Wachtürme und verschwiegene Toreinfahrten, nur selten hingegen Siedlungen. Und hinter jeder Kurve tun sich großartige Blicke auf das Mittelmeer tief unten auf. So richtig lässt sich der Zauber

ORIENTIERUNG O

Internet: www.serratramuntana.de Ganz auf das Tramuntana-Gebirge spezialisierte deutsche Website, bietet auch aktuelle Wanderkarten und GPX-Tracks an.

Verkehr: Eine durchgehende Busverbindung entlang der Bergstraße durch die Serra de Tramuntana existiert nicht. Mit dem L 200 kommt man von Palma über Banyalbufar nach Estellencs. Der L 210 fährt von der Platja de Palma über Palma nach Valldemossa und Deià bis Port de Sóller, der L 211 von Port de Sóller nach Palma. Im Nordwesten verkehren auch Busse, die Pollença, Sóller, Kloster Lluc und Sa Calobra anfahren.

auf dem GR 221 genießen, einem 90 km langen Wanderweg, der in acht Etappen in stetem Auf und Ab von Sant Elm bis Pollença führt. Denn zur Hauptreisezeit ist die beliebte, recht schmale und kurvenreiche Straße so voll wie bei uns die Autobahnen zur Rushhour. Ausflugsbusse, Mietwagen und der Pulk der Radfahrer, alle wollen die Ma-10 fahren und alle wollen nach Valldemossa, wo einst Chopin mit George Sand in einer Klosterzelle »einen Winter auf Mallorca« verbrachte.

Von Andratx bis Valldemossa

Von Andratx aus steigt die Straße, von Aleppokiefern begleitet, zunächst ganz unspektakulär in Kehren zum **Coll de sa Gremola** (343 m) empor – mit Blick zurück ins Tal von Andratx. Eine erste bezaubernde Aussicht, vor allem bei Sonnenuntergang, hat man vom **Mirador Ricard Roca,** erreichbar über Treppen am Tunneleingang, und der Terrasse des dortigen Restaurants (bis ca. 18 Uhr geöffnet).

Estellencs $\qquad$ ♥ B4

Etwa 7 km nordöstlich des Mirador liegt die kleine Ortschaft Estellencs. Die Hand der Restauratoren hat hier noch nicht überall ordnend und verschönernd eingegriffen, sodass etwas Bedrückendes von den engen Gassen und den verputzten Feldsteinwänden ausgeht, aber auch etwas wehrhaft Geborgenes. Der etwas düstere Charakter des Ortes wird durch die sich in Terrassen zum Meer hinabziehenden Obst-, Mandel- und Olivenplantagen gemildert. Bis zum Bau der Straße war Estellencs nur über einen Eselspfad von Puigpunyent jenseits des Galatzó-Massivs erreichbar, das drohend und verlockend zugleich über der Küste hängt. Für Badeurlaub ist der Ort allerdings kaum geeignet – umso besser aber als Standort für ausgedehnte Wanderungen durch die **Serra des Puntals,** die hier auf über 1000 m ansteigt.

Piratenfrühwarnsystem

Jetzt gilt es langsam zu fahren, eine Kurve folgt der anderen und ein atemberaubender Blick über das tief unten liegende Meer dem nächsten. Etwa 6 km hinter Estellencs liegt, durch eine Brücke mit dem ›Festland‹ verbunden, der Wachturm **Ses Ànimes** auf einem vorspringenden Felsen. Er wurde 1545 im Rahmen des Piratenfrühwarnsystems errichtet und stand mit anderen Türmen entlang der Küste und auf Sa Dragonera in Sichtverbindung. Der Blick reicht von diesem exponierten Turm weit über die Terrassenkulturen bis zum Mirador Ricard Roca mit steil abfallender Küste. Fotogen und leicht zugänglich, ist er heute der Star unter den zahlreichen noch halbwegs erhaltenen mittelalterlichen Wachtürmen.

Schlafen

Als beliebter Standort für Wanderer fern des Massentourismus verfügt Estellencs über einige Hotels, die sich durch persönlichen Service auszeichnen (Hauptsaison hier sind Frühjahr und Herbst!).

Wanderers Wonne

Maristel: Man schwebt über der Küste und würde am liebsten auf dem Balkon übernachten. Das alteingesessene, von den Eigentümern geführte Hotel konnte sich einen Logenplatz sichern. Ein gutes Restaurant, ein kleiner Pool und der Spa machen es zur Wohlfühloase und zum bevorzugten Standort für Wanderer. Die Zimmer sind hell, modern und ohne Firlefanz. Carrer Eusebi Pascual, 10, T 971 61 85 50, www.hotelmaristel.com, DZ ab 125 €

Schöner wohnen auf der Insel

Hotel Nord: Von außen sieht man dem rustikalen Gebäude im Ortskern kaum an, mit welchem Engagement die Eigentümer das Innere gestaltet haben. Alles harmoniert: Farben, Möbel, Dekoration, Beleuchtung. So etwas sieht man sonst in Wohnzeitschriften. Es gibt nur acht Zimmer, die ideale Bleibe für Individualisten also. Plaça d'es Triquet, 4, T 971 14 90 06, www. hotelruralnord.com, Nov.–Ende Jan. geschl., DZ ab 120 €, auch pauschal buchbar

Finca-Feeling

Sa Plana Petit Hotel: So würde man sich wohl seine Finca einrichten: gekälkte Wände, Balkendecken, Kamin … Ohne Pomp, aber mit viel Liebe zum Detail gestaltet, und das alles in einen üppigen Garten gebettet, wo sogar ein kleiner Pool Platz hat. Es gibt nur fünf Zimmer.

Carrer Eusebi Pascual, s/n, T 971 61 86 66, www.saplana.com, Dez./Jan. geschl., DZ ab 100 €, auch pauschal buchbar

---

Essen

Die auch von Einheimischen aufgesuchten Restaurants sind besser als in mancher Touristenhochburg und bieten vor allem inseltypische Küche.

Mallorquinisch durch und durch

Montimar: Der Bau gegenüber der Kirche an der Hauptstraße ist eher unschein-bar, lockt aber selbst Gäste aus Palma. Lammschulter, *Sopa Mallorquina,* Calamari oder Kaninchen, alles authentisch, super zubereitet und freundlich serviert. Auch an Vegetarier ist gedacht.

Plaça Constitució, 7, T 971 61 85 76, Di–So 12–15.30, 19–22.30 Uhr, 24. Dez.–1. Feb. geschl., Hauptgerichte ab 15 €, *menú del día* ca. 20 €

Aussichtsreich in jeder Hinsicht

Vall Hermós: Kein Radfahrer fährt hier vorbei! Die große Terrasse bietet viel Platz für die Verschnaufpause und einen tollen Blick auf Berge und Meer. Es gibt hervorragende Snacks, Tapas, Kuchen und Salate. Der Familie gehört auch der Delikatessenladen Colmado Santo Domingo in Palma (s. S. 46), das spürt man. Einen Einblick in die Speisekarte gibt's auf der Website.

Eusebi Pascual, 6, Do–Di 10–20, Sa bis 23 Uhr, www.vallhermos.com, kleine Gerichte ab 5 €

Nur rund 370 Einwohner zählt das kleine Bergdorf am Hang des Galat-zó. Und die sind extrem fit, schließlich geht es dauernd rauf und runter.

Unter Einheimischen

Sa Tanca: Die Dorfkneipe liegt etwas versteckt unterhalb der Hauptstraße, sodass Durchreisende sie leicht übersehen. Sie punktet mit günstigen Preisen, der Mischung aus einheimischer und italienischer Küche und ihrem Wirt. Vor allem aber ist sie im Gegensatz zu den anderen Restaurants auch im Winter geöffnet.

Carrer del Mar, 12, T 971 14 91 23, Hauptgerichte ab 9 €

Bewegen

Der Berg ruft

Estellenc ist ein guter Ausgangsort für Wanderungen, insbesondere für die **Besteigung des Puig de Galatzó.** Der etwa 12 km (ca. 5,5 Std.) lange Rundweg beginnt bei km 97 an der Ma-10. Parkbuchten für etwa fünf Autos, Infotafel.

Infos

- **Information:** www.estellencs.com, allgemeine Infos zum Ort, zu den Hotels und Veranstaltungen, auch auf Englisch, dann aber weniger ausführlich.
- **Bus:** mit L 200 mehrmals tgl. von Banyalbufar über Estellencs nach Palma.
- **Parken:** am besten auf dem Parkplatz am Ortsende bei der aus verrosteten Autoteilen gefertigten Eselskulptur des Künstlers Mariano Navares (s. rechts).

Banyalbufar ♀ B 4

Der Wachturm Ses Ànimes steht am Rande der fruchtbaren **Horta de Banyalbufar,** die schon von den Arabern angelegt und als *buniola al bahar* (kleiner Weingarten am Meer) bezeichnet worden war, woraus sich der Ortsname ableitet. Von Opuntienhecken gesäumte Terrassenfelder steigen

in weitem Bogen bis zur kunstvolles Bewässerung mauerten Kanälen leitet Kalkstein der Berge gespeicherte Regen wasser auf die Felder, Zisternen überbrücken die trockenen Sommermonate.

Die Malvasia ist heilig

Seit der Reblausepidemie Ende des 19. Jh. wurde auf den Feldern Obst und Gemüse für die lokalen Märkte gezogen, insbesondere Tomaten. Seit 1995 hat auch der angestammte Weinanbau auf bescheidenem, 35 ha wieder seinen Platz. Mit Erfolg. Die Malvasia-Sorten Cornet und Xop sind heute Kult. Kaufen kann man sie etwa bei der Finca Son Vives, die eine kleine Bodega am Ortseingang unterhält, passenderweise am einzigen Parkplatz.

Wie in Estellencs drängen sich auch in Banyalbufar die Häuser eng

HEILIGES ›BLECHLE‹

Am Ortsrand von Estellencs grüßt eine verrostete **Eselskulptur** – es handelt sich um das Nationaltier der Insel, das den Charakter der Bewohner ziemlich genau trifft: genügsam, arbeitsam, eigensinnig. Es ist der animalische Gegenentwurf zum dominanten Osborne-Stier, der vor allem auf dem Festland verehrt wird und dessen einziger Vertreter auf Mallorca einen schweren Stand hat (s. S. 189). Das aus Autoschrott zusammengeschweißte Tier ist, anders als die ehemalige Reklametafel, ein gelungenes Kunstwerk des in Estellencs lebenden international bekannten Bildhauers **Mariano Navares,** der in seinem Atelier in einer ehemaligen Kirche hämmert, lötet und schweißt (http://mariano navares.es).

...usammen. Insgesamt aber hinterlässt der Ort auf den ersten Blick einen weniger malerischen Eindruck als so manch anderer an der Strecke. Dennoch sollte man es nicht versäumen, die verwinkelten Gassen oberhalb der Hauptstraße zu erkunden.

Schlafen

Der Größe des Ortes entsprechend ist das Angebot auch hier sehr beschränkt und wendet sich vor allem an Naturliebhaber ohne Bade-Ambitionen.

Der Fischer und seine Frau

Mar i Vent: 1931 beschlossen der Fischer Juan Vives und seine Frau Margarita, ihr herrlich gelegenes Bruchsteinhaus Touristen zugänglich zu machen, die in immer größerer Zahl auf staubiger Piste nach Banyalbufar kamen. Die Entscheidung war goldrichtig. Aus der ›Fischerhütte‹ wurde eine recht noble Unterkunft, die sich noch immer im Besitz der Familie befindet, aber etwas Facelifting vertragen könnte. Allein schon der Blick von der Terrasse ist (fast) das Geld wert.

Carrer Major, 49, T 971 61 80 00, www.hotel marivent.com, 23 Zimmer, 6 Suiten, Pool, gutes Restaurant, DZ/F 130 € (HS), auch pauschal buchbar

Der Blick!

Hostal Baronia: Ein weiteres alteingesessenes Familienhotel, das auch schon bessere Zeiten gesehen hat, aber ebenfalls mit einem traumhaften Blick aufwarten kann. Den Komfort eines 4-Sterne-Hotels darf man zwar nicht erwarten, dafür aber den Charme einer rustikalen Unterkunft auf dem Lande. Um den Blick von der Restaurantterrasse genießen zu können, muss man nicht unbedingt hier wohnen.

Carrer Baronia, 16, T 971 61 81 46, www. hbaronia.com, Nov.–März geschl., DZ/F 80 €

Essen

Essen mit Aussicht

Son Tomas: Der grandiose Blick über die Terrassenlandschaft ist auch hier eine Hauptbeilage, der sich allerdings im Preis der sehr guten Küche niederschlägt.

Carrer Baronia, 17, T 971 61 81 49, Mi–Mo 10–16, 19.30–22.30 Uhr, im Winter nur mittags, Mitte Dez.–Ende Jan. geschl., Hauptgerichte ab 18 €

Gin zum Bio-Schwein

1661 Cuina de Banyalbufar: Zugegeben, mit einer Aussicht wie das Son Tomas oder das Hostal Baronia kann das in einem historischen Gebäude aus dem Jahr 1661 ansässige Restaurant nicht aufwarten, aber dafür mit einer baumbeschatteten Terrasse. Hinsichtlich kreativer Kochkunst vermag es aber locker mitzuhalten. Auf der Karte findet man Bio-Fleisch vom Iberico-Schwein von der eigenen Finca, Ceviche vom Wolfsbarsch und super Desserts. Gin-Liebhabern dürften die Augen übergehen – über 20 Sorten stehen zur Auswahl.

Carrer Baronia, 1–3, T 971 61 82 45, tgl. 11.30–23 Uhr, Dez.–Feb. geschl., Hauptgerichte ab 20 €

Infos

● **Bus:** mit L 200 mehrmals tgl. von Banyalbufar über Estellencs nach Palma.
● **Parken:** auf dem recht geräumigen Parkplatz vor der Vinothek oder im Parkhaus im Zentrum.
● **Eres Negre:** Ende Juli findet das ›gastromusikalische‹ Fest Eres Negre (»Du bist schwarz«) statt, eine gelungene Mischung aus Malvasia-Verkostung, Probieren der Ramellet-Tomaten, Tapas-Tour und ›black music‹ von Gospel bis Funk. Los geht es um 12 Uhr mit der Tapas-Tour, Ende gegen 17 Uhr mit heißen Rhythmen. www. eresnegre.com

Ob sie überhaupt einen Blick für das Meer haben, die Rennradfahrer auf der Ma-10, der Traumstraße Mallorcas schlechthin, die Kehre für Kehre für Kehre hinab zum Meer führt und selten so leer ist wie hier?

La Granja　　　📍C4

Auf der Ma-10 erreicht man nun eine Gabelung. Hier gilt es, auf die Schilder zu achten, denn der breitere Abschnitt heißt nun Ma-1100 und führt über Esporles auf breiter Bahn direkt hinunter nach Palma. An dieser Strecke trifft man nach nur 1 km auf das Landgut La Granja, eine der Hauptsehenswürdigkeiten der Insel. Bereits den Römern und den Arabern war dieses idyllische Fleckchen am Ausgang eines schmalen Tals nicht entgangen, sprudelten doch hier selbst im heißen Sommer noch die Quellen und verwandelten das Land in einen grünen Garten. Nach der Reconquista ging das arabische Gut El Pich an den verdienten Ritter Nunó Sanc, der es in einem schwachen Moment

zehn Jahre später den Zisterziensern überschrieb. 1447 ging das Gut in privaten Besitz über, erhielt aber erst im 17. Jh. sein heutiges herrschaftliches Gepräge.

»Die leichte Bauart des Hauses steht im Einklang mit der angenehmen Umgebung. Eine schlanke Bogenhalle befindet sich auf der Frontseite, und vor derselben liegt der wirklich bezaubernde Garten«, schrieb Erzherzog Salvator von Österreich gegen Ende des 19. Jh. über den Herrensitz. Und daran hat sich nichts geändert.

Gruseln und genießen
Heute dient La Granja als **Museum** mallorquinischer Volkskunst und traditioneller Lebensformen, die dem Besucher anhand zahlreicher Exponate aus allen Bereichen des täglichen Lebens nahegebracht werden.

NICHT GANZ OHNE

Am Kilometerstein 80 zeigt ein Wegweiser zum **Port d'es Canonge.** Unten warten einige Ferienhäuser, ein nur im Sommer geöffnetes kleines Restaurant mit schönem Blick und mittelmäßigem Essen und natürlich der ›Hafen‹. Der Zusatz *port* ist schon recht gewagt, es ist eher ein maritimer Parkplatz, auf dem Bötchen hochgezogen am Strand liegen, immerhin ein schönes Fotomotiv. Spektakulär ist vor allem die Zufahrt. Radfahrer genießen die extremen Kurven der engen Straße, Autofahrer könnten ins Schwitzen geraten.

Herzstück des Guts ist das prächtige **Herrenhaus** mit seinen exquisit ausgestatteten Zimmern, dem Florentiner Saal etwa mit seinen Louis-Quinze-Möbeln. Eine weitere Augenweide ist die vollständig ausgestattete Großküche mit ihren gekachelten Herden und den blitzenden Kupferpfannen und -töpfen.

Am interessantesten allerdings ist der Blick in die längst vergangene Arbeitswelt mit den antik anmutenden Gerätschaften. In großen Bottichen wurde die Wolle gefärbt, es gab eine eigene Schmiede, Werkstätten für die Holzbearbeitung und eine Seilerei, eine Druckerei und natürlich eine Destille. Das Gut war in jeder Hinsicht völlig autark. Die Objekte werden durchaus nicht nur museal präsentiert, sondern in ihrer Funktion auch demonstriert. Den Kontrast zur ländlichen Idylle bilden die drei aus dem Fels geschlagenen **Folterkammern** im Kellergewölbe mit Streckbank und Nagelbrettern aus der Zeit der Inquisition zwischen dem 16. und 19. Jh.

Aber nicht nur fürs Auge und zum Gruseln wird viel geboten, auch den Gaumen kann man mit mallorquinischen Spezialitäten verwöhnen und dem erfrischenden Landwein zusprechen, der wie einige Kostproben mit im hohen Eintrittspreis enthalten ist. Es gibt aber auch ein **Restaurant.** Kein Wunder, dass Sa Granja einen festen Platz im Programm der Reiseveranstalter hat und es insbesondere mittwochs und freitags zu erheblichem Gedränge kommt, begleitet von feucht-fröhlicher Ausgelassenheit.

www.lagranja.net, tgl. 10–19, im Winter bis 18 Uhr; Mi. und Fr (Pferdeschau) es während der Saison sehr voll, dann besser meiden; 15,50 €; Bus: mehrmals tgl. mit L 200 auf der Route Palma–Estellencs

Port de Valldemossa   C3

Die Ma-10 biegt, zum schmalen Sträßchen geschrumpft, an der oben erwähnten Gabelung nach links und führt ins **Tal von Valldemossa.** Wer von kleinen Buchten noch nicht genug hat, kann auf schmaler, kurvenreicher Straße einen Abstecher hinab zum **Port de Valldemossa** machen. Steile Felswände, Bootsschuppen und einige Natursteinhäuser säumen die kleine, recht romantische, früher gern von Schmugglern aufgesuchte Bucht. Ein Lokal (geöffnet April–Okt.) gibt es natürlich auch. Wie beim Port d'es Canonge ist auch hier eher der Weg das Ziel.

Valldemossa ⭐ C3

Nun aber zum ›Wallfahrtsort‹ **Valldemossa,** der auf keinem Ausflugsprogramm fehlt. Die malerisch im Grünen gelegene, von Bergen umrahmte Kleinstadt zu Füßen des Teix (1064 m) wäre an sich schon eine Reise wert, zieht aber die Besucherscharen vor allem wegen des ehemaligen Kartäuserklosters **Cartuja de**

Jesús Nazareno (Cartuja de Valldemossa, s. S. 86) an.

Malerisches Mauerblümchen

Es ist erstaunlich, dass die Touristen dem Ort selbst relativ wenig Beachtung schenken, gehört er doch mit seinen malerisch engen, blumengeschmückten Gassen, den Treppen und Durchgängen zu den schönsten der Insel. Es verwundert nicht, dass sich Künstler von Valldemossa inspiriert fühlen und hier ihre Ateliers haben, etwa Nils Burwitz, Bernat Reüll und Bruno Zupan.

Lange vor der Klostergründung war das Hochtal beliebter Siedlungsort. Bereits Römer und Mauren bestellten hier ihre Äcker, und die Seeräuber hatten einen begehrlichen Blick auf das fruchtbare Tal geworfen. Die Bauern wussten sich indes zu verteidigen und brachten den Korsaren Barbarossas 1552 eine Niederlage bei, die fortan den Frieden sicherte.

Das historische Zentrum gruppiert sich um die **Pfarrkirche Sant Bartomeu,** die 1245 gegründet, später aber gotisch verändert wurde. Auffallend der mit einem Aufsatz versehene Turm, der dem des Klosters ähnelt. Die Kirche steht im Zeichen der in der Carrer de sa Rectoria geborenen und uns auch außerhalb des Gotteshauses auf Kachelbildern begegnenden hl. Catalina Tomàs. In der Gasse links neben der Kirche steht ihr Denkmal.

Wo der Künstler litt

Hätten hier nicht George Sand und Frédéric Chopin einen recht lausigen Winter 1838/39 in einer klammen, kalten Wohnung verbracht, niemand würde dem ehemaligen **Konvent** größere Beachtung schenken. Romanzen berühmter Persönlichkeiten vermarkten sich eben seit jeher besonders gut, vor allem, wenn sie der Hauch des Skandals umweht (s. S. 261).

Ob die Traumkulisse Valldemossas Chopin zu seinen Meisterwerken animiert hat, sei dahingestellt. Besonders gefallen hat es ihm hier nicht.

Der weiträumige, mit seinen verschachtelten Zellen und dem minarettartigen Turm recht romantisch wirkende Komplex besteht aus Kirche, angebautem Kloster und Palau del Rei Sanç. Kartäusermönche aus Tarragona hatten 1399 die ehemalige, aus einem islamischen Alkazar hervorgegangene Königsresidenz von Jaume II übernommen und zum Kloster ausgebaut. Nach der Vertreibung des Ordens 1835 säkularisierte der Staat das Kloster und vermietete die Zellen.

Apostelschmalz & Co.

Der Besucher betritt aber zunächst die **Kirche,** ein einschiffiges Barockbauwerk des 18. Jh. Die Deckengemälde schuf der Kartäusermönch Bayeu, ein Schwager des Malers Goya. Auch die in Valldemossa geborene Nationalheilige Catalina Tomàs ist präsent und wird mit einer Statue und einem von dem deutschen Künstler Nils Burwitz geschaffenen Fenster verehrt. Weit mehr als für Chopins Klavier kann

sich der Autor für die historische Apotheke an der Kirchenlängswand begeistern, in der jener alte misstrauische Kartäusermönch wirkte, den George Sand in ihrer Erzählung porträtiert hat. In den kunstvollen alten Gläsern und Majolikagefäßen wurde manch wundersame Medizin, wie etwa das Apostelschmalz, aufbewahrt. Zu gern würde man mal daran schnüffeln, kosten wohl eher nicht. An der gegenüberliegenden Seite erstreckt sich der Wohntrakt mit den Klosterzellen, die jeweils aus drei Räumen bestanden. Zunächst kann man die Wohnung des ehemaligen Abtes bewundern. Die dazugehörenden Räumlichkeiten umfassen eine **Kapelle,** eine prachtvolle **Bibliothek** mit wertvollen Büchern und ein Elfenbein-Triptychon.

Der Sound von Chopin

Hauptanziehungspunkt sind jedoch die **Klosterzellen Nr. 2 und Nr. 4,** in denen George Sand und Frédéric Chopin den Winter verbracht haben sollen und um die es einen Generationen Streit gibt (s. S. 261). Beide ›Appartements‹ wurden liebevoll hergerichtet und mit Memorabilien der berühmten Besucher ausstaffiert. Darunter befindet sich in Zelle 4, präsentiert wie eine Reliquie, Chopins geliebtes Pleyel-Piano, auf dem er an seinen »Préludes« arbeitete und das dritte Scherzo komponierte. Zu sehen bekommt man es aber nur gegen eine Extragebühr.

Ehre, wem Ehre gebührt

In dem anschließenden Teil des Zellentrakts ist das **Museu Municipal** untergebracht, das eine bemerkenswerte Druckerei aus dem 16. Jh. mit alten Druckstöcken zeigt sowie Erinnerungen an Erzherzog Ludwig Salvator von Österreich, darunter eine Originalausgabe seines monumentalen Balearen-Werks (s. S. 273).

Der östlich des Wohntrakts angegliederte **Palau del Rei Sanç** bildet die Urzelle des Klosters und entstand bereits im 14. Jh.

EIN KLAVIER, EIN KLAVIER

Auf welchem Klavier spielte **Chopin** wo? Bereits 1910 deklarierte die geschäftstüchtige Familie Capllonch Zelle 2 als Wohnzelle, staffierte sie mit Klavier und etlichen Memorabilien aus und machte sie so zur Goldgrube. 2011 wurde höchstrichterlich bestätigt, dass indes Zelle 4 der wahre Wohnort war und das Klavier in Zelle 2 erst nach Abreise Chopins gebaut wurde. Die Familie Quetlas Tous war nicht nur Eigentümer der Zelle 4, sondern auch des originalen Pleyel-Klaviers. So hatten die unzähligen Touristen 80 Jahre lang am falschen Schrein die falsche Reliquie angebetet. Wer 4 € locker macht, darf sich heute am Blick auf das authentische Instrument erfreuen.

www.cartujadevalldemossa.com, www.visit
cartujadevalldemossa.com, www.celdade
chopin.es, Mo–Sa ab 9.30, Schließung
saisonabhängig zwischen 15.30 und 19,
So April–Okt. 10–13 Uhr; 9,50 €, Rentner
7,50 €, darin enthalten ist ein 15-minütiges
Pianokonzert, Feb., Nov. um 10.30, März–Okt.
6 x tgl. 10.30–17 Uhr, Dez., Jan. keine Konzerte; Besuch der sog. Chopin-Zelle 4 € extra

Schlafen

Die Auswahl an Unterkünften ist weder
groß noch preisgünstig.

Der Himmel auf Erden
Valldemossa Hotel: George Sand
und Frédéric Chopin wären vor Neid
erblasst … Eine Oase zum Wohlfühlen
mit fast meditativem Ambiente. Exklusive
Unterkunft in historischem Landgut mit
zuvorkommendem Personal. Wellnessbereich, Pool und ein hervorragendes
Restaurant dürfen natürlich nicht fehlen
– ein (kostspieliger) Traum.
Carretera Vieja Valldemosa, T 971 61 26 26,
www.valldemossahotel.com, DZ/F ab 300 €

Wanderer, kommst du nach …
Es Petit Hotel de Valldemossa: Uriges
3-Sterne-Hotel in altem Stadthaus mit 8
geschmackvollen, funktionalen Zimmern
in sonnigem Gelb und dezentem Orange,
dazu ein toller Blick über den Ort, ein sehr
zuvorkommender Eigentümer und Wanderwege in Hülle und Fülle – wer vermisst da
schon den Pool?
Carrer Uetam, 1, T 971 61 24 79, www.
espetithotel-valldemossa.com, DZ/F ab 135 €

Essen

Die meisten Restaurants entlang der
Hauptstraße sind auf den Massentourismus eingestellt und bieten nur
durchschnittliches Essen zu recht hohen Preisen.

*Topf für Topf Gemütlichkeit. In vielen
Bergdörfern begrünen die Bewohner die
abweisenden Mauern liebevoll.*

Unter Mallorquinern
Ca'an Mario: Man kann es leicht verfehlen, obwohl es nur einen Steinwurf entfernt
von der Cartuja liegt. Auf dem Schild steht
noch immer Hostal. Aber das war einmal.
1890 hatte es eröffnet und war damit das
älteste Hotel der Insel. Von der Vorhalle
steigt man in den ersten Stock und meint, in
einer Wohnung zu sein, wären da nicht eine
gewisse Hektik, köstlicher Bratenduft und
ein mediterraner Lärmpegel. Man ist mitten
in Mallorca. Was auf den Tisch kommt, ist
bodenständig, traditionell wie eh und je.
Die Portionen sind groß. Für 12 € wird man
richtig satt. Unbedingt reservieren.
Carrer de Uetam, 8, T 971 61 21 22, www.
hostalcanmario.net, im Sommer Di–So 13.30–
15.30, 20–22 Uhr, sonst Mo und abends
geschl.

TOUR
Auf dem Reitweg des Erzherzogs

Wanderung bei Valldemossa

Infos

 C3

Länge: ca. 12 km

Hinweise: steiler, anstrengender Anstieg; festes Schuhwerk und Wanderstöcke empfehlenswert; genug Wasser und Verpflegung mitnehmen

Detaillierte Infos mit Karten unter www.muntanyadelvoltor.com

Es geht gleich richtig zur Sache. Vom **Stadtrand Valldemossas** führt hinter einer Kette der alte Karrenweg durch Steineichenwald steil bergauf. An einer **Infohütte** des Geierschutzprogramms »Muntanya del Voltor« trennen sich die Wege. Geradeaus dürfen nur Wanderer mit einer Genehmigung.

Abstecher in die Vergangenheit

Der Haupttross folgt dem Wegweiser **Camí de s'Arxiduc**, der den ehemaligen Reitweg Erzherzog Salvators (s. S. 273) ausschildert. Dank dem rührigen Österreicher kann der Wanderer heute auf historischen Pfaden wandeln. Der *camí* zieht sich immer weiter den Wald hinauf und wird immer felsiger. Wohl dem, der festes Schuhwerk und Wanderstöcke hat.

Am Abgrund

Endlich ist die Hochebene **Pla d'Artigues** erreicht. Gut 500 m sind wir bereits geklettert, mehr als eineinhalb Stunden waren wir unterwegs. Der Inhalt der Trinkflaschen ist schon rapide geschwunden. Der schwierigste Teil liegt aber hinter uns, jetzt dürfen wir uns auf den Höhepunkt der Wanderung freuen. An der Kreuzung mit dem **Weitwanderweg GR 221** biegen wir nach links ab. Dort, wo sich die Wanderer drängen, liegt der 945 m hohe **Puig des Caragolí** mit großartigem Blick über Deià und die nördliche Tramuntana-Kette. Auf einem schmalen **Grat** geht es weiter. Es ist der wohl spektakulärste Teil der Tour. Wer allerdings nicht schwindelfrei ist,

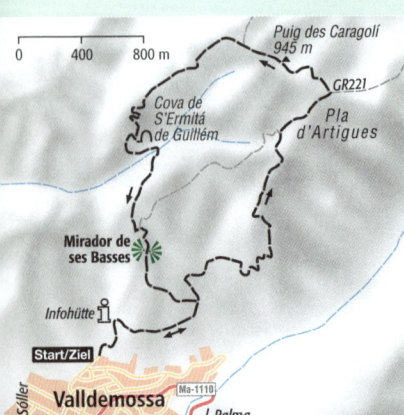

Schwindelfrei sollte man schon sein, so hoch über Valldemossa.

könnte etwas ins Zittern geraten. Tief unten liegt die Halbinsel **Sa Foradada,** wo die ›Nixe‹, die Jacht des Erzherzogs, ihren Ankerplatz hatte.

Tief in der Tramuntana

Vorbei an einem steilen Abstieg hinab nach Deià führt der Weg zu einer Eremitenhöhle, die einfallendes Licht spärlich beleuchtet. »Quietud, silencio, paz interior« steht über dem Höhleneingang, »Ruhe, Stille, innerer Frieden«. Im 17. Jh. hat hier der von der Bevölkerung hoch verehrte Einsiedler Guillermo de San Pablo gelebt. Sein Schädel ruht in der Kirche von Valldemossa. Unmittelbar hinter der **Cova de S'Ermitá de Guillém** (auch bekannt als Ermitá de Son Moragues) stoßen wir wieder auf die Grenze des Geierschutzgebiets, das nur mit Genehmigung betreten werden darf. Wer Zugang erhält, kann die Natur in aller Ruhe genießen und vielleicht sogar die Geier in der Thermik kreisen sehen. Steinmännchen weisen den Abstieg über Geröll zum **Mirador de ses Basses,** der wieder den Blick auf Valldemossa freigibt.

Wer das Geierschutzgebiet besuchen will, muss sich eine Genehmigung einholen unter: info@muntanyadelvoltor.com oder T 619 59 19 85. In der Hochsaison kann das mehrere Tage dauern.

Im Zickzack zurück

Im Zickzack geht es weiter steil hinab bis zur Einmündung in den schon vom Aufstieg bekannten Karrenweg, der an der Infohütte vorbei hinab in die Stadt führt. Es war eine anstrengende, aber auch genussreiche Wanderung mit einmaligen Blicken über Berge und Küste. Danke, Salvator!

MALLORCAS HEILIGE **H**

Neben Sand und Chopin verehrt der Ort noch eine weitere Heilige: **Catalina Tomàs**. 1531 wurde sie hier geboren und verbrachte bereits ihre Kindheit mit Gebeten an selbsterrichteten Altären auf dem Feld. Engel, der hl. Antonius und die hl. Katharina von Siena seien ihr dort erschienen. Tagelang versank sie in Ekstase und soll auch die Zukunft vorausgesagt haben. Ihre frühkindliche, mystische Frömmigkeit blieb nicht unbeachtet und mit 21 Jahren wurde sie in das Kloster der hl. Maria Magdalena in Palma aufgenommen, wo sie 1574 starb und in ihrem gläsernen Sarg weiter angebetet werden kann. Von der Bevölkerung wird sie auch als Beateta (die Selige) verehrt, wurde sie doch 1792 erst selig-, 1930 dann heiliggesprochen.

Romantik im Klosterschatten
El Roquissar: Es liegt glücklicherweise etwas abseits vom Haupttouristenstrom direkt an der Klause, eng von Gebäuden umschlossen mit höchst romantischem Ambiente. Obwohl es nur winzig ist, kann es mit einer umfangreichen Karte aufwarten. Die Gerichte werden perfekt zubereitet, liebevoll angerichtet und freundlich serviert. Plaça Cartoixa, 5, T 971 61 62 08, Mi–Mo 12.30–21.30 Uhr, Nov.–Feb. geschl., Vorspeisen ab 8 €, Hauptgerichte ab 18 €

Wenn Tapas, dann hier!
S'estret: Eine kleine, sehr rustikale, unscheinbare Bar mit nur wenigen Tischen in einer Seitenstraße vom zentralen Platz, aber einem tollen Angebot an frischen Tapas (4 €). Ideal für den kleinen Hunger. Auch an Vegetarier ist gedacht. Carrer Jovellanos, 6C, T 669 00 79 06

Feiern

- **Festival Chopin:** www.festivalchopin. com, an Wochenenden im Aug./Sept., 15–22 €. Konzerte im Kreuzgang der Kartause bei Kerzenlicht – man fühlt sich dem Genie ganz nah.
- **Cavalcada de la Beateta:** 28. Juli. Umzug mit Festwagen, Trachtengruppen, Musik. Ein Dorfmädchen tritt als Inselheilige Catalina Tomàs auf.
- **Moros y Cristianos:** Valldemossa will nicht hinter Port de Sóller zurückstehen und besinnt sich eines Piratenangriffs von 1552, der ebenfalls zurückgeschlagen werden konnte. Leider fehlt die spektakuläre Wasserschlacht, dafür dauert die Prügelei Anf. Oktober nur von 18.30 bis 20.15 Uhr.

Infos

- **Oficina Municipal de Turismo:** Av. Palma, www.valldemossa.com; Infos zu Geschichte und den Sehenswürdigkeiten.
- **Bus:** mit L 210 mehrfach tgl. von Port de Sóller über Deià nach Palma (www. tib.org/de/web/ctm/autobus/seccio/200).
- **Parken:** Möglichkeiten findet man in der Carrer Josep Badolet, wenn man an den Busparkplätzen vor dem Zentrum nach links abbiegt. Ein größerer gebührenpflichtiger Parkplatz liegt neben dem Touristenbüro in der Av. Palma.

Von Valldemossa nach Deià ♥ C3

Zur Weiterfahrt entlang der Tramuntana muss man zur Ma-10 zurückkehren. Erneut werden wir mit atemberaubenden Panoramen und einer unverbauten Landschaft verwöhnt. Dass der freie Blick hinauf in die Berge und hinab zum Meer so unbeschwert zu genießen ist, ist vornehmlich Erzherzog Salvator von Österreich zu verdanken, der Mitte des 19. Jh. fast den gesamten Landstrich zwischen Valldemossa und Deià aufkaufte und unter strengen Schutz stellte.

Ermita de la Santíssima Trinitat und Monestir de Miramar

Etwa 2,5 km hinter der Abzweigung auf die Ma-10 führt rechter Hand, gegenüber dem empfehlenswerten Restaurant **Can Costa**, eine sehr schmale Straße hinauf zur **Ermita de la Santíssima Trinitat** (Kloster der hl. Dreifaltigkeit) mit weitem Blick über Berge und Meer. Die Einsiedelei wurde 1648 auf den Resten bereits bestehender Refugien errichtet und 1703 um eine Kapelle ergänzt. Wer den Weg hinauf zur Einsiedelei scheut (vor allem am Wochenende sind die Parkplätze schnell belegt), kann von der Küstenstraße aus einen ähnlichen Blick vom **Mirador de Ses Pites** genießen, allerdings fehlt das Flair der klösterlichen Abgeschiedenheit.

Sissi war auch hier
Kurz dahinter liegt die Einfahrt zum **Monestir de Miramar**, ein geschichtsträchtiger Ort wie nur wenige. 1276 gründete der Gelehrte, Missionar und Dichter Ramón Llull mit päpstlichem Segen hier seine Schule für orientalische Sprachen, um Missionare für die Bekehrung der »Ungläubigen« in Nordafrika auszubilden. 100 Jahre später übernahm der Orden Sant Jerònim das Gebäude. 1699 wurde die Eremitage verlassen und verfiel, bis der Erzherzog 1872 als 25-Jähriger das Gelände aufkaufte, das Haus zum Wohnsitz umbaute und die Kapelle renovierte. Sofern er nicht mit seinem geliebten Schiff ›Nixe‹ unterwegs war, wohnte er zunächst hier.

Einen Teil der Inneneinrichtung der ›Nixe II‹ gibt es zu bewundern, dazu die unterhalb liegende, zum Gedenken an Llull errichtete **Kapelle** mit einer marmornen Marienfigur, einem Geschenk von Salvators Cousine, der Kaiserin Sissi, anlässlich ihres Besuchs im Jahr 1892. www.sonmarroig.com, Mo–Sa 10–18 im Sommer, 9–17 Uhr im Winter Uhr, 4 €

Son Marroig

Einige Kilometer weiter wartet Son Marroig, der spätere, wesentlich komfortablere Landsitz des Erzherzogs, den er über alles liebte und der heute ein **Museum** mit Erinnerungsstücken an den Inselliebhaber beherbergt. Weniger die museale Umgebung entzückt als der einzigartige Blick hinunter zum durchlöcherten, weit ins Meer springenden Felsen **Sa Foradada**, an dem früher Salvators Jacht vor Anker lag und zu dem man zu Fuß hinuntergehen kann (1,5–2 Std. hin/zurück). Der Blick von der Galerie des Wohnhauses auf den Marmorpavillon gehört zu den klassischen Fotomotiven der Insel. Das Restaurant **Na Foradada** am Ende des Felsvorsprungs bietet einen willkommenen Rastplatz. Für Liebhaber klassischer Musik ist das in den Sommermonaten stattfindende internationale Musikfestival **El Festival de Deià** ein kulturelles Highlight (www.dimf.com).

Deià

In einer großen Kurve wendet sich die Straße nun ins Landesinnere und gibt den Blick frei auf das pittoreske Deià, das bis heute von seinem Mythos lebt, Refugium einer Gemeinschaft von verkannten und bekannten Künstlern gewesen zu sein. Doch sofern man nicht gerade in eines der sündhaft teuren Restaurants einkehrt oder gar im Nobelhotel nächtigt, sieht man dem Ort seinen Promistatus kaum an. Steile Gassen, gepflegte alte Anwesen mit Blumenkästen und kleine Cafés verleihen Deià eine beschwingte Atmosphäre, obwohl viele Häuser ein durchaus wehrhaftes Gesicht tragen, das noch die Angst vor den Piraten widerspiegelt. Überragt wird das Dorf, das bereits von den Arabern unter dem Namen Ca Na Rosa angelegt worden ist, von der barocken Kirche **Sant Joan Baptista.** Ansonsten ist es in Deià immer noch ein wenig so, wie Gordon West in seinem Buch »Eine mallorquinische Reise« beschrieben hat: sehr entspannt. Oder um es in seinen Worten zu sagen: »In Deya gibt es nichts zu besichtigen und nichts zu tun, außer in Frieden die Zeit in den Bergen und den Zitronengärten zu verträumen.«

Arme Künstler und der Geldadel

Ein anderer Brite erlebte den Ort nicht nur auf der Durchreise, sondern blieb gleich ganz: Der angesehene Autor Robert Graves (1895–1985), Verfasser von historischen Romanen wie »Ich, Claudius, Kaiser und Gott«, wählte Deià 1929 als neue Heimat. Es war damals ein weltentrücktes Dorf ohne Strom in grandioser Lage zwischen Bergen und Meer. Graves vereinsamte aber keineswegs. Sein Freundeskreis prominenter Künstler war groß, und so kamen sie denn zu Besuch oder blieben wie er. Die Schauspielerin Ava Gardner gehörte dazu, ebenso Agatha Christie und Peter Ustinov. Auch Maler fühlten sich von der Atmosphäre inspiriert. Dazu zählen Mati Klarwein, Ulrich Leman und Norman Jenkins Yanikun. Alle drei liegen nun einträchtig beieinander auf dem kleinen Friedhof ihres Paradieses.

Damals war das große Geld noch kein Thema. Wie haben sich doch die Zeiten geändert! Der Komponist Andrew Lloyd Webber, der Musiker Bob Geldorf und der Milliardär Richard Branson haben sich für Millionen eingekauft und das einst verschlafene Dorf in die Jetset-Liga katapultiert. Michael Douglas hat sogar das Traumanwesen S'Estaca erworben, das Erzherzog Salvator einst für seine Gefährtin Catalina Homar hatte bauen lassen. Durchaus lohnend ist der Besuch des **Casa Museu Robert Graves** (ein Stück hinter dem Ortsausgang Richtung Sóller, www.lacasaderobertgraves.com, April–Okt. Mo–Fr 10–17, Sa bis 15, Nov., Jan.–März 9–16, Dez. Mo–Fr 10.30–13.30 Uhr, 7 €, Senioren 5 €). Es vermittelt einen interessanten Einblick in das Leben des Mannes, dem Deià seinen Mythos verdankt.

Schlafen

Wer in Deià übernachten möchte, gehört entweder zur Gemeinde der Wanderer oder zum Jetset. Selbst einfache Unterkünfte erheben oft einen heftigen Mythos-Aufschlag.

Wandern, baden, träumen, relaxen

Es Molí: Trotz seiner Größe mit 87 Zimmern hebt sich das über 50 Jahre alte Hotel wohltuend von den Bettenburgen der Küste ab. Bemühtes Personal, schöner Garten mit Pool, mehrere Restaurants und natürlich, wie in der Tramuntana fast schon Standard, ein super Ausblick auf den Ort und die Berge. Wem der Pool nicht genügt, wird mit dem hoteleigenen Shuttlebus zum Privatstrand gefahren – Kontrastprogramm zur Platja de Palma und El Arenal. Dafür ist der Preis durchaus angemessen. Carretera Valldemossa–Deià, s/n, T 971 63 90 00, www.esmoli.com, DZ/F ab 150 €, Bushaltestelle nur 100 m entfernt

Idylle in der Stadtvilla

Hotel des Puig: Das alteingesessene, auf dem Weg hinauf zur Kirche liegende kleine Boutiquehotel präsentiert sich als

In dieser Bar in Deià gibt es Atmosphäre und Oliven satt. Rund um den Ort soll es die ältesten Ölbäume der Insel geben, ein Erbe der Römer.

gelungene Mischung aus modern und traditionell. Mit nur wenigen, unterschiedlich ausgestatteten, klimatisierten Zimmern ist eine sehr persönliche Atmosphäre gesichert. Dazu ein kleiner Garten mit Pool.
Carrer Es Puig, 4, T 971 63 94 09, www.hotel despuig.com, DZ/F ab 100 €

Wer die Ruhe schätzt
Villa Verde: Das kleine Hostal liegt hoch oben auf dem Berg mit einer schönen Terrasse. Auch die 10 Zimmer sind okay, die Bäder nur klein. Gutes einfaches Frühstück – wem das nicht reicht, einen Bäcker gibt's um die Ecke. Vor allem für Wanderer ist das Hostal ein beliebtes, gemütliches Etappenziel.
Carrer Ramón Llull, 7, auf dem Weg zur Kirche, T 971 63 90 37, www.hostalvillaverde. com, DZ/F ab 65 €

Essen

Deià gilt als Hochburg exquisiter Kochkunst. Gleich mehrere Sternerestaurants haben hier ihren Platz, darunter das Olivo (www. belmond.com), in dem man mit etwa 250 € pro Person für ein Abendmenü mit Getränken rechnen muss.

Asian Feeling
Nama: Es war schon mutig von der in Sri Lanka geborenen und in Deutschland aufgewachsenen ehemaligen Fernsehredakteurin Namali Schlehberger und dem Ex-Radprofi Linus Gerdemann, im Zentrum von Deià ein Restaurant zu eröffnen. Die Küche liegt in Händen der Chinesin ›Bonnie‹, die ihr Handwerk versteht. So brummt denn der Laden. Das Ambiente

*Ein Traumbild, oder? Ob der Felshocker rechts wohl darüber nachsinnt,
ob er es zum Restaurant Ca's Patro March in der Cala Deià auf dem
Wasserweg schafft? Zur Belohnung ein Tapa – warum nicht?!*

auf zwei Ebenen ist perfekt, der Service zuvorkommend, die Speisen ungemein lecker, wenn auch nicht gerade preiswert – aber was ist schon preiswert in Deià? Für den Absacker hat man passenderweise nebenan gleich eine stylishe Bar eingerichtet.
Carrer Arxiduc Luís Salvador, 22, T 661 59 30 38, www.restaurantnama.com, Vorspeisen ab 12 €, Hauptgerichte ab 22 €

Mamma Mia

Trattoria Italiana: Pasta in allen Variationen und alles, was die italienische Küche so zu bieten hat – und das zu vergleichsweise sehr moderaten Preisen in hervorragender Qualität. Auch Tom Hanks und die Rolling Stones waren hier schon zu Gast. Wer auf der Terrasse mit schönem Blick in die Berge sitzen möchte, sollte reservieren. Interessant: das zum Zebra mutierte Pferd am Eingang … Wohl ein Werbegag.
Pasaje Vina Vieja n, 1, T 971 63 64 50, Mo–Sa 11–22.30 Uhr, Hauptgerichte ab 15 €

Infos

● **Bus:** mit L 210 mehrmals tgl. von Port de Sóller über Deià nach Palma (www.tib.org/de/web/ctm/autobus/seccio/200).
● **Parken:** Im Zentrum gibt es einige kostenpflichtige Plätze an der Hauptstraße, ein Stück weiter vor dem Museum Graves ein paar freie Plätze und noch etwas weiter auf der rechten Seite einen kleinen versteckt liegenden Platz (Hinweisschild). Zu Fuß ist man dann aber gut 20 Min. ins Zentrum unterwegs.

Sóller und Port de Sóller ♀ D2/3

Die nächsten Perlen auf der Kette der Ortschaften entlang der Ma-10 sind nicht so verschlafen. Die Stadt **Sóller** mit ihrem vorgelagerten Hafen **Port de Sóller** spielte seit jeher eine bedeutende Rolle an der Westküste. Anders als die winzigen, zwischen Bergwände und Meer eingezwängten Dörfer darf es sich eines breiten fruchtbaren Tals erfreuen. Mit Recht hatten die Araber dem lieblichen, zum Meer hin abfallenden Tal den Namen Suliar (Tal des Goldes) verliehen, ließ sich doch hier mit künstlicher Bewässerung ein Paradies schaffen, in dem noch heute Ölbäume, Datteln, Feigen und Zitrusfrüchte gedeihen. Schon die prähistorischen Bewohner Mallorcas und später dann Phönizier und Römer hatten diesen von der Natur begünstigten Flecken der heutigen Horta de Sóller zu schätzen gewusst.

Piraten im Orangenhain

Das weckte natürlich die Begehrlichkeit der Piraten, die mehrfach plündernd durch die Stadt zogen. Freibeuteradmiral Uludsch Ali Reis hatte sich 1561 allerdings zu früh gefreut. Mit Unterstützung aus benachbarten Gemeinden schlugen die Bewohner von Sóller 1200 Korsaren in die Flucht. Jedes Jahr wird mit dem Spektakel Fira & Firó das denkwürdige Ereignis zu neuem Leben erweckt. Nachdem wieder Ruhe und Sicherheit auf dem Meer eingekehrt waren, entfaltete sich Port de Sóller zum wichtigen Exporthafen für die Agrarprodukte, die bis Frankreich und sogar England gelangten. Nur die Mallorquiner selbst hatten wenig davon. Ein Gebirgsriegel versperrte den Weg in die Zentralebene und damit zum Markt von Palma. So war Sóller auf dem Landweg bis ins 20. Jh. hinein nur mühsam zu erreichen. 1912 wurde die Eisenbahnstrecke Palma–Sóller eröffnet – ein Ereignis in der Inselgeschichte. Ein weiteres halbes Jahrhundert dauerte es noch, bis man den Ort auch auf der Straße direkt von Palma aus ansteuern konnte. Der Tunnel beschleunigt heute die Anreise, hat ihr aber den Reiz der Serpentinen genommen.

Sóller

Im Ort lohnt sich ein Rundgang durch die Altstadt, auf deren herrliche **Plaça Constitució** die Pfarrkirche **Sant Bartomeu ❶** und das **Rathaus** aus dem 17. Jh. blicken. Die Kirche (Mo–Do 10.30–13, 14.45–17.15, Fr, Sa 10.30–13 Uhr) geht auf das 13. Jh. zurück, wurde aber mehrfach umgestaltet, letztmalig 1904. Damals schuf der Jugendstilarchitekt Joan Rubió, ein Gaudí-Schüler, die Westfassade. Sehr sehenswert ist die Fensterrosette. Auch die links der Kirche liegende **Banco de Sóller** von 1912 ist sein Werk.

FAKTENCHECK SÓLLER UND PORT DE SÓLLER

Einwohner: etwa 14 000 Einwohner
Stimmung auf den ersten Blick: harmonisch in betörende Berg- und Plantagelandschaft gebettet, südländisches Flair, mediterranes Ambiente mit zahlreichen Fischrestaurants an der Hafenbucht
Stimmung auf den zweiten Blick: sehenswerte Altstadt mit karibischen und französischen Stilelementen, der Strand ist eher bescheiden, dafür ohne Hotelsilos
Besonderheiten: mehrere Parkhäuser, historische Straßenbahn, Ausgangspunkt für ausgedehnte Wanderungen entlang des GR 221

Sóller

Ansehen

- **❶** Sant Bartomeu
- **❷** Estació de Sóller
- **❸** Botanischer Garten
- **❹** Museu Modernista de Can Prunera
- **❺**, **❻** siehe Karte S. 101

Schlafen

- **1** Ca'n Poma
- **2** Salvia
- **3** La Vila
- **4** siehe Karte S. 101
- **5** Ca's Curial

Essen

- **1** – **4** siehe Karte S. 101

Sa Fabrica de Gelats

- **5** Sa Fabrica de Gelats
- **6** Café Scholl

Einkaufen

- **1** Colmado de la Luna

Bewegen

- **❶** Tramuntana Tours

Die **Estació de Sóller ❷**, Endstation des ›Roten Blitzes‹ ein Stück oberhalb der Plaça d'Espanya, bezeichnet sich gern als den ältesten Bahnhof der Welt – geht das Gebäude doch auf ein befestigtes Herrenhaus von 1606 zurück, woran die drei Stockwerke, die fast fensterlose Fassade und die arabischen Dachziegel erinnern. Ansonsten bestimmen Elemente der 1930er-Jahre das Bild, so die verzierte

Bahnsteigüberdachung. Überdies kann man etliche hübsche Häuser des 19. Jh. bewundern, die vom Wohlstand künden, den man mit dem Export hochwertiger Agrarprodukte, insbesondere von Orangen anhäufen konnte. Auch der **Botanische Garten ❸** (Carrer Palma–Sóller, km 30, www.jardibotanicdesoller.org, Mo–Sa 10–18, im Winter bis 14 Uhr, 8 €) und das **Museu Modernista de Can Prunera ❹** (Carrer de sa Lluna, 90, www.canprunera.com, März–Okt. tgl 10.30–18 Uhr, 5 €) mit Werken u. a. von Joan Miró, Paul Klee und Toulouse-Lautrec sind lohnende Ziele.

Port de Sóller ⭐

Sóller ist ja ganz hübsch, mit dem 6 km entfernten Hafen Port de Sóller kann es sich aber nicht messen. Um dorthin zu gelangen, gibt es eigentlich nur einen Weg – die **Tramvía** (7 €), eine nostalgische Straßenbahn aus dem Jahr 1913, die Besucher gemächlich rumpelnd hinab zum zentralen Pier der Bucht bringt, wohin man mit dem Auto eh nicht kommt. So ist denn auch die Promenade rings um die Bucht, an der sich die Häuser hinaufziehen wie in einem Amphitheater, eine geradezu ideale, von Palmen beschattete Promenade mit etlichen Möglichkeiten, den Energiehaushalt mit einem *café con leche,* einigen Tapas, einer *ensaïmada* oder einem Fischfilet wieder auf Vordermann zu bringen.

Die weiträumige Bucht hat viele Schiffstypen gesehen, phönizische Kauffahrer, römische Galeeren, arabische Dhaus und italienische U-Boote. Heute teilen sich Fischer- und Ausflugsboote den Kai mit den Jachten, die in keinem Hafen fehlen dürfen. Es lohnt sich, auf steilen Treppenwegen in das renovierte ehemalige Fischerviertel **Santa Catalina ❺** hinaufzusteigen, die aus Kalkstein gemauerten Wände mit den hölzernen Fensterläden zu bewundern und vom Mirador neben der Kapelle **Santa Catalina d'Alejandria** einen Blick aus der Vogelperspektive zu genießen. Erstmals erwähnt wurde das Kirchlein 1280, später erweitert, 1542 durch einen Piratenangriff zerstört, dann wieder aufgebaut und um 1590 um einige Klosterzellen ergänzt. Wer mag, kann sich noch höher hinauf zum **Torre Picada ❻** auf den Weg machen. Er führt an der Bar Nautilus (s. S. 103) sowie am Luxusresort Jumeirah Port de Sóller vorbei (ca. 2 Std. hin und zurück).

Schlafen

Wer stilvolle Unterkünfte oder Ruhe sucht, ist in Sóller besser aufgehoben.

Idylle mit Familienanschluss

 Ca'n Poma: Finca-Hotel in einem modernisierten 300 Jahre alten Anwesen etwas oberhalb der Stadt an der nach Deià führenden Straße. Herrliche Lage in einem Olivenhain, ein Ort der Ruhe und Einkehr, erfüllt von Vogelgesang und den Geräuschen des Windes. Klassisch eingerichtete Zimmer mit alten Möbeln, ein Pool, hervorragendes Frühstück. Eigentlich der ideale Ort, einen Roman zu schreiben, zumindest aber das Yoga-Angebot wahrzunehmen. Wer hier wohnt, gehört zur Familie. Ein Fahrzeug ist hier unabdingbar, es sei denn man nutzt das hauseigene Fischerboot. Straße Sóller–Deià, T 971 63 25 60, www.canpoma.com, DZ/F ab 160 €

Fast wie im Museum …

❷ **Salvia:** Einfach schön: an den Wänden historische Porträts, Spiegel in vergoldeten Rahmen, eine freistehende Badewanne aus der Gründerzeit, Tischchen mit gedrechselten Beinen … Alles mit erlesenem Geschmack kombiniert, wen wundert's, dass nur Erwachsene in diesem ehemaligen Handelshaus nächtigen

TOUR
Auf schmaler Spur über die Berge

Mit dem ›Roten Blitz‹ von Palma nach Sóller

Infos

📍 C5–D3

Abfahrt: am eigenen Bahnhof links von der Plaça d'Espanya in Palma, www.trendesoller.com, April–Okt. tgl. sechs Fahrten, im Winter nur vier, einfache Fahrt Palma–Sóller 18 €, hin und zurück 25 €

Günstiges Kombiticket: Es gibt auch ein Kombiticket Palma–Puerto de Sóller–Palma inkl. Straßenbahnfahrt zu 32 €. Die Straßenbahnfahrt allein kostet hin und zurück bereits 14 €. Die Fahrt bis Sóller dauert ca. 1 Std., die Fahrt mit der Straßenbahn etwa 30 Min.

Gleich zu Beginn eine Klarstellung: Seinen Beinamen **Roter Blitz** trägt der Tren de Sóller zu Unrecht. Weder ist er blitzschnell noch rot.

Selfie mit einem selbstbewussten Veteran

Das Gedränge auf dem **Bahnhof in Palma** ist so groß wie bei uns zur morgendlichen Rushhour, die Stimmung aber völlig entspannt und fröhlich – alles Touristen auf einem Nostalgietrip zur Küste. Nach Einfahrt des Zuges sind sie vollauf damit beschäftigt, einen guten Platz am Fenster zu ergattern und Selfies mit dem Star zu machen. Der zeigt sich selbstbewusst und herausgeputzt. Die aus braun gebeizten Holzleisten bestehende Verkleidung, die nach oben zu öffnenden Schiebefenster, die sorgfältig geputzten Messingleuchten und die schmiedeeisernen Gitter an den Plattformen strahlen jenen unwiderstehlichen Charme aus, der allen Oldtimern zu Land, zu Wasser und in der Luft zu eigen ist. Und dann natürlich die Lok, eigentlich eher ein Triebwagen, der einer überdimensionierten Straßenbahn ähnelt und wie diese mit Strom betrieben und ebenfalls ganz in Holz gehalten ist, eckig, kantig mit großen Scheinwerfern. Auch ihr sieht man das Alter nicht an. Jeden Winter nämlich unterzieht sich ein Teil des rollenden Materials einer Schönheitskur, die ewiges Leben verspricht. Daher der hohe Fahrpreis.

Reise mit einer unbequemen Diva

Pünktlich um 12.15 Uhr ein Pfiff. Zuckelnd setzt sich der **Tren de Sóller** in Bewegung und schwenkt gemächlich ein auf die Straße. Er ist voll, aber stehen muss und darf keiner. Durch wenig attraktive Vororte, die man sonst eher nicht zu sehen bekommt, geht es Richtung Nordost. Dann treten die Häuser zurück, die Landschaft gewinnt die Oberhand. Die **Oliven- und Mandelbäume** huschen nicht vorbei, schieben sich vielmehr langsam ins Blickfeld. Wir sind schließlich mit 25 km/h unterwegs und werden von den Rennradfahrern lässig überholt. Leise ist es innen nicht und

sehr komfortabel auch nicht. Zwar sind die Bänke gepolstert, die Rückenlehnen aber steil und recht hart. Ein Blick nach oben offenbart interessante Details wie die hübschen Jugendstillampen und macht klar, warum die Gepäckablage früher Gepäcknetz hieß.

Orangenexpress

In **Bunyola** beginnt die Auffahrt in die Berge und damit der spektakulärste Abschnitt. Er ist auch der eigentliche Grund für die Errichtung der 27 km langen Bahnlinie und die schmale Spur von nur 914 mm. Sie entsprechen genau einem englischen Yard, wodurch enge Kurvenradien möglich wurden. Mit der Bahnlinie, damals noch unter Dampf, sollte Sóller verkehrstechnisch endlich an den Rest Mallorcas angebunden werden. Nicht Touristen hatte man in jener Zeit im Auge, sondern vor allem die ungemein leckeren Orangen aus der **Horta von Sóller** für die Märkte Palmas.

Satte 360 Pferdestärken

Der erste Zug verkehrte am 16. April 1912, just an dem Tag, an dem die Titanic unterging. Ein böses Omen war dies freilich nicht, denn die Bahn fährt seither ohne Unterbrechung. 1929 wurde die Strecke elektrifiziert und mit 360 PS starken Lokomotiven von Siemens ausgerüstet, die noch heute ihren Dienst tun. Ohne den Tourismus allerdings hätte die Bahn allenfalls im Museum überlebt. So aber ist die Reise mit dem ›Roten Blitz‹ auch ein Stück lebendiger Bahngeschichte.

Pünktlich seit mehr als einhundert Jahren

Ab Bunyola quält sich der Zug durch zahlreiche Kehren und Tunnel hinauf zum Aussichtspunkt **Mirador des Pujol d'en Banya,** wo er etwas verschnauft und den Touristen Gelegenheit für ein Foto vom tief unten liegenden Tal von Sóller gibt. Noch ein spektakulärer Viadukt und ein Tunnel, dann folgt die Einfahrt in den historischen **Bahnhof von Sóller** – natürlich pünktlich um 13.15 Uhr. Draußen wartet die ebenfalls betagte Straßenbahn Tranvia für den Trip zum **Hafen,** aber das ist eine andere, wenn auch sehr kurze Fahrt.

dürfen. Der Service ist ebenso perfekt wie das Ambiente, und das Restaurant zählt zu den besten der Stadt (s. rechts).
Carrer Palma, 18, Sóller, T 944 58 03 36, www.hotelsalvia.com, DZ/F ab 140 €

Gaudí lässt grüßen

3 La Vila: Jeden Moment könnte Gaudí die Treppe herabsteigen. Das bereits 1904 erbaute noble Jugendstilhaus hat trotz der Umgestaltung zu einem Boutiquehotel nichts von seinem Charme eingebüßt. Die 8 Zimmer sind zwar recht klein, aber geschmackvoll eingerichtet. Mit nur wenigen Schritten ist man mitten im Geschehen – nichts für Ruhesuchende.
Plaça Constitució, 14, Sóller, T 971 63 46 41, www.lavilahotel.com, Mitte Jan.–Mitte Feb. geschl., DZ/F ab 152 € (HS), sonst ab 105 €

Am Wasser gebaut

4 Los Geranios: Von außen macht das Hotel nicht viel her, aber hier lassen sich Stadtbummel und Badefreuden problem-los unter einen Hut bringen. Direkt vor der Tür liegt Port de Sóllers einziger Strand an einer Fußgängerpromenade. Abends mit einem Glas Wein auf dem Balkon sitzen und auf die wie ein Glühwürmchenschwarm zuckenden Lichter der Stadt blicken – das hat was. Deshalb unbedingt Zimmer mit Aussicht buchen. Sie sind modern und funktional ohne Schnickschnack.
Paseo de la Playa, 15, Port de Sóller, T 971 63 14 40, https://de.hotellosgeranios.com, DZ/F mit Blick auf die Bucht ab 160 €

Stilecht im Orangenhain

5 Ca's Curial: Ehemalige liebevoll in landestypischem Stil restaurierte Finca in einem Orangenhain, sehr ruhig gelegen, dennoch nur ca. 10 Min. zu Fuß vom Zentrum entfernt. Der Eigentümer selbst sorgt für einen aufmerksamen, dezenten Service. Adults only! Großer Pool.
Camino de la Villalonga, 21, Sóller, T 965 02 02 27, www.cascurial.com, DZ/F ab 140 €

Essen

An Restaurants aller Kategorien herrscht hier kein Mangel. Die schönsten mit Blick über die Bucht findet man in Port de Sóller.

Auf Sterneniveau

2 Salvia: Es ist nur wenig Platz im romantischen Innenhof des gleichnamigen Hotels und auch die Auswahl ist überschaubar. Dennoch, die aufmerksame Bedienung, die Präsentation und die Qualität der Speisen begleitet von dezenter Musik lassen den Besuch zum Erlebnis werden. Auf der Website kann man sich schon einmal Appetit holen. Um ihn zu stillen, sollte man reservieren (salviasoller@gmail.com).
Carrer Palma 18, Sóller, T 944 58 03 36, Di–So 12.45–14.45, Mi–So 18.45–21.45 Uhr, im Winter geschl., Vorspeisen ab 12 €, Hauptspeisen ab 23 €

FRAUENPOWER **F**

Als Freibeuteradmiral Uludsch Ali Reis am 11. Mai 1562 mit 23 Galeeren und 1200 Kämpfern in die Bucht von Port de Sóller einlief, hatte er sich den Tag wohl anders vorgestellt: Etwa 500 bewaffnete Einwohner erwarteten ihn. Ein Korsarentrupp erreichte dennoch Ca'n Tamany, das Gehöft der Schwestern Casanoves. Einer der Männer drang in die Wohnstube ein und konnte dem Wein auf dem Tisch nicht widerstehen. Der Schlag mit dem eisernen Türriegel kam unverhofft – und er war tödlich. Entsetzt ergriffen seine Kumpane die Flucht, als die Frauen ihnen den Toten vor die Füße warfen. Der Admiral blies zum Rückzug und entschwand auf Nimmerwiedersehen.

Port de Sóller

Ansehen
❶ – ❹ siehe Karte S. 96
❺ Santa Catalina
❻ Torre Picada

Schlafen
❶ – ❸ siehe Karte S. 96
❹ Los Geranios
❺ siehe Karte S. 96

Essen
❶ Agaponto
❷ Kingfisher
❸ Sa Barca
❹ Xelini
❺, **❻** siehe Karte S. 96

Ausgehen
✹ Bar Nautilus

Schau mir in die Augen, Kleines

❶ Agaponto: Romantik pur an der Bucht im Kerzenschein. Zahlreiche Gedenktage werden hier begangen. Dazu kommt eine hervorragende kreative Küche mit Produkten aus dem eigenen Garten. Der gehobene Preis ist aber auch dem tollen Ambiente geschuldet. Eine beliebte Bar für den Sundowner oder Absacker gehört dazu.

Camí del Far, 2, Port de Sóller, T 971 63 38 60, www.agapanto.com, Do–Di 12–1 Uhr, Nov.–Mitte Feb. geschl., Tapas-Auswahl/ Hauptgerichte ab 25 €, 3-Gänge-Menü 48 €

Very British

❷ Kingfisher: Ein Fischrestaurant in britischer Hand – aber von wegen Fish and Chips in Zeitungspapier! Was hier auf die Teller kommt, braucht einheimische Konkurrenz nicht zu fürchten. Fish and Chips gibt es natürlich auch, allerdings in einer Deluxe-Variante, und selbst an Vegetarier ist gedacht. Last but not least, eine Bar mit entsprechender Gin-Auswahl gehört selbstverständlich dazu. Und dann natürlich noch der Blick über die Schiffe – very British eben.

Carrer San Ramon de Penyafort, Port de Sóller, T 971 63 88 56, www.kingfishersoller. com, Di–Sa ab 12 Uhr, im Winter geschl., Vorspeisen ab 9 €, Hauptspeisen ab 20 €

Entspannt genießen

❸ Sa Barca: Kein Wunder, dass Jürgen Lichtenauer weiß, wie man seine Gäste verwöhnt, hat er doch zuvor das Zollhaus auf Sylt betrieben. Das recht rustikale Ambiente kann sich zwar nicht mit dem Agapanto messen, aber die Gerichte sind sehr lecker und werden dekorativ serviert. Vor allem Fischliebhaber kommen hier auf

Lieblingsort

Bloß nicht kleckern!

Wie gut, dass die Maut für den Tunnel bei Sóller aufgehoben wurde. Umgerechnet sind das mindestens zwei Portionen Eis – allerdings nicht irgendwelches aus dem Supermarkt. Nur das Eis der **Fàbrica de Gelats** 5 am Marktplatz kommt in Frage. Es ist nicht billig, aber besseres findet man in Mallorca wohl nicht (selbst mehrfach getestet); zugegeben, es gibt auch andere Meinungen, aber über Geschmack lässt sich bekanntlich trefflich streiten. Und im Tal der Orangen muss es natürlich das Orangeneis aus Früchten der fabrikeigenen Plantage sein, am besten der Orangeneisbecher Copa Sóller. Kein Mallorquiner, nein, auch kein Italiener ist hier der Verführer, sondern ein Deutscher mit dem ganz profanen Namen Franz Kraus, ehemals Manager eines Lebensmittelkonzerns und damit wohl etwas vorbelastet. Man könnte jetzt mit der historischen Straßenbahn direkt von hier etwa 2 km zum Hafen hinunterfahren, das macht 7 € pro Fahrt und Person – in Eis umgerechnet wären das … Okay, wir laufen (Plaça des Mercat, tgl. 9–19 Uhr, www.gelatsoller.com).

ihre Kosten und finden sogar Ceviche auf der Karte, in Limonensaft marinierten rohen Fisch.

Passatge es Través, Port de Sóller, 8, T 971 63 99 43, www.sabarcasoller.com, tgl. 12–23 Uhr, im März nur abends, Nov.– Feb. geschl., Hauptgerichte ab 20 €

Der Tapas-Tempel

4 Xelini: Den Ausblick teilt man sich mit dem Kingfisher nebenan, wird hier aber mit vorzüglichen Tapas verwöhnt. Man kann aber auch anderes Meeresgetier mit Genuss verspeisen oder sogar indisch essen. Für Familien nicht unwichtig: Die lockere Atmosphäre und die freundliche Bedienung erfreuen auch Kinderherzen. Geht doch!

San Ramon de Penyafort, 26, Port de Sóller, außer So 12.30–15.30/18.30-22.30, Winter oft nur abends. Vorspeisen ab 9 €, Hauptspeisen ab 20 €

Eiskalt erwischt

5 Sa Fàbrica de Gelats: Wer sich hier kein Eis holt, ist selbst schuld (s. links).

Plaça del Mercat, Sóller, www.gelatsoller.com. tgl. geöffnet

Nicht nur für Kaffeetanten

6 Café Scholl: Im idyllischen kleinen Café wird hausgemachter Kuchen wie bei Muttern und ausgezeichneter Kaffee an kleinen runden Tischen serviert, aber auch Deftigeres wie der Scholl-Burger und sogar einiges für Veganer. Der Gründer stammt aus Deutschland – ist ja klar.

Carrer Victòria, 12, Sóller, T 971 63 23 98, Mo–Fr 9–20, Sa 10–19, im Winter bis 17 Uhr

Einkaufen

Haupteinkaufsstraße in Sóller ist der Carrer de sa Lluna mit zahlreichen einladenden Geschäften.

Es geht um die Wurst

1 Colmado la Luna: Der fotogene Feinkostladen mit seinen dekorativen Wurstgirlanden und Schinkenknochen behauptet sich erfolgreich gegen die Konkurrenz der Konservenindustrie. Es gibt auch Flor de Sal und leckere Marmeladen.

Carrer de sa Lluna, Sóller

Nur online!

Fet a Sóller: Wer nicht all die mallorquinischen Leckereien mit sich rumschleppen möchte, kann sie auch online bestellen. Verlockend: Olivenöl, Wurst, Schinken, Marmeladen und so viel mehr.

www.fetasoller.com

Bewegen

Man kann in und um Sóller zu Fuß, mit dem Rad, auf dem und im Wasser unterwegs sein. Einiges kann man alleine machen, wie die Wanderung entlang des GR 221, der durch den Ort verläuft, anderes wiederum nur unter fachkundiger Leitung.

Für Adrenalin-Junkies

1 Tramuntana Tours: Hier kann man sich unter Aufsicht ins Abenteuer stürzen, etwa durch den Torrent de Pareis wandern, mit dem Kajak in Höhlen fahren oder sich rutschend, kletternd und schwimmend beim Canyoning die Zeit vertreiben. Im Laden in Sóller (und auch im Shop in Port de Sóller, Passatge es Través, 12) kann sich aber auch der ›normale‹ Wanderer mit Karten und Ausrüstung versorgen.

Carrer de la Lluna, 72, Sóller, www.tramuntana tours.com, im Winter ruht der Betrieb

Ausgehen

Der perfekte Sonnenuntergang

❀ Bar Nautilus: Wenn es bedeckt ist, braucht man sich gar nicht erst auf den

Nicht nur die Orangenbäume rings um Sóller, auch die Dorfhäuser lassen sich von der Sonne verwöhnen.

Weg zur Klippe mit dem ungetrübten Blick nach Westen zu machen. Die Location ist einzigartig, Service und Essen sind es leider nicht immer. Mit ein paar Tapas und einem Wein lässt sich hier aber nach wie vor der perfekte Sonnenuntergang genießen.
Carrer Belgica, Port de Sóller, T 971 63 81 86, www.nautilus-soller.com, Mo–Fr 10–23, Sa/So 11–24 Uhr

Feiern

● **Fira & Firó:** Jedes zweite Wochenende im Mai landen die Piraten erneut in Port de Sóller. Man gedenkt der erfolgreichen Verteidigung eines Piratenangriffs am 11. Mai 1561 in historischen Kostümen.

Höhepunkt des mittlerweile viertägigen, zum Karneval eskalierten Festes ist die Schlacht der Mauren gegen die Christen mit viel Rauch, Knallerei und Geschrei – ein Heidenspaß.

● **Festival de Música Clásica Port de Sóller:** Die ehemalige Kapelle Santa Catalina d'Alejandria ist jeden Herbst Veranstaltungsort des hochkarätig besetzten Festivals; www.festivalportde soller.com.

● **Prozessionen in der Karwoche:** Mit Kettengerassel und dumpfen Trommelschlägen ziehen am Gründonnerstag und Karfreitag die Büßer durch die nächtlichen Gassen, die Gesichter unter spitzen Kapuzen versteckt. In Bruderschaften, den *confraries,* sind sie organisiert und führen eine uralte Tradition fort. Mit dem Ku-Klux-Klan hat das aber nichts zu tun.

Infos

● **www.visitsoller.com:** Informationen über Aktivtourismus, Feste und Unterkünfte. Gute Link-Liste, auch auf Deutsch.

● **Touristenbüro:** Plaça d'Espanya, in einem historischen Eisenbahnwagen gegenüber dem Bahnhof von Sóller, T 971 63 80 08, ma.mintour08@bitel. es, Mo–Fr 9.30 –14, 15–17, Sa, So 10– 13 Uhr; in Port de Sóller in der Canogne Oliver, 10

● **Bahn:** Der historische Zug verbindet mehrmals tgl. Sóller mit Palma (Fahrzeit ca. 1 Std., s. S. 98).

● **Bus:** L 210 über Deià und Valldemossa nach Palma; L 211 durch den Tunnel direkt nach Palma mit Stopp an der Straße nach Bunyola; L 212 fährt die Strecke Sóller–Fornalutx. Die Linie 354 (Autocares Mallorca) verbindet Sóller mit dem Kloster Lluc, Pollença, Alcúdia und Can Picafort (2 x tgl.).

● **Parken:** Tiefgarage in Port de Sóller am Ortseingang.

GUT GEÖLT

Es riecht intensiv nach Oliven in der kleinen Halle von **Can Det** (Carrer d'Ozones, 8, in Richtg. Biniaraix, T 971 63 03 03, Besichtigung/Kauf jederzeit möglich). Keine glänzenden Stahltanks, kein Geflecht aus Rohren und Leitungen, keine Schaltpulte mit blinkenden Lampen – stattdessen sind einige in den Boden eingelassene Wannen, zwei altertümliche hydraulische Pressen und zwei riesige kegelförmige Walzen zu sehen. Viel hat sich in der Herstellung nicht geändert, seit die Ölmühle 1561 ihren Betrieb aufgenommen hat. Ein garantiert ungefiltertes, reines Olivenöl läuft in die Auffangbehälter. Gibt's auch online bei www.fetasoller.com.

Von Sóller nach Sa Calobra

Wer es eilig hat, folgt der gut ausgebauten Ma-10; wer es eher gemütlich mag, wählt die vom Bahnhof abgehende Sant Jaume, die außerorts zur Ma-2121 wird und nochmals die Fruchtbarkeit der Region hautnah erleben lässt.

Fornalutx, Biniaraix 〇 D3

In perfekter Harmonie fügen sich die beiden Vorzeigedörfer Fornalutx und Biniaraix in die Felder und Obsthaine, eingehüllt in betäubenden Orangenduft und mit Blicken in die Berge, die begeistern. Vor allem **Fornalutx,** eine arabische

Gründung aus dem 12. Jh., gilt als Aushängeschild der mallorquinischen Bergdörfer. Enge, verwinkelte Gassen, durchsetzt mit Treppen, liebevoll renovierte Bruchsteinhäuser und eine intime Plaça im Schatten der Kirche Santa Maria verleihen dem Ort besonderen Reiz. Am liebsten würde man hier länger bleiben, einfach auf der Terrasse des Can Nantuna (s. S. 106) die Zeit vergessen und den Blick zu den Bergen in der Ferne wandern lassen.

Ganz ähnlich das benachbarte **Biniaraix,** das man auch zu Fuß über einen Höhenweg erreicht. Überragt von einem Kirchlein aus dem Jahr 1634, fügt es sich höchst romantisch in die Plantagenlandschaft der Horta, seine rustikalen Fassaden dem Berg L'Ofre (1090 m) zugewandt, dem man auf einer anstrengenden Wanderung zum **Refugi Tossals Verds** noch wesentlich näher kommen kann.

Schlafen, Essen

Die Attraktivität des wunderschönen Ortes Fornalutx scheint einigen Hotelbesitzern zu Kopf gestiegen zu sein. Bedauerlicherweise geben sich auch die alteingesessenen Restaurants immer weniger Mühe. Die Touristen kommen ja auch so.

Prima Preis-Leistung

Can Verdera: Ein Boutiquehotel, das seinen Namen verdient. Gepflegte Zimmer, ein schöner Pool in einem blühenden Garten in ruhiger Abgeschiedenheit und bemühtes freundliches Personal – so sollte es sein. Es ist eines jener Refugien, um den Alltagsstress nachhaltig abzuspülen. Deshalb sind drei Tage Minimalaufenthalt nicht zu viel und ›Adults only‹ keine Diskriminierung. Carrer des Toros, 1, Fornalutx, T 971 63 82 03, www.canverdera.com, DZ/F ab 170 €

Britisches Unterstatement

Restaurant Café Med: Es ist zwar klein, aber weit mehr als ein Café. Zwei Engländer kochen hier seit Kurzem sehr kreativ auf hohem Niveau, sei es mediterran oder asiatisch. Dazu kommen einheimische Weine, ein aufmerksamer, herzlicher Service und manchmal Livemusik. Qualität und Ambiente haben sich mittlerweile rumgesprochen, obwohl es nicht billig ist. Also unbedingt reservieren, es gibt nur wenige Tische.

Carrer de sa Plaça, 7, Fornalutx, T 971 63 09 00, tgl. ab 19 Uhr, Hauptgerichte ab 25 €

Der Blick bringt's

Can Nantuna: Die wirklich traumhafte Lage und günstige Preise garantieren ein immer volles Haus. Traditionelle mallorquinische Hausmannskost, darunter Eintöpfe und Lammschulter. Leider ist die Bedienung zuweilen wohl überfordert und lässt das den Gast spüren.

Avinguda Arbona Colom, 6, Fornalutx, T 971 63 30 68, Hauptgerichte ab 12 €

Infos

- **Bus:** mit L 210 Mo–Sa 2–3 x tgl. nach Sóller und Port de Sóller (www.tib.org).
- **Parken:** Es gibt einen gebührenpflichtigen Parkplatz an der Carrer Antoni Colom, schräg gegenüber vor dem Rathaus.
- **Reyes Magos:** 5. Jan. Die Ankunft der Heiligen Drei Könige wird hier besonders spektakulär begangen: Sie kommen hoch zu Ross. Vor allem auf dem Kopfsteinpflaster macht sich das besonders gut. Dann leuchten die Kinderaugen in Erwartung der Geschenke aus dem Morgenland.
- **Correbou:** 8. Sept. Seit vielen Jahren ist es in Fornalutx Brauch gewesen, einen Stier durch die Gassen zu ziehen, ihn zu schlachten und das Fleisch an die Gemeinde zu verteilen. Durch ein Gesetz wurde die Tradition 2018 zumindest vorübergehend beendet, könnte aber in entschärfter Form wieder aufgenommen werden.

Rauf und runter am Coll de Puig Major ♥ D3–E2

Hinter Fornalutx windet sich die Ma-10 in großen Schleifen weiter empor zum **Mirador de ses Barques** (Restaurant), der noch einmal einen Fernblick über die Bucht von Sóller und das angrenzende Bergland gewährt. Dann taucht die Straße in die Einsamkeit unverbauter Landschaft, begleitet von rot leuchtendem Felsgestein, Trockensteinmauern und lichten Aleppokiefern – ein mediterranes Idyll, wie es im Buche steht. Es empfiehlt sich, eine kleine Pause einzulegen, sich vom typischen Macchiageruch betören zu lassen und sich ein wenig die Beine zu vertreten. Am besten dazu eignet sich der Parkplatz Sa Bassa Fornalutx, etwa bei km 42,5.

Mallorca aufs Dach gestiegen

Am **Coll de Puig Major** durchquert die Straße die Serra de Cúber in einem kurzen Straßentunnel und gleitet in ein Hochtal zu Füßen des **Puig Major** (1445 m), der höchsten Erhebung der Balearen. Rechter Hand schmiegt sich der Stausee **Embalse de Cúber** in das Hochtal, Hauptquell für Trinkwasser und Hotelduschen. Ringsum hat das Militär das Sagen, insbesondere auf dem Puig Major, den ein Nachfahre der mittelalterlichen Wachttürme krönt, der mit modernster Technik alles aufzeichnet, was sich ringsum tut. Das nördliche Ende des Stausees ist auch Ausgangspunkt für einige schöne Wanderungen. Eine anspruchsvolle Tour führt zum **Santuari de Lluc** mit Möglichkeit zum Besteigen des Massanella. Leichter ist die ca. vierstündige Rundwanderung mit Besteigung des 1090 m hohen L'Ofre.

Mit Blick auf den **Puig de Nogue** (1074 m) geht es nun hinab zum **Embalse de Gorg Blau,** einen weiteren künstlichen Stausee, der Palma mit Trinkwasser versorgt. Im Osten überragt ihn der **Puig** de Massanella (1349 m), zweithöchster Berg der Insel und eines der beliebtesten Wanderziele. Seine Besteigung sollten aber ausschließlich geübte Kletterer und diese auch nur bei völliger Trockenheit in Angriff nehmen.

Durch einen weiteren Tunnel verlässt die Straße das Tal und verläuft nun wieder entlang der dem Meer zugewandten Seite der Serra del Norte. Kurz darauf überspannt ein **Aquädukt** im römischen Stil die Ma-10.

Sa Calobra

Die Nebenstraße Ma-2141, die sich von hier im wahrsten Sinne des Wortes hinunter nach **Sa Calobra** schlingt, ist die beliebteste der Insel. Das merkt man spä-

testens bei dem Versuch, sie im Sommer mit dem Mietwagen zu bezwingen. Kein Wunder, dass die Balearenregierung erwägt, sie für Mietwagenfahrer zu sperren.

Stau am Krawattenknoten

In engen Schleifen windet sich der Fahrweg, teils auf Rampen geführt, durch ein schmales, verkarstetes Tal 800 m hinab zur Bucht von Sa Calobra. An einer Stelle, **Nus de sa Corbata** (Krawattenknoten) genannt, beschreibt er sogar einen Bogen von über 300 Grad und unterquert sich selbst, an einer anderen ist die Durchfahrt zwischen zwei Felswänden auf knapp 2,5 m eingeengt, gerade Platz genug für einen Reisebus. Wer gegen Mittag ankommt, wird bedauern, dass dieses Nadelöhr nicht noch etwas schmaler ausgefallen ist, verstopfen doch Dutzende von Touristenbussen die Straße, die

Sa Calobra, Urmutter aller Schluchten, betörend und bedrohlich! Mutige können sie kletternd, rutschend und schwimmend bezwingen.

im unteren Abschnitt als Einbahnstraße angelegt werden musste, um dem Verkehrsinfarkt zu entgehen. So mag trotz der romantischen Bucht Sa Calobra zu dieser Tageszeit keine rechte Freude aufkommen, zumal den Reisenden ein mit Schranken versehener gebührenpflichtiger Parkplatz von großstädtischem Ausmaß erwartet. Deshalb auch hier wieder der Rat für den Mietwagenfahrer: früh am Morgen oder spät am Nachmittag anreisen, wenn Sa Calobra sich im warmen Licht der Sonne ganz unschuldig gibt, ohne zu erröten.

Kuhmaul und Sägezähne

Am nördlichen Ende der felsigen, mit Pinien bestandenen Bucht, in der sich einige auf Massenverköstigung eingerichtete Restaurants an den Berghang drücken, mündet der **Torrent de Pareis**, der großartigste Canyon der Insel, durch eine schmale Felsspalte ins Meer. Auf einem Fußpfad lässt sich dieses Wunder der Natur erkunden. Wendet man sich an der Gabelung nach links, kann man durch einen Tunnel auf der Meerseite bis zur Einmündung vordringen, dem **Morro de sa Vaca** (Kuhmaul). Wendet man sich hingegen nach rechts, gelangt man durch einen anderen tropfnassen Fußgängertunnel hinter die Felsbarriere, wo sich unvermutet ein von senkrechten Wänden umschlossener Talkessel öffnet. Der Blick durch die Felsbresche aufs Meer ist einfach umwerfend!

Ohne größere Probleme kann man in der Trockenzeit ein gutes Stück talaufwärts wandern, bis sich die Wände wieder schließen und in eine enge Schlucht übergehen. In dieser Richtung sollten sie nur sehr erfahrene Wanderer mit Klettererfahrung durchqueren, obwohl Farbmarkierungen den Weg weisen. Nach Regenfällen verwandelt sich der Canyon in Minutenschnelle in ein reißendes Wildwasser und kann zur tödlichen Falle werden! Wer Ruhe und ein gepflegtes Restaurant sucht (Es Vergeret, www.esvergeret.com), sollte

bei der Rückfahrt 2 km hinter Sa Calobra nach rechts abbiegen und 5 km zur **Cala Tuent** fahren. Vor allem der zweite Abschnitt bietet einen großartigen Blick auf das wilde, wie eine dunkle Wand aufragende Tramuntana-Massiv mit Tafelbergen und sägezahnartigen Graten.

Kloster Lluc

Auf dem letzten Abschnitt der Ma-10 tritt das Meer in den Hintergrund. Die Straße entfernt sich und verliert etwas von ihrem Reiz, windet sich von dichter Vegetation begleitet durch die Berge, um dem religiösen Zentrum der Insel zuzustreben. Einzig erwähnenswertes Gebäude entlang der Route bis zum Kloster Lluc ist das wehrhafte Kirchlein von **Sant Pere d'Escora**. Am Parkplatz des Restaurants Escora liegt auch der Einstieg für die oben erwähnte anspruchsvolle, nicht ungefährliche Wanderung durch die Schlucht hinunter nach Sa Calobra (Infotafel mit Route am Einstieg).

Mit Migrationshintergrund

Die Mallorquiner glauben fest an das Wunder des kleinen Lluc, eines arabischen Jungen aus der Umgebung, der nach der Reconquista gemeinsam mit seinen Eltern zum christlichen Glauben konvertiert war. Beim Hüten der Schafe fand er im Gestrüpp eine dunkelfarbige Madonna mit Kind. Aber warum dunkelhäutig? Ein Beweis von Toleranz, sofern man sich zum Christentum bekannte? Oder vielleicht doch sichtbarer Ausdruck der Bibelstelle aus dem Alten Testament (Hohelied 1:5) »Ich bin schwarz, aber gar lieblich, ihr Töchter Jerusalems«?

Warum sich die Stätte über die Region hinaus zunehmender Beliebtheit erfreute, ist bisher ungeklärt. In einem Text von 1273 beschwert sich der damalige

Besitzer der Finca u. a. darüber, dass viele Menschen von weither anreisen, um in der Kapelle zu beten, und deshalb lärmend auf seinem Grund kampieren. Die wichtigsten Bauten stammen aber erst aus dem 17. und 18. Jh. Auch Lluc wurde Opfer der Säkularisierung, ist heute jedoch wieder im Besitz der Kongregation des Heiligen Herzens, die hier eine bedeutende Gesangsschule unterhält.

Die Madonna ernährt sie alle

Heute ist Lluc ein beliebter Ausgangspunkt für Wanderungen in die angrenzenden Berge, insbesondere für die Besteigung des Massanella. Inzwischen hat sich Mallorcas wichtigstes Heiligtum zu einem gewaltigen Komplex entwickelt, in dem, wie bei Wallfahrtsorten üblich, Glaube und Kommerz eine innige Verbindung eingegangen sind, mit **Andenkenläden, Restaurants** und zum **Hotel** umgewidmeten Klosterzellen.

Herkunft und Alter der **Sa Moreneta,** der Dunkelhäutigen, einer 61 cm großen Figur aus feinem Stein, sind ungeklärt. Einige halten die erstmals 1427 erwähnte Heiligenskulptur für eine Arbeit aus dem 13. Jh. und damit aus der Gründungszeit der Kirche, andere datieren sie erst in das beginnende 15. Jh.

Der Grundstein zur **Kirche** wurde 1622 gelegt, die Einweihung erfolgte aber erst 1914. Bei der Ausstattung hatte wieder der umtriebige Antoni Gaudí seine Hand im Spiel, der schon in der Kathedrale von Palma seine Träume verwirklichen durfte. Mit Wandmalereien und Votivtafeln üppig ausgestattet, wirkt der spärlich beleuchtete Raum geheimnisvoll wie eine byzantinische Kirche. Hinter dem Hauptaltar hat die Schwarze Madonna in einem reich verzierten Schrein ihren Platz. Montags bis freitags singt hier um 13.15 und sonntags um 11 Uhr während der Messe (außer Schulferien) der bereits 1531 gegründete Knabenchor Blauets, dem neuerdings auch Mädchen

angehören dürfen. Ein Kunstgenuss der besonderen Art.

Lohnend ist der Besuch des **Museums** im ersten Stock des Hauptgebäudes (tgl. 10–18, im Winter bis 17 Uhr, 16 €; die Eintrittskarte Spiritual Mallorca gilt). Die Sammlung reicht von Fundstücken der Talaiot-Kultur und aus den Gräbern der Höhle Cometa des Morts (s. S. 110) über religiöse Exponate bis zur Volkskunst und Gemälden, vor allem des Malers Coll Bardolet. Ein **Treppenweg** führt an **Sonnenuhren** vorbei, die einen Überblick über Zeitmessverfahren von der Antike bis in die neuere Zeit geben, und hinauf zu einem Kreuz am Berghang mit Blick über die Klosteranlage.

Essen, Schlafen

Im und um das Kloster gibt es etliche Möglichkeiten, den Hunger zu stillen, von der Pommesbude bis zum netten Restaurant. Die meisten haben sogar bis spätabends geöffnet. Sie alle sind jedoch auf den Massentourismus eingestellt.

Für hungrige Wanderer

Sa Fonda: Die ehemalige Pilgerküche wurde im 19. Jh. von den Missionaren des Ordens Sagrados Corazones übernommen, stilvoll umgebaut und mehrfach erweitert, sodass heute 200 Personen Platz finden. Ordentliche spanische Küche in großen Portionen kommt auf den Tisch. Im Hauptgebäude, T 971 51 70 22, Frühstück 8–10, Mittag 13–16, Abendessen 19–21.15 Uhr, Hauptspeisen ab 14 €

Rastplatz für Süßmäuler

Café Sa Plaça: Wem es nach Kaffee und Kuchen gelüstet, der ist hier gut aufgehoben. Die Auswahl ist groß und alles selbstgemacht. Wer's lieber herzhaft mag, kann zum bewährten *pa amb oli* (7 €) greifen. Als Beigabe darf man die Ströme der Besucher an sich vorbeiziehen lassen und

TOUR
Auf den Spuren der Toten

Wanderung um Kloster Lluc

Infos

Start: Kloster Lluc,
📍 E 2

Länge: 5 km

Dauer: Mit dem Ab-
stecher zum ›Kamel‹
ist der Weg gemüt-
lich in 1,5–2 Std. zu
bewältigen.

Wegbeschreibung:
www.lluc.net/eng/
walking-and-cycling/
cometa-des-morts

Tipps zur Route:
anfangs nicht beson-
ders gut ausgezeich-
net, Wanderstöcke
sind nützlich!

Hätten wir bloß die Wanderstöcke eingepackt. Der Ent-
schluss zu einer kleineren Wanderung rings um **Kloster
Lluc** war aber ganz spontan gekommen, nachdem uns die
nette Dame im Infobüro Ca S'Amitger Serra de Tramuntana eine Karte in die Hand gedrückt hatte. Wir wählten
aufgrund des vielversprechenden romantischen Namens
den ›Camí de la Cometa des Morts‹ (frei übersetzt: Weg
auf den Spuren der Toten). Nur gut 5 km sei er lang, sehr
abwechslungsreich und sehr leicht.

Tour durch Trollland

Durch ein Tor im Seitentrakt des Vorhofs ging es in
der Tat ganz gemütlich am kleinen **Bach Lluc** entlang
quer über den Sportplatz zu einer Holzbrücke. Aber
dann begann die Kraxelei durch zerklüfteten Karst, ein
Felslabyrinth, das sich wie ein versteinerter Was-
serfall den Hang hinab ergießt und von den Geologen
als ›Karrenfeld‹ bezeichnet wird. Es gibt zwar einen
markierten Pfad, aber ein richtiger Weg ist es zunächst
nicht. Wanderstöcke wären hier sehr hilfreich, vor allem
in entgegengesetzter Richtung. Es ist eine unwirtliche,
aber dennoch bezaubernde urtümliche Landschaft, in
der sich Trolle wohlfühlen dürften und natürlich die
wilden Ziegen, die sich versteckt halten, obwohl man
ihre Losung überall sieht. Ob nur wenige Meter vom Weg
jemals ein Mensch seinen Fuß gesetzt hat?

Hinab zu den Toten

Dort wo sich genug Erde zwischen den Felsen angehäuft
hat, haben sich **Stein-
eichen** angesiedelt, die sich allmählich zu einem Wald
verdichten. Dazwischen die leuchtenden Blütenblätter des
Baleraren-Alpenveilchens. Es geht ein leichter Wind, die
Vögel singen – eine zauber-
hafte, unberührte Natur. Man sollte den kleinen, durch
einen Wegweiser

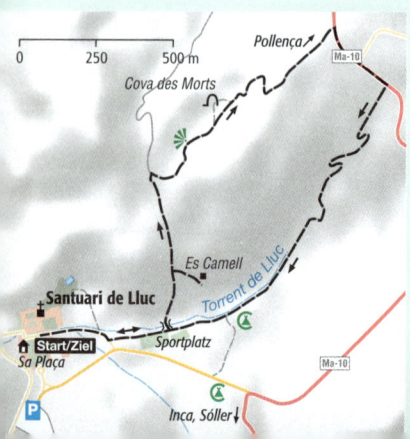

Es Camell,
›das Kamel‹,
nennt sich diese
Karstformation
etwas abseits des
Wanderwegs rund
um das Kloster Lluc.
Wie der Fels zum
Namen kam, ist
fraglich, könnte es
sich doch auch um
eine Kuh oder ein
Pferd handeln.

markierten Abstecher zum **Es Camell** am Ende des Aufstiegs nicht außer Acht lassen. Der hoch aufragende, von senkrechten Rinnen durchzogene Kalkfelsen ist ein besonders gutes Beispiel der Karrenformation. Darin ein Kamel zu sehen erfordert aber schon viel Fantasie. Knapp hinter dem Wegweiser öffnet sich linker Hand ein kreisrunder, nunmehr **mit Gras bewachsener Platz**, auf dem früher Köhler die wertvollen Bäume in Holzkohle verwandelten. Auf breiterem schattigem Weg geht es voran bis zu einer Abzweigung. Wir biegen nach rechts ab und können bald vom breiten ansteigenden Pfad einen herrlichen Blick auf die Kette des Tramuntana-Gebirges mit den Gipfeln **Puig de Roig** (1003 m) und **Puig Cargoler de Femenia** (922m) werfen. Dann umfängt uns wieder dichter Steineichenwald. Hier liegt linker Hand die **Höhle der Toten (Cova des Morts)** inmitten einer ehemaligen Doline, eines Einbruchs der Karstdecke. Bei näherer Erforschung wurden hier 1945 zwei Begräbnisstätten aus der Bronze- und Eisenzeit gefunden. Die Relikte werden im Klostermuseum gezeigt. Etwas Kletterei über rutschiges Gestein und eine Taschenlampe sind nötig, um selbst hineinzusteigen. Wir, darauf nicht vorbereitet, verzichten.

Kuchen am Ende der Kraxelei

Bald geht es nun ein Stück die Straße Ma-10 entlang, ehe man durch ein Gatter den breiten, in Kurven zum Kloster hinabführenden Karrenweg erreicht, die ehemalige Hauptverbindung zwischen Lluc und Pollença. Mountainbiker lieben ihn. Zwei erlebnisreiche Stunden liegen hinter uns – und die Kuchenauswahl im **Café Sa Plaça** genau vor uns.

genüsslich lästern. Selbstbedienung. Man sollte auf einer Rechnung bestehen, sonst kostet der Kaffee plötzlich 3 €.
T 971 51 70 24, tgl. 9–19 Uhr

Gesegnete Nachtruhe
Hostatgeria del Santuari de Lluc: Es gibt 39 Zellen, von einfach bis deluxe. Hier zu wohnen ist ein besonderes Erlebnis. Nachdem die letzten Ausflugsbusse und Mietwagen im Wald verschwunden sind, kehrt fast himmlische Ruhe ein. Wie es sich für Klosterzellen gehört, ist die Ausstattung eher spartanisch. Immerhin aber gibt es eine Dusche und sogar einen Fernseher. Die luxuriösen Appartements haben überdies eine Küche für Selbstversorger.
T 971 87 15 25, www.lluc.net/cat/allotjament, DZ 54–90 €

Bewegen

Treffpunkt der Wanderer
Kloster Lluc ist ein Hotspot für Wanderer. Nicht nur der GR 221 führt hier vorbei, auch andere populäre Routen kreuzen, darunter der historische Pilgerpfad von Caimari, Teilstück des Nachtmarsches von Palma. Weitere Ziele für ambitionierte Hiker sind der 1103 m hohe Puig Tomir und der 1364 m hohe Puig Massanella. Sehr beliebt ist der Rundweg durchs Karstgestein (s. S. 110).

Infos

- **www.lluc.net:** Informationen zur Geschichte von Lluc, zur Unterkunft etc.
- **Infobüro Ca S'Amitger Serra de Tramuntana:** am Parkplatz Infos über Flora und Fauna, Wandertipps mit Karten (tgl. 9.30–14, 14.30–16 Uhr).
- **Bus:** ganzjährig L 330, 3 x tgl. Verbindung mit Palma, mit Umsteigen in den Zug in Inca; April–Okt. L 355 (außer So) 1 x tgl. (gegen 11.50 Uhr) nach Sa Calobra (Rückfahrt gegen 16 Uhr, Anschluss an

Bus L 354 nach Port de Sóller); L 354 2 x tgl. nach Port de Sóller und Port de Pollença mit Anschluss an L 352 nach Can Picafort (www.tib.org).
- **Parken:** Genügend Parkplätze (gebührenpflichtig) sind vorhanden.

Pollença   ♀ F/G 1/2

Von Lluc schwingt die Ma-10 in weiten Bögen hinab zu ihrem Endpunkt nach Pollença. Die Häuserfronten sonnen sich im Abendlicht und geben ihre Wärme an die Passanten weiter. Es macht Spaß, sich unter einer der vielen Platanen niederzulassen und einfach nur zu schauen. Auch auf einer Restaurantterrasse im Zentrum lässt sich dieses Gefühl der Entschleunigung bei einem Glas Wein auskosten. Pollença kann es mit der Gelassenheit und Schönheit Palmas durchaus aufnehmen, die Atmosphäre ist sogar entspannter und weniger tourismusbetont.

In der Altstadt

Das Herz des Städtchens schlägt an der platanenumstandenen **Plaça Major.** Umschlossen von sorgfältig restaurierten Fassaden historischer Gebäude strahlt sie eine oasenhafte Ruhe aus und ist somit der rechte Ort für eine kurze oder auch längere Rast – es sei denn, man kommt am Sonntagvormittag, wenn der Platz in buntem Markttreiben versinkt. Zentrum und Ausgangspunkt des urbanen Wachstums ist die mächtige Pfarrkirche **Nostra Senyora dels Àngels ❶**, die 1236 entstand und vier Jahre später an die Templer übergeben wurde. Der heutige Bau geht allerdings erst auf das 18. Jh. zurück. Der Kreuzgang des ein Stück unterhalb der Plaça liegenden **Convent de Sant Domènec ❷** ist an-

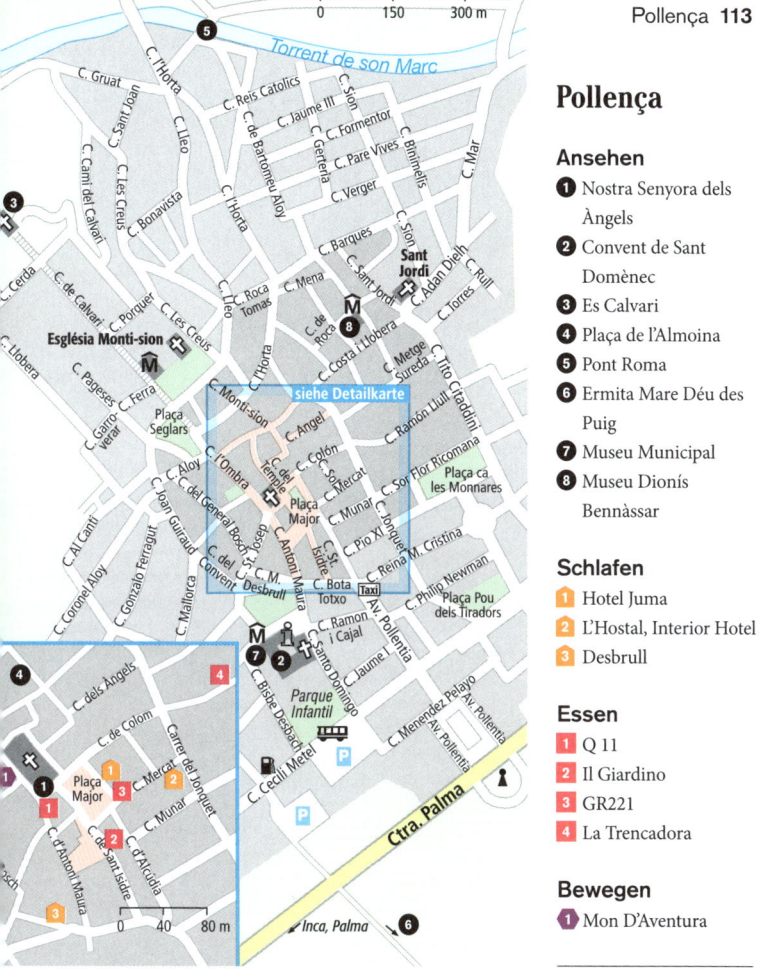

Pollença

Ansehen

① Nostra Senyora dels Àngels

② Convent de Sant Domènec

③ Es Calvari

④ Plaça de l'Almoina

⑤ Pont Roma

⑥ Ermita Mare Déu des Puig

⑦ Museu Municipal

⑧ Museu Dionís Bennàssar

Schlafen

① Hotel Juma

② L'Hostal, Interior Hotel

③ Desbrull

Essen

① Q 11

② Il Giardino

③ GR221

④ La Trencadora

Bewegen

① Mon D'Aventura

---

lässlich der Sommerkonzerte (s. S. 118) des Festivals de Pollença Treffpunkt der Musikliebhaber.

Im Schein der Fackeln

365 Stufen auf einer Länge von 300 m sind es hinauf zum **Es Calvari (Kalvarienberg) ③**, der die Stadt dominiert. Nicht mehr viele folgen dem alten Brauch, den von 14 Kreuzen gesäumten Prozessionsweg als Selbstgeißelung auf Knien zu be-

wältigen. Hier oben stand einst weithin sichtbar ein Galgen. Die Tempelritter, die neuen Herren von Pollença samt Umland, waren in ihren Methoden nicht gerade zimperlich, jedem zu zeigen, wer hier nach der Eroberung von 1229 das Sagen hatte.

Die schöne Barockkirche von 1795, der weite Blick über die Landschaft und die Dächer der Stadt lassen das dunkle Mittelalter schnell vergessen. Nur einmal im Jahr, am Gründonnerstag, wird es am

TOUR
Mit fliegender Mähne und
20 Pferdestärken über die Insel

Der Mountain Trail von Sa Pobla nach Lluc bzw. Pollença

Die Reise führt von **Sa Pobla** über Campanet, Binibona und Caimari zum Kloster Lluc, über Feldstraßen, Autokreisel, Dorfgassen, Waldwege und steinige Treppenpfade. 75 km auf vier Hufen liegen vor uns. Elf Reiterinnen, ein Reiter. Und zwölf robuste, straßensichere Pferde.

Sattelfest!
An einem Sonntagmorgen um halb zehn treffen wir uns in den grünen Gemüsefeldern von Sa Pobla, wo Lorenzo Cespi für seine 30 Pferde ein Stück Land erwarb: eine bunt gemischte Gruppe von Reitern aus Deutschland, England, Finnland. Alle sattelfest genug, um ein bis drei Tage durch die **Tramuntana** zu reiten. Den sog. Mountain Trail bietet Crespi in Gruppen von acht bis zwölf Reitern an. Man hat die Möglichkeit, einen Tag mitzureiten oder drei Tage Reiten, Übernachtung und Verpflegung zu buchen.

Rendezvous mit dem Ross
Egal, mit welchem Plan man kommt, zunächst lernen Pferd und Reiter sich kennen. Putzen, Hufe auskratzen, satteln und die Satteltaschen befestigen. Hinein passt das Nötigste wie Sonnencreme, Fotoapparat, eine kleine Wasserflasche, das übrige Gepäck geht in den Minibus. Wir sitzen auf und traben schon bald auf Feldwegen vorbei an Salatköpfen Richtung **Campanet**. Durch Pinien- und Steineichenwälder gelangen wir nach **Binibona** und von dort im leichten Galopp ins Dorf **Caimari**.

Das Glück der Erde liegt auf dem Rücken der Pferde. Zum Glück kommt hier, auf dem Höhenweg in den Bergen der Tramuntana, noch der weite Blick über die Insel hinzu. Perfekt!

Im Zickzack nach oben

Nach einer Mittagspause in einem Gartenrestaurant – es gibt Paella, Wein, Mandelkuchen und für die Pferde ein paar Grashalme unter schattigen Bäumen – beginnen wir mit dem Aufstieg nach Lluc. Die alte **Route der Trockensteinmauer** zwischen Lluc und Caimari wurde vor der Erfindung der Kühlschränke genutzt, um Eis aus den Eishöhlen der Berggipfel in die Bars der Dörfer zu transportieren. Der holprige Weg windet sich in Serpentinen in die Höhe, unsere Pferde nehmen trittsicher Stufe für Stufe. Wir entdecken Holzkohleplattformen und ehemalige Kalkbrennöfen, auf dem Höhenweg eröffnen sich weite Blicke über die Insel Richtung Port d'Alcúdia.

Feines Fotomotiv

An einer Aussichtsstelle dürfen wir endlich Fotos schießen, nur wenige Meter von der Böschung entfernt, die steil nach unten fällt. Auf den letzten Metern nach Lluc passieren wir den **Coll de Sa Batalla** mit der wohl bekanntesten Tankstelle Mallorcas und werden von amüsierten Fahrradfahrern beobachtet, die sich hier mit Getränken und Schokoriegeln eindecken. Erhobenen Hauptes schreiten wir an den Drahteseln vorbei und biegen in eine ruhige Seitenstraße zum Kloster ab. **Lluc,** das erste Ziel, ist erreicht.

Über den Wolken

Nun heißt es sich trennen, denn wer den dreitägigen Bergritt nach Pollença gebucht hat, checkt gemütlich im Klosterhotel ein und darf sich auf den nächsten Tag freuen. Die anderen treten den Rückweg an. Am folgenden Morgen besteigen wir den 1200 m hohen **Puig d'en Galileu,** suchen den Himmel nach Adlern und Geiern ab, reiten zur riesigen **Eishöhle Galilea** und zu einer felsigen Plattform hoch über den Wolken. Nach einer weiteren Nacht im Kloster führt die Strecke am dritten Tag in das gut 20 km entfernte **Pollença** – entlang eines schattigen Flussbetts und durch eine liebliche Landschaft, wie man sie auf der Insel nur an wenigen Orten findet. (Jutta Christoph)

Schon der Name des Reitstalls klingt vielversprechend: Hipica Formentor. Dabei ist er irreführend – weil der Stall nicht am Cap Formentor, dem nördlichsten Punkt der Insel, liegt, sondern weiter südlich in der Gemeinde Sa Pobla.

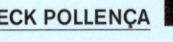
Kalvarienberg wieder gespenstisch. In einer fast bühnenreifen Inszenierung wird seit 1968 das ›Devallement‹ zelebriert, die Abnahme des Christus vom Kreuz. In einer mystischen, nächtlichen Prozession im Fackelschein wird die Figur hinab zur Stadtkirche Mare dels Déu geleitet.

Eine Reise durch die Zeit

Wahrlich, er konnte gut reden, die Zuhörer mitreißen, dieser charismatische Wanderprediger, der Ende des 14. Jh. die Bewohner der Stadt auf der hübschen kleinen **Plaça de l'Almoina** ❹ zu Füßen des Kalvarienbergs um sich scharte, um den nahen Weltuntergang zu prophezeien und vor dem Antichrist zu warnen. Er hieß San Vicente Ferrer und gehörte dem Dominikanerorden an. Dieser war in die Fußstapfen der Tempelritter getreten, die in Rom in Ungnade gefallen waren.

Der ›Platz der Almosen‹ hatte aber auch ein friedliches Gesicht, wurden hier doch Lebensmittel an die Bedürftigen verteilt. Hingucker und Wahrzeichen ist der **Font de Gall,** der Hahnenbrunnen, der ein wenig einem Suppentopf oder einer Sporttrophäe ähnelt und in seiner jetzigen Gestalt erst 1829 entstanden ist.

Wer auf der Zeitachse noch weiter in die Vergangenheit zurückrutschen will, kann angesichts der rustikalen **Pont Roma** ❺ über den Torrent de Sant Jordi am nördlichen Ortsrand darüber rätseln, ob sie wirklich so alt ist. Könnte schon sein, denn spätestens im 5. Jh., als der römische Hafen Pollentia, das heutige Alcúdia, im Vandalensturm unterging, ließen sich die Überlebenden ein Stück landeinwärts am Torrent de Sant Jordi nieder und übertrugen den Namen ihrer alten Heimat auf das heutige Pollença.

Puig de Santa Maria

Mit den Kirchen, dem ›Devallement‹ und dem Kloster sind die Zeugnisse religiöser Präsenz noch nicht erschöpft.

Dem Himmel so nah

Den 300 m hohen Puig de Santa Maria haben sich Ende des 14. Jh. 29 Nonnen zum weltentrückten Domizil der **Ermita Mare Déu des Puig** ❻ erwählt, mussten jedoch 1576 nach Palma umsiedeln, wo sie den Convent de la Concepció gründeten. Die Eremitage verfiel, bis sie 1917 von Mönchen besiedelt und ausgebaut wurde. 1988 stiegen die letzten Eremiten vom Berg. Leider hat jetzt auch die Herberge ihre Pforten geschlossen, sodass Tagesausflügler nunmehr die einzigen Besucher sind.

Museen

Schnitt durch die Geschichte

❼ **Museu Municipal:** Es zeigt vor allem Keramiken des 17. Jh. und Repliken von Funden der vor den Toren der Stadt gelegenen Nekropole Serra de la Punta, aber auch moderne Kunst. Hübsch gestaltet wurde der Park vor der Kirche.

Convent de Sant Domingo, Di–Fr 10–15.30, Sa, So 10.30–13.30 Uhr, 3 €

Landschaften mit links
8 Museu Dionís Bennàssar: Dionís Bennàssar (1904–67) gehört zu den bekanntesten einheimischen Malern. Aufgrund einer Kriegsverletzung war er gezwungen, mit der linken Hand zu arbeiten. Wie sehr ihm das gelungen ist, zeigen die beeindruckenden Landschaftsbilder, gekennzeichnet durch einen post-impressionistischen Stil mit leuchtenden Farben und kraftvollen Pinselstrichen, wie sie auch für Anglada Camarasa und Tito Cittadini typisch waren, die ebenfalls zur Pollençer Malerschule gehörten.
Carrer Roca, 14, www.museudionisbennassar. com, Di–Fr 10–16, Sa, So 10–14 Uhr, 3 €

Schlafen

Sympathisches Schmuckstück
1 Juma: Ein Oldie unter den Hotels der Insel, seit 100 Jahren in Familienbesitz und mittendrin. 8 recht einfache Zimmer mit nostalgischem Touch, teilweise mit Blick auf den Marktplatz. Der Hit ist ein Whirlpool auf der Dachterrasse. Parken muss man leider etwas außerhalb.
Plaça Major, 9, T 971 53 50 02, www.pollen sahotels.com, DZ/F ab 100 €

Frische Farben in altem Gemäuer
2 L'Hostal, Interior Hotel: Das kleine Designerhotel gehört zum Juma. Die Zimmer sind praktisch und modern ohne Firlefanz eingerichtet. Frühstück gibt es, wie auch für die Gäste des Juma, im Restaurant GR 221. Wer dort auch noch isst, bekommt Rabatt – ein überlegenswertes Angebot.
Carrer Mercat, 18, T 971 53 52 82, www. pollensahotels.com, DZ/F ab 90 €

Minimal Art
3 Desbrull: Schickes kleines Stadthotel, von einem Geschwisterpaar mit viel Engagement und Charme geführt. Nicht zu verwechseln mit der Edel-Finca Des Brull. Die Zimmer sind sehr kühl-minimalistisch eingerichtet. Auch das Frühstück ist etwas spartanisch. Restaurants liegen gleich um die Ecke.
Marques Desbrull, 7, T 971 53 50 55, www. desbrull.com, DZ/F 90 €

Essen

An Restaurants herrscht in Pollença wahrlich kein Mangel. Der Bogen spannt sich von der Fastfood-Bude bis zum Gourmettempel.

Augenschmaus und Gaumenkitzel
1 Q11: Mit kryptischen Kürzeln scheinen sie es in Pollença zu haben. Hinter dem minimalistischen Namen verbirgt sich ein gepflegtes Restaurant mit umfangreicher Speisekarte und hervorragenden Gerichten in perfekter optischer Präsentation, auch für Vegetarier und Veganer ist was dabei – fast schon zu schade, um reinzubeißen.
Carrer d'Antoni Maura, 11, T 971 53 02 39, www.q11restaurant.com, tgl. 12–16, 20–23 Uhr, Dez., Jan geschl., Hauptgerichte ab 20 €

Einfach Spitze!
2 Il Giardino: Das alteingesessene Restaurant am Marktplatz, Konkurrent zum benachbarten GR 221, weiß seit Jahren seine bevorzugte Lage mit gleichmäßig guter Qualität und kompetentem Service zu untermauern. Vor allem am Markttag (Sonntag) ist es allerdings rappelvoll. Abends wird es auf der Terrasse hingegen richtig gemütlich. Zum Restaurant gehört eine Bäckerei mit ungemein leckeren Kuchen.
Plaça Major, 11, T 971 53 43 02, www.giar dinopollensa.com, März–Okt. tgl. 9–11.30, 12.30–15, 19–23 Uhr, Hauptgerichte ab 14 €, Menü um 18 €

Platzhirsch

3 **GR 221 (vorher 1907):** Bis vor Kurzem diente das Gründungsdatum als Restaurantname. Nun heißt man nach dem Wanderweg GR 221, eigentlich schade. All die Künstler Pollenças waren hier schon zu Gast – wo sollten sie auch sonst hingehen? Man sitzt sehr schön mitten auf dem Marktplatz zusammen mit vielen anderen Touristen. Ordentliche mallorquinische Küche zu etwas gehobenen Preisen, neuerdings auch Burger. Übrigens: Die ungefragt hingestellten Oliven und Brot sind kein Gruß aus der Küche!
Plaça Major, 9, T 971 53 32 58, tgl. 8–23 Uhr, Hauptgerichte ab 12 €

Pizza, Penne, Pasta

4 **Trencadora:** Es muss ja nicht immer Paella sein. Sehr hübsch eingerichtetes Restaurant mit kleinem Garten, in dem es vor allem abends richtig romantisch wird. Die historische Mandelmühle mittendrin war namengebend. Auch dem hohen, von einer Galerie umschlossenen Gastraum sieht man sein industrielles Vorleben noch an. Was hier auf den Tisch kommt, ist authentische italienische Kost. Pizza und Saltimbocca alla Romana gibt es ab 10 €.
Carrer Ramon Llull, 7, T 971 53 15 99, tgl. 13–15, 19–23 Uhr, Sept.–Mai Di Ruhetag, im Januar geschl.

Bewegen

Rein ins Abenteuer

1 **Mon D'Aventura:** Von der familientauglichen Kajaktour mit Schnorcheleinlage an einem abgelegenen Strand bis zu halsbrecherischen Abseilaktionen in schmale Canyons – wer den Thrill sucht, wird hier fündig.
Plaça Vella, 8, T 971 53 52 48, http://monda ventura.com, Mo–Fr 9.30–13.30, 16–20, Sa, So 10–14 Uhr

Feiern

● **Moros y Cristianos:** Morgens um 5 Uhr werden die Bewohner an jedem 2. August durch ein lautes Signal aus dem Schlaf gerissen. Die Piraten kommen – aber nicht sofort. Erst einmal werden die traditionellen Tänze (Croissiers) aufgeführt, gefolgt von der Prozession mit Heiligenbild. Ab 19 Uhr wird es dann ernst. Viele der Statisten eilen in Nachthemden zur Schlacht, denn die Freibeuter sollen 1550 einen nächtlichen Überraschungsangriff geplant haben. Genutzt hat es ihnen nichts, sie wurden von den hellwachen Bewohnern vertrieben.
● **Festa de Sant Antoni:** Sant Antoni Abad, Schutzheiliger der Tiere, hat am 17. Jan. alle Hände voll zu tun. Kühe, Esel, Ziegen, Goldhamster und Kanarienvögel stehen Schlange, um den Segen für das folgende Jahr zu empfangen. Anschließend versuchen gut durchtrainierte Bewohner, die eingeseifte Pinie de Ternelles zu erklimmen – ein rutschiges Spektakel. Schon vorher, am 14. Jan., darf man sich an Folkloredarbietungen im Kloster Sant Domènec erfreuen und gegrillt wird bereits am 13. im Jardins Joan March.
● **Festival de Pollença:** Juli, Aug.; www. festivalpollenca.com. Musik wird hier als weltumspannendes, gemeinsames Erlebnis zelebriert. Die Symphoniker aus Pittsburgh waren hier zu Gast, aber auch Yehudi Menuhin, Mstislaw Rostropowitsch und Ravi Shankar begeisterten das anspruchsvolle Publikum.

Infos

● **O.I.T.:** Carrer Sant Domènec, 17, T 971 53 50 77, www.pollensa.com, Mo–Fr 9–16, Sa, So 10–13 Uhr
● **Bus:** Verbindungen mehrmals tgl. u. a. mit Alcúdia, Can Picafort, Santuari de Lluc und Sóller.
● **Markttag:** am Sonntag.

Zugabe
Entschleunigung in Mallorcas Bergen

Zu Gast auf der Finca Pedruxella Gran

Der Esel zieht den Mühlstein im Kreis. Ob er dabei auch entschleunigt?

Use it or lose it – was man nicht gebraucht, geht verloren. Nach diesem Motto bewirtschaftet ein amerikanisches Ehepaar in den Bergen von Pollença Pedruxella Gran, ein 250 ha großes Anwesen mit Steineichen, Oliven- und Johannisbrotbäumen. Zu der Finca aus dem 13. Jh., im Mittelalter ein Anlaufpunkt für Templer, die in nahe gelegenen Höhlen Silber gewaschen haben sollen, gehört auch eine über 500 Jahre alte Ölmühle. Jedes Jahr im Herbst wird darin Olivenöl gepresst, sie ist eine der letzten *tafonas* der Insel, die überhaupt noch in Betrieb ist. Früher zogen die Bewohner Pollenças im Oktober nach Pedruxella Gran, dem ›Ort zwischen den Steinen‹, um bei der Olivenernte zu helfen. Als Gegenwert nahmen sie ein Fläschchen Öl mit nach Hause.

Heute zieht die Olivenernte Helfer von überall an. Sie ernten die Oliven mit der Hand, eine Sortiermaschine entfernt Äste und Blätter, anschließend werden die Oliven in der Ölmühle zu einer Paste zermahlen. Dafür zieht ein Esel den großen alten Mühlstein im Kreis, mit Hilfe einer Spindelpresse aus Holz wird das Öl aus dem Fruchtbrei gepresst. Das Pressen nach alter Manier ist im Vergleich zu modernen Verfahren eher unrentabel – doch das Ergebnis zählt. Heraus kommt ein fruchtiges Öl in Bioqualität.

Ihr Credo: Use it or lose it!

Wer möchte, kann in dem charaktervollen Anwesen in der Tramuntana auch übernachten (Ferienhausvermietung und Anmeldung zur Olivenernte im Herbst unter www.pedruxella.com). Sieben Schlafzimmer, fünf Bäder, Bibliothek, Küche und Wohnzimmer verteilen sich um einen mit Efeu umrankten Innenhof und den antiken Wachturm. Die massiven Steinwände beschützen seit Jahrhunderten die Bewohner und regulieren die Temperatur im Haus. »Das Leben an solch einem friedlichen Ort verändert dich«, sagt Liz Barratt-Brown, die das Anwesen von ihrem Vater erbte, einem Vogelkundler. Man lernt zu schätzen, woher das Essen kommt, Konsum wird unwichtig und das Lebenstempo langsamer. (von Jutta Christoph) ∎

Raiguer

Immer langsam an den Bergen entlang — betriebsame Städte und abgelegene Täler liegen nur wenige Kilometer voneinander entfernt. Ein paar Kurven nur und man ist in einer ganz anderen Welt.

Seite 123
Galilea

Malerisch breitet sich das Städtchen über das Vorgebirge der Tramuntana. Wer das traditionelle Mallorca sucht, sollte sich beeilen, ehe der Ort aufwacht.

Seite 124
Raixa und Alfàbia

Zwei benachbarte Landgüter am Fuß der Tramuntana, das eine italienisch angehaucht, das andere ein üppiges Gartenparadies nach orientalischem Muster, in dem es überall plätschert und gluckert.

Peter Ustinov alias Hercule Poirot löste auf Raixa einen Mord.

Eintauchen

Seite 126
Bunyola

Ein pittoreskes Nadelöhr ist dieses Bergstädtchen. Wen wundert es, dass es hier die besten *bunyols* geben soll, die ungemein leckeren süßen Kartoffelkrapfen?

Seite 126
Orient

Der Name mag verwirren, das zauberhafte Tal und der dazugehörende Ort mit seinen Bruchsteinhäusern sind authentisches Mallorca und ein Wanderparadies dazu.

Seite 127, 128
Alaró

Hinaufklettern zum ›Balkon‹ Mallorcas und danach den legendären Lammbraten im urigen Es Verger genießen, der der beste der Insel sein soll.

Seite 130

Binissalem

Synonym für exzellente Weine. Man erwartet überall angeheiterte Bewohner – ein Irrtum. Wahrscheinlich feiern sie den Erfolg im stillen Kämmerlein …

Seite 134

Sa Pobla

Jedes mallorquinische Dorf hat seine eigenen Masken und Kostüme. In Sa Pobla tanzt der hl. Antonius im Januar in brauner Kutte mit weißem Bart durchs Dorf.

Seite 137

Von Inca bis Lluc

Pilger und Radfahrer lieben diesen Weg hinauf in die Berge bis zum Coll de Sa Batalla, steil, kurvig, atemberaubend schön – wäre da nicht die Stelle, an der Bella Donna in der Tiefe verschwand …

Seite 139

Maria, Shootingstar vom Land

Mit vier Jahren ließ sie sich von Miró inspirieren, mit neun Jahren schuf sie erste Werke als Modedesignerin, mit 15 Jahren verkauft sie ihre Kollektion übers Internet und steht kurz vor der Eröffnung einer eigenen Galerie. Rasant!

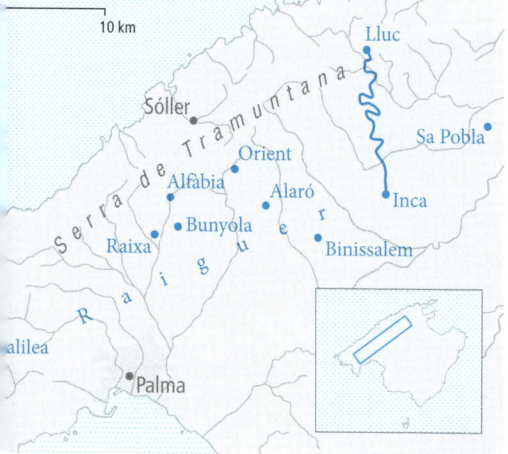

Nirgendwo auf der Welt ist die Windmühlendichte so hoch wie auf Mallorca – doch nur wenige sind intakt.

Der Kräuterlikör Túnel gehört zu Mallorca wie *sobrassada* und *ensaïmada*. Erfunden wurde er in Bunyola und nach dem dortigen Eisenbahntunnel benannt.

erleben

Es grünt so grün …

M

Man braucht Zeit, viel Zeit, um sich diese Region zu erschließen. Es geht rauf und runter, immer wieder in Kurven den Falten des Gebirges folgend – und von denen gibt es viele. Man wagt kaum, den vom Buddhismus entwendeten, inzwischen inflationär benutzten Begriff »Der Weg ist das Ziel« zu verwenden, aber man passt er.

Man begibt sich hier vornehmlich auf einen ›Entschleunigungstrip‹, sei es zu Fuß oder mit dem Fahrrad. Selbst wer mit dem Mietwagen unterwegs ist, kommt kaum schneller vom Fleck. Aber der Weg hinab zur Autobahn Ma-15 und damit zurück zu den Komfortzonen der Hotels im Norden oder Süden der Insel ist nie sehr weit. Denn die kleinen Sträßchen münden immer wieder in größere, von den Bergen direkt zur Autobahn verlaufenden Arterien.

Eine durchgehende Bergstraße wie die Ma-10 an der Westseite gibt es zwar nicht und auch der Blick auf das Meer fehlt, für Abwechslung und Fernblicke ist dennoch gesorgt. Unmittelbar am Gebirgsrand warten mit Raixa und den Jardins de Alfàbia zwei der schönsten historischen Landgüter. Und hat man erst einmal das Nadelöhr Bunyola passiert, taucht man in das zauberhafte Tal von Orient, das sich von gewaltigen Felstürmen flankiert zur Ebene von Es Pla öffnet. Da in dieser Region Zeit keine Rolle spielen sollte, ist der Aufstieg zur Festung von Alaró ein Muss, für den Autor der schönste Aussichtspunkt der Insel überhaupt. ›Bewacht‹ wird das Kastell von Es Verger, einer eher schäbigen Scheune unterhalb der Burg. Doch nur Vegetarier gehen hier achtlos vorbei. Das urige Restaurant ist Kult, seit hier Sterneköche wie Tim Mälzer oder Rick Stein in die Töpfe schauten. So schön kann simple, gute Hausmannskost sein – aber nur die legendäre Lammschulter, bitte.

Die Straße von Inca zum Kloster Lluc ist auch spektakulär, im Frühjahr allerdings von Radfahrern mit Beschlag belegt, im Spätherbst hingegen ein Genuss.

Von Palma durch enge Täler in die Berge

Wer bei Palma Nova die Autobahn Ma-01 nach Norden verlässt, den erwartet mit der Ma-103 bald eine der schönsten Nebenstraßen der Insel, die sich durch Täler und über kleine Pässe schlängelt, immer das mächtige Massiv des Galatzó im Blick.

Von Calvià bis Galilea ♀ B4–5

Calvià, die erste Gemeinde auf dem Weg in die Berge, liegt noch ganz im Dunstkreis von Palma. Dominiert wird sie von der imposanten Pfarrkirche Sant Joan Baptista, an der sich Architekten vieler Generationen abgearbeitet haben. Schön ist eigentlich nur das romanische Portal, das in der neugotischen Fassade wie ein Fremdkörper wirkt. Danach wird es ländlich mit Blick auf die immer näher kommenden Vorberge der Tramuntana. Radfahrer dürften diesen Abschnitt schätzen, da man ihnen zumindest streckenweise einen eigenen Weg spendiert hat.

Capdellà, das nächste Epappenziel, ist ein nettes ruhiges Dorf, umgeben von Bergen, gespickt mit kleinen Häusern, denen jeglicher Pomp fehlt. In Serpentinen klettert die Straße hinauf nach **Galilea,** eine weitere recht abgeschiedene, allerdings sehr schön gelegene Gemeinde, die sich gern mit der Toskana vergleicht. Sie ist sehr verschlafen, selbst auf dem kleinen Kirchplatz trifft man kaum jemanden – bei gerade einmal 400 Einwohnern wenig verwunderlich. Hier also wurde am 1. Oktober 1700 Antoni Barceló geboren, Admiral der spanischen Flotte und Schrecken der Piraten.

Puig de Galatzó ♀ B4

Von den kleinen, sich die Berge hochwindenden Dorfsträßchen hat man z. T. einen grandiosen Blick über die Ebene bis zum Meer. Etliche wunderschöne Häuser ziehen sich die Hänge hoch, die meisten glücklicherweise im traditionellen Stil gehalten, was den Besucher versöhnlich stimmt und noch hoffen lässt. Begleitet von sorgsam gefügten Trockensteinmauern verläuft die Ma-1032 durch unverbaute Natur. Man muss schon gut aufpassen, die Abfahrt zur öffentlichen **Finca Galatzó** nicht zu verfehlen. Sie ist Ausgangspunkt einer herrlichen, aber anspruchsvollen Wander- und Klettertour zum Gipfel des Galatzó, dem 1027 m hohen ›Matterhorn

Idylle pur im Naturreservat Puig de Galatzó – sollte man meinen. Ob sie wissen, dass hier angeblich der ›Comte Mal‹, ein adeliger Mörder, sein Unwesen treibt?

TOUR
Im Paradies auf Erden …

Die Gärten von Alfàbia und Raixa

Paradiesisch wird es, sobald man den großen Torbogen am Eingang der **Jardins d'Alfàbia** durchschritten hat. Ein von Palmen gesäumter, sanft ansteigender Treppenaufgang geleitet den Besucher zum Herrenhaus. Zwei steinerne Löwen nehmen ihn in Empfang, friedlich auf ihren Sockeln dösend. Und dann folgt der erste Kontakt mit dem wesentlichen Merkmal dieses Zaubergartens, dem Wasser: Teiche, Springbrunnen, kleine Becken liegen beiderseits der Laubengänge, über die sich Blauregen, Trompetenwein und Bougainvilleen ranken.

Im Sauseschritt durch die Jahrhunderte

Die Gartenanlage geht auf eine arabische Gründung aus dem 12. Jh. zurück. Geschickt nutzte sie den Wasserreichtum **am Fuße des Tramuntana-Gebirges,** um eine Projektion des Paradieses zu schaffen. Zum Glück hatten sich die Eigentümer bei der Eroberung durch Jaume I auf die Seite des neuen, christlichen Herrschers geschlagen und durften so ihr Anwesen behalten. Erst im 16. Jh. ging es in katalanischen Besitz über und erfuhr eine Umgestaltung, ohne den eigentlichen Charakter zu verlieren. Somit ist der Bummel durch den Garten auch ein Spaziergang durch die Kulturgeschichte Mallorcas.

»Man muss nicht erst sterben, um ins Paradies zu gelangen, solange man einen Garten hat«, besagt ein persisches Sprichwort. In der arabischen Welt waren Gärten schon immer das Paradies auf Erden. Und so fanden sie mit der Eroberung durch muslimische Heere ihren Weg auch nach Mallorca.

Mehr als ›nur‹ schön

Die Anordnung der Bäume, Beete und Büsche ist gekonnt arrangiert. Zypressen kontrastieren mit Buchsbaumhecken, Palmen gruppieren sich zu einer Oase, zarter Bambus spiegelt sich im Wasser. Der Garten diente aber nicht nur der Erbauung, sondern auch der Versorgung. Bereits sein Name – abgeleitet aus *al-fabia* (ein Glas mit Oliven) – deutet darauf hin. Und so mischen sich als Vertreter der Nutzpflanzen knorrige **Olivenbäume und Zitrushaine** in die Gartenidylle.

Sóller ↑ ✹ Jardins d'Alfàbia

Serra de Tramuntana

Puig de Son Nasi
575 m ▲

Bunyula
Bunyula

▲ Puig de Son Garcies
318 m

Ma-11

▲ Puig de Son Moranta
218 m

Sa Raixa ✹

Sa Coma

Palma ↓

0   0,5   1 km

📍 D 3–4

Jardins d'Alfàbia:
Die Gärten liegen an
der Ma-11 unmittel-
bar an der Einfahrt
zum Sóller-Tunnel
(Bushaltestelle,
L 220; www.
jardinesdealfabia.
com, April–Okt.
Mo–Sa 9.30–18.30,
Nov.–März Mo–Fr
9.30–17.30, Sa bis
13 Uhr, Mitte Nov.–
Mitte Feb. geschl.,
7,50 €).

Raixa: Das Landgut
liegt etwa 0,5 km
(15 Fußmin., Park-
platz) landeinwärts
der Ma-11, ca. 5 km
vor Alfàbia (Bus-
haltestelle Hospital
Joan March, L 220,
Di–Sa 10–17 Uhr,
Eintritt frei).

Auch das Haus wurde mehrfach umgebaut und erweitert.
Aus arabischer Zeit stammt noch das **Eingangsportal**
mit einer Kufi-Inschrift. Aber auch Elemente der Gotik,
des Barock und der Renaissance sind eingeflossen. Die
Räume sind schön anzusehen, doch immer wieder zieht
es einen in den Garten.

Vielleicht die berühmteste Treppe Mallorcas

Auch **Sa Raixa**, nur wenige Kilometer entfernt, ist arabischen Ursprungs, gibt von seiner Herkunft aber kaum
noch etwas zu erkennen. Anders als Alfàbia wurde es
unmittelbar nach dem Reconquista von einem verdienten Heerführer übernommen, dem Gartengestaltung
sicherlich fremd war. 1797 ging das Gut in den Besitz
des kunstsinnigen Kardinals Antonio Despuig über,
der es nach italienischem Vorbild umgestaltete. So ist
denn heute auch der Gebäudekomplex im gelungenen
Renaissancestil der eigentliche Blickfang. Die Gärten,
als Hauptsehenswürdigkeiten gepriesen, können noch
nicht so recht überzeugen. Dennoch hat man auch hier
Gelegenheit zu ausgiebigen, sogar recht anstrengenden
Spaziergängen. Vor dem Eingang sauber gestutzte He-
cken und ein paar Zypressen rings um einen Brunnen,
hinter dem Haus führt eine repräsentative, gerne als
Filmmotiv genutzte Treppe weit einen Hang hinauf in
den romantischen **Apollo-Garten** mit Pseudoruinen,
Höhle und Kapelle, alles spätes 19. Jh. Im Tal breiten
sich Gemüsebeete, Orangen- und Olivenbäume aus. Die
aber gibt es auf Mallorca zur Genüge.

Neues Nutzungskonzept

Nach dem Tod des Kardinals in Italien 1813 blieb das
Anwesen weitgehend sich selbst überlassen. Erst ab
1998 stand es zum Verkauf, 2001 bot die Modeschöp-
ferin Jil Sander 8,4 Mio. €. Der Inselrat machte jedoch
sein Vorkaufsrecht geltend und begann 2004 mit der
Renovierung. Seit 2016 ist es wieder zugänglich. Innen
herrscht noch Leere. Die Kunstwerke des Kardinals
sind längst in die Museen abgewandert. Eine interessante Ausstellung über die **Geografie** und **Geologie
des Tramuntana-Gebirges** füllt die Lücken, dazu ein
nüchternes Wohnzimmer und eine Küche – von Prunk
und Pracht wie in Alfàbia oder Calderers (s. S. 188)
keine Spur. Der **Ausblick von der Galerie** im oberen
Stockwerk allerdings bezaubert.

Mallorcas‹. Als größter Ort liegt nun **Puigpunyent,** ein von Plantagen umgebenes Bauerndorf, am Weg. Sehenswert ist die Pfarrkirche L'Assumpció aus dem 13. Jh. In Puigpunyent wurde übrigens die erste Mülltrennung Mallorcas als Pilotprojekt eingeführt.

Weiter geht es auf sehr schmaler Straße über einen Pass in Richtung Esporles. Kurz bevor man auf die Verbindungsstraße Valldemossa–Palma stößt, liegt rechts das ehemalige Landgut **La Granja,** ein überaus beliebtes Ausflugsziel (s. S. 83). Fährt man nach Verlassen des Parkplatzes auf der Hauptstraße nach links, erreicht man die Ma-10. Wendet man sich hingegen nach rechts, rauscht man über Esporles hinab nach Inca und auf die Autobahn nach Palma.

Von Alfàbia nach Alaró

Von Ort zu Ort springt diese Tour, immer entlang der Ostflanke der Tramuntana, berührt traumhafte Anwesen, schlängelt sich durch romantische Täler, gewährt einzigartige Ausblicke, streift in der Vergangenheit ruhende Orte – kurz: das viel beschworene andere Mallorca, hier ist es!

Von Bunyola bis Orient ♀D3

Der Zugang in das entrückte Tal von Orient beginnt gegenüber den **Jardins d'Alfàbia** (s. S. 124) auf der Ma-2100, wobei man sich zunächst durch das pittoreske Dörfchens **Bunyola** mit seinen verwinkelten, extrem schmalen Gassen quetschen muss. Ein Bummel durch den Ort, früher ein bedeutendes Zentrum des Olivenanbaus und heute für seine Kräu-

terliköre berühmt, lohnt. Wer samstags anreist, kommt in den Genuss des authentischen Wochenmarkts, der noch nicht von Souvenirhändlern mit Ledergürteln & Co. bevölkert wird. Größtes Problem ist es, einen Parkplatz zu finden. Ein Stück unterhalb liegt jedoch die Bahnstation des ›Roten Blitzes‹ (s. S. 98), sodass man auch bequem, wenngleich nicht preisgünstig, mit dem Zug anreisen könnte.

Entschleunigung ist angesagt!
Hinter dem kleinen Pass **Coll d'Honor** öffnet sich das zauberhafte **Tal von Orient,** mit Ölbäumen gesprenkelt schmiegt es sich zwischen die beiden bewaldeten Ketten des Tramuntana-Gebirges. Zentrum ist das Örtchen gleichen Namens, das sich mit dem berühmteren, weil leichter erreichbaren Fornalutx (s. S. 105) durchaus messen kann. Nahe dem Ortsende liegt mit der L'Hermitage eines der schönsten Landhotels der Insel. Die davor am Straßenrand parkenden Autos gehören nicht etwa den Gästen, sondern Wanderern, die von hier aus zur **Burg Alaró** aufsteigen, eine der populärsten Routen auf Mallorca (s. S. 128).

Schlafen, Essen

Kloster(er)leben
L'Hermitage: Stilvolles Hotel mit 20 Zimmern in einem 400 Jahre alten Kloster inmitten der Natur, eingebettet in einen blühenden Garten. Sehr um den Gast bemühtes Personal und ein hervorragendes Restaurant rechtfertigen den recht hohen Preis. Die Zimmer sind geräumig, ausgestattet mit ebenerdigen Duschen; Pool, Schwimmbad, Fitnessraum und Spa-Bereich runden das Angebot ab. Und vor der Tür warten jede Menge Wanderrouten. Carretera de Alaro a Bunyola, s/n, Orient, T 971 18 03 03, www.hermitage-hotel.com, Nov.–Feb. geschl., DZ/F ca. 220 €, pauschal günstiger buchbar

Rustikaler Rahmen

Dalt Muntanya: Eine idyllische Oase in traditionellem Bau, 18 Zimmer mit Balkendecke und teils historischer Bruchsteinwand, dennoch recht komfortabel, mit Zentralheizung für kalte und Pool für warme Tage. Ein bisschen Facelifting täte gut.

im Zentrum von Orient, T 971 61 53 73, www.hoteldaltmuntanya.com, Nov.–März geschl., DZ/F ab 120 €, EZ/F ab 80 €

Ein Erlebnis für alle Sinne

Mandala: Der Name ist geblieben, der Eigentümer neu, ein Spanier aus Malaga, der mit dem legendären Koch Marc Fosh zusammengearbeitet hat – man merkt es. Es gibt ausschließlich Menüs von optisch wie geschmacklich exzellenter Qualität. Mit nur acht Tischen und einem kleinen Innenhof ist das Bruchsteinhaus urgemütlich.

Carrer Nova, 1, Orient, T 971 61 52 85, Di–So 13–15, 20–22.30 Uhr, im Sommer nur abends, ab Sept. abends nur Fr, Sa, Jan., Feb. geschl., 7-Gänge-Menü um die 50 €

Wie eh und je

Orient: Der alteingesessene Landgasthof mit Terrasse ist auf Spanferkel spezialisiert und bei Wanderern beliebt.

im Zentrum von Orient, T 971 61 51 53, Mi–Mo, im Juli und So abends geschl., Hauptgerichte ab 16 €

Infos

- **Bus:** 2 x tgl. außer Sa, So und Fei mit L 221 nach Bunyola, dort Anschluss an L 220 nach Palma (reservieren unter T 617 36 53 65)

Weiter nach Alaró ♀D/E3

In einem weiten Bogen schwingt die Straße nach Osten, begleitet von spektakulären Blicken auf den **Puig d'Alaró** und den ihm gegenüberliegenden **Puig de S'Alcadena,** die mit ihren senkrecht abstürzenden Wänden drohend und scheinbar uneinnehmbar den östlichen Zugang zum Tramuntana-Gebirge bewachen.

Zu ihren Füßen liegt das etwas verschlafene Städtchen **Alaró.** Kaum zu glauben, dass hier Mallorcas erstes Elektrizitätswerk stand, der 1901 errichtete Torre de l'Electricitat. Das Bauwerk in der Avinguda Constitució, 11, gibt es immer noch. An der Plaça Ajuntament bildet die wuchtig wirkende Kirche Sant Bartomeu aus dem 14. Jh. einen merkwürdigen Kontrast zum benachbarten Rathaus, das im Renaissancestil erst unter der Franco-Herrschaft entstand.

Von Sa Cabaneta nach Inca

Der recht ansehnliche Villenort Sa Cabaneta steht unverdientermaßen ganz im Schatten des benachbarten riesigen Einkaufszentrums Marratitx mit seinen Importprodukten aus Fernost (s. S. 131).

Sa Cabaneta ♀D4

In Sa Cabaneta dreht sich seit Jahrhunderten alles ums Töpfern. Folgt man der auf der Website www.ollersdeportol.com präsentierten **Töpferroute,** kann man die alte Handwerkstradition erleben und vielleicht das eine oder andere Original mit nach Hause nehmen, z. B. die putzigen ›Siurells‹, archaische Tonfiguren. Auch das in einem alten Mühlenturm untergebrachte, 2018 umgestaltete **Museu de Fang Marratitx** (Carrer del Molí, 4) fühlt sich dieser Tradition verpflichtet. Die weitaus größte Auswahl findet man allerdings

TOUR
Hinauf zum Balkon Mallorcas

Aufstieg zur Festung Alaró

Infos

Start: Hotel L'Hermitage, 📍 D 3/4

Anfahrt: Busse nach Orient (L 220/L 221) von Palma über Bunyola, 2 x tgl. Per Pkw von Alaró auf schlechter, schmaler Straße bis Es Verger.

Länge/Dauer: 8 km lang, 3–4 Std. hin und zurück

Hinweise: von Orient steiler Aufstieg, festes Schuhwerk, Wanderstöcke.

Zu welchen Wanderern gehören Sie? Mutige Autofahrer mit wenig Zeit können bis zum **Parkplatz Es Verger** fahren, ruinieren dabei aber möglicherweise ihren Mietwagen. Wer mehr Zeit hat, beginnt seine Tour nahe dem **Hotel L'Hermitage,** Hardcore-Wanderer starten die Wanderung im Ort **Alaró** und beenden sie in Orient, sind dann aber den ganzen Tag unterwegs und auf öffentliche Verkehrsmittel angewiesen.

Der frühe Vogel …

Wir haben die mittlere Route gewählt, sind früh mit dem Mietwagen angereist und haben eine der raren Parkmöglichkeiten bei km 11,8 am Straßenrand schräg gegenüber dem **Hotel L'Hermitage** gefunden. Am schönsten wäre es natürlich, da zu wohnen und einfach gemütlich nach dem Frühstück loszuziehen.

EU-geförderter Ausblick

Hinter einem Gatter halten wir uns links und wandern zunächst geruhsam zwischen Olivenbäumen bergauf mit schönen Blicken ins Tal. Bald aber wird es schmal und recht steil. Rote und gelbe Punkte weisen den Weg. In Serpentinen arbeiten wir uns vor – es ist schon recht anstrengend. Nach fast 500 m Höhenmetern und über einer Stunde Schnauferei ist endlich die Hochebene **Pla des Pouet** erreicht. Der nunmehr gepflasterte, teilweise mit Treppen versehene Weg erscheint uns wie eine Autobahn, kein Wunder, sein Ausbau wurde mit Geldern der EU finanziert. Bis zum geschichtsträchtigen **Castell**

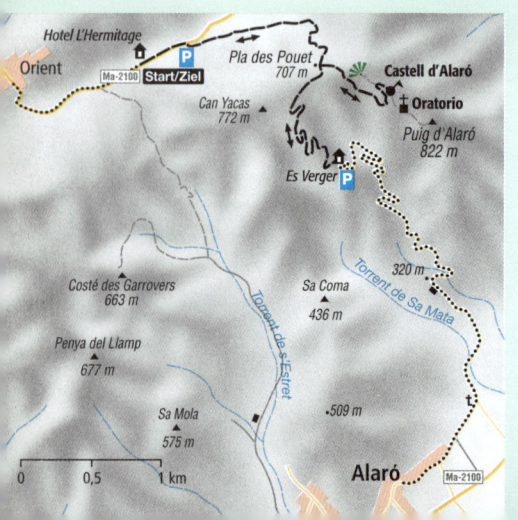

Im Mittelalter galt das wie ein Adlerhorst auf dem 822 m hohen Puig de Alaró thronende Castell d'Alaró als uneinnehmbar. Davon kann heute nicht mehr die Rede sein: Ein Tourist nach dem anderen schlängelt sich zur Festung hoch – und zwar gänzlich unbewaffnet.

d'Alaró ist es jetzt nur ein Katzensprung. Durch die Ruinen geht es zum angrenzenden ehemaligen **Oratorio (Kloster).** Dann das Aha-Erlebnis: der umwerfende Panoramablick von der Aussichtsterrasse über Mallorca. Man kann hier etwas trinken, sollte sich aber beim Essen zurückhalten, weiter unten gibt es weitaus besseres.

Kein freundlicher Zeitgenosse

Im 13. Jh. ging es hier oben wesentlich kriegerischer zu. Eine Familienfehde zwischen Jaume II und seinem Bruder Pere III war ausgebrochen, die auch nach dem Tod Peres nicht beigelegt war. Sein Sohn Alfons III eroberte Mallorca, Jaume entkam mit Mühe und Not. Nur Cabrit und Bassa, zwei seiner Gefolgsleute, hatten sich in der **Burg Alaró** verschanzt, mussten sich aber wegen Wasser- und Nahrungsmangel ergeben. Alfons ließ sie grausam bei lebendigem Leib rösten. Später wurden die beiden Hauptmänner zeitweise vom Volk wie Märtyrer verehrt.

Kult-Lokal

An die Schandtaten von Alfons sollte man auf dem Rückweg lieber nicht denken, denn wir haben nun etwas ganz anderes im Sinn. Ein Stück unterhalb der Burg folgen wir dem Wegweiser nach Alaró, der uns hinab zum Gasthof **Es Verger** führt. Gasthof ist etwas hoch gegriffen, eher eine umgebaute Scheune mit offenem Herdfeuer. Der Lammbraten aber, der hier schmort, ist legendär und die Nachfrage entsprechend. Die ruppige Bedienung wird einfach ignoriert. Gut gestärkt und zufrieden geht es auf einem Fahrweg hinauf zum **Pla des Pouet** und dann wieder steil hinab zum Auto – welch ein schöner Tag.

Man kann auf dem Kastell auch übernachten (www. castellalaro.cat) und im Restaurant Es Verger das ganze Jahr über speisen (tgl. von 7.30–20 Uhr).

auf der alljährlich Anfang März stattfindenden siebentägigen Töpfermesse **Fira del Fang** mit über 100 000 Besuchern und Anbietern auch vom Festland. Wer hätte da nicht gern einen kleinen Lastwagen zum Abtransport der Schätze?

Santa Maria del Camí ♀ D4

Es sind nur ein paar Kilometer entlang der Autobahn Ma-13, dann gibt es schon die nächsten Einkaufsmöglichkeiten. Der **Sonntagsmarkt** von Santa Maria del Camí gehört zu den ursprünglichsten und größten der Insel, säuberlich getrennt nach Obst, Gemüse, Käse und Kleidung, ganz wie im Supermarkt, nur ohne Selbstbedienung. Dazwischen einige Buden, um preiswert Hunger und Durst zu stillen, am Rande die üblichen Cafés zum Entspannen, Schauen und Lästern.

Man kann in Santa Maria del Camí aber auch edel einkaufen, etwa bei **Living Dreams,** einem Einrichtungshaus, das seinem Namen alle Ehre macht und sogar ein Restaurant beherbergt (s. rechts). Wer

die seltenen, ausgefallenen Zungenstoffe in handwerklicher Qualität sucht, der kommt an **Artesanía Textil Bujosa** (Carrer Bernardo Santa Eugènia, 53, T 971 62 00 54, www.bujosatextil.com) nicht vorbei, eine der drei letzten noch im traditionellen Stil arbeitenden Webereien der Insel.

Essen

Wohlfühloase
Bistro 19: Tolle Location im lauschigen Garten eines historischen Gebäudes, in dem auch ein edles Einrichtungshaus beheimatet ist. Tagsüber gibt es kleine Gerichte, ab 16 Uhr Tapas, für abends muss man reservieren. Wie im Geschäft ist auch im Restaurant Qualität höchstes Gebot. Plaça Hostals, 19, T 971 14 00 16, Mi–So 11–23 Uhr, Hauptgerichte ab 19 €

Binissalem ♀ E4

Von hochwertigen Textilien zu prämierten Weinen ist es nur ein kleiner Sprung von

---

FLAMMENDE ZUNGEN   **Z**

Wer ein nachhaltiges Souvenir aus Mallorca sucht, das ihn immer wieder in Ferienträume versetzt, das gleichermaßen dekorativ wie praktisch und dazu auch noch authentisch ist, kommt an den **Robes de Llengües** (Zungentüchern) kaum vorbei. Nur noch drei Betriebe widmen sich auf Mallorca dieser traditionellen Webkunst, die durch Farbkombinationen, Muster und Verarbeitungstechnik einzigartig ist. Einflüsse aus unterschiedlichen Regionen haben sich hier zu einer perfekten Symbiose zusammengefunden. Aus der arabischen Welt des 10. Jh. stammen die Streifenmuster, aus Fernost das Ikat-Verfahren, mit denen die Fäden vor dem Weben eingefärbt werden, und aus Mallorca selbst die Gestaltung in Form von Pfeilspitzen und Flammen. Zu den bekanntesten Webkünstlern zählt **Teixits Vicens,** der 1854 mit der Produktion nach eigenen Entwürfen begann. Der Besuch seines **Museums** in Pollença (Rotonda de Can Berenguer, s/n, www.teixitsvicens.com/de, Mo–Fr 9–20, Sa 10–14, 16–20 Uhr) ist Inspiration und Genuss zugleich, ebenso ein Blick in die Weberei **Artesania Textil Bujosa** in Santa Maria (Carrer Bernat de Santa Eugènia, 53, www.bujosatextil.com).

10 km. Binissalem und Wein sind zum Synonym geworden. Bereits im 14. Jh. hatten die trinkfreudigen Spanier die Gunst der Böden erkannt und die ersten Reben gepflanzt. Die Winzer und Winzerinnen haben in jüngster Zeit hervorragende Arbeit geleistet. Wie der Champagner sind nunmehr auch die Weine aus Binissalem durch eine Herkunftsbezeichnung (Denominación de Origen) geschützt. So ist das größte Fest des Ortes nicht dem Schutzpatron Sant Jaume gewidmet, sondern dem Weinanbau (**Festa des Vermar,** letzter So im Sept.). Und statt den Heiligen neben der Kirche mit einem Denkmal zu ehren, huldigt man dem Rebensaft mit der Statue eines Winzers mit seiner Kiepe. Einen netten Eindruck hinterlässt die Plaça mit der Pfarrkirche L'Asunçion, die im 13. Jh. begonnen wurde, in ihrer heutigen Form jedoch erst aus dem 18. Jh. stammt und einen sehenswerten Altaraufsatz birgt.

Mehrere **Weingüter** laden ein, in die Keller zu steigen, um die Ergebnisse vor Ort zu prüfen (s. S. 131). Auch für Auge und Ohr wird etwas geboten, wenn sich freitags, am **Markttag,** um 11 Uhr die Plaça vor der Kirche in eine **Folklorebühne** verwandelt.

Essen

Italienisches Highlight

Terra di Vino: Sehr gute italienische Kost jenseits von Pizza und Spaghetti. All die italienischen Leckereien wie Carbonara, schwarzes Risotto oder Tagliatelle kommen in authentischer Perfektion auf den Tisch. Auch beim Wein ist der Wirt konsequent – der kommt aus Italien. Man sitzt draußen, aufgereiht in einer engen Gasse in der Fußgängerzone mit Blick auf den Kirchenvorplatz, oder drinnen.

Carrer Creu, 3, T 871 91 02 26, im Sommer Mo–Fr 13–16, 19.15–23 Uhr, Sa, So nur abends, im Winter Mo, So Abend geschl., Hauptgerichte ab 16 €

WEINSELIG

Einige Weingüter in Binissalem (darunter Ferrer) haben sich zusammengeschlossen und bieten über **www.mallorcawinetours. com** unterschiedliche Touren durch ihre Weingüter an, natürlich mit Verkostungen. Am beliebtesten ist die Fahrt mit dem Wein-Express, einem Touristenbähnchen (3–4 Std., 49 €). Doch auch Fahrradtouren (75 €) sind im Angebot, und wem das Geld etwas lockerer sitzt, der kann für 225 € auf eine Bootstour gehen.

Inca ♀F3

Mit Palma kann sich die drittgrößte Stadt Mallorcas zwar nicht vergleichen, sie wird aber häufig unterschätzt. Ist man erst einmal durch die wenig anheimelnden Vororte in das historische Zentrum vorgedrungen, sind die Bemühungen der Stadtverwaltung augenscheinlich. Weiträumig wurde die Innenstadt zur Fußgängerzone erklärt, mit Bäumen bepflanzt und mit Laternen aufgehübscht, die Textilfabrik **Fàbrica Ramis** (Avinguda Gran Via de Colón) in ein ansehnliches Kulturzentrum mit Ausstellungsräumen und Büros für Start-ups verwandelt.

Mit dem Bus zum Einkauf

Nur drei Dinge sind es bisher, die Touristen nach Inca locken: der Wochenmarkt, einer der größten der Insel, die zahlreichen Ledergeschäfte und die urigen Kellerlokale. Somit ist der Markt, der die Gassen des Zentrums jeden Donnerstag überzieht, denn auch in erster Linie auf die Fremden zugeschnitten und mit Souvenirs jeglicher Geschmacksrichtung reichlich versorgt, die meisten ein Import aus Fernost. Nicht weniger stark vertreten

Lieblingsort

Bekanntschaft mit Angela

In Inca trifft man sie nur donnerstags, und das auch nur in der kühleren Jahreszeit. Suchen muss man sie nicht. Dort, wo sich auf der **Plaça de Quartera** im Herzen der Stadt eine Menschentraube bildet, hat sie ihren Stand. Unsere Bekanntschaft war eher zufällig. Wir hatten auf der Bahnfahrt nach Sa Pobla versäumt, in Enllac umzusteigen, und fanden uns in Inca wieder. Glücklicherweise war Markttag und die Fußgängerzone mit Ständen gefüllt. Angela und ihre Freundin – oder war es ihre Schwester? – hatten sich einen der besten Plätze gesichert und sich richtig herausgeputzt, traditionell mallorquinisch, wie man es von alten Stichen kennt. Ihr Angebot war sehr beschränkt, es bestand ausschließlich aus *bunyols,* Teigkrapfen aus Kartoffeln, Mehl und Backpulver, in Öl ausgebacken und dann mit Puderzucker bestäubt. Die vor allem von Kindern heiß begehrten Leckereien haben ihren Ursprung im nahe gelegenen Örtchen Bunyola am Fuß der Berge, konnten sich aber wie eine ›Seuche‹ über die ganze Insel verbreiten. Frisch werden sie am Stand zubereitet und einem heiß, in Papier gewickelt, in die Hand gedrückt. Wir setzten uns nebenan ins Café, bestellten einen *café con leche* und gaben uns der süßen Versuchung hin.

sind Stände mit billiger Bekleidung, Haushaltsbedarf und Elektronikartikeln. Wer das bunte, überquellende Angebot mallorquinischer Landwirtschaft sucht, den Duft von Fisch, Oliven und Knoblauch in der Nase haben will, sollte sich für einen Besuch der **Markthallen** im Carrer Miquel Duran entscheiden (Mo–Sa vormittags).

In Bahnhofsnähe hat die Lederindustrie ihr Revier und begnügt sich schon lange nicht mehr mit bloßer Produktion, ist es doch viel gewinnbringender, potenzielle Kunden in Bussen anzukarren, als die Waren über Boutiquen zu vertreiben. Die Fülle des Angebots ist indes unübertroffen. Wer sich nicht mit den Auslagen der Schuhgeschäfte begnügt, der kann im Schuhmuseum **Museu del Calçat** hinter die Kulissen der Produktion und Geschichte der Fußbekleidung schauen (Avinguda de General Luque, 223, Mo–Fr 10–14, 16–20, Sa 10–13 Uhr).

Verdammt lang her ...

Man sollte die Shoppingtour dennoch für einen Spaziergang durch den recht übersichtlichen historischen Kern unterbrechen. Bereits die Römer hatten an der Verbindungsroute etwa auf halbem Weg zwischen ihren Hauptorten Palmera (Palma) und Pollentia (Alcúdia) eine Siedlung namens Quint Cecili Metel angelegt, die von den Arabern später unter dem Namen Inkan zum zentralen Marktort ausgebaut wurde. Die zahlreichen, in Restaurants umgewandelten Weinkeller sind Relikte der Epoche intensiver Kultivierung zwischen dem 17. und 19. Jh., die durch den Reblausbefall ihr Ende fand. Architektonisches Wahrzeichen ist die vor einigen Jahren restaurierte, auf den Grundmauern einer Moschee ruhende Kirche **Santa Maria Major** (13. Jh.) an der Plaça de Mallorca (Do während des Marktes geöffnet). Rings um die zentrale **Plaça d'Espanya** gibt es einige schöne Beispiele der Art-déco-Architektur zu bewundern. Auch die zur Fußgängerzone umgestal-

teten angrenzenden Einkaufsstraßen werden von einigen Fassaden aus den 1920er-Jahren gesäumt. Die historische Bedeutung der Stadt findet ihren Niederschlag nicht zuletzt in der großen Zahl der Klöster. Alle bedeutenden Orden wollten vertreten sein. Einen Blick verdient das **Kloster Sant Domènec** aus dem 17. Jh., das heute das Kulturzentrum mit Bibliothek und Ausstellungsräumen beherbergt (Avinguda de las Germanies) und einen sehr schönen Kreuzgang vorweisen kann.

Wo die Nonnen wohnen

Noch immer wird das 1534 gegründete Hieronymiten-Kloster **Sant Bartomeu** am nordwestlichen Stadtrand von Nonnen bewohnt. Die dazugehörende Kirche ist für Besucher geöffnet (Carrer de Monges, 129, werktags 9–13, 16–18 Uhr). Sie kann mit einem uralten Zürgelbaum im Hof und einem kleinen Museum mit Gemälden von Vater und Sohn Lopiez, bedeutenden mallorquinischen Kirchenmalern des 16. Jh., aufwarten.

Essen

Eine Attraktion Incas sind die *cellers,* aus Weinkellern hervorgegangene Kellerlokale, die sich noch heute mit großen alten Fässern im rustikalen Stil schmücken. Es sind aber keine Keller im eigentlichen Sinn, die zur Lagerung genutzten Räumlichkeiten liegen meist ebenerdig auf Straßenniveau.

Unter Mallorquinern

Celler Can Lau: Das Restaurant steht etwas im Schatten der beiden anderen Cellers, bietet aber eine außerordentlich gute traditionelle Küche zu fairen Preisen und wird deshalb vor allem von Einheimischen besucht. Spanferkel und Lamm sind die Spezialitäten.
Carrer Roser, 5, T 971 50 62 89, Di–So 13–16, Di–Sa auch 20–23 Uhr

TOUR
Mit der Bahn ins Hinterland

Letzter Halt Sa Pobla

Infos

Start: Palma, Estació Espanya,
📍 Karte 3, G 3

Zugverbindung: zwischen 6 und 22 Uhr ca. alle 30 Min. ab Palma, Fahrzeit 1 Std., Umsteigen in Enllac (www.tib.org/web/tren/linia/T2)

Info: Verlassen kann man eine Station nur mit gültigem Ticket über ein Drehkreuz.

Ein Donnerstagmorgen. Die Fahrt beginnt unter der Erde in der **Estació Intermodal,** dem Drehkreuz für ›Fernverkehr‹ von Bus und Bahn. Ein stromlinienförmiger moderner Zug mit Ziel Sa Pobla wartet auf Gleis 8. Er verlässt pünktlich, fast lautlos den Bahnsteig. Im Gegensatz zum historischen ›Orangenexpress‹ nach Sóller gibt es hier keine Platzprobleme, weitere Touristen auch nicht, nur ein paar Einheimische. Für 3,75 € darf man bequem eine ganze Stunde quer durch die Insel reisen. Nach wenigen Minuten spuckt der Tunnel die Bahn aus dem Dunkel in den Industriegürtel Palmas, wie überall auf der Welt kein Vorzeigeobjekt. Mit Graffiti verzierte Mauern, kleine Industriebetriebe, Berge von Schrott, Lkw an einer Laderampe.

Umsteigen nicht vergessen!

Erst hinter **Marratxí** gewinnt die Landschaft die Oberhand. Kleine Gehöfte inmitten üppiger Gärten, Mandelbäume und in der Ferne die Kette der Tramuntana-Berge. In bekannteren Orten wie **Santa Maria del Camí** (s. S. 130) und **Binissalem** (s. S. 130), aber auch weniger bekannten wie **Consell** oder **Lloseta** wird nur kurz gehalten, dann kommt schon **Inca** (s. S. 131). In einem großen Bogen schwingt die Linie nun nach Osten in die Ebene von Es Pla. Sa Pobla ist nicht mehr weit. Ein Stopp auf dem einsamen Bahnhof von **Enllaç.** Der Zug leert sich, auch wir müssen umsteigen, denn in Enllac endet die Elektrifizierung, und es geht mit dem Dieselzug weiter.

Teufelstanz auf dem Kartoffelacker

Am 16. Januar ist in **Sa Pobla** die Hölle los – und das im wahrsten Sinne des Wortes. Nirgends sonst wird das Fest

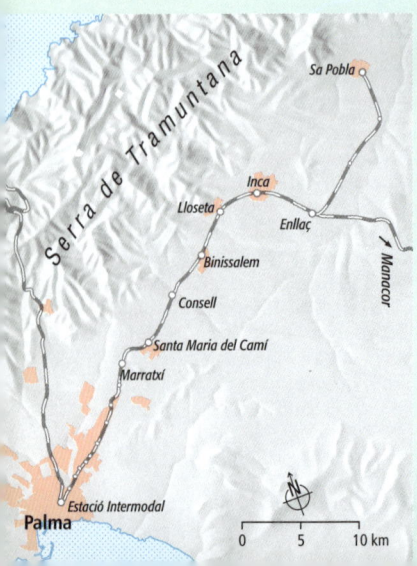

Sant Antoni so wild gefeiert wie hier. Feuer lodern, **teuflische Gestalten** jagen schreiend und mit klappernden Rasseln durch die Gassen. Danach gibt sich der Ort wieder bescheiden ländlich, sperrt die Masken in das Museum und schaut nach seinen Mais- und Kartoffelfeldern, denen er bis

Sehr zur Freude der Touristen hat die Renaissance der Windmühlen begonnen – auch wenn drinnen der Diesel tuckert …

heute sein Auskommen verdankt. Die ertragreichen Böden hatten schon die frühen Siedler hierhergelockt und den Arabern war die Fruchtbarkeit natürlich auch nicht entgangen. Sie legten mit dem Landgut Huayar Alfahs den Grundstein zu der heutigen Siedlung.

Platzhirsche unter sich

Man sollte am Sonntagvormittag nach Sa Pobla kommen, wenn sich der Platz mit Marktständen füllt, die regionale Produkte für die einheimischen Kunden feilbieten. Die kleinen Cafés ringsum sind dann gut besucht, überwiegend von älteren Bewohnern, die das Geschehen sichtlich genießen, denn viel Abwechslung bietet das Städtchen sonst nicht. Beherrscht wird der Platz von der Pfarrkirche aus dem 14. Jh., die – wie könnte es anders sein – dem Heiligen Sant Antoni Abat geweiht ist.

Kostümzwang

Der historische Stadtpalast Can Planes wurde zu einem Ausstellungsgebäude mit zwei Museen umgestaltet. Am ungewöhnlichsten ist das **Museu de Sant Antoni i el Dimoni**, das sich der Festa de Sant Antoni Abat widmet. Gezeigt werden die Kostüme und ein sehenswertes Video für all jene, die an dem Spektakel nicht teilhaben können. Der zweite Komplex, das **Museu d'Art Contemporani**, widmet sich mit Wechselausstellungen der modernen Kunst der Insel (C. Antoni Maura, 6, Di–Sa 10–14, 16–20, So 10–14 Uhr, 4 €). Im Jahr 2005 hat der deutschstämmige Künstler Nils Burwitz auf der **Plaça Concòrdia** ein sehenswertes Denkmal geschaffen, das an den Mauerfall in Berlin erinnert und als Mahnmal gegen Vorurteile gedacht ist.

Jedes mallorquinische Dorf hat seine eigenen Masken und Kostüme. In Sa Pobla tanzt der hl. Antonius in brauner Kutte mit weißem Bart durchs Dorf – und widersteht Jahr für Jahr den Versuchungen …

Der Urkeller

Ca'n Amer: Zur Institution gewordene und deshalb oft mit Touristen überfüllte Urzelle mallorquinischer Gastronomie im Gewölbe eines ehemaligen Weinkellers, dem eine Renovierung gut täte. Spezialität des Hauses: *sopes mallorquines* (Gemüseeintopf). Alles in allem keine Spitzenküche, aber sehr gute Hausmannskost in urigem Ambiente.
Carrer Pau, 39, in der Markthalle, T 971 50 12 61, www.celler-canamer.com, tgl. 13–16.30, Mo–Sa auch 19.30–23.30 Uhr, Mai–Okt. Sa, So geschl., Hauptspeisen ab 15 €, *menú del día* (4 Gänge) 25 € inkl. Wasser und Wein

Der Umweg lohnt

Santi Taura Restaurante: Dieses Restaurant spielt in einer anderen Liga als die bekannten Keller-Restaurants im Zentrum. Eine Karte gibt es nicht, nur ein sechsgängiges, hervorragend komponiertes Menü. Reservierung unerlässlich.
Carrer Joan Carles I, 48, Lloseta, T 656 73 82 14, www.restaurantsantitaura.com, Mi–Mo 13.30–15.30, 19.30–22.30 Uhr, Menü 40 €

Einkaufen

Nicht nur in den großen Outlet-Warenhäusern an der Peripherie kann man seiner Kauflust frönen, es gibt auch Einkaufsstraßen mit kleinen, feinen Geschäften. Dazu zählen die Avinguda del Bisbe Llomparts und die angrenzende, auf die Plaça d'Espanya zuführende Carrer de Comerç. Auch die vom Platz abgehenden Gassen geizen nicht mit Geschäften.

›Trendtreter‹

Recamper Factory Outlet: Fabrikverkauf der angesagten mallorquinischen Schuhmarke, die auch in vielen Städten mit eigenen Geschäften vertreten ist. Es empfiehlt sich, auf der Website schon einmal eine Vorauswahl zu treffen und sich über den regulären Preis zu informieren.
Carrer Cuartel, 91, Poligono Industrial, s/n, www.camper.com, Mo–Sa 10–20 Uhr

›DER GUTE DONNERSTAG‹

Die Mischung aus Landwirtschaftsmesse, Sportveranstaltung, Kulturprogramm und Tierschau hält die mittelalterliche Tradition der Ferias wach. Der **Dijous Bo** zieht alljährlich am dritten Donnerstag im Monat gut 200 000 Besucher zum größten Volksfest Mallorcas nach Inca. Unbedingt mit der Bahn anreisen – die Züge fahren bis zum frühen Morgen! Das Spektakel mit Tanz, Musik und Umzügen beginnt bereits am Mittwoch, dem **Dimecres Bo** dem ›Guten Mittwoch‹. Natürlich fehlt auch der Viehmarkt nicht.

Schlichte Eleganz

Barrats: Die bereits 1890 gegründete Firma fühlt sich eher der Tradition verpflichtet und hat nicht nur edle Schuhe im Angebot, sondern auch Lederjacken, Handtaschen und Koffer.
Carrer General Luque, 480, www.barrats 1890.com, Mo–Sa 10–20 Uhr

Alles für den Mann

Munper: Warenhaus der Lederfabrik Munper, das einen ganzen Straßenzug einnimmt. Hier ist das Angebot an Kleidern, Taschen und Jacken so groß, dass die Outlet-Abteilung gemütliche Sitzecken für die wartenden Männer eingerichtet hat.
Avinguda Rei Jaume II, Ctra. Palma–Alcúdia, km 30, Ausfahrt 27 und 30, www.munper. com, Mo–Sa 10–20 Uhr

Infos

- **Informationen:** Ajuntament Inca, Plaça d'Espanya, 1, T 971 880 150, www.ajin ca.net; kleiner Infoschalter im Rathaus.
- **Bahn:** Verbindung mit Palma Mo–Sa 6–22 Uhr, ca. alle 25 Min., So, Fei. alle

45 Min.; seltener Richtung Manacor und Sa Pobla (www.tib.org).

- **Bus:** Verbindungen mit Kloster Lluc sowie mit Alaró, Alcúdia und Port de Pollença (www.tib.org).
- **Sants Abdó i Senén:** Der 31. Juli ist Gedenktag für die Schutzpatrone der Stadt, Abdo und Senén, zwei aus Persien stammende christliche Märtyrer des 3. Jh. Die Woche davor wird als Volksfest mit Darbietungen wie Folklore, Konzerten und Aktivitäten für die Kinder begangen.
- **Fira de L'Art:** Anfang Nov., mittelalterlicher Markt mit Darbietungen von Straßenkünstlern, gastronomischen Events und Präsentation alternativer Produkte.

Von Inca nach Lluc ♀F3–E2

Aus der quirligen Industriestadt führt eine der schönsten Straßen Mallorcas hinauf in die Tramuntana. Sie folgt einem alten, heute wieder instand gesetzten, parallel verlaufenden Pilgerweg, der gern von Wanderern benutzt wird (Teil des Wanderwegs GR 222 Artà–Lluc). Vor allem aber ambitionierte Radfahrer schinden sich auf der Straße durch die Kurven den steilen Anstieg (5 %) empor.

Nach 4 km erreicht man **Selva,** wo sich die gotische Kirche Sant Lorenç malerisch vor die Gebirgskette schiebt.

Am Ende der Straße steht ein …
Beim nächsten Ort, **Caimari,** ist man den Bergen bereits sehr nahe und beginnt in Kehren die Auffahrt in die Tramuntana. Diese Route ist auch Schauplatz der Legende vom »Salt de la Bella Donna« (Der Sprung der schönen Dame). Seiner schönen Frau überdrüssig, nutzte der Bauer Palóu aus Selva die Gunst der Stunde und der Geografie – ein kleiner Stoß und Bella Donna verschwand in der Tiefe. Wie groß aber war sein Schrecken am nächsten Tag, als er seine Frau vor dem Altar knien

sah, versunken in ein Dankgebet an die hl. Jungfrau, die ihr das Leben gerettet hatte. Wo die Stelle genau lag, weiß man nicht, vielleicht nahe der steilen Felswand, an der sich die Straße im oberen Abschnitt entlangzieht und von der aus der Reisende einen weiten Blick über die Ebene hat, bevor ihn wieder dichter Wald umfängt. Am **Pass Coll de Sa Batalla** mit dem von den Radfahrern ersehnten Café gleichen Namens stößt die C-2130 auf die Tramuntana-Straße Ma-10. Rechts geht es zum nahen Santuari de Lluc, links nach Sóller.

Von Campanet bis Pollença ♀F1–3

Wieder eine dieser schönen Nebenstraßen durch das bäuerliche Vorland der Tramuntana. Allerdings ist man auf den Mietwagen oder das Rad angewiesen. Die Strecke ist bei Radfahrern beliebt und Teilstück des 86 km langen, von Campos nach Port de Pollença führenden Fernradwegs.

Campanet und Coves de Campanet

Auch **Campanet** hat sich auf einem Hügel niedergelassen, denn die von der nahen Küste anrückenden Piraten wollte man immer im Blick haben. Und so ist denn auch die Aussicht das eigentliche Highlight. Man könnte vielleicht noch die zu Beginn des 18. Jh. errichtete Kirche an der zentralen Plaça besuchen.

Ganz schön natürlich
Wer nach Campanet kommt, hat aber eigentlich die nahe gelegenen Höhlen, die **Coves de Campanet,** zum Ziel (www. covesdecampanet.com, tgl. 10–18.30,

im Winter nur bis 17.30 Uhr, Einlass nur mit Führung, Dauer 45 Min., 14 €). Das Höhlensystem ist bisher noch vom Besucheransturm verschont geblieben, der über die Coves del Drac und die Höhlen bei Porto Cristo täglich hereinbrandet. In ihrer Größe kann sich diese Höhle zwar nicht mit den Grotten an der Ostküste messen, dafür offenbart sich hier die Welt der filigranen Stalaktiten und Stalagmiten in ihrer natürlichen Schönheit, ohne von Licht- und Klanginstallationen zur Kulisse degradiert zu werden. Nicht nur das Innere bezaubert, auch der Blick vom Eingang über die mit schlanken Zypressen bestandene Landschaft macht glücklich und lässt sich besonders nachhaltig vom netten Café am Eingang genießen.

Nicht achtlos vorbeigehen sollte man an dem nahe gelegenen kleinen **Oratori de Sant Miquel.** Mit dem Baudatum von 1229 darf sich die schmucklose, meist verschlossene Kapelle mit ihrem romantischen Friedhof zu den ältesten Gotteshäusern der Insel zählen.

Weiter auf die Küste zu

Dass die Region ihren Namen Raiguer, Wasserstrahl, zu Recht trägt, stellt sie jedes Jahr im Frühling eindrucksvoll unter Beweis. Dann sprudeln im Steineichenwald der Finca Es Gabellí plötzlich Hunderte von Quellen der **Ses Fonts Urfanes.** Das frei zugängliche Naturdenkmal liegt ein Stück nördlich des Oratorio de Sant Miquel und ist von dort in etwa 20 Fußminuten zu erreichen.

Trockenmauern geleiten den Reisenden auf dem **Camí de Vell Campanet** durch Weideland und den Weiler **Es Fangar** immer weiter auf die Küste zu. Schließlich ist die von Pollença nach Sa Pobla führende Hauptstraße erreicht. Rechts Richtung Autobahn wartet noch das **Oratori Santa Margalida de Crestatx** (Di–So 10–19, im Winter bis 17.30 Uhr), betreut durch eine hier ansässige Familie. Durch einen Steinbogen mit merkwürdigen Tierskulpturen betritt man den kleinen Garten. Die bescheidene einschiffige Kirche stammt bereits von 1285 und hat im Innern einige interessante Stücke sakraler Kunst des 16. Jh. aufzuweisen, die vor allem dem Marienkult in Verbindung mit der Lokalheiligen und Eremitin Santa Margalida dienen. Ihr Bildnis am Hauptaltar wird flankiert vom hl. Magin, der hl. Agathe und dem Missionar Llull. Die Objekte stammen überwiegend aus der Kirche des nahen Sa Pobla. Der kleine ehemalige Wohnraum des Küsters dient heute als bescheidenes Museum.

Nun hat man die Wahl: rasch auf die Autobahn Ma-13 Richtung Meer oder Palma, oder doch ins hübsche, nur wenige Kilometer entfernte Pollença …

G

UNTER GEIERN

Aus der Nähe wird man die Riesenvögel in freier Natur kaum zu Gesicht bekommen. Anders auf der Station **Fundació Voltor Negre** auf der Finca Son Pons bei Campanet, die eng mit der internationalen Geierstiftung Black Vulture Conservation Fund zusammenarbeitet. Hier lassen sich die Riesenvögel aus nächster Nähe bewundern, und man kann mit Biologen zuweilen sogar auf eine geführte **Geierwanderung** gehen (www.fvsm.eu/visitas, Mo, Fr und 1. Sa. im Monat Sept.–Mai 10–14, sonst 9–13 Uhr, um eine Spende wird gebeten; geführte Geierwanderungen: Info/Anmeldung T 661 21 22 22 oder info@procustodia.org).

Zugabe
Maria, Shootingstar vom Land

Zu Besuch bei Maria Puerto Fullana

Bei der Arbeit: Maria Puerto Fullana

Mallorca hat ja schon viele bedeutende Maler hervorgebracht, keiner aber war schon mit zehn Jahren so erfolgreich wie die 2003 geborene Maria Puerto Fullana aus dem winzigen Ort Esporles. Anstoß für die einzigartige Karriere als Modedesignerin war ihr Besuch als Vierjährige im Miró-Museum. Mit Farben gestalten wollte sie und machte sich umgehend ans Werk. Glücklicherweise hielten die Eltern den Enthusiasmus nicht für eine kindliche Marotte, sondern erkannten das Talent und förderten es. Anfangs malte die Autodidaktin noch auf alten Leinentüchern in der Garage, dann erhielt sie mit fünf Jahren ersten Zeichenunterricht bei dem anerkannten Architekten und Maler Jacques Mestre, später bei Ricard Chiang und Carmen Cañadas.

Bereits mit neun Jahren gewann sie ihren ersten Preis bei einem internationalen Schülerwettbewerb, ein Jahr später hatte sie ihre erste eigene Ausstellung in Esporles, ein rasanter Aufstieg. Der aber nahm jetzt erst richtig Fahrt auf. Ausstellungen in zahlreichen Ländern der Welt folgten. So mancher gestandene Künstler fortgeschrittenen Alters dürfte angesichts der langen Liste von Ehrungen, Preisen und Aus-

Fünf Jahre und 18 Auszeichnungen weiter …

stellungen vor Neid erblassen. Und dass ihre Kunst nicht brotlos blieb, ist dem Internet zu verdanken. So wundert es nicht, dass eine Modeplattform aus den USA auf Maria aufmerksam wurde und ihr eine Kooperation anbot. Sie könne dort ihre eigenen Kreationen verkaufen. ›Made by PAF‹ steht nun auf den Taschen, Schals und Kissenbezügen mit den frischen Farben und dem innovativen Design (https://shopvida.com/collections/maria-puerto-fullana).

Mittlerweile hat ihr Schaffen professionelle Züge angenommen und eine Arbeitsteilung erforderlich gemacht. Maria entwirft, malt und gestaltet, der Vater kümmert sich ums Geschäftliche und die Ausstellungen. Dass Maria die Freude an der Arbeit mehr bedeutet als der wirtschaftliche Erfolg, zeigt ihre großzügige Geste, die ersten Verkaufserlöse an UNICEF zu spenden. Demnächst will sie eine eigene Galerie in Esporles eröffnen (Infos über: galeriaflohr@gmx.net). ∎

Badia de Pollença und Badia d'Alcúdia

Große Buchten, weite Strände — Baden, Wandern, Segeln, Sightseeing oder einfach faul in der Sonne liegen, kein Problem!

Seite 143
Cala Sant Vicenç

Warum bloß ist die Bucht so unbekannt? Alles ist recht klein, der Ort, der Strand und auch die Zufahrt. Die schroffen Felsen ringsum aber rauben einem den Atem.

Seite 144
Port de Pollença

Seit Agatha Christie hier war, lieben die Engländer die weite Bucht – gesitteter, sportlicher Gegenentwurf zur Magaluf am anderen Ende der Insel und der Benimmskala.

Angeln verboten! Fisch gibt's nur im Restaurant.

Eintauchen

Seite 151
Die Halbinsel Formentor

Ein Finale wie ein Paukenschlag. Schroff und schmal schiebt sich der letzte Zipfel der Tramuntana weit ins Meer, gekrönt von einem Leuchtturm.

Seite 154
Alcúdia

Anders als zur Zeit der Piraten empfängt das durch Mauern und Tore geschützte Städtchen die touristischen Invasoren unserer Tage mit offenen Armen.

Seite 161
Der ›Zaubergarten‹ von Sa Bassa Blanca

Ein für jedermann zugängliches Paradies mit Skulpturenpark und Garten hat das Künstlerpaar Jakober geschaffen.

Seite 162

Wanderungen auf der Halbinsel Victòria

Gemütlich ist der Aufstieg zum Talaia d'Alcúdia, aber schwindelfrei sollte man schon sein, wenn man sich zum ›Kanonenberg‹ vorwagt.

Seite 165

Can Picafort

Ein unendlich weiter Strand, warmes seichtes Wasser, gewohntes Essen, soziale Kontakte und keine Verständigungsprobleme – kurzum, ein Ferienparadies, das die ganze Familie glücklich macht.

Seite 166

Östliche Badia d'Alcúdia

Hier urlauben die Spanier, und sie wissen, was sie tun. Kleine Ferienorte, kaum Großhotels, schöne Strände, lecker Essen von Tapas bis zum Hummer, wenige Touristen – alles gut!

Seite 168

Formentor, a Royal Hideaway Hotel

Die Nacht im exklusiven Traumhotel an der Bucht von Formentor ist nicht ganz billig. Hier sind Jetset und Geldadel ganz unter sich – blöd nur, dass den Strand auch jeder x-beliebige Touri nutzen darf.

Bis zu 35 000 Wildziegen soll es auf der Insel geben. Sie sind zum Abschuss freigegeben – glücklich macht das nicht!

Alcúdia ist berühmt für seinen Markt am Dienstag und Sonntag. Will man den Ort in Ruhe genießen, sollte man an anderen Tagen kommen.

erleben

Komprimierte Ferienfreuden

Segeln in der Bucht von Port de Pollença, mit dem Kajak unterwegs zwischen steilen Felsen bei Cala Sant Vicenç, sich ausstrecken am weiten Sandstrand der Badia d'Alcúdia. Zwischendurch mal einen Abstecher zum Leuchtturm am Kap Formentor, zum Markt in Alcúdia oder zur Vogelbeobachtung in den Parc Natural de s'Albufera – Langeweile und Eintönigkeit gibt es hier oben nicht. Auch ohne den Rest Mallorcas müsste dieser Küstenstreifen nicht um seine wirtschaftliche Existenz fürchten.

Allerdings bestehen auch hier nationale Präferenzen. Die Engländer bevorzugen die geschwungene Bucht von Port de Pollença, die Deutschen, vor allem die mit Kindern im Schlepptau, baden und buddeln lieber am langen Strand von Can Picafort an der Badia d'Alcúdia.

Es sind diese beiden weit geschwungenen Buchten, eingebettet zwischen gebirgigen Halbinseln, die das Gesicht der Nordostküste Mallorcas prägen. Die Ausläufer der Tramuntana stoßen hier als immer schmaler werdende schroffe Halbinsel weit ins Meer, wo sie am spektakulär gelegenen Leuchtturm auf dem Cap de Formentor das nordöstliche Ende Mallorcas markieren.

ORIENTIERUNG **O**

Verkehr: Eine durchgehende Busverbindung entlang der Bergstraße durch die Serra de Tramuntana existiert nicht. Mit dem L 200 kommt man von Palma über Banyalbufar nach Estellencs. Der L 210 fährt von der Platja de Palma über Palma nach Valldemossa und Deià bis Port de Sóller, der L 211 von Port de Sóller nach Palma. Im Nordwesten verkehren auch Busse, die Pollença, Sóller, Lluc und Sa Calobra anfahren.

Aber nicht nur Wassersport wird im Norden großgeschrieben; die Region bietet zig Möglichkeiten, abgelegene Winkel auf ausgedehnten Wanderungen oder mit dem Fahrrad zu erkunden. Und wem die Strände zu voll sind, der findet noch immer die eine oder andere kleine Bucht ohne Strandcafés und Würstchenbuden.

Auch kulturell hat die Region einiges drauf. Bereits die Römer hatten in Alcúdia eine stattliche Niederlassung gegründet, die heute mit ihrer von Mauern umschlossenen Altstadt zu den schönsten Orten Mallorcas zählt. In einer Höhle bei Can Picafort hielten frühe Christen geheime Zusammenkünfte ab, später zogen sich Eremiten auf die Halbinsel Llevant zurück und errichteten dort ihr Kloster Betlem.

Cala Sant Vicenç

♥ G 1

Wer nicht aufpasst, kann die Abzweigung an der von Pollença nach Port de Pollença führenden Ma-2200 leicht verfehlen. Dass der Ort im Winter in eine Art Schockstarre verfällt, zeigen schon die Verbindungen mit öffentlichen Verkehrsmitteln. Nur zweimal täglich schaut dann ein Bus vorbei. Auch im Sommer, wenn er immerhin achtmal fährt, wird es nicht richtig voll. Die Zahl der Hotels und Restaurants ist hier ebenso überschaubar wie die kleinen Strände. Das Panorama der tiefblauen Bucht, eingerahmt von bizarrer gelbbrauner Felslandschaft, findet man in dieser Vollkommenheit längst nicht überall auf der Insel. Party machen ist eher ein Fremdwort, Entschleunigung Programm. So finden denn auch Maler und Landschaftsfotografen den Weg hierher.

Zwischen die Berge geklemmt

Dass sich am Ende des schmalen, zwischen zwei Gebirgszügen eingequetschten oasenhaft üppigen Tals schon früher Menschen wohlgefühlt haben, zeigt die bescheidene Ausgrabungsstätte **Coves de l'Alzinaret,** Höhlen aus der Stein- und Bronzezeit (ca. 1700–1400 v. Chr.), die als Wohn- oder Begräbnisplatz dienten. Die heutigen Residenten von Cala Sant Vicenç siedeln bequemer in hübschen Villen, eingebettet in gepflegte Gärten.

Schlafen, Essen

Sant Vicenç hat nur wenige Hotels, die meisten davon mit schönem Blick auf die Buchten, etliche davon riesige Kästen. Feinschmecker kommen hier nicht auf ihre Kosten, aber verhungern muss niemand.

Hoher Entspannungsfaktor
Hoposa Niu: Direkt an der Bucht gelegenes ruhiges, schon älteres, aber geschmackvoll aufgehübschtes, sauberes Hotel mit nur 24 Zimmern und freundlichem Service für alle, die keine Animation mögen. Schöne Terrasse mit Weitblick und kleiner Pool.
Carrer Cales Barques, 5, T 971 53 05 12, www.hoposa.es, DZ/F ab 150 €

Charme ohne Schnörkel
Hostal Los Pinos: Einfaches, älteres Hotel, in Strandnähe am Hang gelegen, Pool in großem Garten, recht kleine, saubere Zimmer. Zu dem Preis darf man keine fünf Sterne erwarten, dafür ein familiäres Miteinander und ein sehr bemühtes Personal.
T 971 53 12 10, www.hostal-lospinos.com, Nov.–April geschl., DZ/F ab 82 € (HS)

Tapas und anderer Kleinkram
Bar & Restaurant Marinas: Bodenständige Küche mit Tapas, kleinen Gerichten und Sangría. Hübscher Blick von der Terrasse im ersten Stock.
Carrer Cala Clara, 3, Fr–Mi 10–1, Do 10–15 Uhr, Hauptgerichte ab 10 €, üppiges 3-Gänge-Menü um 20 €

Pizza und Kebab
Pizza Poli: Sehr um den Gast bemühtes Familienrestaurant, ordentliche Küche zu sehr günstigen Preisen.

ÜBER DEN BERG NACH PORT DE POLLENÇA

Von der **Cala Molins** in Cala Sant Vicenç führt ein Fahrweg bis zu einem großen Wendeplatz auf einem Bergsattel nahe der Sendeantenne. Von dort gelangt man in ca. 45 Min. zu Fuß nach Port de Pollença. Vor dem Abstieg in die Stadt hat man einen schönen Blick über die Bucht.

Carrer Temporal, 29, T 971 53 08 77, Mo–Sa
8–23.30 Uhr, Hauptgerichte ab 8 €

Bewegen

In See stechen

Kajaktouren: Zwischen Juni und Ende
Okt. kann man sich hier in Cala Sant Vicenç
hochseetüchtige Kajaks mieten oder an
geführten Touren teilnehmen.
T 609 72 18 92, 971 53 52 48, www.monda
ventura.com (Hauptbüro Pollença, Plaça Vella,
Mo–Fr 9.30–13.30, 16–20 Uhr)

Infos

● **O.I.T. Pollença:** Plaça Sant Vicenç, T 971
53 32 64, Mitte Juni–Anfang Sept. Mo–Fr
9.30–12.30, 16–18, Sa 9–12 Uhr.
● **Verkehr:** mehrmals tgl. sommers Busverbindungen mit Pollença, Port de Pollença
und Palma (Linea L340, www.tib.org),
Flughafenshuttle (www.transunion.com).

Port de Pollença

♀ G1

Sie ließ Leute im Orient-Express um-
bringen und auf dem Nil – glücklicherweise nur literarisch. Auf Mallorca war
sie aber 1932 tatsächlich, die legendäre
Krimi-Autorin Agatha Christie (1890–
1976), vielleicht sogar mehrmals. Zwei
Hotels streiten sich um ihre Unterkunft,
das Illa d'Or und das Formentor, aber
niemand weiß es genau. Alles etwas
geheimnisvoll, selbst im wahren Leben
– eben Agatha Christie.

Wildwuchs vermieden

Die feinsandige Bucht von Port de
Pollença vor dem großartigen Hintergrund wilder Gebirgsszenerie zieht sich,
teils gesäumt von einem schmalen Strand,
in einem Bogen hinüber zum einsamen
Cap des Pinar auf der Halbinsel Victòria.
Der Zauber der Landschaft hat schon früh
das Interesse der Tourismusbranche auf
sich gezogen und entwickelte sich bereits
vor dem Krieg zu einem von den Briten
bevorzugten Ferienort. Glücklicherweise
wurde Port de Pollença recht schnell von
anderen Zentren überflügelt, die sich ohne
Rücksicht ausbreiten konnten, wodurch
der Hafenstadt eine Skyline gesichtslo-
ser Hotelhochbauten weitgehend erspart
blieb. Der Ort erfreut sich vor allem bei
Aktivurlaubern zunehmender Beliebtheit.

Auf die sicherlich bis in die Römer-
zeit zurückreichende Geschichte deutet
nur noch wenig hin, denn aufgrund der
Piratengefahr konnte sich der **Hafen,**
wie so manch anderer auch, trotz der
Befestigungsanlagen nie so recht entfalten.

Unter Pinien und Palmen

Mehr als wettgemacht wird das historische Defizit Port de Pollenças durch
eine besonders schöne Küstenpromenade, die in ihrem nördlichen Abschnitt
unter dem Namen **Passeig Vora Mar** den
Fußgängern vorbehalten ist, beschattet
von mächtigen Bäumen und gesäumt
von kleineren Hotels und Restaurants.
Berücksichtigt man noch die Kulisse der
steil aufsteigenden Serra del Norte und
die zahlreichen Ausflugsmöglichkeiten
in der näheren Umgebung, so gehört
Port de Pollença sicherlich zu den at-
traktivsten Reisezielen auf Mallorca,
auch wenn es sich in puncto Unterhaltung nicht mit den anderen Hochburgen
messen kann.

Schlafen

Die meisten Hotels in Port de Pollença sind
älterer Bauart und pflegen bewusst ihren

Zu Beginn des 20. Jh. war die lang gestreckte Bucht von Port de Pollença bei wohlhabenden Madrilenen und Mallorquinern als »Piniengang« extrem beliebt. Wen wundert's?

nostalgischen, von den Briten so geschätzten Charme. Die wichtigsten sind unter der Website www.hoposa.es direkt buchbar, werden aber auch von deutschen Reisebüros pauschal angeboten.

Drei Sterne am Strand

Hostal Bahia: Ein leuchtend weißes Gebäude aus den 1930er-Jahren, das im Jahr 2013 komplett renoviert, direkt am eher schmalen Strand, recht einfache Zimmer, teilweise mit Balkon und Meerblick. Etwas hellhörig. Den Preis rechtfertigt vor allem die Lage. Im Oktober kosten die Zimmer nur etwa die Hälfte.

In der Fußgängerzone, T 971 86 65 62, www. hoposa.es, DZ/F ab 170 € (HS)

FAKTENCHECK

Einwohner: ca. 16 500 Einwohner
Bedeutung: wichtige Marinebasis, traditioneller, britisch geprägter Badeort
Stimmung auf den ersten Blick: herrliche Lage an einer weiten Bucht mit Blick auf die Berge, kein Massentourismus, kaum größere Hotelbauten
Stimmung auf den zweiten Blick: eine der schönsten Küstenpromenaden der Insel, entspannte Urlaubsstimmung ohne Partylärm
Besonderheiten: aufgrund der geschützten Bucht bedeutender Standort für Segel- und Surfschulen

Lieblingsort

Trocken ins Wasser

Man benötigt weder ein Boot noch macht man sich die Füße nass, um sich in **Port de Pollença** zu fühlen, als sei man mitten auf dem Meer. Viele hundert Meter führt die Mole in die Bucht. Am Ende nur das Blau des Wassers, begrenzt von den Bergen der Halbinsel Victòria. Doch hier wartet nicht nur ein Plätzchen für Eremiten mit Hang zu maritimem Ambiente, sondern auch eine Tribüne für Liebhaber sportlicher Veranstaltungen. Nirgends sonst lassen sich Erfolg und Scheitern der ambitionierten Windsurfer so nah erleben, der Könner, die in beängstigender Schräglage pfeilschnell über das Wasser rasen, und der Surfeleven, die verbissen immer wieder auf das Brett klettern, um Minuten später erneut zu kentern. Schadenfreude sollte nicht aufkommen, eher Bewunderung für die zähe Ausdauer. Sollte man nicht vielleicht auch mal …?

Zur Begrüßung Blumen und Cava

La Goleta Hotel de Mar: Neueres familiäres Boutiquehotel direkt am Meer. Die Zimmer sind zwar recht klein, aber luftig und modern ausgestattet, viele mit Meerblick. Aufmerksamer Service, eine Dachterrasse mit kleinem Pool und ein gutes Restaurant (Argos) runden den positiven Eindruck ab. Englischkenntnisse sind von Vorteil.

Passeig Saralegui, 118, T 971 86 59 02, www.lagoletahoteldemar.com/de, DZ/F ab 160 € (HS)

Chaos mit Charme

Bellavista: Wer keine Tiere mag, sollte wegbleiben, denn Hunde und Katzen beleben das kleine ökologisch angehauchte Hotel in ruhiger Lage. Da passt es, dass zum Hotel auch das vegetarische Restaurant Bellaverde (s. S. 150) gehört. Die Zimmer sind recht einfach und sauber, haben zwar keine Klimaanlage – aber einen unschlagbar günstigen Preis.

Carrer Monges, 14, www.pensionbellavista. com, T 971 86 46 00, DZ ab 55 €

Essen

Essbare Kunst als Tellergericht

Centric: Wen stört es schon, dass der Hafenblick an der Kirche fehlt? Die Präsentation der Speisen ist so ungewöhnlich, dass es Überwindung kostet, ihnen mit Messer und Gabel zu Leibe zu rücken. Auch dann ist man nicht enttäuscht. Ausgezeichnetes Preis-Leistungs-Verhältnis.

Carrer Econom Torres, 14, T 971 86 58 78, 9.30–15.30, 19–23 Uhr, Tapas 5 €, Hauptgerichte ab 16 €

Fest verankert

Stay: Modernes, etwas kühl wirkendes Restaurant mit maritimem Ambiente mitten zwischen den Booten auf dem Kai. Vor allem abends ist es auf der Terrasse recht romantisch. Wie es sich für ein Hafenrestaurant gehört, dominieren Fischgerichte. Das Preis-Leistungs-Verhältnis ist o.k., beim 3-Gänge-Menü für weniger als 40 € inkl. Wein und Wasser sogar sehr gut.

Carrer Moll Nou (Muelle Nuevo), T 971 86 40 13, www.stayrestaurant.com, tgl. 9–22.30 Uhr

Für alle Sinne

Iru: Das Restaurant befindet sich seit 1944 in Familienbesitz! Das findet seinen Niederschlag in einer hervorragenden internationalen Küche, die, gekonnt arrangiert, erst das Auge erfreut, dann den Gaumen. Das Angebot reicht von kleinen Snacks bis zu Fisch und Fleisch – dazu gibt's gratis den Blick über Strand und Hafen.

Passeig Anglada Camarassa, 23, T 971 86 70 02, www.restaurantiru.com, tgl. 12–16, 19–22.30 Uhr, Vorspeisen ab 9 €, Hauptgerichte ab 18 €

Verstecktes Juwel

C'an Cuarassa: Zwischen Port de Pollença und Alcúdia gelegenes, sehr beliebtes Landhausrestaurant mit weiträumiger Terrasse und eher traditioneller Kost unter der Regie des Stay (s. o.).

Carrer Port de Pollença–Alcúdia, s/n, T 971 86 42 66, www.cancuarassa.com, tgl. 12–16, 19.30–22.30 Uhr, Hauptgerichte ab 18 €, 3-Gänge-Menü mit großer Auswahlmöglichkeit inkl. Hauswein, Wasser und Kaffee unter 35 €

VON TAPA ZU TAPA
›TAPERN‹

Auch in Port de Pollença gibt es wie in Palma eine Tapas-Route (www. puertopollensa.com/tapas-route. html), der sich bisher neun Bars angeschlossen haben. Jeden Donnerstag zwischen 20 und 23 Uhr bekommt man ein Bier und eine Tapa für nur jeweils 2 €.

TOUR
Hol's der Geier

Zu Fuß durch das Bóquer-Tal

Mallorca-Moves

Es ist ein geruhsamer Ausflug, eine gute Gelegenheit, sich ein wenig die Füße zu vertreten. Mehr als zwei Stunden (inkl. Rückweg) benötigt man nicht für die leichte Wanderung durch Macchia und Karst, begleitet von **Tanca-Mauern**, den typisch mallorquinischen Steinmauern, Mastixsträuchern und den nur hier beheimateten Zwergpalmen bis hinunter zur Bucht am Meer.

Sonne satt

Ein Zerberus in Gestalt eines großen Hundes wacht darüber, dass man die Tore am Zugang zum Wanderweg an der **Finca Bóquer** auch schließt. Diesem Gehöft, das bereits auf römische Zeiten zurückgehen soll, verdankt das Tal seinen Namen. Der sanfte Anstieg durch das Tal hinauf zum **Coll de Moro** fordert nicht wirklich, nur die Sonne brennt gnadenlos, denn auf Schatten darf man nicht hoffen. Wasserflasche, Sonnenhut und -creme gehören in den Rucksack, und vielleicht noch etwas zu knabbern, denn Verpflegung sucht man hier vergeblich.

Katz und Maus

Hin und wieder sieht man Menschen am Wegesrand, einzeln oder in Gruppen, mit großen, auf Stative montierten Objektiven. Doch es handelt sich nicht um Landvermesser, sondern Anhänger der vor allem in Großbritannien verbreiteten Gemeinde der ›Birdwatcher‹, für die hier einer ihrer Hotspots liegt. Falken, Bussarde, Fischadler und zuweilen die seltenen Geier schweben

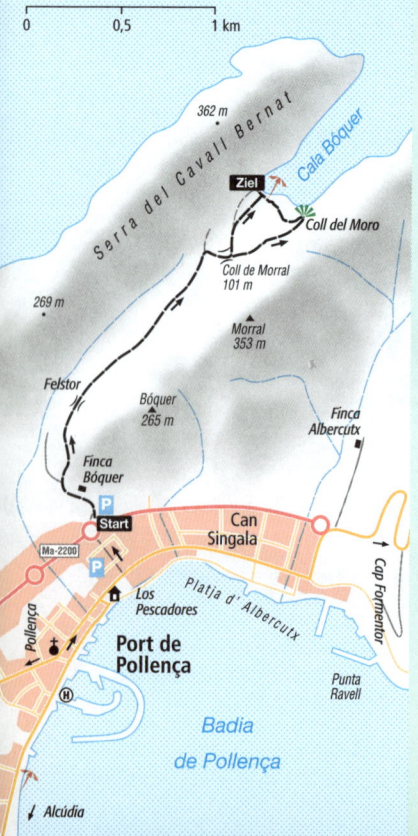

Cala Bóquer – für die, die es einsam und wild-romantisch mögen.

von Aufwinden in die Luft emporgetragen zwischen den Felshängen der **Serra del Cavall Bernat** und der **Creveta Ridge** (La Creveta) und spielen Katz und Maus mit den Vogelfreunden, die eifrig darum bemüht sind, ihre Beobachtungslisten abzuhaken, um dann beim abendlichen Zusammensein den Champion des Tages zu krönen. Wir stellen uns das wie so eine Art Natur-Bingo vor …

Meckernde Ziegen, stille Quallen

Aber selbst wenn man keinen Tieren begegnet, der grandiose Blick auf das **Tramuntana-Gebirge** mit der vorgelagerten Insel **Es Colomer** ist garantiert, und die wilden Ziegen dürfte man auch zu Gesicht bekommen. Bedauerlicherweise wartet am Strand der wild-romantischen **Cala Bóquer** keine der beliebten ›Chiringuitos‹ mit kühlen Getränken – sie ist nur zu Fuß oder per Boot zu erreichen, vielleicht lohnt das die Mühe nicht, eine Strandbude aufzubauen. So bleibt uns nur das erfrischende Bad im Meer – auch nicht schlecht! Man beachte aber, dass sich auch Quallen hier zu Hause fühlen. Zurück geht es auf demselben Weg, aber wie jeder weiß, ist der Blick nun ein ganz anderer. Vielleicht entdeckt man erst jetzt die Reste eines Maschinengewehrstandes aus dem Spanischen Bürgerkrieg, etwa 90 m vom Strand entfernt, der mit seiner regionalen Trockenmauerbauweise wie ein Mini-Talaiot anmutet.

Infos

Start: in Port de Pollença, 📍 G 1

Länge: ca. 5 km

Hinweise: einfache Wanderung, leichte Anstiege; Bademöglichkeit (auch FKK), keine Versorgung. Start am nordöstl. Verkehrskreisel der Ma-2200/Av. de Bocchoris (Parkplatz).

Tipp: Sonnenschutz nicht vergessen!

Z

VON DER ZEIT ÜBERROLLT

Stadtmauer und Wachtürme schreckten die Piraten im 16. Jh. kaum. Ein Fort musste her – doch erst ab 1628 stand **La Fortaleza** drohend vor der Zufahrt zur Bucht. Zu spät. Nunmehr musste man sich vor allem vor den Franzosen fürchten, mit denen sich Spanien zwischen 1635 und 1659 im Krieg befand. Aber auch die kamen nicht. Die Festung dämmerte untätig vor sich hin, bis sie der argentinische Maler Roberto Raumagé 1919 kaufte und in ein prächtiges Privatquartier für seine wilden Partys umfunktionierte. Während des Spanischen Bürgerkriegs konfiszierten die Truppen Francos sie kurzerhand als Ergänzung zu ihrer Wasserflugbasis nebenan. Erst 1985 erhielten die Erben das Anwesen nach etlichen Prozessen zurück. Es ging durch mehrere Hände, bis es 2011 an den britischen Banker Lord James Lupton für schlappe 45 Mio. Euro fiel. Da es sich um ein Kulturdenkmal handelt, ist der Eigentümer dazu verpflichtet, es der Öffentlichkeit zumindest zeitweise zugänglich zu machen. Bisher hüllt sich der Lord in Schweigen. Nur für Filmproduktionen stellte er die exklusive Location bislang zur Verfügung.

Fleischlos glücklich

Bellaverde: Der traumhafte Garten ist die richtige Einstimmung zum vegetarischen Genuss. Das Angebot an Salaten, vegetarischen Vor- und Hauptspeisen ist beachtlich. Wer meint, auf Fleisch nicht verzichten zu können, sollte den ›Täuschungsteller‹ mit Seitan-Gyros versuchen.
Carrer Monges, 14, T 675 60 25 28, www.restaurantbellaverde.wixsite.com/bella verde, Di–So 8.30–24, Frühstück 8.30–12, Mittagessen 12.30–15.30, Dinner 18–23 Uhr, üppiges Frühstück ca. 10 €, Hauptgerichte ab 8 €

Bewegen

Abtauchen

Actionsport Prodive Mallorca: Die mallorquinische Nordostküste gilt als eines der hervorragendsten Reviere für Unterwassersportler auf der Insel. Daher verwundert es nicht, dass sich hier eine deutsche Tauchbasis etabliert hat, die zertifizierte Kurse und Tauchgänge anbietet.

Carrer d'Elcano, 9, T 971 86 79 78, www. actionsport-mallorca.com

Unter vollen Segeln

Sail & Surf: Port de Pollença ist der geeignete Platz, um Grundkenntnisse im Segeln oder im Windsurfen zu erwerben bzw. zu erweitern. Die deutsche Segelschule Sail & Surf bietet Einsteigern und Fortgeschrittenen Segel- und Windsurfkurse an, dazu lassen sich auch Unterkünfte buchen.
Passeig Saralegui, 134, T 971 86 53 46, www.sailsurf-pollensa.de

Konstante Trittfrequenz

Pro Cycle Hire / Multi Hire: Port de Pollença ist ein guter Standort für Ausflüge mit dem Rad, etwa zu den kleinen Buchten am Cap de Formentor (s. S. 151) oder zur Halbinsel Victòria (s. S. 160). Das passende Rad kann man u. a. bei Pro Cycle Hire und Multi Hire leihen. Pro Tag zahlt man ab 15 €.
Carrer Corb Mari, 6, T 971 86 68 57, www. procyclehire.com, Carrer Méndez Núñez, 21, T 971 86 40 80, www.multi-hire.com, Mo–Sa 9–20, So 10–14 Uhr

Die Halbinsel Formentor ♀ G–H1

In der schmalen, dem Rückgrat eines versteinerten Urtiers gleichenden Halbinsel Formentor versinkt die Serra de Tramuntana mit einem dramatischen Finale im Mittelmeer. Bis zum Schluss, so scheint es, hat sich das Gebirge den Höhepunkt aufgespart. Die 15 km ins Meer vorspringende Halbinsel wird von den beiden Felsbergen Morral und Fumat beherrscht.

Das **Cap de Formentor,** die Spitze der Halbinsel und nordöstlichster Punkt Mallorcas, ist auf einer kurvenreichen, teils sehr schmalen, etwa 20 km langen Straße von Port de Pollença aus erreichbar (s. S. 152).

232 Meter in die Tiefe

Mit schönem Blick auf Port de Pollença steigt die Straße am Ortsende in die Berge und erreicht schon bald den **Mirador de Sa Creueta** (Mirador del Colomer). Zu Fuß kann man über Terrassen zum Aussichtspunkt hinaufsteigen und den wohl berühmtesten Ausblick Mallorcas genießen: die senkrecht ins Meer stürzenden Wände von **Els Farallons** mit der vorgelagerten kleinen Insel Colomer.

Dem Parkplatz gegenüber führt eine schmale Straße ohne Randbefestigung in engen Kehren noch weiter hinauf zu einem ehemaligen Militärposten, überragt vom **Talaia d'Albercutx,** einem Wehrturm aus dem 16. Jh., der bereits von der Hauptstraße aus zu sehen ist. Die grandiose Sicht über die Bucht von Alcúdia auf der einen und

Der Leuchtturm an der Nordostspitze Mallorcas blitzt weit in die Nacht hinein und warnt Seefahrer: Bleibt bloß von den Felsen weg, fahrt um die Ecke in den geschützten Hafen von Port de Pollença.

TOUR
Dem Ende entgegen

Auf zum Leuchtturm am Cap de Formentor

Seit die Zufahrt für Privatfahrzeuge gesperrt ist, heißt es den Bus nehmen oder radeln, um die spektakulären Fotostopps und die kleinen, Badefreuden verheißenden Strände erreichen zu können. Wer ans Fahrrad denkt, muss allerdings gut drauf sein, denn bereits unmittelbar hinter **Port de Pollença** schraubt sich die Straße auf über 200 m zum **Mirador de Sa Creueta**. Dann kann man ein Stück gemächlich dahinradeln, ehe es wieder steil hinaufgeht.

Perfekte Postkartenmotive

Durch ein bewaldetes Tal steigt die zum Kap führende Straße nun leicht an. Gegenüber Kilometerstein 12,7 zweigt eine Piste zur **Cala Figuera** (ca. 25 Min.) ab, früher eine der einsamsten Buchten Mallorcas und nicht zu verwechseln mit dem gleichnamigen Badeort an der Ostküste (s. S. 215). Vom Parkplatz bei km 13 führt ebenfalls ein allerdings sehr steiler Weg (ca. 10 Min.) hinab zu dem traumhaften Plätzchen mit Südseeatmosphäre – was wohl dem türkisfarbenen Wasser zu verdanken ist. Zwischen den beiden Wegen weist ein Schild auf der gegenüberliegenden Seite zur winzigen Bucht **Cala Murta** (ca. 2 km, 25 Min.), auch sie besticht mit türkisfarbenem Wasser. Auch die ›Myrtenbucht‹ ist wie die ›Feigenbucht‹ längst kein Geheimtipp mehr, verspricht aber außerhalb der Saison ungestörten Badespaß.

*Entschuldigung,
wie finde ich denn
hier wieder raus?
War da nicht
vorhin irgendwo
ein Leuchtturm?*

Spektakuläre Spitzen

Die Hauptstraße führt nun unterhalb der Felswand des Fumat steil bergauf und durchquert einen Tunnel. Am Eingang windet sich eine nicht ungefährliche, halb verfallene Treppe den Fels empor, über die man auf den **Fumat** (334 m) gelangen kann. Der Blick vom **Mirador** am Tunnelausgang auf die Cala Figuera und die umliegenden Berge ist aber fast ebenbürtig. Nur einige Hundert Meter sind es bis zum nächsten Aussichtspunkt zwischen Kilometerstein 14 und 15 (Parkplatz), von wo aus man den viel fotografierten Blick auf die senkrechte Felswand mit dem winzig erscheinenden Leuchtturm auf der Spitze hat.

Das Sahnehäubchen zum Schluss

Die Straße beschreibt nun zahlreiche Kurven und gibt immer wieder neue Blicke frei. Nach einigen Kilometern endet sie auf dem Parkplatz des **Leuchtturms am Cap de Formentor.** Unter der Glaskuppel des 210 m über dem Meeresspiegel liegenden Seezeichens arbeitet das stärkste Leuchtfeuer der Balearen. Die Lichtsignale reichen 36 Seemeilen (66 km) weit und sind noch von Menorca aus deutlich zu sehen.

Am Ende des Tages …

Besonders schön ist die Aussicht am Abend, wenn sich der Platz von Autos und Bussen geleert hat und die Sonne hinter dem **Cap de Catalunya** im Westen versinkt.

Für den 1,7 km langen Fußweg vom Parkplatz/ Bushaltestelle zur **Cala Murta** benötigt man etwa 30 Min., zur **Cala Figuera** auf einer Piste etwa 25 Min., bzw. 10 Min. sehr steil bergab.

auf die Halbinsel Formentor auf der anderen Seite lässt die schwierige Anfahrt vergessen.

Luxus-Baden

Tief unten kann man in der Bucht von Formentor das nächste Ziel, den Strand von **Cala Pi de la Posada,** kurz Cala Pi bzw. Platja de Formentor genannt, ausmachen. Man erreicht Cala Pi auf einer breiten Straße, die von der zum Kap führenden Route abzweigt und auf einem gebührenpflichtigen Parkplatz endet. Ein mit Pinien bestandener weißer Sandstrand säumt die sehr schöne Bucht und hat sich, seit er nicht mehr Privatbesitz des Luxushotels (s. S. 168) ist, zu einem sehr beliebten Ausflugsziel entwickelt. Mehrmals täglich landen Fähren aus Port de Pollença an, sodass es während der Hauptreisezeit recht voll werden kann.

Alcúdia 9 G2

Dienstags und sonntags drängt die Welle der Besucher durch die Portal Sant Sebastià und überflutet die schnuckelige Innenstadt – es ist Markttag. Aber schon am frühen Nachmittag ebbt der Strom ab und man kann sich entspannt durch die Stadt treiben lassen. Groß ist sie nicht, aber herausgeputzt wie ein Freilichtmuseum.

Piraten, Pech und Pest

So gepflegt hat es hier nicht immer ausgesehen. Zunächst hatten die Phönizier mit ihrem untrüglichen Spürsinn einen Landeplatz für ihre Handelsfahrten angelegt. 123 n. Chr. war die Bucht Ziel einer römischen Strafexpedition, um den mallorquinischen Piraten eine Lektion zu erteilen. Doch dann verliebten die Besatzer sich gleich die ganze Insel ein und gründeten hier die erste Hauptstadt mit Namen Pollentia, die ›Mächtige‹. Am neuen Glanz und Wohlstand durfte auch die einheimische Bevölkerung teilhaben, sodass Missgunst und Rachegelüste gar nicht erst aufkamen.

440 n. Chr. machten die Vandalen ihrem Namen alle Ehre und legten die Stadt in Schutt und Asche. Die Überlebenden zogen sich ins Landesinnere zurück und übertrugen den Namen ihrer alten Heimatstadt auf die neue Siedlung, das heutige Pollença (s. S. 112). Später diente die noch verbliebene Bausubstanz den Arabern als Steinbruch, sodass sich in Alcúdia und Umgebung nur noch dürftige Reste römischer Präsenz finden lassen.

FAKTENCHECK

Einwohner: ca. 20 000 Einwohner
Bedeutung: älteste Stadt Mallorcas, wichtiges Touristenziel mit beliebten Wochenmärkten
Stimmung auf den ersten Blick: wunderschönes historisches Stadtensemble mit fast museialem Charakter; an den Markttagen (So, Di) erhebliches Gedränge
Stimmung auf den zweiten Blick: außerhalb der Markttage etwas verschlafen mit kleinen Gassen, gesäumt von perfekt restaurierten Häusern aus hellem Sandstein, etlichen kleinen Straßencafés, gemütlich und entspannt
Besonderheiten: fast komplett von Mauern umschlossen und überwiegend autofrei, römische Relikte vor den Toren

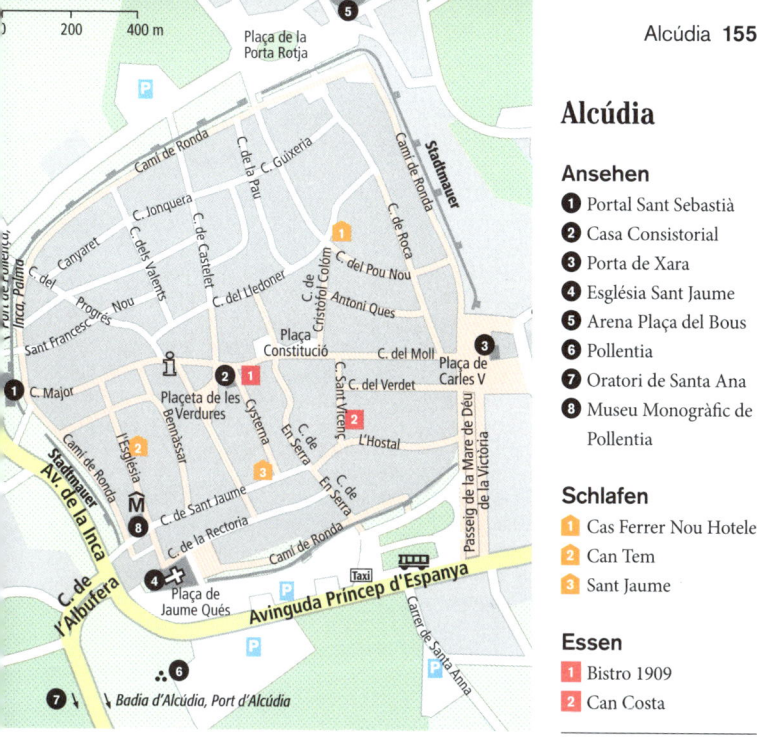

Alcúdia

Ansehen

1 Portal Sant Sebastià
2 Casa Consistorial
3 Porta de Xara
4 Església Sant Jaume
5 Arena Plaça del Bous
6 Pollentia
7 Oratori de Santa Ana
8 Museu Monogràfic de Pollentia

Schlafen

1 Cas Ferrer Nou Hotelet
2 Can Tem
3 Sant Jaume

Essen

1 Bistro 1909
2 Can Costa

Erst unter den islamischen Herrschern erhielt der Ort seinen derzeitigen Namen, abgeleitet aus dem arabischen *al kudia* (der Hügel), und entwickelte sich schnell wieder zu einem wichtigen Hafen, ohne allerdings das aufstrebende Palma gefährden zu können. Wie überall auf Mallorca wurde auch in Alcúdia im 14. Jh. die Bevölkerung durch die große Pestepidemie stark dezimiert. Innerhalb von nur sieben Jahren (1343–50) verlor die Stadt nahezu die Hälfte ihrer ursprünglich 2500 Bewohner.

Dass Alcúdia aufgrund seiner Lage ein bevorzugtes Ziel der Piraten war, ist kaum verwunderlich. Bereits König Jaume II hatte damit begonnen, die Siedlung zum Schutz vor Übergriffen mit einer Mauer zu umgeben. Obwohl diese im Lauf der Jahrhunderte mehrfach verstärkt wurde, gelang es den Seeräubern wiederholt, die Ortschaft zu plündern und Gefangene für die nordafrikanischen Sklavenmärkte fortzuschleppen.

Altstadtbummel

Mit diesem historischen Hintergrundwissen dürfte es nicht schwerfallen, sich beim Bummel durch die Gässchen von der Fantasie beflügeln zu lassen und in das pulsierende Leben einer mittelalterlichen Stadt einzutauchen. Das ehemalige, bei der Eroberung hart umkämpfte, mit Verteidigungsbastionen versehene Haupttor (Portal Principal), **Portal Sant Sebastià** 1, beherrscht die westliche Stadtmauer und bildet noch heute den Hauptzugang. Kaum zu verfehlen ist von hier die **Plaçeta de les Verdures** mit der schönen, von einem gefliesten Uhrturm gekrönten **Casa Consistorial** (Rathaus) ❷, die das Zentrum markiert.

Im Osten ist der ehemals über 1,5 km lange und mit 26 Wehrtürmen besetzte Mauerring unterbrochen. Nur das ehemalige Hafentor **Porta de Xara** ❸ mit dem noch erhaltenen Fallgitter und den mächtigen Türangeln ist als isoliertes Baudenkmal auf der Plaça de Carles V erhalten geblieben. An der Südecke der Altstadt bildet die Seitenwand der **Església Sant Jaume** ❹ (Mo–Sa 10–13, Mi, Fr 17–19 Uhr, 2 €) einen Teil des äußeren Mauerrings. Hier gewährt ein kleines Tor Durchlass zum Kirchenvorplatz. Das hoch aufragende Gotteshaus, ursprünglich aus dem 16. Jh., erhielt seine heutige Gestalt nach einem Einsturz des Dachs erst im 19. Jh. Im Hauptschiff dominiert die spanische Gotik mit einem eindrucksvollen Altar, in der reich ausgestatteten

Seitenkapelle herrscht hingegen prunkvoller Barock vor. In der Kapelle hinter dem Hauptaltar hat das aus dem 15. Jh. stammende Holzkruzifix »El Sant Cristo de Alcúdia« seinen geweihten Platz.

Stierkampf ›light‹

Im 16. Jh. war die Zeit der Bogenschützen und Handfeuerwaffen vorbei. Kanonen waren nunmehr das zeitgemäße Kriegsgerät. So wurde denn die Stadtmauer durch mächtige Bastionen ergänzt, auf denen Geschütze platziert werden konnten. Heute dienen ihre Fundamente ganz friedlich als Parkplatz. Erhalten ist nur noch die nördlichste, in der die **Arena Plaça del Bous** ❺ (Plaza de Toros) ihren Platz fand. Derzeit gibt es eine frohe Botschaft für die Stiere, die bisher hier ihr Leben lassen mussten: Das von der Balearenregierung am 24. Juli 2017 erlassene, aber von der Zentralregierung in Madrid

In Alcúdias Altstadt hockt man dicht aufeinander. Das ist der Preis, den man dafür zahlt, in einem historischen Ensemble wohnen zu dürfen.

noch nicht bestätigte Tierschutzgesetz ermöglicht es den Tieren, die Arena wieder lebend zu verlassen.

Nicht entgehen lassen sollte man sich einen **Gang über die Stadtmauer,** von wo aus man nach Piraten Ausschau halten oder einfach hinab in die Gassen auf die friedliche Touristeninvasion blicken kann. Der Zugang befindet sich in der Porta de Xara.

Verschwendung kostbarer Zeit? Von wegen – südliche Lebensart!

Außerhalb der Stadtmauer

Die ältesten Zeugnisse liegen außerhalb des Mauerrings gegenüber der Kirche Sant Jaume. Hier wurde ein Stadtviertel des römischen **Pollentia** ❻ freigelegt, das noch gut Straßenverlauf und Grundmauern erkennen lässt. Ein Stück weiter südlich stößt man rechter Hand an der nach Port d'Alcúdia führenden Straße auf das kleine **römische Theater** aus dem 1. Jh., von dem noch die Reste der Bühne und der Sitzreihen erhalten sind (Mo–Fr 9.30–20.30, Sa, So 9.30–14.30 Uhr, Fei geschl., www.pollentia.net, Kombiticket mit Museu Monogràfic de Pollentia 4 €, Karten nur am Eingang der Ausgrabungen). Ein Stück weiter entlang der nach Port d'Alcúdia führenden Straße hat gegenüber dem Friedhof die romanische **Santa-Ana-Kapelle** ❼ (Oratori de Santa Ana) ihren Platz gefunden, ein kleines Gotteshaus aus dem 13. Jh. Der Einfachheit halber hat man hier als Baumaterial Blöcke aus der Römersiedlung verwendet.

Museum

Römische Relikte
❽ **Museu Monogràfic de Pollentia:** Auch in ihren Kolonien ließen es sich die Römer gut gehen und wollten nicht auf den gewohnten Luxus verzichten. Die Exponate werden zwei Bereichen zugeordnet. Skulpturen und Inschriften gewähren Einblicke in das öffentliche Leben auf dem Forum und in die Begräbnisrituale. Interessanter aber dürfte der Blick in die römischen Haushalte sein. Einfaches Tongeschirr gibt es zu sehen, kupferne Pfannen, Öllämpchen, aber auch kostbare Trinkgläser. Besondere Aufmerksamkeit verdienen kleine Figuren des Kriegsgottes Mars, die in dieser Form nur auf den Balearen zu finden sind und sich somit stolz als *Mars Balearicus* bezeichnen dürfen.

Carrer de Sant Jaume, gegenüber der Nordseite der Kirche, www.pollentia.net, Mo–Fr 9.30–20.30 Uhr, 4 €

Schlafen

In den letzten Jahren haben sich mehrere hübsche kleine Boutiquehotels der historischen Bauten ›bemächtigt‹.

TOUR
Wo Vögel Winterurlaub machen

Rundwanderung im Parc Natural de s'Albufera

Infos

Start: 6 km von Alcúdia entfernt, ⚲ G 2–3

Praktische Hinweise: Zugang ab Parkplatz schräg gegenüber dem Hotel Parc Natural; Fahrradfahrer nur beschränkt zugelassen

Park: April–Sept. 9–18, Okt.–März 9–17 Uhr, Eintritt frei, www.hbw.com/ibc/geo/salbufera-de-mallorca-natural-park

Wanderschuhe und Trekkingstöcke benötigt man hier nicht – dafür aber Geduld und wenn möglich ein Fernglas, denn der Reiz der Landschaft liegt nicht in großartigen Fernsichten, er verbirgt sich im Schilf, unter Steinen, an kleinen Tümpeln und im Wasser: willkommen im Ferienparadies der Vögel. Über 200 Arten sollen im Park regelmäßig zu Gast sein, etliche von ihnen sogar hier wohnen. Hunger leiden sie nicht, denn der Tisch in diesem Feuchtbiotop ist reich gedeckt mit Fröschen, Lurchen und anderen Amphibien, die sich trotz der ständigen Bedrohung hier ebenfalls heimisch fühlen. Auch sie sind mit fast 300 Arten vertreten.

Stempel drauf und los!
Je nach Lust und Laune kann man den Besuch des Parks als etwa 30-minütigen Verdauungsspaziergang unternehmen oder aber die 11 km lange große Rundtour wählen. Insgesamt gibt es vier gut ausgeschilderte Wege durch die unterschiedlichen Biotope. Erster Stopp ist das **Informationszentrum**, etwa 1 km hinter dem Eingang. Man bekommt eine Karte in die Hand gedrückt und einen Besucherstempel, warum, weiß keiner so richtig, denn der Eintritt ist frei.

Sümpfe satt
Die Geburtsstunde der Lagunenlandschaft Albufera, abgeleitet vom arabischen *al-buhayra* (Lagune), liegt etwa 100 000 Jahre zurück. Die weit ins Land reichende Bucht wurde durch Ablagerungen an der Küste vom Meer abgetrennt und verlandete allmählich. Vor 10 000 Jahren reichte der See noch bis vor die Tore des heutigen Alcúdia. Ab dem 17. Jh. wurde mit der Trockenlegung begonnen, um der Malaria Herr zu werden. Das gelang aber nur an den Rändern, denn immer wieder sickerte Salzwasser vom Meer ein.

Beobachtungsstand — Es Cibollar — Platja de Muro

Es Colombars

Beobachtungsstand

Beobachtungsstand

Ses Puntes

Es Ras

Parc Natural de s'Albufera de Mallorca

Es Rotlos

0   0,5   1 km

Ja, wo fliegen sie denn? Nur einen kurzen Blick auf Seeschwalben und Wiedehopfe, Brachvögel und Fischadler erhaschen, das kann schon glücklich machen.

Im Rausch der Vögel

Von den teilweise auch mit dem Rad befahrbaren Wegen zweigen immer wieder nur zu Fuß begehbare Stege zu Aussichtspunkten ab, die einen näheren Blick auf die verschiedenen Biotope gewähren. Als einer der ›ergiebigsten‹ gilt **Es Colombars** an der Route 2. Für den Besucher am aufregendsten – vor allem wenn er im Winter kommt – sind sicherlich die zahlreichen Vogelarten, die hier die kalte Jahreszeit verbringen. Wahre Exoten sind darunter, etwa Nilgänse, Purpurreiher oder Australischer Ibis.

It's great, isn't it?!?

Wer wie wir einmal in eine Gruppe britischer Vogelfreunde gerät, wird trotz mangelnder Sachkenntnisse unwillkürlich von deren Begeisterung angesteckt. Mit leuchtenden Augen und kleinen Schreien des Entzückens deuten sie auf Punkte irgendwo im Sumpf und schwärmen von *terns, hoopoes* und *shelducks* – zu Deutsch: Seeschwalben, Wiedehopfe und Brachvögel – die sie mit ihren Ferngläsern und Teleobjektiven gerade entdeckt haben.

Willkommene Abwechslung

Aber auch wenn man keine seltenen oder auch nur weniger seltenen Tiere sieht, ist der Spaziergang – denn als Wanderung kann man selbst die große Runde (ca. 3 Std.) nicht bezeichnen – ein naturnahes Erlebnis, einen Steinwurf nur entfernt von den betriebsamen Stränden.

Die knapp 1700 ha große Kernzone wurde im Jahr 1988 zum Parc Natural de s'Albufera erklärt, dem ersten Naturschutzgebiet der Balearen überhaupt.

Hoher Romantikfaktor
1 **Cas Ferrer Nou Hotelet:** In beeindruckender Weise ist es dem kleinen Boutiquehotel mit nur sechs sehr romantischen Zimmern gelungen, traditionelle Architektur mit den heutigen Ansprüchen der Touristen zu verbinden – dazu kommt ein hervorragender Service.
Carrer pou Nou, 1, T 971 89 75 42, www. nouhotelet.com, DZ ab 150 €

Gemütlich und mit Garten
2 **Can Tem:** In diesem gastlichen alten Haus aus dem 17. Jh. werden ebenfalls nur sechs, teils mit historischen Möbeln ausgestattete Zimmer vermietet. Sehr ruhig und kuschelig. Ein weiteres Plus ist der kleine, intime Patio fürs Frühstück.
Carrer de l'Església, 14, T 971 54 82 73, www. hotelcantem.com, DZ/F ab 110 € (HS)

Schnuckeliges Altstadthotel
3 **Sant Jaume:** Von einem deutsch-spanischen Paar mit großem Engagement geführtes Hotel in einem perfekt restaurierten Herrenhaus des 19. Jh. Es gibt auch hier nur sechs behagliche, stilvoll eingerichtete Zimmer, dazu einen Patio fürs Frühstück.
Carrer de Sant Jaume, 6, T 971 54 94 19, www.hotelsantjaume.com, Anf. Nov.–Anf. März geschl., DZ/F ab 115 € (HS)

Essen

Da der Ort bezüglich der Gastronomie ganz auf die vielen Tagesausflügler eingestellt ist, darf man in Alcúdia keinen Gaumenkitzel erwarten, dafür preiswerte Mittagsmenüs (ab ca. 9 €). Die meisten Restaurants sind im Winter geschlossen.

Touristisch, aber nett
1 **Bistro 1909:** Ohne Touristen gäbe es dieses wie auch die anderen Restaurants sicherlich nicht. Es bietet alles, was das Touristenherz begehrt, Tapas, Nudeln, Steak und Fisch zu für diesen Ort recht

zivilen Preisen, schön komponiert und mit Charme serviert. Das Bistro liegt zentral in der Fußgängerzone – statt Meerblick ›People watching‹.
Carrer Major, 6, T 971 53 91 92 Hauptgerichte ab 17 €, 3-Gänge Menü 18 €

Deftiges hinter dicken Mauern
2 **Can Costa:** Der im traditionellen Stil gehaltene Gastraum bietet viele liebevoll arrangierte Details von farbigen Tellern bis zu Schiffsmodellen, Landkarten und historischen Fotografien. Dazu eine gute bodenständige mallorquinische Küche mit Klassikern wie Paella, Dorade und Spanferkel.
Carrer Sant Vicenç, 14, T 971 54 63 94, www. cancostaalcudia.com, Di–So 13–15, 19–23 Uhr, Vorspeisen ab 9 €, Hauptgerichte ab 15 €

Infos

• **Informationen:** www.alcudiamallorca. de, umfangreiche Website mit guten Tipps.
• **Verkehr:** regelmäßige Busverbindungen mit L 351 über Inca nach Palma und in entgegengesetzter Richtung über Platja d'Alcúdia nach Platja de Muró.

Halbinsel Victòria 📍G–H2

Noch abgeschottet
Die gebirgige, aus Kalksteinsedimenten geformte Halbinsel Victòria, die sich östlich um die Bucht von Pollença legt, ist weniger spektakulär als ihr nördliches, zum Cap Formentor führendes Gegenstück, dafür aber bisher vom Massentourismus verschont geblieben – was dem Militär geschuldet ist, das die Spitze der Halbinsel, das **Cap des Pinar,** für sich beansprucht und

nur gelegentlich Zivilisten Zutritt gewährt. Der südliche Teil wurde rings um die Berge Puig de Romani und Puig des Boc unter Naturschutz gestellt und empfiehlt sich als Ausflugsziel für Radfahrer und Wanderer (s. S. 162). Den Zugang zur Halbinsel bildet die Küstenstraße **Camí Vell de la Victòria,** die durch das gepflegte Wohnviertel mit dem hübschen Hafen Mal Pas führt und für den Normalbürger an der Grenze des Militärgeländes endet.

Wo war die Madonna?

Zuvor aber gibt es eine Abzweigung zur **Ermita de Nostra Senyora de la Victòria,** zu der sich die Straße kurvenreich mit schönen Ausblicken hinaufwindet. Die 140 m über dem Meer gelegene Eremitage wurde erstmals 1252 erwähnt. Der Legende zufolge soll ein Hirtenjunge mit Namen Joan Boy hier eine von frühen Christen vor den islamischen Eroberern versteckte Marienstatue wiederentdeckt haben, woraufhin zunächst drei Kreuze errichtet wurden, später eine kleine Kapelle im Untergeschoss eines maurischen Wachturms. Daraus entwickelte sich eine viele Jahrhunderte von Einsiedlern bewohnte Eremitage. Am 29. Juni 1684 zerstörten Piraten die Kapelle, raubten die Madonna und entführten den 60-jährigen Eremiten Jaume Pujals. Kurze Zeit darauf fanden Gläubige das Heiligenbildnis unversehrt an seinem ursprünglichen Ort auf dem Altar wieder. Kloster Lluc lässt grüßen. Die Einsiedelei ist Ausgangspunkt für schöne Wanderungen (s. S. 162).

Im Zaubergarten der Künste

Das Anwesen **Sa Bassa Blanca,** eine der schönsten Fincas weit und breit, haben sich Ben und Yannick Jakober fernab der Zivilisation als Domizil ausgewählt und 1993 in eine Stiftung umgewandelt, die die Bezeichnung Gesamtkunstwerk verdient. Das Gebäude selbst,

vom ägyptischen Architekten Hassan Fathy im hispanisch-maurischen Stil entworfen, die zu Ausstellungsräumen umgestalteten unterirdischen ehemaligen Wasserreservoirs und nicht zuletzt der Rosengarten sind einzigartig. Über den Park verteilen sich 23 Steinskulpturen Ben Jakobers, der unterirdische Saal Sokrates ist modernen Künstlern vorbehalten, der andere mit dem Namen Nins zeigt eine berührende Sammlung von Kinderporträts. Sie wurde von den Jakobers nach dem tragischen Unfalltod ihrer einzigen Tochter ins Leben gerufen und umfasst heute mehr als 150 Bilder des 16. bis 19. Jh. Ein exquisiter Laden und ein Café runden das Ensemble ab.

IN DER LOCHKAMERA

Im Dunkel der Kasematte einer Bastion aus Francos Zeiten erwartet den Besucher eine gekrümmte Leinwand, auf die durch ein winziges Loch die Küste projiziert wird, die man beim Aufstieg in natura bewundert hat. Im Inneren dieser **Camera obscura** kann man den schon im Altertum bekannten optischen Effekt einfach bewundern oder wie Karl Marx versuchen, ihn als Metapher zu begreifen – Letzteres dürfte nicht leichtfallen. Auf die Idee gekommen ist die britische Fotografin Nilu Izadi. Im Untergeschoss befindet sich eine Lichtinstallation, die den Besucher in die Welt der Tiefsee versetzt. Mit 30 € pro Person (nur in Gruppe möglich, zusammen mit Besuch von Observatorium und Aquarium; www.fundacionjakober.org/de/ allgeemeine-angaben/oeffnungs zeiten-und-preise) ist das Erlebnis nicht gerade preiswert, dafür aber sehr ungewöhnlich.

TOUR
Einmal ganz
um die Halbinsel

Rundwanderung von der Ermita de Nostra Senyora de la Victòria

Ausdauer und Trittsicherheit sind auf dieser Tour gefragt – sie ist kein Easy-Going-Spaziergang. Es geht durch eine abwechslungsreiche Landschaft steil bergauf und bergab mit der Möglichkeit zum erfrischenden Bad und weiten Blicken über einsames Land und weites Meer.

Den Wein gibt es später

Los geht es am **Parkplatz** der Ermita de Nostra Senyora de la Victòria zunächst auf einem breiten bergauf führenden Forstweg. Nach etwa 20 Min. können Schwindelfreie links in einen Pfad abbiegen, der zum grandiosen Aussichtspunkt **Penya des Migdia** führt. Um ihn zu erreichen, muss man sich auf dem letzten Stück an einer Kette einen Felsen entlanghangeln und einen schmalen Tunnel durchqueren – nicht jedermanns Sache. Wir bleiben lieber auf dem Hauptweg und haben bald unser erstes Etappenziel vor Augen, den knapp 500 m hohen **Talaia d'Alcúdia**, der ebenfalls einen spektakulären Blick bis hinüber zum **Cap Formentor** bietet und überdies eine kleine Schutzhütte, womit einer kürzeren oder längeren Rast nichts mehr im Wege steht. In 55 Min., wie uns der Wegweiser am Kloster angezeigt hat, haben wir den Weg nämlich nicht geschafft. Ausreichend zu essen und zu trinken sollte man unbedingt dabeihaben. Mit Wein hat der Autor auf Wanderungen allerdings keine guten Erfahrungen gemacht …

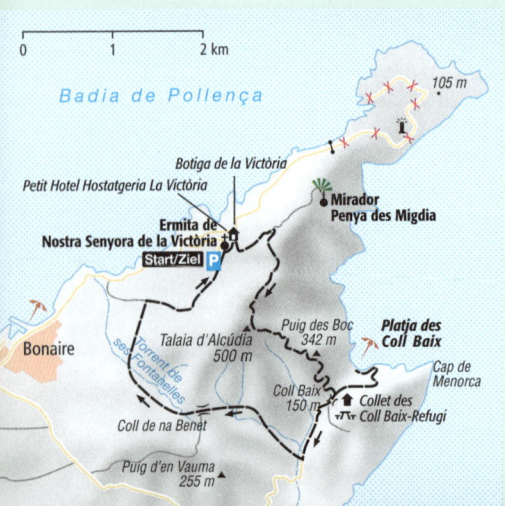

Sie finden es hier so schön, dass Sie gerne länger bleiben würden? Kein Problem, in der alten Einsiedelei kann man nicht nur speisen, sondern auch übernachten. Das einzige Problem dabei: Dann möchte man gar nicht mehr weg hier …

Romantisch ruhen

Am Osthang geht es nun ohne Schatten steil bergab Richtung Küste. Tief unten zeigt sich bald die Bucht von **Coll Baix.** Dort, wo unser Pfad an der Schutzhütte **Collet des Coll Baix-Refugi** auf einen breiteren Weg stößt, müssen wir uns entscheiden. Links geht es einen Kilometer durch Pinienwald steil bergab zum Baden, das letzte Stück als Kletterpartie über Felsen. Ein Massenandrang ist an dem romantischen Kiesstrand nicht zu erwarten, deshalb leider auch kein Chiringuito, eine dieser fabelhaften Strandbars. Also doch lieber weiter Richtung Ausgangspunkt, zunächst wieder auf einem breiten Forstweg. Jetzt gilt es aufzupassen, um den mit **Ermita de Nostra Senyora de la Victòria** beschrifteten Wegweiser nach rechts nicht zu verpassen, sonst landen wir bei der Zufahrt zum Museum Sa Bassa Blanca der Familie Jakober (s. S. 161) – auch ein tolles Ziel, doch davon ein andermal.

Zwischen Berg und Bucht

Entlang eines Flussbetts führt der Weg nunmehr in stetigem Auf und Ab durch ein hübsches Tal über den **Coll de na Benet**, berührt die Ausläufer von **Bonaire** und fordert uns dann noch einmal mit einem steilen Anstieg hinauf zum Kloster. Wie gut, dass es hier oben ein kleines, einfaches Restaurant gibt, **Botiga de la Victòria** (leckere Sandwiches, gute Salate), und nicht nur das: Auf dem Dach der gut 300 Jahre alten Einsiedelei kann man sich sogar recht komfortabel zur Ruhe betten (La Victoria Petit Hotel, Carrer Cap del Pinar, km 6, www.lavictoriahotel.com)!

Moderne Kunst edel präsentiert im Sokrates-Saal des Museums Sa Bassa Blanca. Sehr ästhetisch dieses Objekt, auch ohne Erklärung.

Sa Bassa Blanca, T 971 54 98 80, www. fundacionjakober.org, Mo, Mi–Sa nur mit Führung n. V. (11, 15 Uhr), Eintritt ab 10 €; Di 9.30–12.30, 14.30–17.30 Uhr frei zum Skulpturenpark, dem Rosengarten und der Sammlung Nins; Führung durchs Haus 25 € extra; Anfahrt: Man folgt den Schildern Museu Sa Bassa Blanca Fundació. Am Kreisel von Mal Pas biegt man bei dem kleinen Restaurant Del Sol in den Camino de Muntanya ein, von dem man noch einmal nach rechts auf eine Piste abzweigt – auch wenn die Straßenkarten es behaupten, es gibt keine direkte Zufahrt von Port d'Alcúdia über Alcanada.

Port d'Alcúdia   ♀ G2

Der Hafen Port d'Alcúdia am nördlichen Ende der Bucht kann zwar auf eine recht lange Geschichte als Fischereistandort zurückblicken und dient noch heute kommerziellen Belangen wie Fischerei und Fährverkehr, hat sich aber inzwischen vor allem als Liegeplatz für Jachten einen Namen gemacht. So ist denn auch das Hafenbecken die Hauptattraktion der ansonsten eher gesichtslosen Stadt. Viel mehr als ein Bummel über die palmengesäumte Mole zum Club Nàutic lässt sich nicht unternehmen. Etwas deplatziert wirken die hölzernen, brückenartigen Stege am Hafenvorplatz, die an einen überdimensionierten Spielplatz erinnern und wohl dem Besucher nur einen besseren Überblick vermitteln sollen. Allerdings kann man in Port d'Alcúdia gut essen.

Essen

Sterne-Kost ›light‹
Bistró del Jardín: In traumhaftem Garten gelegener Ableger des Sterne-

restaurants gleichen Namens. Die Karte ist recht klein, die Qualität der Speisen wird den hohen Erwartungen allemal gerecht, und das zu ausgesprochen zivilen Preisen.

Carrer dels Tritons, s/n, T 971 89 23 91, www.bistrojardin.com, März–Okt. tgl. 13–22, Nov.–Feb. Do–Sa 13–16, 19–22.30, So 13–18 Uhr, Vorspeisen ab 15 €, Hauptgerichte um 26 €

Wie zu Hause eben

Como en Casa: Das Restaurant am Hafen macht seinem Namen alle Ehre. Typische Auswahl beliebter Gerichte, von Pizza bis Curryhuhn und Thunfisch, teils mit einem kleinen exotischen Touch wie Mango, Kiwi oder scharfer Chimichurri-Sauce. Sehr gutes Preis-Leistungs-Verhältnis.

Plaça dels Pins, 4, T 971 54 90 33, www. restaurantcomoencasa.com, Di–So 18–24 Uhr, Ende Okt.–Anf. April geschl., Hauptgerichte ab 15 €

Can Picafort und Son Baulo ♀H3

Beach ja, Club nein – wer an diesem Strandabschnitt nach einem exklusiven Badeerlebnis mit schicker Clubatmosphäre sucht, ist fehl am Platz. Stattdessen Schwimmbadfeeling XXL voll praller Ferienfreuden mit Kind und Kegel. Der Küstenabschnitt zwischen Port d'Alcúdia und Colònia de Sant Pere, den sich die beiden Badeorte **Can Picafort** und **Son Baulo** teilen, gehört wegen seiner langen gepflegten Sandstrände zu den bevorzugten Zielen des Pauschaltourismus und ist mit seiner Infrastruktur ganz auf die Belange der Feriengäste eingestellt. Zum einen dominieren gesichtslose Hotelanlagen

das Bild, zum andern säumt eine sehr ansprechende Promenade weite Abschnitte der Küste.

Überdies hat man die angrenzenden Straßenzüge in begrünte, verkehrsberuhigte Zonen verwandelt, sodass auch Unterkünfte, die nicht in der ersten Reihe liegen, vom Verkehrslärm verschont sind.

Den Sonnenhunger stillen

Das ehemalige Dorf Son Bauló schließt sich durch einen kleinen Hafen getrennt fast nahtlos an Can Picafort an. Hier findet auch der in Port d'Alcúdia beginnende Sandstrand sein Ende und geht in eine felsige Küste über, mit der sich die Serra de Llevant ankündigt. Sie zieht sich die Ostküste entlang und fällt im nicht fernen **Cap de Ferrutx** steil ins Meer ab.

Schlafen, Essen

Sympathischer Zwerg

Es Bauló Petit Hotel: Kleines Hotel im Finca-Look als wohltuender Kontrast zu den umliegenden Bettenburgen in einem Pinienhain etwas von Strand und Zentrum entfernt, Studios und Appartements. Nettes Personal, kinderfreundlich, sauber. WLAN im ganzen Haus.

Carreterra Santa Margalida, 28, Can Picafort, T 971 85 00 63, www.esbaulo.com, Nov.–April geschl., DZ/HP ab 120 €

Mit Wohlfühlfaktor hoch drei

Vinicius: Seit 1975 befindet sich das Restaurant in Familienbesitz. Es hat gelernt, wie man seine Gäste zufriedenstellt, und weiß genau, was die Touristen der umliegenden Hotels wünschen. Die umfangreiche Speisekarte reicht von Tapas über Thunfischsalat bis Spanferkel. Mit einer speziellen Speisekarte wird auch an kleine Esser gedacht. Als eines der wenigen Restaurants hat es das ganze Jahr geöffnet.

Avinguda Josep Trias, 27, Can Picafort,
T 971 85 07 06, www.restaurantevinicius.
es, Di–So 10–2, im Winter Küche 12–15.30,
18–23 Uhr, Hauptgerichte ab 14 €

Viel Holz vor der Hütte

La Pinta: Es ist ein nettes »Fleckchen«,
so die Übersetzung aus dem Spanischen
– oder kommt der Name vielleicht sogar von *haciersa la pinta,* blaumachen?
Das würde auch passen, kann man doch
hier in rustikalem Ambiente an klobigen
Holztischen bei gutem preiswertem Essen durchaus die Zeit vergessen. Die
Speisekarte ist sehr umfangreich und
mit Angeboten internationaler Küche
auch recht ambitioniert.
Passeig de Colom, 159, Can Picafort, tgl. ab
18 Uhr, im Winter geschl., Hauptgerichte ab
15 €

Necrópoli son Real

Der Begriff Badeurlaub war den frühen
Mallorquinern aus der Eisenzeit wohl
weniger vertraut. Nicht zum Sonnenbaden oder zum Bau schicker Hütten
mit Meerblick nutzten sie den Strand
bei San Bauló. Auf einer Fläche von
800 m² stießen Archäologen in der
Necrópoli son Real auf 110 Gräber mit
300 Toten, die hier zwischen der Eisenzeit und der romanischen Epoche (ca.
700 v. Chr.–12. Jh. n. Chr.) ihre letzte
Ruhe gefunden hatten. Da eine Niederlassung fehlte, wird angenommen,
dass der Platz der mallorquinischen
Bevölkerung als Friedhof diente. Mit
viereckigem, achteckigem oder rundem
Grundriss lehnen sich die Gräber an
Vorbilder aus der Talaiot-Epoche an.

Totenstille am Strand

Ein weiteres Gräberfeld liegt auf der
kleinen vorgelagerten **S'Illot de Porros.**
Hier wurden 269 Tote entdeckt. Die älteste dieser Grabstätten stammt aus dem
4. Jh. v. Chr., der Zeit phönizischer
Besiedlung also. Möglicherweise wurde die Insel sogar bis ins Mittelalter als
Friedhof genutzt. Zum Glück wurde der
Küstenstreifen zusammen mit seinem
zur staatlichen **Finca Son Real** gehö-
renden Hinterland unter Naturschutz
gestellt und damit die Anlage eines
weiteren Golfplatzes vereitelt (freier
Zugang von der Finca; Parkplatz, Toiletten, Infotafeln, kleines Museum tgl.
9–16 Uhr, an der Ma-12, km 17,7).

Eine schöne **Wanderung** führt vom
Gräberfeld den immer wieder von kleinen Sandbuchten durchsetzten Strand
entlang ins 3,5 km entfernt liegende Ferienkolonie **Son Serra de Marina**
(s. u.).

Östliche Badia d'Alcúdia ♀ H–J3

Abseits des Gedränges

Die kleine, am Rand des Parc Natural de
s'Albufera gelegene Ortschaft **Son Serra
de Marina** ist eine recht neue Gründung, geprägt von einem gitternetzför-
migen Straßenbild und Ferienhäusern
der Einheimischen. Östlich schließt sich
der schöne, breite und etwa 1 km lange,
von kleinen bewachsenen Dünen gesäumte Sandstrand der **Platja de Sa Ca-
nova** an. Ein guter Tipp, wenn man dem
Gedränge von Can Picafort entfliehen
möchte (Parkplatz mit Restaurants). Je
weiter man sich vom Parkplatz entfernt,
desto einsamer wird es.

Wo Spanier urlauben

Das östliche Ende des Strandes reicht
nahezu bis vor die Tore der ansehnlichen Ortschaft **Colònia de Sant Pere.**
Den Besucher erwartet dort ebenfalls

ein typisch spanischer Ferienort mit winziger Sandbucht, einem beachtlichen Jachthafen und einer von Tamarisken gesäumten Promenade.

Weiterwandern

Die Siedlung ist ein guter Ausgangspunkt für Wanderungen in die kaum erschlossene Region des **Cap de Ferrutx.** Wer hier unterkommen und mehr sehen will, sollte sich einen Mietwagen leisten, da öffentliche Verkehrsmittel den Weg hierher nur selten finden. Folgt man dem Ufer Richtung Kap, findet man noch recht einsame Plätze am Meer.

Die Straße erreicht 5 km weiter die Villensiedlung **Betlem.** Die weißen obeliskartigen Türme, die man hin und wieder am Strand sieht, dienten früher der Marine als Orientierungspunkte für Schießübungen.

Schlafen, Essen

Ruhig angehen lassen

Hotel Solimar: Deutsch geführtes Hotel garni mit 15 Zimmern in herrlicher Lage zwischen Meer und Bergen in einem exotischen Garten mit großem Pool, ideal als Standort für Wanderungen, Mountainbiketouren und zum Relaxen.
Carrer les Margalidas, Urbanització Mont Ferrutx, Colònia de Sant Pere, T 971 58 93 47, www.hotelsolimar.eu, DZ/F ab 60 €

Des ›Spaniers‹ Liebling

Restaurant Sis Pins: Die Spanier lassen sich beim Urlaub im eigenen Land nicht so leicht über den Tisch ziehen. Und wenn sie die Paella noch mit nach Hause nehmen, dann ist dies wohl keine schlechte Wahl. Gute spanische Küche zu zivilen Preisen in familiärem Ambiente wird geboten. Renner sind Paella und Lammschulter und natürlich Fisch frisch aus dem Meer vor der Tür. Sangría und

---

KRAXELEI ZUR ERMITA

Kurz vor dem Ortseingang von Betlem beginnt neben einer Infotafel mit Parkmöglichkeiten ein steiler Fußweg zur **Ermita de Betlem** (ca. 2,5 Std. hin und zurück). Er ist Teil des Fernwanderwegs GR 222. Man erreicht die abgelegene Klause auch auf einer schmalen, sehr kurvenreichen Straße von Artà (s. S. 227). Leider gibt es bei der Einsiedelei keine Einkehrmöglichkeit.

Mojito sind auch nicht ohne, dazu eine überaus freundliche Bedienung.
Avinguda del Talaiot de sa Ninet, 23, Son Serra de Marina, T 971 85 48 05, Hauptgerichte ab 15 €

Im Fischernetz gut aufgehoben

Sa Xarxa: Inhaberin Sabine Hagström zaubert seit Jahren alles auf den Teller, was das Herz begehrt – von leckeren Tapas bis zum Hummer. Bei dem traumhaften abendlichen Blick von der Terrasse über das Meer auf die Tramuntana-Berge ist eigentlich Fisch angesagt. Und den gibt es hier, abhängig vom Tagesfang, in mannigfachen Variationen. Aber auch Pasta und Fleisch stehen auf der Karte. Das Preis-Leistungs-Verhältnis könnte allerdings etwas besser sein.
Passeig del Mar, Colònia de Sant Pere, T 971 58 92 51, www.sa-xarxa.com, Di–So 12–23 Uhr (Juli/Aug. tgl.), Nov.–Mitte Mär.z. geschl., Vorspeisen um 15 €, Hauptgerichte um 25 €

Infos

• **Bus:** 3–4 x tgl. von Son Serra de Marina nach Can Picafort und Son Bauló mit L 392, 3–4 x tgl. von Sant Pere über Artà nach Palma mit L 481.

Die verwirklichte Utopie?

Formentor, a Royal Hideaway Hotel in der Bucht von Formentor

Sie wurde mehrfach totgesagt, die edle Unterkunft an der Bucht von Formentor. 1929 erfüllte sich der kunstsinnige argentinische Milliardär Adán Diehl an der verträumten Bucht Formentera inmitten eines weitläufigen Pinienhains seinen Traum. Zunächst als Privatdomizil geplant, entschied sich Dahl, aus dem Anwesen ein Hotel zu machen, um seine Kunstprojekte zu finanzieren. Aus unternehmerischer Sicht waren die Voraussetzungen dafür denkbar schlecht. Es gab weder einen Landzugang noch genug Wasser für den geplanten Golfplatz. Die ersten Touristinnen, Engländerinnen, drückten dem Mann, der ihnen aus dem Boot half, einen Geldschein in die Hand – es war der Eigentümer. Ähnliches hatte schon Erzherzog Ludwig Salvator erlebt.

Verschroben wie Diehl und seine Ideen waren auch die Gäste, die sich hier auf Anregung des deutschen Philosophen

Die Touristen landen nun täglich mit Handtüchern und Picknickkörben in Sichtweite des Hotels – ist das nicht wahre Demokratie?

Hermann Graf Keyserling zu den ›Wochen der Weisheit‹ zusammenfanden und über so wichtige Dinge wie die Bedeutung einer Kaffeekanne philosophierten. Es waren skurrile, eher an ein Happening erinnernde Veranstaltungen, bei denen der Rotwein wohl eine zentrale Rolle spielte. Kein Wunder, dass das Hotel bereits 1934 kurz vor dem Konkurs stand. Es gab weitaus ernstere Themen am Vorabend des Spanischen Bürgerkriegs. Im nahen Cala Rajada hatten bereits die vor Hitler geflohenen Emigranten Asyl gefunden und trafen sich allenfalls in der Bar Waikiki von Käpt'n Bilbo, um ihre Trauer um die verlorene Heimat in Rotwein zu ertränken.

Als rettender Strohhalm wurden rechtzeitig zwei Holländer namens Daniel Strauss und Jules Perlowitz an den Strand von Formentor gespült. Sie hatten einen elektrisch manipulierbaren Roulettetisch entwickelt und von der (bestochenen) Zentralregierung eine Genehmigung erhalten, ihn trotz Glücksspielverbot in Spanien zu installieren. Die korrupten Politiker sollten am Gewinn der Betrügerei beteiligt werden. Einer der ersten Tische fand im Hotel Formentor Verwendung. Doch das »Rien ne va plus« kam nach nur zwei Wochen in Gestalt der Polizei. Das Hotel ging pleite, die kreditgebende Bank gleich mit, der Direktor floh und erschoss sich in Paris. Adán Diehl war so klug, sich in seine Heimat Argentinien abzusetzen. Doch all das hat das Hotel irgendwie überlebt, eröffnete bald nach dem Krieg erneut seine Tore und blieb auch der Kunst weiter verbunden.

1959 setzte der spanische Nobelpreisträger Camilo José Cela, der lange in Palma lebte, die Tradition eines Intellektuellentreffs mit den ›Poetischen Gesprächen‹ fort, die, wie sein Assistent meinte, »das Ende der Eiszeit und die Öffnung der spanischen Kultur nach außen einleiteten«. Trotz vieler Auszeichnungen war Cela nicht unumstritten. Er soll abgeschrieben, Ghostwriter beschäftigt und für Franco spioniert haben. Seit 2008 werden die ›Poetischen Gespräche‹ unter dem Namen ›Converses de Formentor‹ weitergeführt.

Nicht nur Literaten wie Samuel Beckett, Jorge Luis Borges, Roberto Calasso und Carlos Fuentes waren zu Gast, auch andere illustre Persönlichkeiten wissen bis heute die Diskretion dieser Luxus-Herberge zu schätzen, wo sie nicht ständig von Wildfremden mit einem Selfie belästigt werden. Früher konnte man hier Churchill begegnen, Charlie Chaplin, Grace Kelly und Fürst Rainier oder auch Bundeskanzler Helmut Schmidt. Über aktuelle Gäste schweigt sich das Hotel, das jetzt den Namen Formentor, a Royal Hideaway trägt, natürlich aus. Vielleicht trifft man ja den einen oder anderen, wenn man hier bucht. Mit 400 € für das Doppelzimmer muss man allerdings rechnen. Wer seinen Hund mitbringt, zahlt 60 €, für eine Liege am Privatstrand 70 € – pro Tag, versteht sich. Und auch für hochkarätige Unterhaltung ist weiterhin gesorgt: Weltstar Anna Netrebko sang 2018 im kleinen Kreis. Das war den Zuhörern bis zu 600 € wert.

Nur seinem anspruchsvollen Beinamen ›Royal Hideaway‹ wird das Hotel nicht mehr ganz gerecht. Da nach spanischem Gesetz ein Strand nicht privatisiert werden darf, landen hier nun täglich unzählige Badegäste mit Picknickkörben, Bierdosen und Handtüchern von Port de Pollença und machen es sich im Schatten der Pinien in Sichtweite der exklusiven Daybeds gemütlich. Wahre Demokratie! ∎

Mallorcas Hotellegende … Philosophischer Debattierzirkel, Refugium der Prominenz, Betrüger am Roulettetisch, Pleite, Wiederauferstehung – ein super Drehbuch für einen Film.

Es Pla

Abwechslungsreiches Hinterland — von wegen platt! Es Pla ist nicht so eben, wie es der Name vermuten lässt. Ehrwürdige Klöster blicken von Hügeln und Bergen auf kleine Dörfer und weite fruchtbare Felder.

Seite 173
Sineu

Schon ewig wacht der Löwe über das Marktgeschehen und denkt vielleicht an seine Vettern auf dem Markusplatz in Venedig. Auch sie haben mit dem Ansturm der Touristen zu kämpfen.

Seite 173
Església de Santa Maria

Die Bewohner Sant Joans – der Vorherrschaft Sineus überdrüssig – haben alles versucht, die Kirche auf ihr Gemeindegebiet zu verschieben. Vergebens. Vielleicht hätte beten ja geholfen?

Köstlich: die Weine aus Petra, etwa der Illa Prensal.

Eintauchen

Seite 175
Petra

Juníper Serra ist allgegenwärtig mit Straßennamen, Bildern und seinem Wohnhaus. 2015 wurde der Missionar und Gründer von San Francisco heilig gesprochen – nicht alle jubelten.

Seite 177
Ermita de Nostra Senyora de Bonany

Nicht nur Südafrika hat seine Regenmacherin, auch Mallorca hatte eine, die den Bauern den lang ersehnten Regen brachte.

Seite 180
Algaida

In Windeseile entsteht hier aus einem glühenden Klumpen ein zartes, zerbrechliches Gebilde – welch bewundernswerte Kunstfertigkeit!

Seite 181, 182

Puig de Randa

Früher meditierten auf dem 542 m hohen Tafelberg weltentrückte Asketen, heute keuchen Radfahrer durch die Serpentinen, letztlich beide mit ein und demselben Ziel: einen Moment des Glücks zu erleben.

———————————

Seite 185

Llucmayor

Hier verlor einst König Jaume III in einer fiesen Schlacht sein Leben – und mit ihm die Insel ihre Unabhängigkeit.

Seite 188

Landgut Els Calderers

Schon vor mehr als 200 Jahren wusste man auf dem Land gut zu leben. Statt Internet und Notebook gab es eine Bibliothek und ein Musikzimmer, statt Supermarkt Eigenversorgung – allerdings nicht für alle, genau wie heute.

Seite 189

Der einsame Stier von Algaida

Einsam hält ein Blechbulle auf Mallorca die Stellung, der Osborne-Stier. Und das, obwohl ihm immer wieder übel mitgespielt wurde – schließlich gilt das Tier den Mallorquinern als Symbol für das nicht besonders geliebte Kastilien: So musste er schon Hammer und Sichel tragen oder das Konterfei von Angela Merkel, und auch sein Gehörn brach man ihm ab. Doch er ist stur.

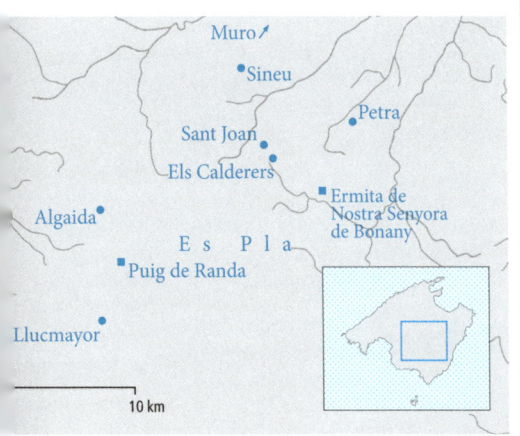

Muro
Sineu
Petra
Sant Joan
Els Calderers
Ermita de Nostra Senyora de Bonany
Algaida
E s   P l a
Puig de Randa
Llucmayor

10 km

Es Pla bietet viel Raum für kleine Entdeckungen. Auch Dörfer, die hier nicht erwähnt sind, verdienen einen Besuch, Muro etwa oder Sant Joan – rau, abgelegen und in sich ruhend.

erleben

Die Kornkammer

Von wegen flach, denkt sich der Radfahrer, der sich zum Kloster Cura hinaufquält und dabei mehr als 500 Höhenmeter zu bewältigen hat. Dennoch, der Puig de Randa zählt zur Ebene Es Pla wie viele andere kleinere Erhebungen auch, ehemals Rückzugsorte weltentrückter Eremiten und noch heute sehr beschaulich.

Es ist dieser Wechsel von oben und unten, von weiten Feldern und engen Orten, der den besonderen Reiz dieser Ecke ausmacht, die viele Touristen noch gar nicht richtig wahrgenommen haben. Die meisten begnügen sich mit dem Besuch der größeren Orte wie Manacor, Llucmayor, Petra, Sa Pobla oder des Viehmarktes von Sineu.

Wer sich Zeit für die kleinen Nebenstraßen nimmt und auch Dörfer aufsucht, die nicht als Sehenswürdigkeit klassifiziert sind und aus Platzmangel hier nicht erwähnt werden können, der wird in Es Pla nach wie vor dem ursprünglichen Mallorca begegnen.

Die Orte empfangen den Fremden nicht mit offenen Armen, sie geben sich eher spröde, sind dafür aber ungemein authentisch. Das gilt auch für die Wochenmärkte, auf denen regio-

ORIENTIERUNG ⓞ

Verkehr: Die zentrale Ebene ist durch die parallel zur Tramuntana verlaufende Autobahn Ma-13 (Palma–Port d'Alcúdia) Richtung Nordost und die Autobahn Ma-15 (Palma–Manacor) Richtung Osten sehr gut erschlossen. Überdies gibt es eine effiziente Bahnlinie, die von Palma über Sineu nach Manacor führt, mit Abzweig nach Sa Pobla. Die abgelegenen Orte sind mit öffentlichen Verkehrsmitteln hingegen recht schwer zu erreichen.

nale Produkte vorherrschen, und die etwas düsteren Gaststätten mit ihren abgewetzten Tischen und Stühlen und den riesigen Portionen hausgemachter Köstlichkeiten. Also auf nach Montuïri, Muro oder Sant Joan. Plötzlich scheinen El Arenal und Port d'Alcúdia auf einem anderen Stern zu liegen …

Man sollte allerdings kommen, ehe es zu spät ist. Denn hier gehen die Uhren zwar langsamer, aber stehen geblieben sind sie nicht. So mancher einstige Bauernhof hat bereits einen neuen Eigentümer gefunden und durch dessen kräftige Finanzspritzen in kurzer Zeit die Metamorphose vom Aschenputtel zur Prinzessin durchlaufen.

Sineu

📍 F4

Im Gegensatz zur Stadt ist ihr Wappentier noch jung. Erst 1945 erblickte der Löwe vor der Kirche das Licht der Welt, wobei ihm als Pate einer der geflügelten Löwen von Venedigs Markusplatz zur Seite stand. Und wie die Lagunenstadt, so hat auch Sineu den Apostel Markus zu ihrem Schutzpatron erkoren. Relikte der Talaiot-Kultur sowie Reste einer römischen Niederlassung liefern den Beweis für eine lange Besiedlungsgeschichte der am geografischen Mittelpunkt der Insel liegenden Kleinstadt. Auch in der arabischen Epoche und später unter den ersten Königen Mallorcas war der Ort wichtiges Verwaltungszentrum, zeitweise sogar Königsresidenz.

Mit weniger als 4000 Bewohnern wirkt Sineu noch heute etwas mittelalterlich und von der hektischen Entwicklung der Insel wenig betroffen. Das ändert sich schlagartig, wenn mittwochs die Touristen einfallen. Oben überfluten die Stände mit Obst, Gemüse, Schinken, Kleidung, schönem Handwerk und billigem Ramsch die Gassen, unten kann man die Schweine und Schafe lebend kaufen, dazu Esel, treu blickende Hunde und gackernde Hühner. Natürlich zieht es vor allem die Kinder hierher.

Der Turmbau zu Sineu

Vom Trubel völlig unberührt wacht seit 1248 die mächtige **Església de Santa Maria** über das Wohlergehen der Stadt. Ihr freistehender Campanile war schon Anlass für allerlei Gezerre … Der Legende nach sollen die Bewohner

Was sollen wir heute kochen? Keine leichte Entscheidung bei dem üppigen Angebot frischer Produkte auf Mallorcas Märkten.

Zum Sant-Antoni-Fest am 17. Januar ist in den Dörfern wie Sant Joan buchstäblich die Hölle los. Die ›dimonis‹ beherrschen dann die Straßen.

des benachbarten Örtchens Sant Joan, der Vorherrschaft Sineus überdrüssig, bereits im 13. Jh. versucht haben, den Turm mit Stricken und Gürteln auf ihr Territorium zu ziehen. Wie man sieht, sind sie nicht weit gekommen. Nicht versäumen sollte man den Blick ins Innere (nur Mittwochvormittag geöffnet). Den Besucher erwarten ein wertvoller Kirchenschatz mit alten Monstranzen und Kruzifixen, ein Marienaltar aus dem 15. Jh. und ausdrucksstarke Passionsbilder einheimischer Meister.

An der höchsten Stelle hat König Jaume II im Jahr 1309 seine Residenz errichten lassen. 1583 zogen Nonnen des Franziskanerordens in den **Palau del Rei** und lebten dort in strenger Klausur bis zum Tod der letzten Oberin 2016. Derzeit ist die Zukunft des Palastes noch ungewiss.

Schlafen, Essen

Romantische Bleibe

Hotel Son Cleda: Zentral gelegenes kleines Stadthotel mit gemütlichen, gut ausgestatteten Zimmern.
Plaça de Fossar, 7, T 971 52 10 27, www. hotelsoncleda.com, DZ ab 90 € (NS)

Stockfisch & Co.

La Nata: Schnuckeliges Restaurant im Zentrum in portugiesischem Besitz. Besonders beliebt sind Camembert in Portweinsauce und der portugiesische Burger. Es wird aber auch der typisch portugiesische *bacalhau* (span. *bacalao*) serviert.
Carrer Major, 7, T 639 46 52 89, Di, Do–So 19–23.30, Mi 9–23.30 Uhr, kleine Gerichte ab 9 €

Regionales im Gewölbe

Antic Celler Son Toreo: Wären da nicht die elektrischen Lampen, könnte man sich im 18. oder 19. Jh. wähnen. An den unverputzten Wänden hängen Mistgabeln, daneben hölzerne Weinfässer, in der Ecke lodert ein Holzfeuer in einem Kamin – alles sehr rustikal, ohne inszeniert zu wirken. Ordentliche kleinere Gerichte in großen Portionen. Bei schönem Wetter kann man auch vor der Tür sitzen.

Plaça Fossar, 3, T 659 47 79 55, 12–15.30, 18–23.30 Uhr, Hauptgerichte ab 12 €

Unter Mühlenflügeln

Molí d'en Pau: Schon von Weitem ist die sorgfältig restaurierte Windmühle von 1870 ein nicht zu übersehender Hinweis auf das beliebte Restaurant mit hervorragender und dennoch bezahlbarer einheimischer Küche. Es gibt *sopes mallorquines,* aber auch Lammschulter von eigenen Schafen. Innen vermittelt die Mühle mit unverputzten Natursteinwänden den Eindruck eines Gewölbekellers, draußen speist man zwischen Vogelvolieren im Grünen.

Carreterra Santa Margalida, 25, am großen Verkehrskreisel, T 971 85 51 16, www.moli denpau.es, Di–So 13–15.30, 19.30–23 Uhr, großer Parkplatz, Hauptgerichte ab 12 €

Infos

- **Touristenbüro:** Edifici s'Estació, T 971 52 00 27, Mo–Fr 10–17, Sa bis 13 Uhr.
- **Bahn:** über Inca nach Palma, über Petra nach Manacor, tgl. 6–22 Uhr, ca. halbstdl.

Petra ♀ G4

Das Zentrum des geruhsamen, knapp 3000 Einwohner zählenden Ortes beherrscht die trutzig weit über die Dächer ragende **Kirche Sant Pere** von 1724 mit ihrem sechseckigen Glockenturm und einer gewaltigen Fensterrosette. Im Inneren richtet sich das Augenmerk der Besucher, vor allem der aus den USA angereisten, weniger auf den Altar als auf das Taufbecken, über das der Säugling Miguel Josep Serra i Ferrer einmal gehalten wurde. Der berühmteste Sohn der Stadt, der zu Beginn des 18. Jh. im Franziskanerkloster von Petra zur Schule ging, sollte Jahrzehnte später in Kalifornien Geschichte schreiben, wo er acht Missionen gründete und mehr als 5000 Indios bekehrte, nicht selten unter Zwang.

WOHLIGES VÖLLEGEFÜHL

Vorneweg: Ich bin kein Freund von ›all inclusive‹ und ›all you can eat‹. Und doch möchte ich einmal eine Ausnahme machen, nicht wegen des Essens allein. Das Restaurant **Ses Torres** hat sich an der Kreuzung zweier Verbindungsstraßen außerhalb der Orte gut positioniert – denn es braucht viel Platz, zum einen für die Schar der Gäste, zum anderen für deren Autos. Mit der Größe eines Einkaufszentrums vermittelt es zwar eher die Atmosphäre einer Kantine, dafür ist und isst man unter Einheimischen. Das Büfett bietet mallorquinische Küche, u. a. mit *caracoles* (Schnecken), *frito mallorquin* (Innereien im Tontopf mit Gemüse serviert) oder Paella. Es erstaunt schon, wie professionell und freundlich die Bedienung die Massen bewältigt. Die Preise sind gestaffelt: werktags 11 €, samstags 13 € und sonntags 17 € inkl. Wein und Kaffee. Buen provecho! (Kreuzung von Ma-3340 und Ma-3301 bei Ariany, ca. 3 km nördl. von Petra, tgl. 7–24 Uhr)

Statt Smartphone und Spielkonsole Schachturnier der Jugend in Petra ganz analog – geht doch!

In Gottes Namen

Auch sonst lebt der Ort sehr gut vom Wirken des emsigen Ordenspriesters. An der Plaça Padre Serra steht sein **Denkmal** und entlang der Carrer Juníper Serra weisen Kachelbilder den Weg zu seinem Geburtshaus, dem heutigen **Casa Museu de Fra Juníper Serra** (Carrer Barracar, 6, T 971 56 11 49, Eintritt mit Spiritual-Mallorca-Ticket, s. S. 49). Modelle, Pläne, Bilder und Dokumente zeugen von seinem Wirken. Interessant ist das Wohnhaus, vermittelt es doch einen authentischen Eindruck der damaligen bescheidenen Lebensweise normaler Bürger.

Wein-selig

Gegründet wurde der Ort von den Arabern und nach dem großen Vorbild in Jordanien benannt, aber wie Funde zeigen, haben bereits die Menschen der Talaiot-Kultur die Gegend zu schätzen gewusst, und natürlich die Römer, die etliche Amphoren hinterlassen haben. Vielleicht hatten sie schon die Eignung des kalkhaltigen Bodens für den Weinanbau erkannt, dem Petra heute seinen wirtschaftlichen Aufschwung verdankt. Die Tropfen aus Binissalem mögen bekannter sein, besser als so manche aus Petra sind sie sicherlich nicht.

Schlafen, Essen

Ein Winzling ganz groß

Sa Plaça Petit Hotel, Restaurant, Bistro: Rustikales Stadthotel mit nur drei liebevoll, im passenden Stil eingerichteten Zimmern, einem guten Restaurant (s. unten) und sehr bemühtem Personal. Es ist kaum zu glauben, dass man sich nur 20 km vom Strandtrubel Cala Millors entfernt befindet.

Plaça Ramón Llull, 4, T 971 56 16 46, www.petithotelpetra.com, im Nov. geschl., DZ 120 €

Radlers Restaurant

Sa Plaça Petit Hotel, Restaurant, Bistro: Sie kommen nicht wegen der Luftpumpe und den Radständern vor der Tür. Das Essen (mallorquinische Slow-Food-Küche) ist einfach fabelhaft, homemade, frisch und mit Liebe zubereitet. Der Bogen spannt sich von leckerem Kuchen über Tapas bis zu klassischen Gerichten. Als Gruß aus der Küche gibt es kostenlose Werkzeugnutzung für den Drahtesel.

Adresse s. o., tgl. 10–15.30, 18.30–22.30 Uhr, Pasta ab 10 €, Lammkotelett ab 15 €

Im Schatten der Kirche

Ca N'Oms: Man sitzt gemütlich und entspannt unter Bäumen auf einem kleinen Platz an der Kirche. Das Essen ist o.k., doch zählt hier vor allem das Ambiente.

Caparrot de Ca N'Oms 7, T 673 22 38 18, tgl. 10–16, 19–22 Uhr, Nov.–März. geschl., Hauptgerichte ab 14 €

Urig im Keller tafeln

Es Celler: Der hübsch eingerichtete ehemalige Weinkeller kann es mit den berühmten Cellers in Inca durchaus aufnehmen, nicht nur was das authentische Ambiente betrifft. Auch die Speisen sind ausgezeichnet und ihr Geld wert. Spezialität ist die Paella, sehr gut auch das Kaninchen.

Carrer de l'Hospital, T 971 56 10 56, www.restaurantesceller.com, Mo–Sa 12–23 Uhr, Hauptgerichte ab 14 €, Mittagsmenü 12 €

Einkaufen

Frauenpower

Bodega Miquel Oliver: Das 1912 gegründete Weingut gehört zu den bedeutendsten der Insel. Seinen Aufstieg verdankt es der Eigentümerin Pilar Oliver, die in Spanien und Frankreich Weinbau studiert hat. Das umtriebige Weingut veranstaltet auch geführte Touren, bei denen einheimischer Wein und authentische Küche eine beglückende Beziehung eingehen. Für Kinder gibt es statt Weinverkostung eine Spielecke. Man

spürt, dass hier eine Frau das Zepter in der Hand hält.

Carrer de sa Font, 26, T 971 56 11 17, www.miqueloliver.com, Mo–Fr 10–18, Sa 11–13.30 Uhr, Anmeldung über die Website

---

Infos

• **Bahn:** 6–22 Uhr, ca. jede Stunde über Inca nach Palma.

Ermita de Nostra Senyora de Bonany ♀ G5

Heute pilgern die Gläubigen wohl nur noch selten hierher. Von der Plaça Cruz am südlichen Ortsrand von Petra führt eine schmale, von Kreuzwegstationen gesäumte Straße zu der 300 m hoch auf einem bewaldeten Berg liegenden Einsiedelei von Bonany. Ihren Namen ›Unsere liebe Frau vom guten Jahr‹ erhielt die hier

---

KLEINER MÖNCH GANZ GROSS   **M**

Er maß nicht einmal 1,60 m, seine Taten aber waren gigantisch. Städte wie Los Angeles, San Francisco und San Diego hätte es ohne ihn vielleicht nicht gegeben. **Juníper Serras** Aufstieg im Orden der Franziskaner war geradlinig und steil, geprägt von Ehrgeiz, tiefer Gläubigkeit und asketischer Härte gegen sich selbst. Schon mit 24 war er Professor der Theologie in Palma. Auf eigenen Wunsch reiste er 1749 als 36-Jähriger in die spanischen Kolonien nach Mexiko und wirkte dort als Lehrer, Missionar und Verwaltungsfachmann. 1767 setzten die Franziskaner die Missionierung unter seiner Führung Richtung Norden ins heutige Kalifornien fort. Eine Missionsstation nach der anderen entstand und wurde zur Keimzelle von Siedlungen, die schließlich zu Millionenstädten heranwuchsen. Als Juníper 1784 starb, hatte er acht Missionen gegründet, u. a. San Francisco, und mehr als 5000 Indios bekehrt, nicht selten unter Zwang. 2015 sprach Papst Franziskus ihn heilig – die Indianer Amerikas feierten nicht mit.

VERSIEGENDER LEBENSQUELL

W

Regen allein würde nicht ausreichen, um aus der Gunst fruchtbarer Böden in der Ebene Es Pla auch Kapital zu schlagen. Man ist seit Jahrhunderten auf das **Grundwasser** angewiesen. Anfangs genügten noch mit Eselskraft angetriebene Schöpfbrunnen, die Norias. Dann übernahmen bis Mitte des 20. Jh. Windräder die Arbeit und wurden sogar zum pittoresken Wahrzeichen. Nunmehr sorgen Diesel und Elektromotoren für den unstillbaren Durst von Landwirtschaft, Golfplätzen und Finca-Pools. Seit Jahrzehnten sinkt der Grundwasserspiegel. Bis zu 10 km ins Landesinnere hat sich bereits salzhaltiges Meerwasser durch das poröse Gestein vorgearbeitet.

zunächst in einer kleinen Kapelle verehrte Jungfrau erst 1600, als sie das Flehen der Bauern erhörte und das unter einer Dürre leidende Land mit einer Regenflut beschenkte, sodass es für die Bewohner von Petra und der Umgebung ein gutes Jahr wurde.

Von der baumbeschatteten Terrasse, die mit weitem Blick nach Norden und Osten zu einer Pause oder gar einem Picknick einlädt, führt ein Weg zur Kirche. Seinen Beginn markiert ein Torbogen mit eingelassenen Kachelbildern. An der Außenseite links zeigen sie die Auffindung des Heiligenbildes, rechts die Erinnerung an das segensreiche Jahr des großen Regens, an der Innenseite begegnen uns die beiden Heiligen Paulus (Sant Pau) und Antoni Abat. Die barock wirkende Wallfahrtskirche entstand erst 1920. Sehenswert sind vor allem das Gnadenbild und die Grotte von Bethlehem.

Manacor $\circ$ H5

So richtig schön ist das Zentrum der mit etwa 41 000 Einwohnern drittgrößten Gemeinde Mallorcas nicht, keine Strandpromenade, keine urtümliche Altstadt, stattdessen Industriebetriebe, Werkstätten, Möbelhäuser. Und doch verdient man hier das Geld auch mit den Touristen, die sogar in Bussen kommen, um den Arbeiterinnen dabei zuzusehen, wie die **Perlas Majoricas** gefertigt werden. Die recht einfallslose kostenlose Präsentation (oft nur ein Film) dient vor allem als Lockmittel für den Besuch des riesigen Verkaufsraums (Via Roma, 48, Industriegebiet, www.majorica.com, Mo–Fr 9.30–17, Sa 9.30–13 Uhr). Wer sich bemüht, findet in Manacor aber auch noch andere interessante Spuren der langen Stadtgeschichte.

Geschichte greifbar gemacht

Da wäre der erst kürzlich wiedereröffnete, in einen modernen Gebäudekomplex integrierte **Torre de Palau** (Plaça Rector Rubí, Mo, Sa 9–14 Uhr, Eintritt frei), einziges Überbleibsel des ehemaligen Jagdpalastes von König Jaume II. Er ist eine Kopie des Turms in seinem noch heute prächtigen Palast in Perpignan, das zwischen 1276 und 1285 Hauptstadt auch des Königreichs Mallorca war. Im Innern wird die Geschichte anhand einiger Exponate erläutert. Vielleicht kann man den Turm irgendwann einmal wieder besteigen.

Die nebenan liegende Kirche **Nostra Senyora dels Dolor** wurde zwar erst Ende des 19. Jh. im neogotischen Stil errichtet, darf sich aber des höchsten Kirchturms auf Mallorca rühmen und überrascht im Innern mit einem etwas protzigen Marmoraltar und einer zwei Meter hohen Holzmadonna aus dem 13. Jh. Im nahe gelegenen, 1576 von den

Dominikanern errichteten **Kloster Sant Vicenç Ferrer** sind heute zwar die Bibliothek und die Touristeninformation untergebracht, der schöne Kreuzgang und die dazugehörige Kirche sind aber für jedermann zugänglich (Plaça del Convent, Mo–Fr 8–14, 17–20 Uhr).

Leider finden nur wenige Touristen den Weg zu dem kleinen, etwas außerhalb liegenden **Museu d'Historia de Manacor.** Die Geschichte der Stadt wird dem Besucher in einem alten Wehrturm mit viel Liebe nahegebracht. Gezeigt werden archäologische Funde, Mosaiken der frühchristlichen Kirche Son Peretó, Keramiken, Miniaturmöbel und sehr schöne Schiffsmodelle (Torre de Enagistes, Ma-2015 Richtung Calas de Mallorca, km 1,5, http://museu.manacor.org, im Sommer Mo, Mi–Sa 9.30–14, 18–20.30, sonst Mi–Sa 10–14, 17–19.30, So 10.30–13 Uhr, Eintritt frei).

Essen

Ideal für mittags

Molí den Sopa: Wieder kann man hier in einer restaurierten Mühle schlemmen. Die Küche ist sehr ambitioniert und kreativ, die Portionen sind aber eher überschaubar. Das günstige, qualitativ hochwertige Mittagsmenü (ca. 18,50 €) hat sich längst herumgesprochen. Romantiker kommen abends und zahlen für ein Degustationsmenü knapp 30 €.
Carretera de Manacor a Porto Cristo, km 4, T 971 55 01 93, www.molidensopa.com, tgl. 12.30–24 Uhr, man kann online reservieren

Kimchi trifft Iberico-Schwein

Factoria: Kleines Restaurant mit etwas nüchterner Bar-Atmosphäre im Schatten der Kirche, das es in sich hat. Hier ist Leidenschaft am Werke. Geboten wird eine sehr ideenreiche, exzellente Crossover-Küche, an der sich nicht zuletzt das Auge

erfreut. Mit gegrilltem Iberico-Schwein und Rinderfilet kommt aber auch Mallorca nicht zu kurz.
Plaça Weyler, T 654 60 27 69, Di–Sa 13–15.30, 19–22.30, So 13–15 Uhr, Vorspeisen ab 11 €, Hauptspeisen ab 25 €

Der Tradition verpflichtet

C'an March: Die gehobene mallorquinische Küche lockt vor allem Einheimische, die das preiswerte und sehr gute Mittagsmenü im Can March zu schätzen wissen.
Carrer València, T 971 55 00 02, www.canmarch.com, Di–So 12.30–16, Sept.–Juni Fr, Sa auch 20.30–23 Uhr, Hauptgerichte ab 15 €

Feiern

- **Sant Antoni Abad:** 17. Jan. Auch hier fegen die Teufel, die *dimonis,* mit Feuer und Schwefel durch die Gassen.
- **Fires i Festes de Primavera:** Ende Mai–Anf. Juni. Sportveranstaltungen, Musikdarbietungen und die bekannten ›Cossier‹-Tänze (s. u.), Kunsthandwerks-

TÄNZER IN RÖCKCHEN

Beim **Ball dels cossiers,** am Gedenktag für den hl. Bartolomé (24./25. Aug.), füllen sich die Gassen mit Tänzern, den ›Cossiers‹. Sechs berockte Männer drehen sich im Kreis um eine Frau, die offensichtlich den Ton angibt, von ihnen beschützt wird und sie schließlich zum Sieg über den Teufel führt, der unter den Tänzern sein Unwesen treibt. Begleitet werden die ›Cossiers‹ von traditionellen Musikanten mit Flöte, Trommel und Dudelsack. Die Tradition wird in etlichen Orten gepflegt, am eindrucksvollsten in Algaida (s. S. 180) und Montuïri (s. S. 187).

ausstellung und Landwirtschaftsmesse, eine verkleinerte Ausgabe des Dijous Bo in Inca (s. S. 136).

- **La Festa de Sant Jaume:** eine Woche Mitte Juli. Sommerfest mit Konzerten, Open-Air-Dinner und seit jüngster Zeit auch wieder mit traditionellen Pferdetänzen, den ›Cavalls‹, die sonst nur noch in Ses Salines stattfinden (1. Mai).

Infos

- **Städtisches Touristenbüro:** Plaça del Convent, 3, T 662 35 08 91, www.visit manacor.com; dort auch Broschüre mit 14 Radtouren rings um die Stadt.
- **Bahn:** Endstation der Bahn von Palma über Inca, Sineu und Petra, etwa stdl.
- **Bus:** u. a. L 411 nach Cala Rajada/Palma und L 425 nach Cala d'Or; www.tib.org.
- **Markttag:** montags

Präzisionsarbeit: Nur Sekunden verbleiben, dann ist die gläserne Masse zum filigranen Kunstwerk erstarrt.

Algaida ⚲ E4

Seit die Schnellstraße den kleinen Ort umgeht, kennt man ihn eigentlich nur in Verbindung mit der vor den Toren in Gestalt einer zinnengekrönten Festung liegenden **Glasfabrik Gordiola.** Auf keinem Ausflugsprogramm fehlt sie, ist aber dennoch einen Besuch wert. Wo sonst kommt man der Kunst des Glasblasens und der Fingerfertigkeit der Glasbläser so nahe? Mit einzigartiger Geschicklichkeit verstehen sie es, in Sekunden aus einem Klumpen flüssiger Masse ein zartwandiges, transparentes Gebilde zu schaffen.

Kunst aus flüssigem Glas

Wer könnte da schon widerstehen, eines dieser Gläser im angrenzenden Shop als Souvenir zu erwerben, gut verpackt mit nach Hause zu nehmen und mit ihm die Glut der Öfen und die Sonne Mallorcas? Viel Kitsch ist dabei, aber auch anspruchsvolle Glaskunst und besonders gelungene und zeitlose Repliken antiker Gläser. Schnellstraße Palma–Manacor, PM-310, ca. 5 km vor Gordiola, www.gordiola.com, Mo–Sa 9–19.30, So –13.30, Vorführungen Mo–Fr 9–13.30, 15–ca. 18, Sa 9–12 Uhr, Eintritt frei

Essen

Algaida gilt als Hochburg deftiger mallorquinischer Küche und ist vor allem an Wochenenden Ziel mallorquinischer Familien.

In Teufels Küche

Cal Dimoni: Uriges, mit *llangonizes* (Würsten) dekoriertes und vom lodernden Grillfeuer beleuchtetes Lokal – eine Institution. Zu den Spezialitäten der gastlichen Hölle zählt das Spanferkel vom Grill. Die Portionen sind mehr als

Randa ist einer der Berge, die Besuchern die fruchtbare Ebene mit ihren Mandelbäumen zu Füßen legen. Selbst für das Domizil Weltentrückter galt die Maxime des Immobilienerwerbs: die Lage, die Lage, die Lage!

üppig. Es ist halt sehr touristisch und auf Gruppen eingestellt, die Bedienung routiniert, aber eher lieblos. Man sollte nicht zu viel erwarten.

Autobahn Palma–Manacor (Ma-15), Ausfahrt 21, am Kreisverkehr 3, Ausfahrt Richtung Manacor, T 971 66 50 35, www.caldimoni.es, Di–So 13–17 Uhr, Hauptgerichte ab 12 €

Mallorquinischer Familientreff

Es 4 Vents: Wie im Cal Dimoni dreht sich auch hier alles ums Fleisch, wobei das Ambiente hier eher schlicht ist. Die Einheimischen stört das nicht, sie legen vor allem Wert auf das Essen, und das ist hier mindestens genauso gut, ebenfalls auf Hausmannskostniveau.

Neben Cal Dimoni, T 971 66 51 73, Fr–Mi 12.30–17, 19–24 Uhr, 15. Juni–15. Juli geschl., Hauptgerichte ab 14 €, Menü ab 27 €

Puig de Randa und Randa ♀ F5

Angesichts der vielen Touristen, die sich auf zwei oder vier Rädern zum 542 m hohen Tafelberg, dem **Puig de Randa,** hinaufschrauben (s. auch S. 182, würden die frommen Einzelgänger früherer Zeiten sicherlich Reißaus nehmen. In der Religionsgeschichte nimmt das Massiv eine herausragende Stellung ein, ist es doch die Wirkungsstätte des Nationalheiligen Ramón Llull, der hier im 13. Jh. lebte. Zu Füßen des Berges liegt der nette kleine, von Natursteinhäusern geprägte Weiler **Randa,** von dem aus die Straße zum Gipfelplateau führt.

TOUR
Gedränge am Berg der Eremiten

Hoch hinaus zu den religiösenStätten am Puig de Randa

Wie sollte man sich diesem heiligen Berg nähern? Für sportliche Radfahrer keine Frage: Nicht die Klöster locken sie, sondern die kurvenreiche 4,5 km lange Auffahrt mit einer durchschnittlichen Steigung von 5,6 % – ein gewisses Maß an Quälerei also. Damit haben sie einiges gemeinsam mit den frühen Eremiten an dieser Stelle.

Wir entscheiden uns dafür, dem heiligen Berg mit dem Auto auf die Pelle zu rücken, denn es soll ja in erster Linie eine Besichtigungstour ohne sportliche Ambitionen sein. Dann aber am besten am späten Nachmittag, wenn der Tross der Radfahrer etwas ausgedünnt ist. Schnell noch einen Blick auf den **alten Waschplatz,** Vorläufer der vollautomatischen Waschmaschinen, dann schraubt sich die Straße in Kehren nach oben und führt mitten hinein in das religiöse Kraftzentrum Mallorcas. Der **Puig de Randa** bot sich aufgrund seiner Abgeschiedenheit und exponierten Lage als idealer Ort der Kontemplation an. Die frühesten Spuren des Eremitentums, etwas über 2 m lange Löcher, die als spartanischer Schlafplatz dienten, stammen aus dem 14. Jh. Auf dem Puig de Randa sind aus den bescheidenen Eremitagen der frühen Zeit inzwischen drei Klöster entstanden.

An den Fels geklebt
Die untere Klause, **Santuari de Nostra Senyora de Gràcia,** ist schnell erreicht. Einem Schwalbennest gleich klebt sie an einer senkrechten Felswand, voller Gottvertrauen – so, wie man sich eine Einsiedelei vorstellt. Und doch hat man Platz für einen üppigen Blumengarten gefunden, von dem aus der Blick weit nach Osten bis zu den weißen Hotelbauten der Küste reicht, in denen ganz andere Vorstellungen vom Sinn des Lebens herrschen. 1440 hatte der Franziskaner Antonio Caldés eine Höhle an der Ostwand des Berges als Stätte der Kontemplation gewählt und eine erste bescheidene Behausung mit einer kleinen Kapelle errichtet, die er der hl. Anna weihte. Kirche und Einsiedelei erfuhren im Lauf der Jahre mehrfach Erweiterungen, und als die Madonnenfigur 1776 auf Anordnung des Bischofs auf den Hauptaltar gestellt wurde, erhielt

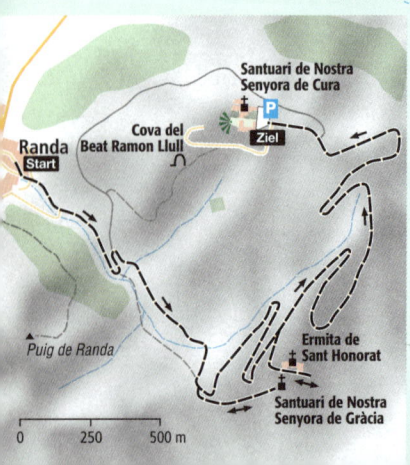

Den Mönchen, auf die das Sanctuari de Gràcia zurück-geht, erschienen die Felsen wohl weniger als Bedrohung denn als Schutz.

die Eremitage nicht nur einen neuen religiösen Bezug, sondern auch ihren heutigen Namen. Betritt man die kleine **Kirche,** so kann man in der ersten Seitenkapelle linker Hand noch die Reste der ersten Kapelle erkennen, geschmückt mit einem Bildnis der hl. Anna. Beachten sollte man auch die kunstvollen Azulejos mit Bibeldarstellungen. Wer die Landschaft genießen möchte: Die beste Aussicht bietet sich bei dieser Eremitage von einer kleinen, etwas erhöht liegenden **Felskanzel.**

Hierher kamen sie alle ...
Nur wenige Straßenkehren oberhalb befindet sich die Zufahrt zur zweiten Klause von Randa, der **Ermita de Sant Honorat.** Die Anfänge gehen auf das Jahr 1395 zurück, als die Eigentümer des Berges dem Eremiten Arnaldo Desbrull einen Teil ihrer Ländereien zur Errichtung einer Klause übereigneten und der Bischof von Palma die Erlaubnis zum Bau einer kleinen Kapelle gab, Sant Honorat geweiht, dem Bischof von Arles. Als Zeugnis dieses ersten, im gotischen Stil errichteten Baus blieb nur ein **Grabstein mit gotischen Lettern** an der Seitenwand. Die Eremitage war im 16. Jh. lange Zeit unbewohnt, bis die Stadt Algaida sie renovierte. Sie wurde bis Ende des 19. Jh. zur Heimat zahlreicher Eremiten und Missionare. Der gute Erhaltungszustand ist der grundlegenden Renovierung im Jahr 1962 zu verdanken.

Im Klosterladen wartet Hochprozentiges: der Licor Randa (40 %). Das Rezept des nur hier zu kaufenden Likörs entwickelten die Mönche im 13. Jh.

Zwischen Himmel und Erde
Versteckt hinter einer Sendestation krönt der festungs-artig von einer Mauer umschlossene Klosterkomplex

Infos

 F5

Infos: ca. 8 km
langer Rundwander-
weg auf dem Puig de
Randa, Höhenun-
terschied 250 m,
reine Gehzeit ca.
2,5–3 Std.

Anreise mit ÖPNV:
1 x tgl. von Can
Pastilla über Platja
de Palma mit Buslinie
L459, 1 x tgl. im
Sommer von Cala
d'Or mit der Linie
L456

Einkehren: Im Klos-
ter Cura gibt es ein
Restaurant (tgl. offen,
Öfnungszeiten siehe:
www.santuaride
cura.com/de/oeff
nungszeiten/).

Santuari de Nostra Senyora de Cura das Hochplateau
des Puig. Der Ort ist unlösbar mit dem Leben des Ramón
Llull verbunden. Etwa 40-jährig zog Llull sich für vier
Monate in eine Höhle auf dem Puig de Randa zurück,
um hier bis zur Gründung der Schule von Son Miramar
das einsame und gottgefällige Leben eines Mystikers zu
führen. Die heutige Klause spiegelt nichts mehr von der
Einfachheit des einst entbehrungsreichen Höhlenlebens
früher Gottessucher. Im Lauf der Jahrhunderte wurde der
Komplex immer wieder erweitert und beherbergte bis
1826 eine der berühmten Grammatikschulen, die Llull
ins Leben gerufen hatte. Die Säkularisierung bedeutete
auch für diese Eremitage Niedergang und Verfall. Ein-
gedenk der historischen Bedeutung des Puig de Randa
leitete Bischof Pere Campíns 1913 den Wiederaufbau in
die Wege und übertrug den Franziskanern die Verwaltung des nach wie vor viel besuchten Wallfahrtsortes.

Der Geist des Gebets

An der Seitenfassade der Klosterkirche hat ein **Ma-
jolikabildnis der Madonna von Cura** seinen Platz,
die bis 1549 unter dem Namen Nostra Senyora de
Randa verehrt wurde. Im Inneren findet sich eine
für Mallorca typische **Bethlehemgrotte,** wie sie beispielsweise auch in der Ermita de Nostra Senyora de
Bonany (s. S. 177) anzutreffen ist. Im Hauptgebäude illustrieren Glasmalereien das bewegte Leben des
Volkshelden Ramón Llull, dessen **Denkmal** auch auf
dem Klosterhof steht. Ein besonderes Kleinod ist die
umfangreiche Handschriften- und Büchersammlung
in der **Klosterbibliothek.**

Im Winter geht der Blick bis Ibiza

Dass die zurückgezogen lebenden Eremiten nicht nur
in dunklen Höhlen hausten, den Blick nach innen
gekehrt, legt die grandiose Aussicht über halb Mallorca nahe. Sicherlich haben sich die frommen Männer
daran ebenso ergötzt wie die heutigen Tagesausflügler.
Vielleicht sogar noch mehr, denn die gewaltige Anten-
nenanlage unmittelbar neben dem Kloster, Zeichen
des ungebändigten weltlichen Kommunikationsbe-
dürfnisses unserer Tage, gab es damals nicht. Wer
hier oben allerdings übernachtet, vermag noch ein
wenig von der **spirituellen Kraft** zu verspüren, die
seit jeher von diesem Ort ausgeht.

Ein Gutmensch?

Die bis in unsere Tage anhaltende religiöse Bedeutung des Puig de Randa ist eng verbunden mit dem Leben des Inselheiligen Ramón Llull, der um 1232 in Palma geboren wurde. Nach einem ausschweifenden Leben entsagte er den irdischen Freuden, gab seinen Posten als Berater des Königs auf und verließ seine Familie. Nachweislich verbrachte er einige Zeit auf dem Gipfelplateau des Puig, ehe er sich seinen Aufgaben als Missionar, Gelehrter, Philosoph und Dichter widmete. Wichtigstes Ergebnis seines umfangreichen literarischen Werks war die Aufwertung des Katalanischen zur Literatursprache. Der Überlieferung nach starb er im hohen Alter von über 80 Jahren den Märtyrertod. Die Kirche konnte sich mit seiner Märtyrerrolle nicht anfreunden und belegte seine Schriften während der Inquisition sogar mit einem Bann. Heiliggesprochen hat sie ihn bis heute nicht …

Essen

Ländlich gediegen

Es Reco de Randa: Rustikales Landhotel mit familiärer Atmosphäre in ruhiger Lage, mit großen gemütlichen Zimmern, einem Pool mit Sauna und beliebtem Restaurant (s. u.), auch pauschal buchbar, dann aber evtl. teurer! Es gibt renovierte und noch nicht renovierte Zimmer, die demnächst aber auch modernisiert sein sollen. Der Blick von einigen Zimmern und dem Poolbereich ist grandios, der Preis im Vergleich zu anderen Landhotels im Tramuntana-Gebirge mehr als gerechtfertigt. Carrer Font, 13, T 971 66 09 97, www.esreco deranda.com, DZ ab 80 €

Stille Einkehr

Santuari de Nostra Senyora de Cura: Am Abend wird es ruhig auf dem Berg. Die Rad- und Mietwagenfahrer sind zu ihren Stammquartieren an der Küste zurückgekehrt, es herrscht klösterliche Stille wie zu Zeiten der Eremiten. Die Zimmer sind einfach, wie es sich für ein Kloster gehört, aber modern ausgestattet mit Heizung, TV und Internetanschluss. T 971 66 02 60, www.santuaridecura.com, DZ/F ab 70 €, HP/VP möglich, geöffnet Ende Feb.–Anf. Nov.

Essen mit Blick

Es Reco de Randa: im gleichnamigen Hotel (s. o.). Verfeinerte mallorquinische Hausmannskost, natürlich auch Lammschulter und Spanferkel sowie hervorragende Desserts. Ein sehr gemütliches Ambiente und eine intime Terrasse mit tollem Panoramablick runden das Angebot optisch ab. tgl. 10–23.30, Küche 12.30–16.30, 19.30–23 Uhr, Hauptgerichte ab 20 €

Für hungrige Radler

Restaurant im Santuari de Nostra Senyora de Cura: Wer hier nach 5 km Strampelei bergauf ankommt, benötigt dringend eine Stärkung. Dafür sorgt das einfache Restaurant mit preiswerten, großen Portionen ab 8 €. Ende Nov.–Ende Feb. tgl. 9.45–17, Mittagessen im Winter 12.15–15.30, sonst 8.15–22 Uhr

---

Llucmayor   ♥ E6

Der von den Römern unter dem Namen Lucus Major (großer Wald) gegründete Ort ist nur ein Zwischenstopp auf dem Weg von Palma ins attraktive Santanyí. Man sollte sich aber zumindest einen Abstecher zur zentralen **Plaça Espanya** gönnen, die von einem hübschen Ensemble gepflegter Bürgerhäuser aus dem frühen 20. Jh. umschlossen wird, in das sich das **Rathaus** mit seinem zierlichen Turm

Lieblingsort

Ort der Einkehr und Lebensfreude

Das Gros der Radfahrer kommt hier nicht her. Der Anstieg ist nicht spektakulär genug. Schade eigentlich, denn von den vielen Eremitagen halte ich **Monti-Sion** (♥ F6), einige Kilometer vom Städtchen Porreres entfernt, für eine der schönsten. Wer Ruhe und Einkehr sucht, sollte wochentags kommen, sich auf eine der Bänke im Säulengang setzen und über Gott und die Welt nachdenken. Nur selten stört ein anderer Besucher. An Wochenenden allerdings taucht man mitten ins spanische Leben. Zuweilen werden für die Kinder Hüpfburgen aufgebaut, es werden Picknickkörbe ausgepackt, Weinflaschen geöffnet, über dem Parkplatz kräuselt sich der Rauch des Grillguts. Die weniger bekannten Eremitagen sind so etwas wie die Halligen, auf die sich die Einheimischen vor der anbrandenden Flut der Badetouristen zurückziehen. Irgendwie kommt man sich wie ein Eindringling vor, wird aber herzlich aufgenommen, darf ein Stück *sobrassada* kosten und erfährt so manches über die Freuden und Nöte der einfachen Leute vom Land.

harmonisch einfügt. Fast drohend wirkt da die Fassade der wuchtigen Pfarrkirche **San Miquel,** die sich einer Festung gleich über die Dächer erhebt. Und in der Tat ging es hier 1349 kriegerisch zu. Vor den Toren der Stadt tobte am 25. Oktober jenes Jahres die Entscheidungsschlacht zwischen König Jaume III und den Truppen Pedros IV von Aragón, die mit dem Tod des mallorquinischen Königs und dem Verlust der Unabhängigkeit der Insel endete. Ein **Kreuz** an der Stadteinfahrt neben der Ma-19 und ein **Denkmal** mit Darstellung des sterbenden Königs im Ort selbst halten die Erinnerung an diese für Mallorca dunkle Stunde wach.

An friedlichere Zeiten erinnert das **Denkmal eines Schuhmachers** an der **Plaça S'Abaurador Rodona,** einer kleinen, mit Palmen bestandenen Oase an einer Straßengabelung unweit der Plaça d'Espanya. Ein Stück östlich des zentralen Platzes erhebt sich die mächtige Barockfassade des ehemaligen **Klosters Sant Bonaventura** aus dem 17. Jh. Bis 1835 lebten hier die Franziskaner, dann zog die Guardia Civil ein und zum Schluss wurde es als Schlachthof genutzt. Seit 2002 ist die Restaurierung im Gange.

Essen

Nostalgischer Charme

Café Colon: Viele sollen nur wegen des alteingesessenen gemütlichen Cafés nach Llucmayor kommen. Die reich verzierte Fassade mit ihren Balkons bildet den richtigen Rahmen für das Art-déco-Interieur mit gusseisernen Tischbeinen und geflochtenen Stühlen. Im Sommer kann man draußen dem Treiben auf der Plaça bei hervorragendem Kaffee oder einer Tapas-Auswahl zuschauen, ohne den Geldbeutel zu strapazieren, muss dafür aber einen etwas gewöhnungsbedürftigen Service in Kauf nehmen.

Plaça d'Espanya, 17, tgl. 7.30–24 Uhr, im Winter geschl., Hauptgerichte ab 10 €

Den Gast im Auge

Bistro Mercat: In puncto Ambiente kann das kleine Bistro mit dem benachbarten Café Colon nicht mithalten. Doch das, was hier auf den Tisch kommt, kann sich sehen lassen, und was den Service betrifft, sollte der Nachbar ruhig mal vorbeischauen.

Plaça d'Espanya, 21, Fr–Mi 8–23 Uhr, T 971 647 008, www.bistromercat.com, Hauptgerichte ab 9 €, Tagesgericht (plato del día) 7 €

Infos

- **Verkehr:** gute Busverbindung mit Palma, Cala d'Or, Campos und Santanyí (L 500, L 501, L 502).
- **Märkte:** Gleich dreimal pro Woche verwandelt sich die Plaça d'Espanya in einen farbenprächtigen Obst- und Gemüsemarkt, montags, mittwochs und freitags. Besonders lohnend ist der Besuch am Freitag, wenn auch Kunsthandwerk und Trödel angeboten werden.

Son Fornés und Els Calderers ⚲F–G5

Räumlich liegen sie nicht weit auseinander, zeitlich schon. Unterhalb der Ortschaft **Montuïri,** die mit den Resten alter Mühlen und dem dazugehörigen kleinen Museum Molí d'en Nofre selbst einen kurzen Besuch verdient, liegt die bedeutende Talaiot-Siedlung **Son Fornés** aus dem 9. Jh. v. Chr. Bis in die römische Epoche wurde sie bewohnt und mehrfach erweitert. Zu sehen gibt es vor allem kunstvoll zusammengefügte Wände aus bis zu neun Tonnen schweren groben Steinen. Hier also liegen die Ursprünge

DIE VERKANNTEN

Es muss nicht immer Sóller, Port d'Andrax oder Santanyí sein. Ein besonderer Zauber geht von den eher unbekannten Orten aus, die in sich selbst ruhen, sich nicht extra für den Fremden schmücken. **Muro** beispielsweise, einige Kilometer südöstlich von Sa Pobla (s. S. 134) mit dekorativen Fassaden, die von vergangenem Wohlstand künden, und der Promenade La Riba mit großzügigem Blick über die weite Ebene der Windmühlenlandschaft Marjals de Sa Pobla. Auch das beschauliche **Montuïri** im Süden von Es Pla lohnt einen Besuch. Schmale Gassen, gesäumt von düsteren Steinhäusern führen hinauf zum Mühlenhügel. Leider wurden die meisten Flügel demontiert, aber der Blick über die Felder entschädigt auch hier. **Sant Joan** in der Nähe des Landguts Els Calderers gibt sich eher verschlossen. Als ein gewisser Joan Miró sich hier nach einem Atelier umsah, wurde er von den Bewohnern strikt abgewiesen. Sie wollten keinen Rummel und wollen ihn auch heute noch nicht. Irgendwie sympathisch. Dass sie durchaus auch Pragmatiker sein können, zeigt der Besuch des Friedhofs neben dem **Santuari de Consolació** ganz in der Nähe auf einem Hügel mit schöner Aussicht. Um kostbaren fruchtbaren Boden zu sparen, hat man die Verstorbenen ordentlich über- und nebeneinander in Totenhäusern gestapelt. Wenn man nach einem abwechslungsreichen Tag abends in seine Hotelanlage am Strand zurückkehrt, weiß man, dass man im echten Mallorca gewesen ist.

der bis heute die Landschaft prägenden Trockensteinmauern. Zunächst aber sollte man sich im dazugehörigen Museum das theoretische Rüstzeug aneignen, damit sich das Gewirr der Steine mit Leben füllt und die Fantasie beflügelt wird.

An der Ma-3210 unterhalb von Montuïri, www.sonfornes.mallorca.museum, März–Okt. Mo–Fr 10–17, sonst 10–14 Uhr, 3,50 €, Rentner 2 €

›Dolce vita‹ auf Mallorquin

Ganz anders das etwa 3 km südöstlich liegende Landgut **Els Calderers**. Nach dem Vorbild von La Granja (s. S. 83) wurde ein stattliches Herrenhaus in ein Freilichtmuseum umgewandelt, das Einblick in das Leben des Landadels vor 200 Jahren gewährt. Das Landgut mit seinem im Stil der *finca rustica* gehaltenen Hauptgebäude geht bis auf das 13. Jh. zurück und vermittelt einen authentischen Eindruck von einem völlig auf Selbstversorgung eingerichteten Gut. Weinkeller (freie Verkostung mit Selbstbedienung!), Kornspeicher, Stallungen und Werkstätten gehören ebenso dazu wie Musikzimmer oder Ankleideraum für die Dame des Hauses. Alle reich ausgestatteten Zimmer, durch die man ohne Führung bummeln kann, sind liebevoll mit den jeweils typischen Accessoires und Gerätschaften ausgestattet. Die Oberschicht lebte schon damals nicht schlecht.

Weg ist ausgeschildert, T 971 52 60 69, www. elscalderers.com, tgl. 10–17.30, im Winter nur bis 17 Uhr, 9 €

Infos

- **Bus:** Verbindungen von Palma nach Montuïri mit L 490 über Algaida, in entgegengesetzter Richtung mit Portocolom über Felanitx. Els Calderers kann man nicht mit öffentlichen Verkehrsmitteln erreichen.

Zugabe
Der einsame Stier von Algaida

›Blechbulle‹ an der Autobahn Ma-15

Wo sind bloß all meine Kumpel geblieben?

Mit seinen 14 m Länge und Höhe steht der *toro* unübersehbar auf einem kleinen Hügel nahe der Ausfahrt 24 an der Autobahn Ma-15 nahe Algaida. Die Silhouette ist jedem Spanienurlauber seit Jahrzehnten vertraut. Der geniale Entwurf des Grafikers Manolo Prieto aus dem Jahr 1957 ist zum Markenzeichen nicht nur der Firma Osborne geworden, die damit seit 1960 ihren Brandy Veterano bewarb, sondern für ganz Spanien. Das war sein Glück, denn als 1988 Werbetafeln am Straßenrand verboten wurden, durfte er bleiben, allerdings nur noch ›nackt‹, ohne Werbung. Aber welche Firma dahinterstand, wusste eh jeder und weiß es noch immer. Doch 1994 ging es den Blechstieren noch einmal an den Kragen: Sie sollten abgebaut werden. Spanien ging auf die Barrikaden. 1997 verkündete der Oberste Gerichtshof endlich: Die Stiere dürfen bleiben, sie seien mittlerweile Kulturgut und Teil der einheimischen Folklore, verewigt auch auf Stickern, Fahnen etc.

Derzeit besteht die Herde in Spanien noch aus 88 Tieren, von denen die meisten in Andalusien, Valencia und in der Mancha leben. Aber auch nach Übersee hat es etliche verschlagen – und selbst nach Dänemark. Die Stiere in Katalonien hatten hingegen ein trauriges Schicksal. Sie konnten ja nichts dafür, dass sie von den Katalanen politisiert und als Symbol der verhassten Zentralregierung missbraucht wurden. Im Februar 2000 verlor der letzte sein Leben.

Auch der einsame Stier von Algaida hat es nicht leicht, obwohl sich die Firma nach wie vor um ihn kümmert. Er bekommt zu spüren, dass die Bewohner der Balearen nicht nur in der Sprache den Katalanen vom Festland nahestehen. So dient er denn heute vor allem als Werbeträger für politische Statements, die im Schutz der Nacht aufgesprüht werden. Dazu gehört sogar die verbotene extremistische Partido Marxista-Leninista – Reconstrucción Comunista. Auch die Hörner hat man dem armen Tier schon abgeschlagen. Und selbst das uns vertraute Porträt von Angela Merkel war hier zu sehen, nicht etwa als Dank für die vielen deutschen Touristen, sondern als Protest gegen die Einführung des Euro.

Ein wehrloser Stier also als Spiegel kulturellen und politischen Wandels? Wenn das nicht eine Sehenswürdigkeit ist! ∎

Die Südküste

Sonne, Salz und Sand — flach und trocken, viel Landschaft, wenig Menschen. Hinter den Salzbergen und Dünen versteckt sich ein Traumstrand, heiß begehrt von Häuslebauern und Hotelinvestoren – aber die Natur hat gewonnen!

Seite 193
Cala Pi

Am Ende einer Sackgasse wartet ein winziger Ort über einer schmalen Bucht. Ehemals ein Schlupfwinkel für Piraten, heute ein hübscher Strand mit seichtem Wasser – sehr erholsam.

Seite 194
Capocorb Vell

Prähistorische Wohngemeinschaft hinter dicken Mauern. Wie haben die bloß vor 3000 Jahren die tonnenschweren Steine übereinandergestapelt?

Living at the beach. Hier scheint Afrika näher als Europa.

Eintauchen

Seite 197
Es Trenc

Vamos a la playa: kilometerweit feinster Sand und glasklares Wasser, der Karibik zum Verwechseln ähnlich, nur Palmen und Reggae fehlen.

Seite 198
Sant Jordi

Kein historischer Kern mit alten Häusern, aber eine wunderhübsche Promenade am kuscheligen Hafen – wieder so ein Platz, den man nie mehr aufgeben möchte.

Seite 200
Expedition zur Insel Cabrera

Heute geht es auf der ›Ziegeninsel‹ ganz friedlich zu, früher war das nun unter Naturschutz stehende Eiland ein spanischer Gulag – den mehrere Tausend Gefangene nicht überlebten.

Seite 202

Salines de Llevant

Salz, aufgetürmt zu riesigen Bergen, aus dem Meer gewonnen. Ein winziger Bruchteil, das *sal de flor,* würzt die Haute Cuisine der Star-köche und so mancher Hausfrau.

Seite 203

Campos

Ein unterbewertetes und noch nicht von der Tourismuswelle über-flutetes Städtchen. Der Markt gehört dem Obst und den Gemüsen aus der Region – alles sehr bodenständig hier.

Seite 202

Banys de Sant Joan

Schon die Römer be-trieben in der einzigen warmen Quelle der In-sel Wellness. Sie auch?

Seite 207

Der Tanz im Kreisel

Miguel Sarasate lässt seine Metallfiguren im Kreisverkehr bei Campos tanzen. Kein Wunder, dass die eine oder der andere hier so manche Runde dreht. Im benachbarten Café lässt sich Sarasates Kunst sicherer genießen!

Im Botanicactus stehen stachlige Zuwanderer aus aller Welt in voller Har-monie neben einheimischen Gewäch-sen.

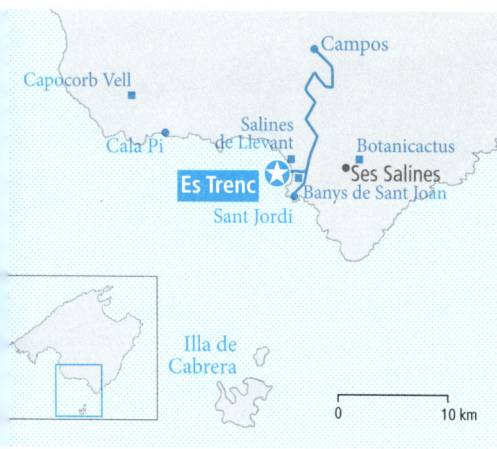

Piraten liebten diese abgelegene Ecke, deutsche U-Boote auch. Joan March, der letzte ›Pirat von Mallorca‹, versorgte die Deutschen 1916, ehe er sie an die Briten verriet.

erleben

Der Wüste so nah

Kaum hat man die Steilkante hinter El Arenal überwunden, kehrt Ruhe ein. Kein Strand mehr, keine Hotelbauten, hin und wieder nur die Abzweigung zu einem der uniformen Villenviertel, die sich die Küste entlang vorarbeiten. Die Straße wird immer einsamer, die Landschaft eintöniger. Nur hin und wieder ein Blick aufs Meer.

Einige Kilometer im Landesinneren dann die beeiendruckenden Relikte einer lange zurückliegenden Epoche. Tonnenschwere Steinbrocken haben die Menschen der Talaiot-Kultur in Capocorb Vell zu Türmen, Mauern und Wohngebäuden aufgeschichtet. Warum gerade hier, in der recht menschenfeindlichen Einöde? Wovon haben sie gelebt? Vielleicht sind sie ja gleich nebenan in der Bucht von Cala Pi fischen gegangen. Es ist nach wie vor ein tolles Plätzchen mit einem verwunschenen Canyon und steilen Felsen.

Die meisten aber zieht es nach Es Trenc, dem Sehnsuchtsort aller Strandenthusiasten mit oder ohne Badeanzug. Denn: Hier gibt es türkisfarbenes Wasser wie in der Südsee. Dahinter türmen sich Dünen auf und blendet das strahlende Weiß der Salinen. Afri-

ORIENTIERUNG **O**

Verkehr: Verkehrsmäßig ist der Süden weniger gut erschlossen als andere Regionen der Insel. Allein von Llucmajor, Campos und Colònia de Sant Jordi bestehen gute, regelmäßige Busverbindungen mit Palma. Wer zum vielbesuchten Strand von Es Trenc will, muss mit Parkplatzproblemen rechnen. Am besten macht man sich zu Fuß von Colònia de Sant Jordi aus auf den Weg.

ka scheint hier viel näher zu sein als Europa.

Im Hinterland leitet uns die ›Ruta de Molins‹ im Zickzack von Mühle zu Mühle durch die Felder. Vor der Küste wartet die Insel Cabrera, einst bevorzugter Schlupfwinkel für Piraten, dann Verbannungsort für unliebsame Zeitgenossen, heute geschütztes Naturparadies. Jenseits des Badeorts Colònia Sant Jordi beginnt die eingezäunte Einsamkeit der Besitzungen der Familie March, die durch manch dubiose Geschäfte zu unermesslichem Reichtum gelangt ist. Wenig spektakulär dann der südlichste Punkt Mallorcas am Leuchtturm von Cap Salines – bis Algier sind es nur noch 275 km.

Cala Pi   📍E7

Dass hier ein alter Wachturm steht, macht schon Sinn. Die lang gestreckte, schmale Bucht bot sich als idealer Landungsplatz für Korsaren an. Noch heute ist es hier recht einsam und ein wenig verwunschen.

Der Ort besteht überwiegend aus Ferienwohnungen und Villen und liegt außergewöhnlich malerisch auf einem Kalksporn, der auf der einen Seite senkrecht ins Meer abbricht, auf der anderen nicht minder steil in die schmale Bucht, die tief ins Land reicht und in einem Sandstrand ausläuft. Von der Landspitze, die der noch gut erhaltene mittelalterliche **Wachturm** beherrscht, hat man einen unvergleichlichen Blick entlang der bewaldeten Steilküste hinüber zur **Punta de Cala Beltràn** (Punta Capocorb). Die gegenüberliegende Seite des Fjordes ist Privatbesitz und noch völlig unverbaute Natur – eine Offenbarung.

Eine große, jedoch geschmackvoll der Landschaft angepasste Appartementanlage bildet den eigentlichen Ortskern von Cala Pi, von wo aus man auf einem **Treppenweg** zum Strand hinabsteigen kann, dort allerdings leider nur wenige Stunden pro Tag von der Sonne verwöhnt wird. Vom Fjord aus zieht sich die Ortschaft mit leuchtend weißen Villen im Ibiza-Stil als schmaler Streifen die Steilküste entlang.

Essen

Mallorquinisches Menü
Miguel de Cala Pi: Den Wachturm hat man von der Terrasse immer im Blick, muss aber heute keine Piraten mehr fürchten und kann sich so ganz entspannt der bodenständigen einheimischen Küche

Früher zog es die Korsaren an die abgeschiedene Küste bei Cala Pi, heute sind die Besucher sehr viel friedliebender.

TOUR
Einmal Vergangenheit und zurück

Mit dem Drahtesel nach Capocorb Vell

Donnerstags sollte man nicht auf die Idee kommen loszuradeln – dann ist das Ziel geschlossen. Der Sonntag ist nicht schlecht, und dann möglichst früh los, denn erst nach gut 50 km ist man wieder zurück in Arenal oder an der Platja de Palma.

Konzentration, bitte!

Auf dem Rad- und Fußweg jenseits des **Jachthafens von Arenal** kann man sich den frischen Seewind um die Nase wehen lassen und langsam in die Gänge kommen. Dann geht es durch ein schönes Villengebiet bergauf zum großen Kreisel an der Hauptstraße. Der Wegweiser Cala Pi weist die Richtung. Zunächst herrscht zumindest an Werktagen reger Verkehr und der Radweg ist sehr schmal, Konzentration ist angesagt. Erst hinter der Schlafstadt **Badia Gran** wird es einsamer und entspannter. Trockensteinmauern und lockeres, mit Bäumen durchsetztes Buschwerk begleiten uns, hin und wieder ein Blick aufs nahe Meer. Am **Cap Blanc** verlässt die Straße mit einem 90-Grad-Knick die Küste.

Anstrengende Erfrischung

Nach gut 4 km erreichen wir die Abzweigung zum netten Ort **Cala Pi** (s. S. 193). Eine hübsche Badebucht und einige Restaurants locken, aber insgesamt sind für diesen Abstecher 8 km zu bewältigen, beim Weg zurück geht es dazu noch bergauf. Verzichten wir darauf, kommt sogleich das eigentliche Ziel in Sicht, die Talaiot-Siedlung **Capocorb Vell**.

Rätselraten …
Räder abstellen, die Toilette aufsuchen, eine Cola oder einen Kaffee genießen und dann ein kleiner Rundgang durch das zyklopische Mauerwerk der **prähistorischen Siedlung,** die als bedeutendste der Insel gilt. Aus riesigen rohen Steinen gefügte Türme, Mauern und Kammern fügen sich zu einer verschachtelten Ansiedlung. Hier sollen in der frühen Bronzezeit etwa 500 Personen gelebt haben. Die kastilische Bezeichnung *talayot* (katal. *talaiot*) entstammt dem arabischen *atalaya* (Turm) und nimmt Bezug auf die typische Bauform dieser prähistorischen Siedlungen der Balearen. Die Türme geben noch heute manches Rätsel auf. Dienten sie der Verteidigung oder religiösen Ritualen? Auf jeden Fall fragt man sich ehrfurchtsvoll, wie die damaligen Menschen die riesigen Felsbrocken so präzise aufeinandertürmen konnten (Do geschl., Eintritt 3 €).

Versuchen Sie einmal, mit den herumliegenden Steinen eine kleine Talaiot-Siedlung nachzubauen – Sie werden umso mehr Respekt vor den Baumeistern dieser Kunstwerke haben.

Einsam und edel
Sehr gemütlich geht es nun auf dem praktisch autofreien **Carrerò de Betlem,** der von der Ausgrabungsstätte wegführt, durch die Kulturlandschaft zurück zum Ausgangsort. Trockensteinmauern begrenzen die zahlreichen Mandelplantagen, hin und wieder zweigt eine Einfahrt zu einem versteckten Gehöft ab. An der T-Einmündung folgen wir dem Schild Llucmayor, biegen aber kurz danach nach links in den **Carrerò de Sa Caseta.** An einer restaurierten **Windmühle** geht es wiederum nach links Richtung Palma. Sie gehört wie die danebenstehende Kirche zum **Hilton Sa Torre Mallorca Resort,** einer edlen Unterkunft fern jeden Trubels (www.hotelsatorremallorca.com, DZ ab ca. 190 €).

Tapas satt!
Schnurgerade führt uns der Weg nun nach Westen zurück zur Hauptstraße, auf die wir bei **Badia Blava** stoßen. Die Zivilisation hat uns wieder, bis **El Arenal** sind es nur noch 5 km. Zumindest für Genussradler war es ein langer Tag. Der Wein oder das Bier mit Blick aufs Meer ist redlich verdient und die Tapa sowieso!

Lieblingsort

Auf Abenteuer!

Cala Pi (♀ E 7) hat mir schon immer gefallen, vielleicht weil es recht abgelegen ist. Eine von steilen Felsen weit ins Land greifende Bucht, die an einem Strand endet, ein kleiner Ort, der nur eine Seite beansprucht. Über das tiefe Blau des Wassers geht der Blick hinüber zu ockerfarbenen Felsen, bedeckt mit schütterer Vegetation, kein Haus, soweit das Auge reicht – ganz so wie zu Zeiten der Piraten, die hier gern Unterschlupf suchten. Wo findet man das sonst noch in Mallorca! Richtig abenteuerlich wird es, wenn man dem ›Torrent‹, einem Canyon folgt, der sich vom Strand ins Landesinnere zieht, ein von Höhlen, Tümpeln und üppiger Vegetation geprägtes Biotop, in dem es wimmelt, kreucht und fleucht, ein Naturparadies, das auf große und kleine Entdecker wartet. Wie weit die Terra Incognita die Erkundung zulässt, hängt vom Wasserspiegel ab. Nach Regenfällen kann das Wasser gefährlich durch die Schlucht rauschen, den Strand überspülen und sich in die Bucht ergießen. Cala Pi kann man auch mit dem Bus L 525 von Palma und Arenal aus erreichen, frühmorgens hin, abends wieder zurück. Wer mit dem Auto kommt, findet genug Parkplätze, auf Mallorca eher die Ausnahme.

widmen. Gute Paella und fangfrischer Fisch sind die Favoriten, und auch über den Service kann man nicht klagen. Carrer Torre, 11, T 971 12 30 00, Di–So 12.45–16, 19–22 Uhr, Hauptgerichte ab 15 €

Infos

- **Bus:** 2 x tgl. Verbindungen mit Palma über Llucmayor (L 525, L 502, L 501).

Platja des Trenc, Ses Covetes und Sa Ràpita ⭐📍F7

Über 5 km unberührte Dünen, weißer Sand und ein türkisfarbenes Meer, eine Kombination, die süchtig machen kann. Nur zu verständlich, dass diese lang gezogene Bucht zwischen dem Örtchen Sa Ràpita und dem Städtchen Colònia de Sant Jordi die Sonnenanbeter anzieht wie ein Honigtopf die Insekten – Einheimische und Touristen gleichermaßen. Dass nicht Hotelkästen die Kulisse bilden wie anderswo, ist dem Naturschutz zu verdanken, unter den das angrenzende Feuchtgebiet **Salobrar de Campos** mit seinen Salinen und Sümpfen schon vor Beginn der Tourismuswelle gestellt wurde. Glücklicherweise ist auch der Versuch gescheitert, bei Ses Covetes ein Villenviertel aus dem Boden zu stampfen.

Neue Regeln für den Traumstrand

Die Bucht wird von der kleinen, sich einige Meter ins Meer schiebenden, fast unbebauten Halbinsel **Ses Covetes** geteilt. Der nordwestliche Abschnitt bis Sa Ràpita trägt in seinem ersten Abschnitt den Namen Platja de Ses Covetes, jenseits eines alten Bunkers Platja de Sa Ràpita, der südöstliche, sich bis nach Colònia Sant Jordi ziehende, bekanntere Strand heißt **Es Trenc.** Genau dieser wurde 2017 ebenfalls unter Naturschutz gestellt und damit auch den beliebten Strandkiosken, den *chiringuitos,* der Garaus gemacht (s. unten). Bis sich neue, mobile Kioske etabliert haben, hat der Strand auch als nächtliche Partybühne seinen Reiz verloren, nicht aber als begehrtes Ausflugsziel.

Der Andrang hat somit auch seine Schattenseiten. Die Zufahrtsstraße ist während der Saison über Kilometer von parkenden Fahrzeugen gesäumt (Parken nur noch gegen Gebühr!) und der Strand leider längst nicht mehr so sauber wie erwünscht. Da die Strände nur von ihren jeweiligen Endpunkten aus erreichbar sind, kann man sich durch einen kleinen Fußmarsch allerdings vom Gewimmel der Badenden absetzen.

FÜSSE IM SAND, BIER IN DER HAND **C**

Was wäre ein Strand ohne die dazugehörige Bar, meist eine romantische, strohgedeckte Bretterbude mit kühlem Bier, süffigen Cocktails und einfachen Häppchen? Bisher gehören sie zum Badevergnügen wie Sonnenschirm und Liegestuhl, sind Teil des ersehnten Urlaubsgefühls – traditioneller Lifestyle eben. Der Umweltschutz hat nun auch sie ins Visier genommen. Sofern die ›Chiringuitos‹ als permanente Einrichtungen auf einem festen Fundament an einem Naturstrand errichtet wurden, verstoßen sie gegen das spanische Küstenschutzgesetz. Im Frühjahr 2017 wurden schon sechs Kioske am Strand von Es Trenc und einer in Son Serra de Marina plattgemacht, weitere könnten folgen.

Colònia de Sant Jordi ♀F8

Bei der Einfahrt in den Ort sollte man sich nicht von dem gesichtslosen Stadtbild täuschen lassen. Der kleine Hafen mit seiner palmengesäumten, zur Fußgängerzone erklärten **Promenade** trägt durchaus romantische Züge. Statt protziger Jachten dümpeln Fischerboote in der Bucht. Überdies kann Sant Jordi den wohl schönsten zusammenhängenden Naturstrand der Insel in die Waagschale werfen, ebenjene bereits oben erwähnte **Platja des Trenc**. Wer will, kann nach einem mehr oder weniger langen Fußmarsch eine für Mallorca ganz ungewohnte Einsamkeit in unmittelbarer Nähe des Meeres genießen.

Die Hotelzone von Colònia de Sant Jordi ist etwas nördlich angesiedelt, deutlich abgesetzt von der eigentlichen Ortschaft, mit ihr jedoch durch eine Küstenpromenade verbunden. Irgendwann wird sich die Baulücke sicherlich schließen.

Jenseits allen Trubels

Wem die Platja des Trenc dennoch zu belebt ist, der sollte sich in die entgegengesetzte Richtung wenden und sein Badetuch an der feinsandigen **Platja d'es Dolç** oder an der **Platja de Ses Roquetes** ausbreiten.

Nach Colònia de Sant Jordi zieht es vor allem Familien und Naturliebhaber, die verständlicherweise einem ausschweifenden und fragwürdigen Nachtleben wie in Magaluf oder S'Arenal nicht viel abgewinnen können. Seit einigen Jahren steht hier das einem Wachturm nachempfundene **Cabrera-Zentrum** Besuchern offen, das mit Videofilmen, Aquarien und einem Streichelzoo Fauna und Flora der Inselgruppe präsentiert (Carrer Gabriel Roca, www.cvcabrera.es,

So idyllisch, wie man sich den Salzabbau vorstellen mag, ist er nicht. Auch bei den Salines de Llevant (s. S. 202) ist Maschinenpower gefragt.

tgl. 10–14, 15–18, letzter Einlass 13 bzw. 17 Uhr, Dez./Jan. geschl., 8 €).

Schlafen

Es gibt etliche Hotels, von denen viele im Gegensatz zu Cala Millor oder Platja de Palma eine recht persönliche Note haben.

Eidgenössische Perfektion
Don León: Alteingesessenes Hotel mit gepflegter, freundlicher Atmosphäre an felsiger Bucht nahe dem Zentrum, schöner Garten mit Pool, kleines Hallenbad, vielfältiges Büfett. Alles in allem eine gelungene Verbindung von spanischem Charme und Schweizer Präzision.
Carrer Sol, T 971 65 55 61, im Winter geschl., DZ ab 180 € (HP, HS), auch pauschal buchbar

Spanische Herzlichkeit
Hostal Colonial: Kleine Pension in der Hotelzone mit netten, hellen und praktisch eingerichteten Zimmern. Sehr freundlicher Service (man spricht Deutsch) und eine viel gepriesene Eisdiele im Erdgeschoss.
Carrer Ingeniero Gabriel Roca, 9, T 971 65 52 78, www.hostal-colonial.com, DZ/F ab 96 €

Essen

Die zunehmenden Touristenzahlen in Sant Jordi wirken sich auch auf das Preis-Leistungs-Verhältnis der Restaurants aus.

Köstliches im Pinienhain
Es Pinaret: Das Restaurant des deutschen Ehepaars Peter und Elli Umbach ist bekannt für sein urgemütliches Ambiente, seine Gastlichkeit und die exzellente Küche (wöchentlich wechselnde Speisekarte).
Carreterra Ses Salines–Colònia de Sant Jordi, km 10, T 971 64 92 30, www.es-pinaret.de, April–Okt. Mi–Mo 19–23, März Fr, Sa 19–23, So 13–23 Uhr, Nov.–Feb. geschl., Vorspeisen ab 10 €, Hautgerichte ab 20 €

5Points!
5illes Eat and Drink: Man genießt an der ›Touristenmeile‹ zwar keine Aussicht auf das Meer, erfreut sich aber am pfiffigen Ambiente einer maritimen Strandbar mit ausgeblichenem Holz. Hier werden sehr delikate Tapas schön angerichtet und mit Aufmerksamkeit serviert. Für die großzügigen Portionen zahlt man 9 bis 14 €.
Avinguda Primavera, 42, T 971 65 56 69, tgl. 13–23 Uhr

Im Glashaus
Laos Club: Stylishes Restaurant mit offener Küche in einem ultramodernen Gebäude an der Flaniermeile. So richtig gemütlich ist es nicht, die Speisen der überschaubaren Karte und die Cocktails sind aber vorzüglich, allerdings auch recht hochpreisig. Man sollte sie auf der Dachterrasse zum Sonnenuntergang genießen.
Avinguda Primavera, 26, T 971 65 58 73, www.laoscoloniasantjordi.com, Vorspeisen ab 9 €, Hauptspeisen ab 23 €

Kuschelecke der Deutschen
Strandkorb: Auf der Karte stehen nicht nur Bauernfrühstück und Frankfurter Würstchen, sondern ordentliche mallorquinische Kost wie Dorade, Riesengarnelen vom Grill oder Tintenfisch zu vernünftigen Preisen. Das gilt auch für die Getränke. Man sitzt recht heimelig auf einer kleinen Straßenterrasse.
Plaça els Dolç, 3, T 971 65 52 99, Do–Di 12–22 Uhr, Tapas ab 6 €, Fischgerichte ab 14 €

Infos

- **Touristenbüro:** Carrer Dr. Barraquer, 5, Centre Civic, 1. Etage, T 971 65 60 73, Mo–Fr 9–13, 15–17 Uhr.
- **www.ajsessalines.net:** gute Seite mit Wandervorschlägen.
- **Bus:** mehrmals tgl. Verbindungen mit Palma, L 502 (www.tib.org), und Manacor.

TOUR
Nationalpark mit dunkler Vergangenheit

Expedition zur Insel Cabrera

Infos

F9–10

Infos: Der Ausflug wird von Sant Jordi aus zw. Mai und Okt. von Marcabrera (www.marcabrera.com) und Excursiones Cabrera (www.excursionescabrera.es) angeboten; Preise 40–52 €/Pers.

Sie wirkt aus der Ferne abweisend, ja bedrohlich, ein graues Felsmassiv im Blau des Mittelmeers. Man kann sie im Schnellboot erstürmen, sie umrunden, mehr oder weniger aus der Nähe betrachten und wieder zurückdüsen – keine gute Idee. Besser eine langsamere Variante wählen und sechs Stunden einkalkulieren. Das einfache Boot ist noch schnell genug. Zunächst steht die **Besichtigung vom Wasser** auf dem Programm, wobei man feststellt, dass sich hier 19 Inseln und Inselchen zu einem Archipel zusammendrängen. Kein Wunder, dass sich hier Piraten wohlgefühlt haben. So ist die Einfahrt zum Hafen, besser gesagt zur **Anlegestelle,** auf der Hauptinsel erst kurz vor der Landung zu erkennen. Bewacht wird sie von einem hoch auf dem Felsen thronenden Kastell aus dem 14. Jh., das den Seeräubern ihren Unterschlupf nehmen sollte.

0
2,5
5 km
Sant Jordi
I. Foradada
I. Pobre
I. Plana
I. des Conills
Parc Nacional de Cabrera
Cap des Morobutí
Sa Cova Blava
I. Redona
Cala en Gandut
Cap Ventós
Castillo de Cabrera
Start/Ziel
Cala Galiota
Mole
Cabrera
Na Piquamosques
Illa de Cabrera
Faro Ensiola
Punta de n'Ensiola
Cap des Falcó
I. Imperial

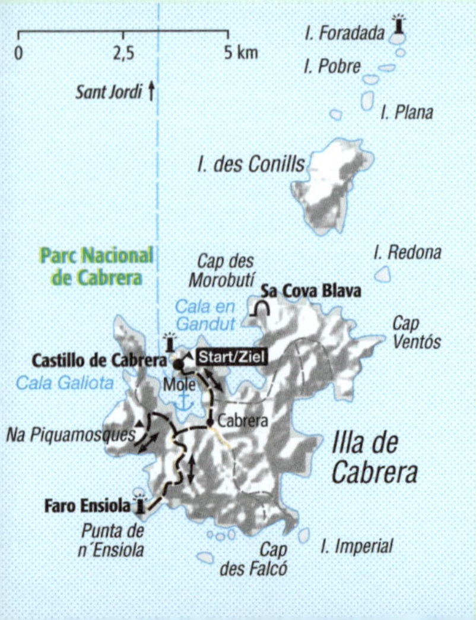

Im Sauseschritt unterwegs

Ihrem Namen ›Ziegeninsel‹ wird Cabrera schon länger nicht mehr gerecht. Als man den Archipel 1992 zum Nationalpark erklärte, wurden die gefräßigen Tiere zugunsten des Naturschutzes umgesiedelt. Damit die Touristen nicht deren Funktion als Störenfriede übernehmen, gelten für Besucher strenge Vorschiften. Nur auf einigen Wegen darf man die Insel ohne Führung erkunden. Jeden zieht es natürlich sofort zur **Festung** (ca. 30 Min.). Hat man sich erst einmal über die enge Wendeltreppe zur Plattform nach oben gearbeitet, winkt als Belohnung ein grandioser Blick über die Bucht, das Meer und schroffe Klippen. Viel mehr Zeit als für den Aufstieg bleibt eh nicht. Zur höchsten

Leinen los! Darauf werden die Gefangenen der ›Todesinsel‹ inbrünstig gehofft haben – mehrheitlich vergebens.

Erhebung **Na Picamosques** (ca. 2 Std. hin und zurück) darf man nur mit einem Führer, zum ca. 7 km entfernten Leuchtturm **Ensiola** muss man schon flott unterwegs sein, um nicht die Rückfahrt zu verpassen (mind. 3–4 Std. hin und zurück). Es sei denn, man nutzt die Möglichkeit zur Übernachtung in der Herberge.

Blaue Grotte, schwarze Schatten

Auf der Rückfahrt kommt man dann aber noch in den Genuss der blauen Grotte **Sa Cova Blava**, größer, schöner und nicht so überlaufen wie die auf Capri. Alles in allem eine großartige Exkursion, läge da nicht eine dunkle Vergangenheit über der Insel.

Insel des Todes

Als ein unbekannter französischer Soldat 1814 schrieb: »… denn man kommt aus der anderen Welt, wenn man aus Cabrera zurückkehrt«, bezog er sich nicht auf ein Paradies, sondern die Hölle eines Gefangenenlagers, eines spanischen Gulags. Nach der Niederlage Napoleons in der Schlacht von Bailén im Jahr 1808 wurden 9000 Kriegsgefangene nach Cabrera verfrachtet und mehr oder weniger ihrem Schicksal überlassen. Den Tag der Entlassung fünf Jahre später erlebten nur 3600 von ihnen. So tritt man die Rückfahrt nach Sant Jordi vielleicht doch etwas nachdenklich, aber auch dankbar an, den Archipel in friedlicheren Zeiten besuchen zu dürfen.

Wer im ehemaligen Kasernengebäude übernachten will, das schon General Franco für militärische Zwecke nutzte, muss vorab buchen (www.cvcabrera.es/albergue-de-cabrera; DZ je nach Saison ab 50 €).

- **Parken:** Wohl um Besucher des Es-Trenc-Strandes abzuschrecken, herrschen in der gesamten Innenstadt strenge Parkvorschriften (blaue Markierungen).

Das Hinterland

Salines de Llevant und Banys de Sant Joan ♀F7

Die hinter dem Dünengürtel liegenden und als **Parc Natural Salobrar de Campos** unter Naturschutz stehenden **Salines de Llevant** sind Relikte eines Feuchtgebiets, das bereits im 19. Jh. z. T. trockengelegt wurde. Vor allem seltene Vogelarten haben hier ihr Refugium. Das Gebiet eignet sich gut für einen Fahrradausflug. Der Zugang erfolgt durch eine schmale Stichstraße, die ca. 3 km nördlich von Sant Jordi von der nach Campos führenden Ma-6040 abzweigt, an der Salzgewinnungsanlage vorbeiführt und auf einem gebührenpflichtigen Parkplatz nahe der Platja des Trenc endet. In den Salzpfannen werden mehr als 10 000 t

G

DAS GESPENST VON CABRERA

Die Soldaten im Kastell (s. S. 200) hörten Türenschlagen und Schreie. In der Nacht zuvor waren die Gebeine eines deutschen Fliegers aus dem Grab geholt und auf einen Soldatenfriedhof überführt worden. Es sollen die falschen gewesen sein. Ob es tatsächlich spukte, sei dahingestellt, den Bomberflieger Johannes Böckler gab es wirklich, abgestürzt nach einem Motorschaden am 1. April 1944 und auf der Insel begraben.

Salz gewonnen, darunter zu einem verschwindend geringen Anteil auch das legendäre Flor de Sal (s. S. 127). Ein kleiner Laden bietet das Salz zum Verkauf, im Café kann man sich mit *pa amb oli,* Kaffee und Kuchen stärken.

tgl. 5–6 Führungen, 45 Min., 8 €, Senioren 4 €

Radioaktive Kuschelecke
Nur ein kleines Stück weiter in Richtung Campos trifft man auf das einzige Thermalbad der Insel, die **Banys de Sant Joan.** Dass die Römer den Begriff Wellness erfunden haben, ist kein Geheimnis, aber wie konnten sie in dieser abgelegenen Gegend bloß die einzige warme Quelle der Insel ausfindig machen? Das 38 °C heiße, leicht radioaktive Wasser dient vor allem der Behandlung von Rheuma, Arthritis und Gicht. Dies hat sich das moderne **Wellnesshotel Font Santa** zunutze gemacht, in dem sich auch Tagesbesucher verwöhnen lassen können.

www.fontsantahotel.com, 3,5 Std. inkl. 30 Min. Massage, 15 Min. Heilbad, Mittagessen 150 €

Botanicactus und Campos ♀F6–G7

Wie schon die Salinen zeigen, ähnelt die Südspitze Mallorcas ein wenig der nordafrikanischen Küste. Vorwiegend die Garrigue, niedriges, von Bäumen durchsetztes Buschwerk, findet hier ihr Auskommen, allerdings auch Kakteen, die zu Hunderten im Garten **Botanicactus** versammelt sind. Er liegt etwas außerhalb der Ortschaft Ses Salines (kleines Hinweisschild) an der nach Cala Llombards und Santanyí führenden Straße (Ma-6100). Neben Kakteen sind ein mallorquinischer Bauerngarten, eine Teichlandschaft, Obstplantagen, Bougainvilleahecken und ein Palmen-

Schon die Römer wussten um die beruhigende sowie desinfizierende Wirkung des Räucherdufts der Lavendelblüten. Der Marktbeschicker in Campos offensichtlich auch.

hain in die parkartige Anlage eingebettet. Mit einer Fläche von 150 000 m² und über 1600 Arten zählt er zu den größten botanischen Gärten Europas, ein empfehlenswertes Kontrastprogramm zum Strandtrubel (www.botanicactus. com, tgl. Nov.–Feb. 10.30–16.30, März 9–18.30, April–Aug. 9–19.30, Sept./Okt. 9–19 Uhr, 9,50 €).

Zentrum der ländlichen Region ist das Städtchen **Campos,** das sich bis heute den Charme einer typisch mallorquinischen Kleinstadt bewahren konnte.

Schlafen, Essen

Exquisite Oase der Ruhe
Sa Creu Nova: Schon gewagt, im verschlafenen Campos gleich drei benachbarte historische Stadthäuser in ein Art-Hotel mit 16 Zimmern und mehreren Suiten umzuwandeln, ausgestattet mit moderner Kunst, edlen Materialien und viel Liebe zum Detail. Man möchte den kleinen Garten mit dem Pool und der üppigen Vegetation gar nicht verlassen. Auch ein kleiner Wellnessbereich, zwei Restaurants, eines davon japanisch, gehören dazu – Entspannung pur. Carrer Nou, 10, T 637 02 21 59, www. sacreunova.com, DZ/F ab 250 €

Steaks der Sonderklasse
Molí de Vent: Der deutsche Inhaber hat sich neuerdings auf Fleisch vom Grill spezialisiert, wodurch die frühere Vielfalt mediterraner Küche leider verloren gegangen ist, obwohl die Steaks von bester Qualität sind. Das traumhafte Ambiente

TOUR
Im Zickzack auf der Mühlenroute

Mühlentour bei Colònia de Sant Jordi

Lange galten sie als pittoreske Wahrzeichen, die Mühlen Mallorcas. Man sieht sie, zumindest als Ruinen, vielerorts noch immer, etwa in der Nähe des Flughafens, nirgends sonst aber sind sie so harmonisch in eine noch ursprüngliche Landschaft eingebettet wie zwischen Campos und Sant Jordi. Wen wundert's, dass die Tourismusexperten hier die **Ruta de Molins** ins Leben gerufen haben. Die Zufahrt, nicht ganz einfach zu finden, liegt an der Straße von Campos nach Santanyí ein Stück hinter dem **Kilometerstein 40** (39° 25' 12.01" N 3° 2' 5.87" E). Und dann ist man schon mittendrin. Links und rechts des asphaltierten Weges ragen sie aus den Feldern, mal nah, mal entfernt. Es sind allerdings nicht die traditionellen Mühlen von den alten Stichen, die den Wind in geblähten Segeln einfingen. Moderne, effiziente Windräder mit zahlreichen Lamellen drehen sich hier, entwickelt im 19. Jh. in den Prärien der USA und millionenfach in alle Welt verkauft.

Ganz gemütlich

Erst einmal geht es immer geradeaus. Wenn der Weg dann scharf nach links abknickt, heißt es aufpassen. Nach etwas mehr als 500 m muss man nach rechts abbiegen (39° 24' 17.54" N 3° 2' 22.17" E). Am Stoppschild gut 500 m weiter bringt uns ein kleiner Schlenker nach rechts, vorbei an einem üppig grünen Garten, zum **Oratori Sant Blai**, einer der ältesten Kirchen der Insel. Einige Meter geht es nun zurück bis zur Kreuzung, rechts ab und dann immer geradeaus bis zur Hauptstraße **Ma-6040**. Es ist ein gemütliches Dahinradeln auf schmalen asphaltierten Wegen, es warten keine spektakulären Aussichten, keine Aha-Erlebnisse. Wie Inseln ruhen die Gehöfte

Infos

♥ F 5–7

Streckeninfos:
insgesamt 12 km;
Abzweigung von der
Hauptstraße ca. 2 km
von Campos bei
km 40; Strecke bis
nach Sant Jordi oder
zum Strand von Es
Trenc ca. 4 km mehr;
keine Steigungen,
Fahrt überwiegend
auf asphaltierten
Feldwegen

An der Route:
Erfrischungsmöglich-
keit und Toiletten bei
den Salinen

inmitten der flachen Felder. Ein kleines Stück geht es entlang der wenig befahrenen Hauptstraße Richtung Colònia de Sant Jordi, dann gegenüber einer Windmühle erneut auf einen **Wirtschaftsweg.** Felder wechseln mit Obstplantagen, dazwischen immer wieder Palmen – kein Wunder, wir sind in der trockensten Ecke der Insel. Die eine oder andere Windmühle fehlt natürlich auch nicht. Gut 1,5 km geht es so gemächlich dahin, dann ein Schwenk nach links auf die **Ma-6031.** Hier kann man bis zum nächsten Abzweig nach ca. 1 km mit Muße die Kunst der **Trockenmauern** studieren.

Stillstand
Fast ohne Unterbrechung begleiten uns die Mauern bis zu einer leicht zu übersehenden Gabelung (39° 23' 40.00" N 3° 0' 46.00" E, kurz hinter **Kilometerstein 2**), an der wir die Ma-6031 verlassen und wieder unbeschwert vom Autoverkehr die Einsamkeit genießen können: Felder, soweit das Auge reicht, ganz in der Ferne die Andeutung der östlichen Gebirgskette, hin und wieder kleine Gehöfte unmittelbar am Wegesrand, die noch nicht in Edel-Fincas umgewandelt sind – noch nicht. Die Zeit scheint stehen geblieben, nicht einmal 5 km Luftlinie vom betriebsamen Strand von Es Trenc entfernt.

Autofreie Alternative
Nach etwa 2 km ist wieder Konzentration gefragt. Gegenüber einem Haus sollten wir rechts in einen schmalen Weg mit Stoppschild einbiegen (39° 22' 41.42" N 3° 1' 19.10" E). Macht aber nix, wenn man ihn verfehlt wie wir. Nach 500 m ist die Hauptstraße **Ma-6040** erreicht, in die man nach rechts abbiegt und etwa 1 km weiter in einen **Kreisverkehr** einfährt. Hier treffen wir all jene wieder, die an der Abzweigung aufgepasst haben und die autofreie, wenn auch etwas längere Strecke gewählt haben.

Das Meer hat uns wieder!
Zusammen mit den Autos rollen wir auf die Salzberge der sehenswerten **Salinen** (s. S. 202) zu. Zeit, ein Döschen edles Flor de Sal als Souvenir zu kaufen und einen *café con leche* auf der kleinen Terrasse zu genießen. Der schmale Weg an den Salinen entlang bringt uns zum Strand von **Es Trenc** oder nach **Colònia de Sant Jordi.**

Leider sind das bereits 1248 errichtete Gotteshaus Sant Blai und der dazugehörige Garten nur während der Messe am Sonntag geöffnet. Am schönsten dürfte der Besuch zum Patronatsfest am 3. Februar sein, wenn sich die ›Wallfahrer‹ nach der Messe im Hof zu einer traditionellen Fiesta zusammenfinden.

und der professionelle Service haben sich jedoch nicht verändert.

Carrer Norte, 34, Campos, T 971 16 04 41, www.moli-de-vent.com, Fr–So 19–23 Uhr, Hauptgerichte ab 25 €, Menü ab 58 €

Kompetente kleine Karte

Es Brot: Das Interieur ist zwar etwas lieblos, der Service dafür sehr zuvorkommen und das Essen aus frischen lokalen Produkten fantasievoll komponiert. Dass die Karte nur klein ist, kann durchaus als Qualitätsmerkmal gewertet werden.

Carrer de Sa Ràpita, 44, Campos, T 653 75 15 28, Di–Sa 13–15.30, 19.30–23.30, So nur mittags, 4-Gänge-Menü 40 €, Glas Wein 4 €

Einkaufen

Mallorquinisches Edelsalz

Flor de Sal d'Es Trenc: Flor de Sal und Olivenöl sind schöne Souvenirs.

SALZBLUME MIT STACHELN

Das edle Meersalz **Flor de Sal** aus den Salzgärten bei Es Trenc, mit der Hand aufwendig geerntet und von Fernsehköchen angepriesen, hat sich zum Hype entwickelt. Gewonnen wird es nicht nur auf Mallorca, sondern auch an der Algarve und in der Camargue. Aber es sind nicht nur die winzigen Salzkristalle, die man in den teuren Döschen findet, sondern, wie Untersuchungen 2018 ergeben haben, teils auch erhebliche Mengen von Mikroplastik als Ergebnis der schon lange andauernden Meeresverschmutzung. Grenzwerte gibt es bisher nicht, aber das Salz soll unbedenklich sein – zu dem Preis darf man das wohl auch erwarten.

In den Salinen von Es Trenc, Carreterra de Campos–Colònia Sant Jordi (Ma-6040), km 10, www.flordesaldestrenc.com

Alles Käse

Formatges Burguera: Traditionell produzierte Hart- und Weichkäse von hervorragender Qualität.

Carreterra de Campos–Colònia Sant Jordi, km 6,8, T 971 65 54 35, www.formatges burguera.com, Mo–Fr 8–17.30 Uhr

---

Bewegen

Entspannt strampeln

Fahrradtouren: Die Region ist aufgrund ihrer dünnen Besiedlung und der dadurch wenig befahrenen Straßen ideal für den Genussradler, der auf steile Bergstrecken keinen Wert legt. In vielen Hotels kann man Räder mieten, aber auch bei **teamdoublej** (Avinguda Primavera, 9A, www.teamdoublej.com), das auch E-Bikes bereithält. Als Tour bietet sich der ausgeschilderte, ca. 15 km lange Radweg, **Ruta dels Molins de Campos,** an, der von Campos zu den Banys de Sant Joan an der Ma-6040 führt (www.agroturismesonllado.com/news/?p=838).

Infos

- www.visitcamposmallorca.com/de/: hübsch gemachte Website mit Hinweisen zu Radtouren und Stränden.
- **Verkehr:** mehrmals tgl. Verbindungen von Campos nach Palma über Llucmayor (L 500), Sa Ràpita (L 515) und Colònia Sant Jordi (L 502).
- **Festa de Sant Blai:** 1. So nach dem 3. Feb. Die sehr ursprüngliche Wallfahrt zur zwischen Campos und Colònia de Sant Jordi gelegenen Ermita Sant Blai ist dem hl. Blasius geweiht, dem Beschützer des Viehs.

Zugabe
Der Tanz im Kreisel

Eine besondere Rotunde bei Campos

Selbstvergessen tanzen die Metallfiguren des mallorquinischen Künstlers Miguel Sarasate im Kreisverkehr bei Campos zusammen mit den Autos einen Reigen, fordern die Fahrer auf, die eine oder andere Runde zu drehen, um das Ensemble von allen Seiten zu bewundern – sanktionierter Kunstgenuss bei voller Fahrt. Die Figuren lassen sich aber auch ganz entspannt von der Terrasse des angrenzenden Cafés aus studieren (www.facebook.com/EstudioTallerSarasate). ◼

Die Ostküste

Die Buchtenreiche — romantische Buchten, kleine Häfen, kathedralenartige Höhlen und zahlreiche Berge, dazu ein Gebirgszug mit dem schönen Namen Serra de Llevant – an Abwechslung mangelt es hier nicht.

Seite 211
Santanyí

In einem Café am Markt sitzen, sich an den warmen Farben der Sandsteinfassaden berauschen und das Markttreiben beobachten – das kann schon wie eine Droge wirken.

Seite 215
Cala Figuera ⭐

Nein, wir sind nicht in Norwegen – aber hier ist es genauso schön und meist viel wärmer. Und den fehlenden Strand macht das Städtchen durch seine äußere Erscheinung mehr als wett.

Extrem fischlastig ist hier die Küche – wie schön!

Eintauchen

Seite 217
Cala Mondragó

Fast hätten die Immobilienhaie zugeschnappt. Doch noch rechtzeitig wurde dieses zauberhafte Stückchen Küstenlandschaft unter Naturschutz gestellt. Willkommen im Paradies!

Seite 219
Portocolom

Kolumbus soll hier geboren worden sein. Warum verließ er den bezaubernden Hafen bloß? Von den vielen Hafenorten der Ostküste ist er wohl der schönste.

Seite 224
Die Höhlen von Porto Cristo

Der Karst ist durchlöchert wie ein Schweizer Käse. Zwei der schönsten Höhlen hat man mit modernster Technik in audiovisuelle Erlebnislandschaften verwandelt.

Seite 226
Cala Millor

Man muss die Hotel-
paläste nicht mögen –
gegen den Strand und
die sehr ansprechen-
de, kilometerlange
Promenade hat aber
wohl niemand etwas
einzuwenden.

Seite 234
Cala Rajada

Der Fischerhafen mit
der schönen Felsküste
und den umliegen-
den Badebuchten gilt
als neues Mekka für
Partyurlauber – was
seinem Charme keinen
Abbruch tut.

Seite 227
Artà

Die Häuser klettern
den Berg hinauf bis zur
Kirche und zur Festung.
Künstler lieben das laby-
rinthische Gassengewirr,
Autofahrer weniger.

Seite 234
Östlichste Spitze Mallorcas

Menorca sehen und
sterben? Auch das ist
möglich, und zwar
von der Landspitze
unterhalb des Leucht-
turms von Capdepera.
Wenn die Sicht mal
nicht so toll ist, die
Gegend hier ist es
allemal.

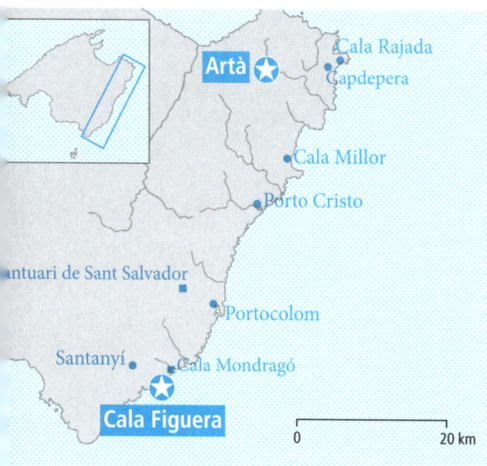

Santuari de
Sant Salvador:
Ohne Wunder
blieb auch
dieses
Heiligtum
nicht.

In Artà zeigt ein Bildnis die Steinigung
Ramon Llulls. Zweifel am Märtyrertod
hat selbst die Kirche und versagte
bisher die Heiligsprechung – nur
deshalb?

Ausgefranst und vielgestaltig

S

Serra de Llevant heißt die Gebirgskette, die sich die Ostküste entlangzieht. Von der äußeren Erscheinung her beeindruckt sie zwar weniger als die wesentlich höhere Serra de Tramuntana im Westen, kann aber in ihrer Vielfalt durchaus mit der großen Schwester mithalten. Da sie nirgends bis unmittelbar ans Meer reicht, bleibt Platz für zahlreiche Buchten, die sich wie lange Finger in die Küstenebene schieben oder sie in weitem Bogen sanft begrenzen. Badefreuden am Meer – und doch den Bergen ganz nahe, auf denen sich kleine Eremitagen verstecken.

Auch die Städte entlang der Küste können sich sehen lassen. Santanyí etwa – ein traumhafter Ort aus sonnengelbem Sandstein auf dem Weg zur hippen Künstlerkolonie. Dazu kommen noch etliche Badebuchten in unmittelbarer Nähe. Ein Stück weiter nördlich liegt Mallorcas Bilderbuchhafen Cala Figuera, toll für Maler und Fotografen, doch leider hat er keinen Strand. Aber die Häfen versöhnen. Mein Liebling ist Portocolom, nicht weil Kolumbus hier irgendwo geboren sein soll, sondern wegen seiner Weitläufigkeit und der herrlichen, von Bäumen beschatteten Promenade mit den zahlreichen Res-

ORIENTIERUNG **O**

Bus: Die Region ist gut erschlossen: Von fast jedem Ort kann man Palma mehrmals tgl. direkt erreichen. Eine Verbindung entlang der Küste gibt es im Sommer mit L 445 von Costa dels Pins nach Port de Pollença.
Schiff: Zwischen Cala Rajada und Porto Cristo bestehen während der Saison auch regelmäßige Schiffsverbindungen, Abfahrtszeiten und Buchungen unter http://excursion enbarco.com.

taurants. Kein Schickimicki wie in Port d'Andratx, einfach schön mediterran. Artà, bereits in Reichweite der Nordküste gelegen, bezaubert wie Santanyí durch seine massiven Sandsteinfronten. Auch hier lassen es sich viele Künstler gutgehen. Den Kontrapunkt bildet der Hafen von Cala Rajada, Heimat einer bedeutenden Fischereiflotte und neue, laute Partylocation – doch trotzdem die Reise wert.

Wer die Zeit einige Millionen Jahre zurückdrehen möchte, kann nicht weit entfernt in den Höhlen von Porto Cristo dem Wachstum der Stalaktiten zusehen und über den Begriff Langsamkeit philosophieren.

Santanyí 📍G7

Sie springen einen förmlich an, die satten ins Orange spielenden Gelbtöne der Tür- und Fensterrahmen, der Arkaden und Säulen, wenn man an einem sonnigen Tag durch die Gassen schlendert. Das hier verbaute Material trägt nicht von ungefähr das Gütesiegel Santanyí-Sandstein, auch Marès genannt. Der Name Santanyí geht auf die römische Ortsbezeichnung Santi Annini zurück, die sich wohl vom lateinischen Sanctus Agnus (heiliges Lamm) herleitet, Synonym für Jesus Christus als Opferlamm Gottes.

Vom historischen Stadtbild ist ansonsten wenig erhalten geblieben, hatte doch Santanyí wie kaum eine andere Ortschaft unter den Piratenangriffen des 16. Jh. zu leiden gehabt. Von ihrem Versteck auf Cabrera war es für die Seeräuber nur ein Katzensprung bis zu den Buchten Cala Figuera und Cala Santanyí. 1531 brannten sie die Ortschaft nieder und verschleppten zig Bewohner in die Sklaverei. Vorübergehend wurde Santanyí daraufhin aufgegeben, später mit einer Mauer befestigt. In den Jahren 1546 und 1571 kamen die Piraten erneut und führten Dutzende von Einwohnern in die Gefangenschaft.

Marktgeschrei und Orgelklang

Zum Besuch sollte man die Markttage Mittwoch oder Samstag wählen, obwohl auch viele andere Touristen auf die Idee kommen und damit auch die Anbieter billiger Taschen, gefälschter Uhren und Klamotten. Dann verwandelt sich die lang gestreckte, aber irgendwie intime **Plaça Major** in eine bunte, von kleinen Cafés begrenzte quirlige Bühne, auf die wohlgefällig die **Església de Sant Andreu Apòstol** blickt (Mo, Di, Do, Fr 18–19.30, Mi, Sa 10–13, 18–19.30, So 8.30–12, 18–19.30 Uhr). Fertiggestellt wurde sie erst 1811 nach 25-jähriger Bauzeit und ihren Turm erhielt sie gar 40 Jahre später. Erwähnenswert ist sie vor allem wegen der Orgel von Jordi Bosch (1739–1800), dem seinerzeit bedeutendsten Orgelbauer Spaniens. An die Kirche grenzt die **Capella Roser** aus der ersten Hälfte des 14. Jh. Um der Bevölkerung bei Piratenüberfällen Schutz zu bieten, wurde sie um 1310 befestigt und im 16. Jh. erweitert. Von der bewegten Vergangenheit Santanyís zeugt auch die **Porta Murada,** nördlich der Pfarrkirche. Sie war Teil der Stadtbefestigung und diente danach viele Jahre als Gefängnis.

Für den Frieden

In der **Casa de Cultura,** untergebracht in einem historischen Gebäude, stellen lokale Künstler ihre Werke aus. Dem deutschen Bildhauer **Rolf Schaffner** (1927–2008), der mit seinen Plastiken weltweit in Erscheinung getreten ist, hat man sogar eine Dauerausstellung gewidmet. Nahe Santanyí steht auch eine seiner fünf Europa-Skulpturen

FAKTENCHECK

Einwohner: ca. 11 500 Einwohner

Bedeutung: (noch) geheime Metropole des Südostens und kulturelles Zentrum mit zahlreichen deutschen Residenten

Stimmung auf den ersten Blick: sehr gepflegtes Stadtbild mit Sandsteinfassaden und ansprechender Plaça; an Markttagen (Mi, Sa) meist recht voll

Stimmung auf den zweiten Blick: auf dem Weg zum neuen Hotspot der ›Bussi-Gesellschaft‹

Besonderheiten: beliebte und daher im Sommer recht volle Badebuchten in nächster Nähe

Noch sind aus den Mandelblüten keine Früchtchen geworden. Rund 750 000 Mandelbäume soll es auf der Insel geben, auch wenn sich die Ernte nicht mehr lohnt.

Equilibrio, »Meridiane des Friedens« (s. S. 214).
Carrer de s'Aljub, 22, Mo–Fr 9–14, Sa 10–14 Uhr; zum Equilibrio-Projekt Schaffners: www.equilibrio-europe.com

---

Schlafen, Essen

Der Ort entwickelt sich allmählich zu einer beliebten Destination vor allem für deutsche Touristen und Residenten. Das schlägt sich auch in den zahlreichen deutsch geführten Restaurants und schicken Bars nieder – und im Preis. Viele können eher durch ihr Ambiente überzeugen als durch ihr Preis-Leistungs-Verhältnis.

Mittendrin
Hotel Santanyí: Der Name macht nicht viel her, im Innern aber entfaltet das kleine, von einem deutschen Ehepaar geführte Boutiquehotel mit sechs individuell gestalteten Zimmern seinen ganzen Charme. Man wohnt modern mit allen Annehmlichkeiten in einem der schönen historischen Häuser mitten in der Stadt. Im Erdgeschoss befindet sich das etwas hochpreisige Restaurant No. 7 (tgl. 8.30–13, Do, Fr, So–Di 18–21.30 Uhr, Reservierung erbeten, spezielle Events wie Tapas-Abend).
Plaça Constitució, 7, T 971 64 22 14, www.hotel-santanyi.com, DZ/F ab 145 €

Verspielt-romantisch
Sa Botiga: Deutsch geführtes Restaurant, das einer Puppenstube gleicht. Jetzt versteht man, warum das urdeutsche Wort ›Gemütlichkeit‹ in andere Sprachen übernommen wurde. Bei schönem Wetter sitzt man auf der Terrasse an der Kirche oder im Patio. Im ersten Stock gibt es eine Bibliothek. Speiseangebot und Preise richten sich eher an Touristen. Eintopf und Linsensuppe kosten jeweils 13 € und ein Glas Wein ist für 5,80 € zu haben.
Carrer del Roser, 2, T 971 16 30 15, www.sabotiga-santanyi.com, Mo–Sa 9–23, So 12–23 Uhr, Hauptgerichte ab 15 €

Ambitioniert
Anoa: Das Restaurant öffnet nur abends und beweist schon damit, dass man keinen Wert auf den an den Markttagen anbrandenden Touristenstrom legt, sondern eher auf gehobene, solide und teils ausgefallene Küche, die hier perfekt dargeboten wird.
Carrer de s'Aljub, 32, http://anoa-santanyi.com/de, T 971 65 33 15, Di–So 18–23 Uhr, Hauptgerichte ab 25 €

Sehen und gesehen werden
Goli: Das Restaurant hat sich zum VIP-Hotspot entwickelt, nicht zuletzt weil

Stefan Track, einer der Betreiber, auch als Tänzer und Musiker unter dem Namen »Rocking Son« die legendäre Popband Dschinghis Khan vor dem Vergessen bewahrt. Gut mediterran essen kann man im stylishen Goli natürlich auch. Vor allem der Innenhof ist sehr gemütlich, die Speisekarte eher übersichtlich – weniger das Essen scheint hier wichtig als das Sehen und Gesehenwerden.

Carrer Portell, 14, T 971 64 22 48, www. goli-santanyi.com, Mi–Sa 18–22, Mi, Sa auch 10–15 Uhr, Hauptgerichte ab 20 €, ein Glas mallorquinischer Wein aus Binissalem ab 8 €, eine Flasche Wein 27 €

Super Pizza

Es Vinyet: Hier stimmt das Preis-Leistungs-Verhältnis noch. Mallorquinisch-einfach mit riesiger Auswahl an Pizza aus dem Holzofen, es gibt aber auch hausgemachte Ravioli. Darauf sollte man sich beschränken – und ausreichend Zeit mitbringen.

Carrer Lombards, 16, T 971 16 30 19, Pizza ab 8 €, Kaffee ab 1,30 €

Für den kleinen Hunger

Bar Can Vadell: Wer sich mit einem *bocadillo* begnügt und dazu einer Tasse *café con leche,* ist in dem kleinen Straßencafé gut aufgehoben, zuweilen gibt es sogar Musik.

Plaça Constitució, 7, T 971 65 37 39

Ausgehen

Eine angesagte Höhle

Sa Cova: Seit der Schauspieler Uwe Ochsenknecht zusammen mit dem Architekten Hans-Peter Öhm die legendäre Musikkneipe neben der Kirche übernommen und in einen hippen Treffpunkt für Liebhaber schmackhafter Küche, süffiger Getränke und guter Livemusik umgestaltet hat, brummt der Laden wieder. Mitunter tritt Sänger Ochsenknecht auch selbst auf.

Plaça Major, T 971 16 33 70, erst ab 18 Uhr, samstags und mittw. Livemusik, Mittagsmenü unter 10 €

Infos

• **www.santanyi-online.com:** Neue, sehr schön gemachte Seite, die nicht nur die Highlights anpreist, sondern auch die Augen vor den Problemen des Massentourismus nicht verschließt, die auch vor Santanyí nicht Halt machen.
• **Bus:** Verbindungen L 501/L 502 mit Palma über Sant Jordi Campos und Llucmayor, L 505 mit Cala Santanyí über Cala Lombards (nur im Sommer)
• **Parken:** Wie in vielen historischen Altstädten ist auch in Santanyí Parken ein Problem, vor allem natürlich an den Markttagen. Ein recht zentraler Parkplatz befindet sich an der Carrer d'Alejandro Fleming.

BALSAM FÜR GEIST, KÖRPER UND SEELE **B**

Mit viel Kunstverstand und Geschmack hat ein schweizerisch-schwedisches Paar das Herrenhaus **Cal Reiet** (1881) in ein Wellness-Retreat umgewandelt. Es gibt nur 14, in hellen Tönen eingerichtete Zimmer, einen üppig bemessenen Pool inmitten eines gepflegten Gartens, eine offene und eine geschlossene Yogahalle. Auch die überwiegend vegetarische Küche aus frischen Ökoprodukten passt zum Konzept. Restaurant und Yogaklassen (15 €) sind frei zugänglich (Carrer de Cal Reiet, 80, am Stadtrand, T 971 94 70 47, www.calreiet.com, DZ/F ab 220 €; tgl. finden Yogastunden statt).

Die Strände südlich von Santanyí

Cala Santanyí ⚲H8

Die Gemeinde von Santanyí zählt nicht weniger als 19 Badebuchten, von denen einige lange als Geheimtipp galten. Der feinsandige Strand von Cala Santanyí liegt in einer von steilen Felsen gesäumten Bucht, etwa 5 km südlich der Stadt. Der 70 m breite und 100 m lange Sandstrand ist überwiegend Tagesziel der Touristen des nur 2 km östlich liegenden Cala Figuera, besitzt aber auch selbst einige Hotels, die sich die über Treppen erreichbare Steilküste mit Sommervillen teilen. Leider verschandeln zwei Hotelkästen das romantische Bild dieser weit gestreuten Ansiedlung ohne eigentlichen Ortskern. Im Sommer kann es hier recht voll werden.

Natur und Kunst

Es ist nur ein kurzer, aber lohnender kleiner Ausflug von der Cala Santanyì die Carrer de Sa Costa d'en Nofre hinauf zum fotogenen Natursteinbogen **Es Pontas**. Vom Ende der Straße steigt man auf einem Trampelpfad hinab zum Aussichtspunkt, vorbei an der Monumentalskulptur des deutschen Bildhauers Rolf Schaffner (s. S. 211) aus der Serie **Equilibrio**, Symbol des Gleichgewichts und des Friedens.

Cala Llombards ⚲G8

Der sich südlich anschließende Strand der **Cala Llombards** ist aufgrund der recht weiten Anreise auch während der Hochsaison weniger bevölkert als Cala Santanyí, obwohl sich in unmittelbarer Nähe eine kleine, von Einheimischen bevorzugte Feriensiedlung gleichen Namens befindet, die auch von öffentlichen Verkehrsmitteln bedient wird. Mit ca. 60 m Länge und 150 m Breite ist der Strand sogar noch etwas größer als der von Cala Santanyí. In den Sommermonaten sorgt eine Strandkneipe für das leibliche Wohl.

Badefreuden an kleinen Buchten

Bisher galten die südlich der Cala Lombards liegenden Strände **Cala s'Almonia** und die angrenzende **Caló des Moro** als Geheimtipps. So geheim sind sie wohl nicht mehr, denn die Stadtverwaltung sah sich gezwungen, die Zufahrt zu sperren und die Sonnenanbeter mit Shuttlebussen zu den Stränden zu fahren, es sei denn, sie finden einen Parkplatz in der Gemeinde Cala Lombards.

Schlafen, Essen

Über dem Meer

Hotel Pinos Playa: Eine hübsche wie preiswerte, seit vielen Jahren bestehende Unterkunft an einer der schönsten Buchten der Insel. Das Hotel wird gern von Familien mit Kindern besucht. Eine Klimaanlage gibt es nicht, aber WiFi, Whirl-

---

WEHRHAFTES KIRCHLEIN **S**

Das kleine Heiligtum **Santuari de la Consolació** nordwestlich von Santanyí beim Örtchen S'Alqueria Blanca ist nicht mehr so leicht zugänglich, seit ein Erdrutsch den Hauptfahrweg versperrt hat. Steil führen die Treppen nach oben. Als Belohnung winkt eine grandiose Aussicht … und Einsamkeit. Die Kirche kann ihren festungsartigen Charakter nicht verbergen – sollen die Piraten doch kommen!

›Einfach‹ ins Meer springen mag nicht so cool sein wie vom fünften Stock eines Hotels in den Pool – aber man überlebt!

pool, Sauna und einen Parkplatz. Kleine Zimmer und größere Appartements.
Cala Santanyi, Costa d'en Nofre, 15, T 971 16 50 00, www.pinosplaya.com, DZ ab 100 €, in der Vorsaison deutlich günstiger

Klassiker am Hafen
Es Port: Eine so geglückte Kombination von traumhaftem Blick und abwechslungsreicher mediterraner Küche zu zivilen Preisen spricht sich schnell herum.
Carrer de La Vergen del Carmen, 42, T 971 64 51 18, Mi–Mo 12–23 Uhr, Hauptgerichte ab 12 €, 1 l Wein ca. 13 €

Relax!
Café Drac: Das kleine, eher unscheinbare Restaurant punktet mit seinem Blick von der Steilküste auf Bucht und Strand. Besonders zum abendlichen Drink oder zu Kaffee und Kuchen ist es sehr gefragt;

auch landestypische Gerichte wie Tapas und Dorade fehlen nicht.
Carrer de la Cova del Drac, 15, T 629 79 13 41, im Sommer tgl. 12–23 Uhr, Hauptgerichte ab 15 €, Extra-Speisekarte für Kinder

Cala Figuera

♀ H 7/8

Als hätte ein Riese mit einem gewaltigen Schlag die Felsen gespalten … Die Lage des ehemaligen Fischerortes Cala Figuera ist auf Mallorca einzigartig. Fjordartig schneidet hier die schmale Feigenbucht, so die Übersetzung, tief ins Land und verzweigt sich in zwei Arme, gesäumt von steil aufragenden Kalksteinformationen. Auf den Klippen haben Häuser ihren Platz und ziehen sich an der weniger steilen Westseite bis zum Wasser hinab, wo sich schmale Anlegestellen und Bootsschuppen an den Felsen klammern. Das Fahrwasser ist so eng, dass die Anlegeplätze teilweise stollenartig aus dem Gestein gearbeitet worden sind. Einen stimmungsvolleren und fotogeneren Hafen gibt es auf ganz Mallorca nicht, zumal sich auch die Bebauung bis auf eine einzelne architektonische Entgleisung harmonisch in die pinienbestandene Landschaft einfügt. Alle kommen zum Gucken, nur wenige zum Bleiben.

Die Karawane zieht weiter
Der Fußgängerweg entlang der Klippe ist wunderschön und einladend, die Parallelstraßen im Zentrum ein Stück entfernt sind es schon weniger. Zeichen des Verfalls sind nicht zu übersehen, viele Geschäfte und Restaurants geschlossen. Denn der Ort hat einen gravierenden Nachteil: Das Meer ist zum Greifen nah, aber nur über Leitern erreichbar, von denen man ins tiefe Wasser springt, denn

Das hat auf Mallorca eher Seltenheitswert: Bis heute beherbergt Cala Figuera einen Fischereihafen, von dem tagtäglich Boote auslaufen.

einen Strand sucht man vergeblich. Wer Badefreuden genießen will, muss sich zur benachbarten Cala Santanyí (ca. 3 km, s. S. 214) auf den Weg machen, mit dem Fahrrad oder zu Fuß. In Fahrradreichweite liegt auch die Cala Mondragó (ca. 7 km, s. S. 217). Lange war Cala Figuera angesagter Hotspot der jüngeren Generation, aber die Karawane scheint weitergezogen zu sein.

Schlafen, Essen

Da sich der Ort zum Baden nur bedingt eignet, gibt es nur einige wenige, recht einfache, dafür preiswerte Hotels. Die Restaurants sind vor allem auf Tagestouristen eingestellt und daher mittags gut besucht. Ein Tipp: Parken sollte man am besten oberhalb des Ortes.

Genial gelegen
Villa Sirena: Über der Hafenzufahrt gelegenes, etwas in die Jahre gekommenes, aber gepflegtes familiäres Hotel (45 Zimmer) mit fantastischer Aussicht, Sonnenterrasse mit Pool, sehr viele junge Gäste. Auch im Winter geöffnete Appartements (18 Zimmer) auf der anderen Straßenseite. Im Hotel kann es nachts recht laut werden. Carrer Virgen del Carmen, 37, T 971 64 53 03, www.hotelvillasirena.com, Hotel Nov.–März geschl., DZ/F ab 92 €, Appartements ganzjährig, DZ 67 € (Winter), 94 € (HS)

Maximaler Meerblick
Rocamar: Sehr ruhiges familiäres, sehr um den Gast bemühtes Hotel mit 42 einfachen, hellen Zimmern in herrlicher Lage oberhalb der Villa Sirena, kleiner Pool, üppiges Frühstück. Carrer Joan Sebastià Elcano, 38, T 971 64 51 25, www.rocamarplayamar.com, Nov.–April geschl., DZ 73 € (HS)

Geduld!
Es Port: Bekannt für seine gute italienische Küche. Natürlich fehlen auch Tapas, Calamares und *tumbet* (mall. Gemüsege-

richt) nicht. Wegen der Aussicht und der schnellen Abfertigung ist das Restaurant ausgesprochen beliebt. Da keine Reservierungen vorgenommen werden, ist mit Wartezeiten zu rechnen; das Preis-Leistungs-Verhältnis ist angemessen.

Carrer Virgen del Carmen, 88, T 971 16 51 40, während der Saison tgl. 13–15, 18–1 Uhr, Hauptgerichte ab 16 €

Hafenblick

Mistral: Etwas oberhalb des Hafens gelegenes kleines Restaurant in deutschem Besitz mit schöner Terrasse und vorzüglichen Speisen zu vernünftigen Preisen. Gilt als bestes Restaurant des Ortes.

Carrer Virgen del Carmen, 42, T 971 64 51 18, www.mistral-restaurante.com, Ende April–Ende Okt. Di–So ab 18.30 Uhr, Hauptgerichte ab 18 €

Infos

- **O.I.T. Cala Figuera:** Carrer Pintor Bernareggi, 26, T 971 64 50 10, März–Okt. Mo–Fr 9–13, 16–19 Uhr.
- **Bus:** mehrmals tgl. mit L 502 nach Palma, über Cala Santanyí und Cala Llombards (tib.org).
- **Schiff:** Glasbodenschiffe (www.starfish boat.com) nach Cala d'Or und zur Cala Mondragó (Juni–Sept.).

Cala Mondragó

♀ H7

Der vielleicht schönste Badeplatz der ganzen Insel, die Doppelbucht der **Cala Mondragó/Cala s'Amarador** ist eingebettet in den großen Naturpark Mondragó. Fast hätte es ihn nicht gegeben, und statt Pinienwäldern würden nun Hotelklötze oder Villen auf die Buchten blicken wie ein Stück weiter nördlich in Cala d'Or oder schlimmer noch an den Cales de Mallorca. Im Herbst 1989 kaufte die Balearenregierung auf Druck der Bevölkerung und der Umweltschutzbehörde GOB den Baugrund und stellte 766 ha unter Naturschutz. Der größte Teil befindet sich zwar nach wie vor in Privatbesitz, unterliegt aber strengen Umweltvorschriften.

Sand und Sonne satt

Hauptanziehungspunkt sind die beiden Sandbuchten, die durch einen von Pinien gesäumten Fußweg miteinander verbunden sind. Aber es gibt auch zahlreiche weitere Wanderwege, auf denen man in engen Kontakt mit der einzigartigen Pflanzen- und Tierwelt kommen kann. Vor allem Vögel haben hier ihr geschütztes Refugium. Ein **Informationszentrum** am Parkeingang beim Parkplatz informiert über die Wege.

Noch detailliertere Hinweise unter: de.wikiloc. com/routen/wandern/spain/balearic-islands/ cala-mondrago (Website nur in Spanisch)

Schlafen, Essen

Es gibt nur zwei ältere Hotels in Cala Mondrago, die von ihrem Bestandsschutz profitieren.

Privilegiert

Hostal Playa Mondragó: Kleineres Hotel mit 41 Zimmern. Wer hier in der Hochsaison wohnt, sollte wissen, dass der Strand dann trotz seiner Schönheit den Charakter eines Strandbades hat, dem man nur durch recht weite Fußmärsche entfliehen kann.

Platja Modragó, T 971 65 77 52, www.playa mondrago.com, Nov.–Mitte März geschl., DZ/F ab 110 € (HS)

Für hungrige Wasserratten

Sa Font De N'Alis: Pommes, Pizza und Lasagne sind die bevorzugten Gerich-

te hier, nicht anders als in den meisten Strandlokalen rund um den Globus. Das Essen ist in Ordnung, die Preise (Schnitzel ca. 10 €, *café con leche* 2,25 €) angesichts der bevorzugten Lage annehmbar.
Carreterra A Blanca, T 971 65 74 57, nur im Sommer geöffnet, tgl. 9–23 Uhr

Infos

• **Bus:** im Sommer Verbindung mit Buslinie L 507 nach Cala d'Or über Portopetro.
• **Schiff:** Glasbodenschiffe (www.star fishboat.com) nach Cala d'Or und Cala Figuera (Juni–Sept.).

Portopetro ♀ H7

In der Ära der Segelschiffe waren die beiden tief ins Land reichenden Buchten sicherlich ein begehrter, geschützter Ankerplatz. Heute schaukeln hier Jachten und kleine Fischerboote. Fracht wird nicht mehr verschifft, allenfalls eine Touristengruppe zur Rundfahrt geladen. Da es keinen ausgedehnten Strand gibt und auch sonst keine nennenswerten Sehenswürdigkeiten, verirren sich eigentlich nur Tagesausflügler hierher. Die Promenade entlangschlendern, über die Armada der Boote hinüber auf die bunten Häuserfronten blicken, nach einem Fischrestaurant Ausschau halten – das hat schon was. Carpe Diem heißt eines der Lokale. Wenn das nicht zu dem kleinen Hafen passt!

Essen

Näher am Wasser geht nicht!
Es Bergant: Von der modernen Terrasse könnte man ins Hafenbecken springen. Und so stehen dann jede Menge traditio-

nelle Fischgerichte auf der Karte, natürlich auch Tapas und die von Touristen so geliebte Paella, mit und ohne Garnelen.
Passeig d'es Port, 39, T 971 64 84 00, Hauptgerichte ab 15 €

Alles, was das Herz begehrt
Es Celler 9: Es wäre auch schade, wenn man hier in einem Keller tafeln müsste. Man sitzt stattdessen gemütlich etwas erhöht, von Weinlaub beschattet mit Blick auf die Bucht. Die Karte ist recht umfangreich, Fisch, Fleisch, Salate, alles, was das Herz begehrt, frisch zubereitet zu fairen Preisen und mit Charme serviert.
Passeig d'es Port, 51, T 971 65 75 57, Mi–Mo 13–15.30, 19–22.30 Uhr, Hauptgerichte ab 17 €, Salate ab 8 €, Vorspeisen ab 8 €

Infos

• **Bus:** Verbindung mit L 501 nach Cala d'Or und Palma.

Cala d'Or ♀ H7

Geht doch! Auch Mallorca versteht es, landschaftsverträglich zu bauen. Die Feriensiedlung Cala d'Or ist der beste Beweis. In Anlehnung an das benachbarte Ibiza hat man weitgehend der Versuchung widerstanden, möglichst viele Betten pro Quadratmeter in unansehnliche Hochhäuser zu packen. Die weißen, von üppigen Gärten umschlossenen villenartigen Häuser und die sehr ansprechende Fußgängerzone lassen eine beschwingte Atmosphäre aufkommen. Die meisten Unterkünfte liegen jedoch nicht direkt am Meer oder gar an einer Badebucht. Und diese sind verglichen zu den anderen Regionen eher klein und daher im Sommer mehr als gut belegt.

Besonders gelungen erscheinen auch das kleine Zentrum und die in der Cala Llonga angelegte **Marina Porto Cari** mit ihren Bootsstegen, gemütlichen Cafés, gepflegten Restaurants und modischen Boutiquen. Viele britische Boote liegen hier – kein Vergleich zu dem Protz wie in Portals Nou. An der südlichen Spitze der Bucht liegt die restaurierte Festung **Forti** (freier Zugang), die früher die Hafenzufahrt bewachte. Der Komplex ist nicht spektakulär, bietet aber einen hübschen Blick über die Bucht.

Schlafen, Essen

Ibiza Style
Cala d'Or: Das Hotel (95 Zimmer) entstand bereits 1935, bevor es die Siedlung gab, und konnte sich so einen privilegierten Platz an der Bucht sichern. Mehrfach renoviert, ohne seinen Charme einzubüßen, gehört es heute zu den schönsten Unterkünften, empfängt aber nur Erwachsene.
Avinguda de Bélgica, 33, T 971 65 72 49, www.hotelcalador.com, DZ/F ab 200 € (mind. 5 Tage)

Exquisit französisch
Port Petit: Französische Küche auf hohem Niveau, serviert auf einer Terrasse mit Hafenblick, etwa Lammrücken im Brotpilzmantel (22 €) oder das in Soyasauce marinierte Rote Thunfisch-Tataki (28,50 €). Abgerundet wird das Angebot durch einen aufmerksamen Service.
Avinguda Cala Llonga, T 971 64 30 39, www.portpetit.com, Mi–Mo 15.30–19 Uhr, im Aug. auch Di abends geöffnet, Nov.–Ostern geschl., Hauptgerichte ab 20 €, Menüs 38–65 €, mittags günstiges Bistromenü 19,50 €

Für die DIY-Griller
Sel Ani: Nach einem neidischen Blick auf die Jachten wendet man sich den ausgezeichneten Tapas und der Paella zu. Alles wird optisch sehr ansprechend serviert. Ein Hit sind die BBQ-Tische, an denen man selbst grillen kann.
Avinguda de Cala Llonga, 5, T 635 52 39 46, im Winter geschl., Hauptgerichte ab 18 €, 4-Gänge-Menü 38 €

Bodenständig mallorquinisch
Can Trompe: Die Einrichtung ist zwar eher schlicht, die frische spanische Küche dafür umso besser, die Speisekarte umfangreich, und das alles zu günstigen Preisen in fast familiärer Umgebung. Als Spezialität gilt die Paella in zig Varianten.
Avinguda de Bélgica, 12, T 971 65 73 41, Mi–Mo 13–15.30, ab 19 Uhr, Nov.–Märza. geschl., Paella ab 13 €, Hauptgerichte ab 14 €

Infos

- **O.I.T.-Touristenbüro:** Carrer Perrios Pomar, 10, T 971 65 74 63, ajuntament@ajsantanyi.net, Mo–Fr 9–13, 15–17 Uhr.
- **Bus:** mit der Linie L 501 (tib.org) mehrmals tgl. nach Palma (über Portopetro und Santanyí), mit dem A 51 direkt zum Flughafen.
- **Cala d'Or Express:** Minizug zu den einzelnen Buchten (www.mintrenet.com, nur im Sommer).
- **Schiff:** Bootsverbindungen nach Cala Figuera und Cala Llombards, nur während der Saison.

Portocolom ♀ H/J6/7

Hier also soll Kolumbus das Licht der Welt erblickt haben, in einem der größten Naturhäfen Mallorcas. Es liegt wohl am Namen, dass die Stadt nicht müde wird, darauf zu pochen, dass der Entdecker in ihren Mauern oder im benachbarten Felanitx geboren wurde,

COOLE BUCHT **C**

Wem es an den Ministränden von Cala d'Or zu eng wird, der kann sich ungefähr 5 km nach Norden zur **Cala Sa Nau** absetzen, obwohl auch sie längst kein Geheimtipp mehr ist. Von der nördlichsten Bucht von Cala d'Or, der Cala Ferrera, führt ein ausgeschilderter Weg dorthin, der sich gut mit dem Fahrrad zurücklegen lässt. Es gibt eine kleine ›Chiringueto‹, die im Sommer die Grundbedürfnisse nach Trink- und Essbarem stillt und auch noch für coole Musik sorgt. Mit dem Auto erreicht man den Strand über ein Sträßchen, das von der Verbindungsstraße zwischen S'Horta und Cala d'Or abzweigt (Koordinaten sind: 39° 23' 56.98" N 3° 13' 20.90" E).

wenngleich die vorgebrachten Beweise mehr als dürftig erscheinen. Aber auch ohne die nette, bisher unbewiesene Story ist die etwas verschlafene, reizvolle Hafenstadt einen Abstecher wert.

Ein Juwel

Am nördlichen Ende der Bucht hat der traditionelle Fischerort mit seinen malerischen hügeligen Gassen, der gedrungenen Kirche und den mit Bootsschuppen gesäumten Anlegestellen den hektischen Aufschwung Mallorcas fast unbeschadet überstanden. Um die Westseite der Bucht zieht sich eine breite, von Platanen gesäumte Allee, die immer wieder einen herrlichen Blick auf die weite Wasserfläche mit den unzähligen vor Anker liegenden Booten freigibt. Am östlichen Ufer windet sich von der **Altstadt** eine schmale Straße vorbei an einem kleinen, wenig besuchten Sandstrand durch das Villenviertel **Sa Punta** hinauf zum gleichnamigen

Leuchtturm, der die Spitze der Halbinsel krönt. Seine Blütezeit erreichte der **Hafen** Ende des 19. Jh. als Hauptausfuhrhafen der Weine von Felanitx nach Frankreich. Die französischen Anbaugebiete waren damals von der um 1860 aus den USA eingeführten Reblaus fast vollständig vernichtet worden, und Mallorca ist in die Bresche gesprungen (s. S. 272).

Baden, wo nicht alle baden

Über einen Bergrücken gelangt man zur südlich von Portocolom gelegenen Bucht, **Cala Marçal,** wo sich ein bescheidener Tourismus rings um einen 150 m breiten und 90 m tiefen Sandstrand, der einzig nennenswerte Portocoloms, entwickelt hat. Alle Hotels liegen erhöht und erfordern einen mehr oder weniger langen Fußweg. Das Angebot an abendlicher Unterhaltung hält sich in Grenzen. Wer Ausflüge in die Umgebung machen möchte, sollte über einen Mietwagen verfügen. Aber auch Fußgänger kommen auf ihre Kosten, erschließen sich ihnen doch abgelegene Badebuchten wie **Cala Brafi** (im Süden) oder **Cala Arsenau** (im Norden).

Schlafen

Das Angebot beschränkt sich auf einige wenige, meist große All-inclusive-Hotels für Pauschaltouristen.

Chillen am Hafen

Hostal Portocolom: Am Hafen abseits des Touristenrummels gelegen. Helle, aber auch hellhörige, recht einfache Zimmer, modern gestyltes Restaurant, gut für Snacks und Pizza.
Carrer Cristofòr Colom, 5, T 971 82 53 23, www.hostalportocolom.com, DZ/F 70 €

Zum Untertauchen …

Hostal Bahia Azul: Deutsches Hostal, das in Verbindung mit einer Tauchbasis

In der Bucht von Cala Sa Nau geht es noch beschaulich zu. Zum Glück für Einheimische und Touristen, die ruhige, natürliche Strände schätzen.

betrieben wird. 15 einfache Zimmer und Pool direkt an der Bucht.
Ronda Miquel Massuti Alzamora, 77, T 971 82 52 80, www.bahia-azul.de, DZ/F ab 72 €

Essen

Erstaunlicherweise findet sich in Portocolom eine Vielzahl hervorragender Restaurants.

Abgehoben und aussichtsreich
Sa Lotja: Frische ideenreiche Küche auf höchstem Niveau direkt am Hafen. Beliebter Treffpunkt der Finca-Besitzer und Bussi-Gesellschaft – weshalb wohl auch Kaviar auf der Karte steht. Aber man sollte sich nicht abschrecken lassen, das 3-Gänge-Tagesmenü zu 39 € inkl. Wein und Kaffee findet man in derartiger Perfektion nur selten. Ansonsten sind die Preise schon recht gehoben. Den tollen Ausblick von der Terrasse gibt es allerdings gratis dazu. Reservieren ist dringend angeraten.
Carrer Pescadores, s/n, Edificio Portuario, T 971 82 51 65, www.restaurantsallotjaportocolom.com, Di–So 13–15, 19–22.30 Uhr, Hauptgerichte ab 28 €

Willkommen an Bord
El Barco: Angenehmes, unverkrampftes Ambiente einer Fischerkneipe direkt am Hafen. Abwechslungsreiche ordentliche Küche von Currywurst bis zu Thunfischsteak, Dorade und Gambas. Wer auf Pizza steht, wird im Ableger El Barco Petit nebenan fündig.
Carrer Pescadores, 19, T 618 69 99 06, Fr–Mi 11–23 Uhr, Hauptgerichte ab 14 €

Tapas total
Florian: Der geeignete Platz für eine ausgedehnte Siesta bei reicher Auswahl an Tapas, ebenfalls mit Terrasse und Blick über die Bucht. Tapas gibt es ab 5 €. Das Mittagsmenü zu 18 € (tgl. wechselnde

Karte) und der Hauswein sind erfreulich preiswert. Das Restaurant befindet sich seit über 20 Jahren in deutscher Hand. Carrer Cristofòr Colom, 11, T 971 82 41 71, www.restaurant-florian.com, tgl. 11–22 Uhr, außerhalb der Saison Do Ruhetag, Nov.–Ende Feb. geschl.

Infos

- **O.I.T. Portocolom:** Avinguda Cala Marçal, 15, T 971 82 50 84, Mo–Fr 10–15, Sa 10–14 Uhr.
- **Bus:** Verbindung mit L 490 (www.tib. org) mehrmals tgl. via Algaida und Felanitx nach Palma.

Santuari de Sant Salvador ⚲H6

Nein, hier tritt der Glaube nicht zaghaft an den Pilger heran wie bei den vielen beschaulichen Eremitagen auf den Bergen ringsum. Er präsentiert sich selbstbewusst in Gestalt einer festungsartigen **Wallfahrtskirche** hoch oben auf einem Felssporn ca. 4 km südöstlich von Felanitx in Sichtweite des Kastells. Sie kommt als mehrstöckiger, schmuckloser Bau daher, zu dem statt eines Prozessionswegs eine gut ausgebaute Zufahrt führt, die auf einem bustauglichen Parkplatz endet – ein Pilgerziel in XXL.

Überirdisch

1348 durfte die Verwaltung des Kastells von Santuari auf dem Plateau eine Kapelle zu Ehren des hl. Salvador errichten, dessen Name der Berg bereits trug, seit sich einige Eremiten am Hang in einer Höhle niedergelassen hatten. Ohne Wunder blieb auch dieses Heiligtum

nicht. Wieder war es ein überirdisches Leuchten, das einen Hirten zu einer Höhle mit einem kleinen Madonnenbildnis führte, das frühe Christen hier bei der arabischen Conquista verborgen haben sollen. Die aus dem 13. Jh. stammende Madonnenfigur hat ihren Platz in der 1716 errichteten Klosterkirche gefunden. Eine künstlerische Meisterleistung ist das Alabaster-Retabel in einer der Seitenkapellen, das Passionsszenen in gotischer Strenge zeigt – obwohl es sich um eine erst 1942 fertiggestellte Kopie eines Werks von 1794 handelt.

Neben dem Gebäude erhebt sich ein 37 m hoher Turm, gekrönt von einer 7 m hohen **Christusstatue,** die im Jahr 1937 gestiftet wurde. Ein Fußweg führt zu dem riesigen Steinkreuz **Es Picot** aus dem Jahr 1957, dessen erste (1897) und zweite (1927) Ausfertigung Stürmen zum Opfer fiel.

Serpentinenreich

Der Blick vom Klosterberg gehört zu den besten ganz Mallorcas, kann man doch bei gutem Wetter fast die gesamte Insel überschauen. Wie der Puig de Randa ist auch Sant Salvador beliebtes Ziel ehrgeiziger Radfahrer. Sie wallfahren nicht zur Madonna, sondern zu den Trikots des mallorquinischen Rad-Weltmeisters Guillermo Timoner – den Reliquien der Neuzeit, die in der Vorhalle der Kirche ihren Platz gefunden haben. Sport und Glaube sind hier eng zusammengerückt.

Schlafen, Essen

Dem Himmel so nah

Petit Hotel Hostatgeria Sant Salvador: Ehemalige Klosterherberge mit nach wie vor recht nüchternen, aber modernen Zimmern. Das Hotel verfügt über ein eigenes Restaurant (s. S. 223).

Puig Sant Salvador, Carreterra Cabo Pinar, T 971 581 952, www.santsalvadorhotel.com, www.cancalcohotels.com/sant-salvador-petit-hotel.php, DZ ab 70 € (HS, ohne Frühstück)

Schmausen im Gewölbe

Bistro510 Sant Salvador: Man sitzt ein wenig wie im U-Bahn-Tunnel im Restaurant des oben aufgeführten Hotels, dürfte aber bei gutem Wetter sicherlich die Terrasse mit Panoramablick dem rustikalen Gewölbekeller vorziehen – wenngleich dieser auch durchaus seinen Reiz hat. Im Kloster befindet sich ein weiteres, auf Reisegruppen eingestelltes Restaurant. Die Spezialität in diesem Lokal ist – wie zu erwarten – Spanferkel (12 €).

Puig Sant Salvador, www.santsalvadorhotel.com, Tagesmenü 16 €

Porto Cristo ♥ J5

Eine stattliche Promenade, gesäumt von gepflegten Appartementhäusern und Baumbeständen mit Blick auf Hunderte weißer Jachten weckt schnell Assoziationen mit Häfen an der französischen oder italienischen Küste. Man sieht dem Ort an, dass er erst Ende des 19. Jh. gegründet wurde. Natürlich war die tief ins Land greifende Bucht den Fischern und Seefahrern schon früh vertraut, aber eine Hafenstadt anzulegen hatte man lange nicht gewagt – die Piratengefahr war einfach zu groß. Immerhin hatte man im 16. Jh. einen Wachturm am Zugang positioniert, den **Torre del Serral dels Falcons** an der Avinguda Joan Severa Camps in Richtung Coves de Campanet. Da es an der Bucht nichts zu holen gab, blieben die Seeräuber fern.

Essen

Eine Sünde wert

Roland: Billig ist das an einer verkehrsreichen Straße gelegene Restaurant nicht, aufgrund seiner innovativen, kreativen Küche aber durchaus den Preis wert. Sehr gute Weinauswahl.

Carrer Sant Jordi, 5, T 971 82 01 29, www.roland-restaurant.es, Mo–Sa 13–15, 6.30–22.30 Uhr, Vorspeisen ab 15 €, Hauptgerichte ab 25 €

Frisch und flott

Quince: Maritime Atmosphäre mit derben Holztischen sowie einer hübschen umlaufenden schmalen Terrasse mit Blick auf den Kai und große und kleine Boote. Ordentliche Auswahl an Fisch- und Fleischgerichten, außerdem leckere Desserts.

Carrer del Veri, 1, T 971 82 18 30, www.restaurantequince.com, tgl. 11–22.30 Uhr, Hauptgerichte ab 18 €

Badeorte nördlich Porto Cristo

S'Illot und Sa Coma ♥ J5

Ca. 3 km nördlich von Porto Cristo liegt der ehemals populäre Badeort **S'Illot,** dem das nördlich angrenzende, künstlich aus dem Boden gestampfte **Sa Coma** aufgrund des doch schöneren Strandes so ganz allmählich das Wasser abgräbt, auch wenn beide durch eine Küstenpromenade miteinander verbunden sind.

So findet denn die Konkurrenz ihren Niederschlag in einem deutlichen Preis- und Qualitätsgefälle zwischen

TOUR
Hinab in die Unterwelt

Die Höhlen von Porto Cristo

Infos

 J 5

Coves del Hams:
Ctra. Ma-4020 Ma-
nacor–Porto Cristo
km 11, www.cuevas
delshams.com, Juli–
Ende Okt. 10–17, im
Winter 10–16 Uhr,
21 €, erm. 16 €, auf
Rabatte achten

Coves del Drac:
Carrer de les Coves,
del Drac, s/n, www.
cuevasdeldrach.
com, Einlass 10, 11,
12, 14, 15, 16, 17,
Nov.–11. März 10.45,
12, 14, 15.30 Uhr,
25. Dez.–Neujahr ge-
schl., 15,50 €, Kin-
der (3–12 J.) 8,50 €,
online günstiger

Alle Mallorca-Besucher zieht es dorthin. Auf also, hinab in die Tiefe zu den Wundern der Natur: den zarten Gebilden aus Stalagmiten und Stalaktiten, Tropfen für Tropfen über Jahrmillionen aus kalkhaltigem Wasser geformt.

Wie ein Schweizer Käse …
Die verkarstete Ostküste ist von Höhlen durchlöchert, die meisten sind versteckt, schwer zugänglich, nicht ungefährlich und nur von Eingeweihten zu finden. Diese Befürchtung muss man in **Porto Cristo** nicht haben, höchstens, in die falsche zu geraten. Denn zwei Höhlen buhlen am Rande der Hafenstadt um die Be- sucher und versuchen sie mit großen Anzeigetafeln zu locken. Hinter den Coves Porto Cristo, auf die an der Ma-4020 hingewiesen wird, verbergen sich die Coves del Hams. Ein erbitterter Konkurrent sind die in der Nähe gelegenen Coves del Drac. Dass man in beiden nicht alleine durch das unterirdische Labyrinth irrt und nur mit einem Ariadnefaden wieder ans Tageslicht gelangt, lassen schon die ausgedehnten Parkplätze und die Bushaltestellen vermuten.

Höhlenzauber
Zunächst also geht es hinab in die **Coves del Hams.** Sie bestehen aus zwei Systemen, der blauen Höhle und der Haupthöhle, getrennt durch einen Karst- trichter, eine sog. Doline. Im Schlepptau eines Führers geht's los, aber nicht gleich zur Besichtigung der Stalaktiten und Stalagmiten, sondern durch das **Biotop der Doline** in die mit blauen LEDs illu- minierte Höhle zu Filmvorführungen über die Geschichte Mallorcas und die Entwicklung der Welt seit dem Urknall. Eigentlich wollte ich ja nur die Wunder der Natur bestaunen … Die gibt es an- schließend mehrfarbig angestrahlt und

Wo kann man schon unterirdisch Boot fahren? Richtig, in den Coves des Drac! Stalaktiten allein genügen nicht mehr, Action muss her.

in vielen Sprachen erläutert, aber nur mit recht wenig Muße zur genaueren Betrachtung. Leider bleibt die Ehrfurcht vor der Schöpfung angesichts des massiven Einsatzes moderner Multimediatechnik ein wenig auf der Strecke. Irgendwie wirkt es auf mich wie eine Kulisse, in der die Natur nur Beiwerk einer aufwendigen Inszenierung ist. Als Höhepunkt klassische Musik am **Venezianischen See** mit Gondelimitat. Nun ja.

Fein inszeniert

Aber da sind ja noch die nicht weit entfernten wesentlich größeren **Coves del Drac.** Bekannt sind sie schon seit dem 14. Jh., erforscht wurden sie aber erst fünf Jahrhunderte später, für Besucher erschlossen erst 1935. Auch hier spielen natürlich Lichteffekte eine Rolle, um die Vielgestaltigkeit der feinen Strukturen zur Geltung zu bringen. Hauptanziehungspunkt allerdings ist der mit 180 m Länge größte unterirdische See Europas, der wirklich beeindruckt.

Ein überirdisches Erlebnis unter der Erde

Und anders als in den Coves del Hams ist das zehnminütige klassische Konzert in den Drac-Höhlen durch die phänomenale Akustik wirklich ein Hörgenuss. Hier Beethovens Neunte hören – es wäre 25 m unter der Erde ein überirdisches Erlebnis! Einigen Besuchern gelingt es sogar, in einem der Boote den See zu überqueren. Den weniger glücklichen bleibt nur der Steg. Größter Wermutstropfen nämlich ist der enorme Andrang. Stündlich werden etwa 500 Leute eingelassen. Fazit meiner Besuche: Wer Showeffekte liebt, wird sich trotz des hohen Eintrittspreises für die Coves del Hams begeistern können. Ich persönlich ziehe die Coves del Drac vor – allerdings nur außerhalb der Saison.

Ab Palma und Cala Millor bringt einen der Linienbus bequem zu den Höhlen (u. a. Linie 412) – oder man bucht bequem über einen der Tourveranstalter.

MALLORCAS SCHWEINEBUCHT **S**

Nicht nur Kuba, auch Mallorca hat seine ›Schweinebucht‹, Synonym für eine gescheiterte Landeoperation. Mallorca hatte sich im Juli des Jahres 1936 nur zaghaft gegen General Francos Putschisten zur Wehr gesetzt. Aber nicht alle wollten sich damit abfinden, vor allem nicht in Katalonien. Am 16. August erschien eine Landungsflotte von Republikanern mit einem wild zusammengewürfelten Haufen unter der Führung des Fliegerkommandanten Albert Bayo bei Sa Coma an der Ostküste. Der etwa 8000 Mann starke Trupp war frohen Mutes, Mallorca zu befreien, standen ihnen doch nur etwa 3000 Franquisten gegenüber. Mit dem Geld des Bankiers Joan March erwarben die Verteidiger jedoch rasch zwei italienische Wasserflugzeuge samt Piloten, die mit der Bombardierung der Republikaner begannen. Anfang September erhielt Bayo vom Festland den Befehl zum Rückzug. Die Schiffe dampften davon, ›vergaßen‹ aber etwa 250 Mann. Viele von ihnen starben am Strand, die Gefangenen wurden liquidiert. Keine gute Zeit für den schönen Strand von Sa Coma.

Cala Millor und Cala Bona
📍 J/K 4/5

Nur durch die unter Naturschutz stehende Halbinsel Es Cubells getrennt, schließt sich im Norden von S'Illot der bedeutendste Touristenort der Ostküste an, **Cala Millor.** Wer in dieser Hotelurbanisation an der lang gestreckten Bucht von Artà absteigt, darf keine Ruhe erwarten, hat er doch eines der lebhaftesten Urlaubszentren der Ostküste zum Ferienziel gewählt, in dem auch gerne Familien mit Kindern unterkommen. In mehreren Reihen drängen sich hier die Hotels entlang der Küste, die von einer ansprechenden Promenade begleitet wird und mit einem breiten Sandstrand auftrumpfen kann.

Ein Großteil der strandnahen Straßen ist Fußgängern vorbehalten, doch zahlreiche Discos, Tanzlokale und Kneipen sorgen dafür, dass der Lärmpegel niemals absinkt. Leider sind auch hier den Baumaßnahmen weite, ehemals paradiesische Dünengürtel zum Opfer gefallen.

Nach Norden findet der Ort seine Fortsetzung im relativ neu erschlossenen **Cala Bona,** das jedoch hinsichtlich des aufgeschütteten Strandes kaum eine Konkurrenz darstellen dürfte, allerdings eine hübsche Fußgängerpromenade besitzt und als Ziel eines Spaziergangs lohnt.

Schlafen, Essen

Wen wundert's? Aufgrund der zahlreichen All-inclusive-Hotelanlagen im Bereich von Cala Millor ist das Angebot an herausragenden Restaurants eher bescheiden; normale Touristenrestaurants, Cafés und Kneipen gibt es hingegen in großer Zahl.

den beiden recht unterschiedlichen Badeorten.

Durch immer neue Hotelbauten erfreut sich Sa Coma zwar zunehmender Beliebtheit, ist aber nach wie vor wesentlich ruhiger und landschaftlich reizvoller als Cala Millor mit seinen Betonklötzen ein paar Kilometer nördlich.

Wunschlos glücklich

Residencia Son Floriana: Exklusives Finca-Hotel in einem 200 Jahre alten Gebäude, etwa 800 m vom Strand. Acht große lichte, sehr gepflegte stilvolle Zimmer.

Avinguda Magnolia, s/n, Urbanització Son Floriana, Cala Bona, T 971 58 75 20, www. protur-hotels.com, DZ/F ab 150 € (HS)

Rustikale Finca

Son Floriana: Das Restaurant der oben aufgeführten Finca zählt zu den besten der Umgebung. Auch wer nicht hier wohnt, kommt in den Genuss gepflegter Gastlichkeit und einer hervorragenden Küche zu recht zivilen Preisen in einem höchst romantischen Garten.

Adresse s. o., Hauptgerichte ab 25 €, Mittagsmenü 20 € inkl. Wein und Wasser

Der Umweg lohnt sich

Es-Pati: Es gibt lediglich ein 5-Gänge-Menü, so kann der Koch seine Kreativität auf einige wenige hervorragende Speisen konzentrieren. Man sitzt unter freiem Himmel in einem gemütlichen Patio und erfreut sich an einem exzellenten, täglich wechselnden Menü für weniger als 50 €.

Carrer Soler, 22, in Sant Llorenç des Cardassar, ca. 9 km westl. von Cala Millor, T 971 83 80 14, http://es-pati.com/, Mo–Sa ab 19 Uhr

---

Infos

- **Bus:** Verbindung mit L 412 mehrmals tgl. nach Palma über Porto Cristo, die Höhlen von Draç und bis Manacor; mit L 445 (2. Mai–31. Okt.) entlang der Küste bis nach Port de Pollença über Artà, Can Picafort und Alcúdia; mit L 441 über Porto Cristo und die Höhlen von Draç ganzjährig nach Cala Figuera; mit der Linie A 42 direkt zum Flughafen (www. tib.org).

Coves d'Artà 📍 K4

Als würde ihre zeitlose abstrakte Schönheit allein nicht genügen – wir müssen ihnen Namen geben, den Stalaktiten und Stalagmiten, den über Jahrtausende unendlich langsam Tropfen für Tropfen gewachsenen Gebilden der Natur.

Durch die Hölle ins Paradies

Durch den **Saal der Säulenkönigin** mit einem gewaltigen Stalagmiten gelangt man in die **Hölle** mit dem **Sarg Napoleons.** Der Fantasie sind keine Grenzen gesetzt. Man muss nicht in der Hölle schmoren, sondern darf ins **Paradies.** Wie es sich gehört, ist es die schönste und größte Höhle mit den Ausmaßen und der Anmutung einer Kathedrale. Mit einem weiten Blick auf das Meer wird man schließlich wieder aus der Wunderwelt der Tropfsteine entlassen. Den meisten der maurischen Verteidiger war dies im Jahr 1229 nicht vergönnt. Sie hatten sich vor den anrückenden Truppen von Jaume I hier verschanzt. Mit Feuer und Rauch rückten ihnen die Angreifer zu Leibe. Später stapelten die Piraten im unterirdischen Labyrinth ihre Schätze, im 19. Jh. kamen die ersten Bewunderer der bizarren Welt, unter ihnen Erzherzog Salvator, Jules Verne und Alexandre Dumas. Heute wird man auf einer Führung durch die Hallen geleitet.

Ca. 10 km nördl. von Cala Bona, www.cuevasdearta.com, tgl. 10–19, im Winter nur bis 17 Uhr, Führungen ca. alle 30 Min., 15 €

Artà ⭐📍 J3/4

Mit gleich zwei auf einem Berg liegenden Kirchen präsentiert sich die Stadt schon von Weitem selbstbewusst und zieht den Reisenden sofort in ihren Bann. Berge, fruchtbare Gärten und das Meer in der Nähe – die Natur hat es gut gemeint mit Artà. So ist es nicht verwunderlich, dass die Geschichte weit in die Talaiot-Kultur zurückreicht. Später haben hier Phönizier, Römer und Araber ihre Spuren hinterlassen, nicht nur im Namen, der aus *jartan* (vom arab. *gertan,* Garten) abgeleitet ist, sondern auch in Kleinfunden, die man heute im Museum bewundern kann.

Verloren im Labyrinth

Dank arabischer Bewässerungskunst war Artà eine bedeutende ländliche Siedlung, überragt von einem Regierungspalast, den König Jaume I nach der Rückeroberung umgestalten ließ. Die intensive Landwirtschaft bescherte der Stadt eine fortdauernde Blüte und zog damit trotz ihrer Entfernung vom Meer den begehrlichen Blick beutegieriger Piraten auf sich. Die

---

EINSAMER TRAUMSTRAND **T**

Lange galt die abgelegene **Cala Torta** als Geheimtipp, da die 10 km lange Anfahrt über holprige Feldwege nicht jedem zusagte. Seit der größte Teil asphaltiert wurde, zieht die sehr schöne, von Dünen umsäumte Bucht mit ihrem weißen Sand allerdings immer mehr Sonnenanbeter in ihren Bann. Die Abzweigung (ausgeschildert) befindet sich an der östlichen Ortsausfahrt von Artà in Richtung Cala Rajada. Man kann den Strand aber auch zu Fuß von der bekannteren Cala Mesquida aus erreichen. Im Sommer gibt es sogar eine kleine Strandbar und auf der Anfahrt kommt man am rustikalen Restaurant Sa Duaia (Carretera Cala Torta, km 8, https://de.saduaia.com) vorbei. Die Zufahrt zu den beiden benachbarten Buchten Cala Estreta und Cala Mitjana ist hingegen extrem schlecht.

Bewohner versuchten der Gefahr durch eine starke Befestigung zu begegnen. Die Maßnahmen wirkten wohl abschreckend, denn von größeren Überfällen und Plünderungen blieb die Stadt verschont. Dieser wehrhaft-mittelalterliche Charakter lässt sich noch heute gut beim Gang durch die schmalen Gassen mit ihren fensterlosen, abweisenden Fassaden erkennen. Schon aus diesem Grund sollte man seinen Mietwagen unterhalb, etwa am alten Bahnhof, abstellen und völlig entspannt durch das Labyrinth wandern.

Abwehrbereit

Über den Carrer Ciutat – an dieser Straße reihen sich etliche interessante Galerien – gelangt man ins Zentrum zur **Plaça d'Espanya,** auf die das schöne Rathaus blickt und in dessen Nähe das kleine **Museu Regional d'Artà** (Carrer Estrella, 4, T 971 83 55 05, Di–Sa 10–14 Uhr, 2 €) seinen Platz hat. Im Museum werden vor allem Funde aus der Frühzeit und insbesondere aus dem in der Nähe gelegenen Ses Païsses (s. S. 231) gezeigt. Der lokalen Folklore widmet sich das private Museum **ArtArtà** (Carrer Antoni Blanes, 19, www.artarta. es, Mo–Fr 10–21, Sa 10–16 Uhr, 4 €) mit den beeindruckenden Pappmascheeköpfen des Künstlers Pere Pujol (1934–2001).

Etwas oberhalb der Plaça zeugt die Wehrkirche **Església de la Transfiguració del Senyor** von einstiger Bedrohung. Abwehrbereit thront sie mit ihrer von mächtigen Strebepfeilern gegliederten hangseitigen Fassade auf einer Terrasse über den Dächern der Stadt. Diesen Platz der ›Kirche der Verwandlung des Herrn‹ hatte früher die Moschee inne.

Schritt für Schritt bergauf

An der Kirche beginnt der von Zypressen gesäumte 180 Stufen zählende **Pilgerweg** hinauf zur Burganlage, die heute von der **Wallfahrtskirche Sant Salvador** beherrscht wird. Mit dem Auto kann man den Burghügel auf einer etwas weiter öst-

Fast wie ein Gemälde wirken die Berge im Hintergrund – der Romantikfaktor ist hoch. Tatsächlich kann sich das Gebirge an der Ostküste durchaus mit der Tramuntana messen und ist weniger überlaufen.

lich verlaufenden Straße von der Rückseite her ebenfalls erreichen. Die barocke Kirche mit einer Fassade aus dem 19. Jh. verdient vor allem wegen ihrer Gemälde Beachtung. Darunter befinden sich ein Madonnenbildnis aus dem 17. Jh. sowie zwei historische Darstellungen, zum einen von der Übergabe Mallorcas an König Jaume I, zum anderen von der Steinigung des Ramón Llull in Algerien. Ob diese tatsächlich stattgefunden hat, ist nicht eindeutig geklärt. Vielleicht starb er auch hochbetagt auf Mallorca, denn verdienten Männern postum den Status eines Märtyrers zu verleihen gehörte damals durchaus zur Tradition kirchenhistorischer Biografen. So konnte sich die katholische Kirche mit dem Märtyrertod bisher auch nicht so recht anfreunden und hat Lull eine Heiligsprechung versagt.

Von der zinnengekrönten Brüstung der **Wehranlage** bietet sich ein weiter Blick über die gewellte Landschaft der Serra de Llevant mit Feldern und Gärten, denen Artà den Reichtum verdankt.

Schlafen

Im Palast glücklich sein

Sant Salvador: Kleines Luxushotel in denkmalgeschütztem Palais mit hervorragendem Restaurant (s. S. 230). Acht individuelle Suiten mit allem Komfort und viel Liebe zum Detail. Hier ist der Tourist noch ein Gast, um den man sich ehrlich bemüht. Das Hotel bietet zahlreiche kulturelle Veranstaltungen und Ausstellungen.
Carrer de Pou, 26, T 971 82 95 55, www.santsalvador.com, DZ/F ab 168 € (HS)

Das Paradies auf Erden

Jardí d'Artà: Boutiquehotel mit zwölf individuell gestalteten Zimmern und einem herrlichen arabischen Garten voller Zitrusbäume und Bougainvilleen mit kleinem Pool. Auch hier ist der Gast Mittelpunkt. Fast ist man versucht, sich gar nicht von hier fortzubewegen, zumal auch das Restaurant keine Wünsche offen lässt.

Carrer Abeurador, 21, T 971 83 52 30, www. hotel-arta.com, DZ ab 145 €

Ausspannen auf dem Land
Finca-Hotel El Encinar: Liebevoll restaurierter, mitten im Grünen gelegener Komplex aus dem 18. Jh., geführt von einem jungen engagierten Ehepaar. Recht urige Doppelzimmer und Appartements. Herrlicher Fernblick.

Carreterra Artà–Son Servera (Ma-4041), km 3, T 971 18 38 60, www.elencinardearta. com, DZ ab 150 € (HS)

Essen

Für den recht kleinen Ort ist das Angebot guter Restaurants erstaunlich groß.

Ambitioniert und kreativ
Gaudí: Gourmetrestaurant im Hotel Sant Salvador (s. S. 229). Traditionelle europäische Küche mit mediterraner Note. T 971 82 95 55, Di–So 12.30–15, 19–22 Uhr, Jan.–Mitte Feb. geschl., Hauptgerichte ab 18 €, 3-Gänge-Menü 22–32 €, Mittagsmenü 16 €

Grillgut
Ca Nostra: Unterhalb des Ortes in der Nähe des alten Bahnhofs gelegenes, innen gemütliches Restaurant. Außen sitzt man zwar unter Bäumen, aber unmittelbar am Verkehrskreisel. Die Auswahl an Fisch, Fleisch und Pasta ist groß. Spezialität sind Grillgerichte. Gute Parkmöglichkeit. Carrer d'es Tren, T 971 83 62 93, www. ca-nostra.es, im Sommer tgl. 11–24 Uhr, im Winter Mo geschl., Hauptgerichte ab 15 €, Pasta ab 10 €, Mittagsmenü für 11 €

Gaumenfreuden
Sa Gripia: Gartenrestaurant in sehr gemütlichem historischem Innenhof mit solider mallorquinischer Küche zu vernünftigen Preisen. Gechillte Atmosphäre. Carrer de la Rosa, T 971 83 69 25, Salate ab 7 €, Hauptgerichte ab 14 €

Enge Gassen und eine wehrhafte Kirche sollten den Artanencs die Piraten vom Leib halten, was recht gut gelang.

Über Artàs Dächern
Forn Nou: Der tolle Blick von der Dachterrasse zusammen mit den hervorragenden, einfallsreich präsentierten Gerichten macht dieses kleine Restaurant zu etwas Besonderem. Auf der Karte stehen ausgefallene Gerichte wie Lachs-Sashimi und Adlerfisch, aber auch Klassiker wie Spanferkel. Zum wohligen Gefühl trägt überdies der zuvorkommende und unaufdringliche Service bei. Carrer Centre 7, T 971 82 92 46, Mo–So 19–23 Uhr, Hauptgerichte ab 23 €

Feiern

● **Festa San Antoni:** 16./17. Jan. Wie in vielen Orten Mallorcas treiben auch hier die *dimonis* mit reichlich Feuerzauber und Musik ihr Unwesen.

- **Semana Santa:** Die Kreuzabnahme am Friedhof der Wallfahrtskirche Sant Salvador auf dem Kalvarienberg am Karfreitag wird mit Laiendarstellern als dramatisches Mysterienspiel gestaltet.
- **Festes de Sant Salvador:** 1. Aug.-Woche. Patronatsfest mit zahlreichen Veranstaltungen. Die traditionellen Schwellköpfe (überdimensionale Köpfe) treten auf, begleitet von lokalen Musikgruppen. Es gibt Tänze und sogar eine Tapas-Route. Der ganze Ort versinkt in Feierlaune.

Infos

- **Touristenbüro:** im alten Bahnhof an der Avinguda Costa i Llobera, T 971 83 89 81, www.artamallorca.travel/de, Mo–Fr 10–14 Uhr.
- **Bus:** mit L 411 nach Palma über Manacor und Montuïri, in Gegenrichtung nach Cala Rajada über Capdepera.

Ausflüge von Artà

Talaiot de ses Païsses   ♀ J4

Am südlichen Ortsausgang in Richtung Capdepera führt eine schmale Straße über die Trasse der aufgegebenen Eisenbahnlinie durch Gärten zu einem kleinen Wäldchen, in dem sich der Talaiot de ses Païsses verbirgt. Neben Capocorb Vell (s. S. 194) handelt es sich um die bedeutendsten Relikte der rätselhaften Talaiot-Kultur. Die früheste Phase reicht bis ins 13. Jh. v. Chr. zurück, als erste Wohnhäuser entstanden.

Man fühlt sich hier fast wie in einem heiligen Hain, der dazu verleitet, über das damalige Leben zu spekulieren. Wie glücklich waren die Menschen damals wohl ohne Strom, fließendes Wasser und Internet?

Wohnen in der Vorzeit

Um 1000 v. Chr., der Epoche des Talaiotikums II, wurde die Siedlung mit der beeindruckenden zyklopischen Ringmauer umfriedet, durch die ein Tor aus drei Monolithen Zugang gewährte. Nach weiteren 500 Jahren gelangte phönizischer Einfluss nach Ses Païsses, der sich in sorgsam gefügten Blöcken, aber auch in der hier gefundenen Keramik, den Waffen und Haushaltsgegenständen zu erkennen gibt. Etliche Gebäude weisen noch einen zentralen Pfeiler auf, der früher die Decke stützte und als typisches Merkmal dieser Architektur gilt.

April–Okt. Mo–Sa 10–13.30, 14.30–18.30, Nov.–März Mo–Fr 9–13, 14–17 Uhr, 3 €, erm. 1,50 €, Audioguide zum Download: www.artamallorca.travel/audioguies/de/ ses-paisses

Ermita de Betlem   ♀ J3

Artà ist auch Ausgangspunkt für den Besuch der nördlichen, durch Fahrstraßen kaum erschlossenen Halbinsel, der **Península de Llevant.** Die einzige längere Straße führt in zahlreichen Kehren über einen Pass mit schönem Fernblick durch eine noch ursprüngliche Landschaft zum Kloster von Betlem, das nur auf eine kurze Geschichte zurückblickt und zu den schönstgelegenen der Insel zählt.

Rückzug in den Glauben

Die Gründung der noch heute bewohnten Eremitage geht auf eine Landschenkung aus dem Jahr 1805 an einige Mönche zurück, die auch etliche Ruinen umfasste. Ganz allmählich entstand eine kleine Kirche, zu deren Ausstattung Mönche anderer Klöster großzügig ihren Beitrag leisteten. Im Lauf der Zeit entwickelte sich aus den bescheidenen Anfängen ein veritabler Komplex, zu dem sich immer mehr Wallfahrer hingezogen fühlten. Im Zeichen rückläufiger Religiosität, die auch in Mallorca erkennbar ist, liegt heute wieder ein Hauch von Einsamkeit über der noch immer bewohnten Einsiedelei.

Auf keinen Fall entgehen lassen sollte man sich den überwältigenden Blick vom **Mirador Sa Coassa,** erreichbar in ca. 10 Min. vom Klosterparkplatz über die Bucht von Alcúdia, von der Ortschaft Colònia de Sant Pere bis hinüber zur markanten Silhouette des Cap de Formentor. Von der Ermita de Betlem führt auch ein Wanderweg über einen Pass zu der Ortschaft Betlem nahe der Feriensiedlung Colònia de Sant Pere.

Capdepera ♀ K3

Es hat sich ausgezahlt, dass man 1323 in der Kapelle der Festung Capdepera einer Madonnenfigur einen Platz eingeräumt hatte, stellte sie doch alsbald ihre schützende Kraft unter Beweis. Kaum nämlich hatte man angesichts einer von Cala Rajada heranziehenden Piratenhorde die Figur auf den Wachturm getragen, da zog so dichter Nebel auf, dass die Seeräuber die Orientierung verloren und unverrichteter Dinge wieder zu ihren Schiffen zurückkehrten. Die Esperança, wie die Figur seither hieß, brachte der Burg auch weiterhin Glück und bewahrte sie vor der Zerstörung, sodass wir uns heute an der besterhaltenen mallorquinischen **Festungsanlage** aus dem Mittelalter erfreuen können, die noch bis 1854 als Garnison diente. Die Lage auf der Bergspitze bringt natürlich eine großartige **Rundumsicht** mit sich (im Sommer tgl. 9–20, im Winter nur bis 17 Uhr, www.castellcapde pera.com, 2 €).

Feiern

● **Mercat Medieval:** 3. Wochenende im Mai. Der Ort feiert sein mittelalterliches Erbe. Musikanten, Tänzer, Wahrsager und Akrobaten in historischen Kostümen bevölkern die von dekorativen Verkaufsständen gesäumten Gassen zu Füßen der Burg.

Cala Mesquida ♀ K3

Sonnenbaden, Chillen, Planschen, Spielen, Wandern, ein kühles Bier genießen – der breite Sandstrand an einer dünengesäumten weitläufigen Badebucht nördlich von Cala Rajada kommt dem Ideal von einem Ferienparadies schon sehr nahe. Noch ist Cala Mesquida weniger besucht als die näher an Cala Rajada liegenden Strände, zumal sie sich mit dem Fahrzeug nur über eine 6 km lange Stichstraße von Capdepera aus erreichen lässt, zu Fuß allerdings auch auf einer längeren Wanderung von Cala Rajada aus entlang der Küste.

Glücklicherweise ist die kleine Feriensiedlung bisher von monströsen Hotelkästen verschont geblieben. Von der Cala Mesquida führt auch ein Fußweg zur Cala Torta (s. S. 228).

Essen

Privilegierte Lage
La Terrazza: Durch große Scheiben vor dem Wind geschützt, lässt man sich in bequeme Sessel sinken und überlegt, welche der vielen italienischen Gerichte es denn heute sein sollen. Pizza, Pasta und Fisch stehen auf der Karte, alles sehr lecker und bezahlbar, und auch an Vegetarier und Veganer ist gedacht.

Lieblingsort

Leuchttürme unter sich

»Fl (4) W 20 sec« – vier Blitze im Abstand von 20 Sekunden, das ist die Kennung des **Leuchtturms von Capdepera**, gewissermaßen sein Fingerabdruck. Wer hier unten vorbeisegelt, weiß selbst in tiefster Nacht, dass er nun die nordöstlichste Ecke der Insel umrundet. Leuchttürme begeistern mich immer wieder, liegen sie doch an der Nahtstelle zwischen dem wilden, unberechenbaren Meer und dem vermeintlich sicheren Festland. Durch den Pinienwald führen vom Ortsende der umtriebigen Hafenstadt Cala Rajada die letzten Kilometer der Ma-4050 in Serpentinen hinauf zum senkrecht abfallenden Kap. Sich am späten Nachmittag auf die sonnendurchwärmte Mauer zu setzen, den Wolken und Schiffen nachzuschauen, die hier hungrig wartenden Katzen zu füttern und die Dämmerung heraufziehen zu sehen ist Balsam für die Seele – gewissermaßen Wellness zum Nulltarif. Lange bevor sich das Meer tief unten schwarz färbt, beginnen die Blitze lautlos über die Wellenkämme zu huschen und, so scheint es, mit dem Leuchtfeuer vom Cap d'Artrutx an der Südspitze Menorcas Zwiesprache zu halten.

Nur bei den Getränken muss man einen Aufschlag für die tolle Aussicht zahlen. Abends haben die Gäste des Hotels die erste Wahl.

Via Marina, s/n, T 971 56 56 99

Cala Rajada 📍 K3

Der Ort an der Nordostspitze Mallorcas hat keine Plaça und braucht auch keine. Mittel- und Treffpunkt der Gemeinde ist der überschaubare **Hafen,** zweifelsohne einer der schönsten der Insel. Touristen, Jachtsegler und Fischer bevölkern die Promenade und den langen Kai. Zwar sind die Fangquoten in den letzten Jahren rings um die Balearen stark gesunken, noch immer aber ist Cala Rajada der nach Palma zweitwichtigste Fischereihafen der Insel. An Fotomotiven herrscht somit kein Mangel. Anders als bei den meisten Touristen-Urbanisationen, die sich als künstliche Gebilde ohne Flair darstellen, scharen sich niedrige Häuser um das Hafenbecken und vermitteln ein noch unverfälschtes Stück mediterraner Atmosphäre, so wie man es sonst nur noch in einigen Häfen der Ägäis finden kann. Vor allem Deutsche wählen den Ort gern als Ferienziel, und das nicht erst seit heute. Vor dem Zweiten Weltkrieg hatte sich hier eine Gemeinde deutscher Exilanten gebildet, die vor den Nationalsozialisten geflohen waren. Treffpunkt war die legendäre Bar Waikiki von Käpt'n Bilbo. Die gibt es längst nicht mehr, doch es ist nicht die Nostalgie, die Urlauber hierherzieht. Der Ort gehört zu den wenigen Reisezielen Mallorcas, die hervorragende Bade- und Wassersportmöglichkeiten mit traditioneller Hafenatmosphäre verbinden, gute Hotels haben und zudem zahlreiche Ausflugsmöglichkeiten bieten. Die Hotelbauten liegen überwiegend am Rande des historischen Kerns von Cala Rajada, sodass der abendliche Stadtbummel nicht mit langen Wegen verbunden ist.

Betriebsame Bucht

Auf der Landseite beginnt am Hafen eine Promenade, die zunächst durch den touristisch geprägten **Passeig Colom** mit seinen Restaurants und Cafés führt, die mit kühlem Bier und leckeren Kuchen immer wieder zum Verweilen einladen. Dann wird es ländlicher, Felsen und Gärten gewinnen die Oberhand, bis man die betriebsame **Platja de Son Moll** erreicht. Etliche große Hotels haben sich hier im Strandbereich angesiedelt, sodass es in der Saison recht eng werden kann. Leider hat dieser Strand seine ›Blaue Flagge‹ eingebüßt.

Garten der Künste

Der landschaftliche Reiz der Region war natürlich auch dem Tycoon Joan March (s. S. 192) nicht entgangen, der sich den schönsten Teil oberhalb des Hafens an der Cala Ghat gesichert hatte. Dankenswerterweise erlauben die Nachfahren dem staunenden Volk einen kleinen Blick in den Park des 60 000 m² großen Anwesens **Casa March** (Sa Torre Cega). 2001 hatte ein Sturm den Park mit seinen wertvollen Skulpturen (u. a. von Rodin und Henry Moore) verwüstet. Mittlerweile kann man 43 zeitgenössische Skulpturen im Rahmen von Führungen nach Voranmeldung wieder besichtigen (T 971 81 94 67, über Oficina de Informació y Turismo, Führungen Jan.–April Mi, Sa 11, 12.30, Mai–Nov. Mi–Fr 10.30, 12, Sa, So 11, 18 Uhr, 4,50 €).

Oberhalb der Bucht markiert der **Leuchtturm von Capdepera** die östlichste Spitze Mallorcas (s. S. 234). Bei klarer Sicht kann man die Küste Menorcas am Horizont ausmachen, und wer früh aufsteht, wird mit herrlichen Sonnenaufgängen belohnt. Nördlich schließt die Halbinsel mit der deutsch geprägten Hotelurbanisation **Cala Agulla** ab, die von der bezaubernden, im Sommer aber rappelvollen nahe gelegenen Bucht gleichen Namens, auch **Cala Guya** genannt, profitiert (großer gebührenpflichtiger Parkplatz). Auf einem Fußweg (ca. 3 km) gelangt man über einen kleinen Bergrücken zur Cala Mesquida (s. S. 232).

Schlafen

Die Hotels bucht man am günstigsten über Reiseveranstalter.

Arabisch angehaucht
Lago Garden: Sehr gepflegtes neueres Spa-Hotel in parkartiger Umgebung hinter der Bucht Son Moll. Viele Säulen und Bögen, ein baumbeschatteter Pool, große Zimmer und ein breit gefächertes Wellness-Angebot mit Sauna, Hammam und Jacuzzi machen den Reiz aus.
Avinguda Bon Passeig, s/n, T 971 56 36 16, www.lagogarden.com, DZ/HP ab 240 € (HS)

Große Wohlfühloase
Sensimar Aguait Spa: Gut, man ist nicht allein, darf dafür aber zu einem angemessenen Preis die Vorzüge einer traumhaften Lage an der Felsküste und einen professionellen Service genießen. Das Hotel thront auf einer Felsspitze 1 km vom Strand Son Moll und 2 km vom Ortszentrum entfernt. Eine große Terrasse mit Pool, ein beheiztes Hallenbad, Whirlpool und Fitnessraum gehören dazu. Tennis (elf Plätze) gegen Gebühr, geräumige Zimmer, teils mit Meerblick.
Avinguda els Pins, 61, T 971 56 34 08, www. grupotel.com, DZ/F ab 150 € (HS)

Betäubt vom Pinienduft
Cala Gat: Das kleine 3-Sterne-Hotel (47 Zimmer) ist zwar schon etwas in die Jahre gekommen, hat aber nichts von seinem mediterranen Charme eingebüßt. Idyllisch liegt es in einem Pinienhain unterhalb des Leuchtturms nahe der Cala Gat. Wer nicht

zum Strand will, hat einen Pool zur Verfügung. Leider ist man mit Gebühren für WiFi (pro Gerät!) und Zimmersafe nicht ganz auf der Höhe der Zeit.
Carretera del Far, 5, T 971 56 31 66, www. hotelcalagat.com, DZ/HP ab 146 € (HS)

Gediegen mit Garten
Ses Rotges: Auch dieses zentral in Hafennähe gelegene 3-Sterne-Hotel in historischem Gebäude kann auf eine lange Tradition zurückblicken. Die Zimmer sind geschmackvoll, etwas plüschig, aber zum Stil des Gebäudes passend, der Garten ist traumhaft schön. Auf einen Pool muss man allerdings verzichten.
Carrer Rafael Blanes, 21, T 971 56 31 08, www.sesrotges.com, Nov.–Ostern geschl., DZ/F ab 137 €

Essen

In Cala Rajada herrscht kein Mangel an Restaurants, Cafés und Bars. Viele bieten nur durchschnittliche Kost, besitzen dafür aber oft schöne Terrassen am Meer.

Gutes aus dem Garten

Coll d'Os: Mallorquinische Kochkunst, abseits vom Trubel der Promenade. Eine Karte gibt es nicht, es kommt auf den Tisch, was da ist, und das lässt sich sehen. Nur frische Zutaten aus dem eigenen Garten werden verwendet. Dafür wartet man gerne etwas länger. Gute Weinauswahl, angenehmes Ambiente.

Carrer Hernan Cortes/Verge de l'Esperanza, T 971 56 48 55, www.escolldos.com, 19–22 Uhr, wechselndes 4-Gänge-Menü 33 €

Frauenpower

Café Son Moll: Ein Team deutscher Frauen (ein paar Männer gibt es auch) verwöhnt die Gäste mit spanischen Tapas, italienischer Pizza und deutschem Kuchen unter den entspannten Blicken asiatischer Buddhafiguren. Ein Platz am Meer zum Wohlfühlen – und das nicht nur auf der Dachterrasse Wolke 7, denn auch hier ist man dem Lounge-Fieber verfallen.

Avinguda América, 36, T 971 56 50 38, www.sonmoll.de, tgl. 9.30–22 Uhr, im Winter geschl., Hauptgerichte ab 17 €

Feine Fischplatte

Restaurante del Mar: Super Essen, tolle Lage am Meer, zuvorkommender Service – das sind die Charakteristika des sehr beliebten schweizerischen Restaurants. Die Fischplatte (fünf verschiedene Fische) ist der Renner. Auch der Service ist untadelig – die Schweizer wissen halt, wie's geht.

Passeig América, 31 (nahe Strand Son Moll), T 971 56 58 36, www.mallorca-delmar. com, 11–15, 18.30–22.30 Uhr, Juli, Aug. nur abends, Nov.–März geschl., Hauptgerichte ab 17 €, 3-Gänge-Menü (mit Getränk) 18 €, Brunch (So) 15 €

Der Verkauf läuft gut! Liegt das an dem jungen Mann oder an der ausgezeichneten Qualität seiner Arbeit und der Palmenblätter, aus denen die Taschen geflochten sind, die er auf dem Markt anbietet?

Pizza mit Party-Feeling

Mama Pizza: Eine Institution ist die Pizzeria an der Promenade mit einer großen Auswahl an Pizza und Pasta. Einen schönen Blick von der Terrasse gibt es gratis dazu. Zwischenzeitlich wurde es zur Lounge mit Musikberieselung aufgepeppt.

Avinguda América, 6, T 971 56 37 40, www. mama-pizza.com, ca. April–Okt. tgl. 12–0.15 Uhr, Pizza/Pasta ab 11 €, Tagesgericht 7,90 €

Bewegen

Fisch am Fuß

Ellen's Wellness Studios: Hier darf mal der Fisch am Bein des Menschen knabbern, eine Geschäftsidee aus Asien, die nun auch Mallorca erreicht hat. Wer sich weiter verwöhnen lassen will, kann eine Thai- oder Ayurveda-Massage wählen und danach im Shop noch eine Aloe-Vera-Creme für zu Hause erwerben. Bis auf die Fische sprechen alle Deutsch.

Avinguda Cala Agulla, 106, T 626 950 152, www.fish-spa.es

Hoch zu Ross

Eddy's Reitstall: Es muss nicht immer Wassersport sein. Die Schönheiten Amic, Cora oder Lucky warten schon darauf, den Touristen gemächlich oder auch im Trab die Schönheit des Hinterlandes zu zeigen. Geboten werden kürzere und längere Ausritte, mit oder ohne Paella, tagsüber oder bei Sonnenuntergang. Natürlich ist auch an Kinder gedacht.

Carretera Aguila, T 630 15 05 51, 626 83 03 99, www.eddysreitstall.es

Höhlenleben

Mallorcadiving: Wer das ultimative Höhlenabenteuer erleben will, ohne Lichtspektakel und Audiobeschallung, sollte sich für 65 € unter sachkundiger Leitung, ausgerüstet mit Helm und Stirnlampe, durch den engen Eingang der Höhle Mitjana zwängen und über eine Leiter in die Tiefe steigen. Die sog. Piratenhöhle ist nur auf dem Wasserweg erreichbar.

www.mallorcadiving.de

Ausgehen

Das Nachtleben in Cala Rajada ist ausgesprochen lebhaft (nur während der Saison).

Ein Platz für Romantiker

Café Noah's: Tagsüber Bistro, nachts Treffpunkt der Nachtschwärmer; von der Terrasse hat man einen schönen Blick, vor allem bei Sonnenuntergang.

Avinguda Amèrica, 2, T 971 81 81 25, www. cafenoahs.com, tgl. ab ca. 10 Uhr

Flirttreff

Chocolate: Freiluftbar mit Garten, seit Jahren Szenetreff der Jugend, ab 21 Uhr bekommt man keinen Platz mehr. Drinks mit ca. 6,50 € recht teuer.

Carrer Elionor Servera (Plaça dels Pins), T 971 56 48 64, www.chocolate-calarajada. com, April–Okt. tgl. 20–4 Uhr

Der Klassiker

Bolero: Etwas betagte Disco, recht dunkel und schlecht belüftet, plüschige Kuschelecken, Musikmix aus Alt und Neu, auch deutsche Schlager.

Leonor Servera, 36, T 971 55 55 55, www. bolero-angels.com

Infos

- **O.I.T. Municipal Cala Rajada:** Carrer Hernán Cortez, T 971 81 94 67, www. ajcapdepera.net, Mo–Fr 9–17, Sa –12 Uhr.
- **Bus:** mehrmals tgl. Verbindungen mit L 411 über Artà und Capdepera nach Can Picafort sowie nach Palma, im Sommer darüber hinaus mehrmals tgl. Verbindung mit der Cala Mesquida.
- **Minizug:** mehrmals tgl. zwischen Cala Agulla (Cala Guya) und Cala Son Moll.

Zugabe
Dein Haus ist jetzt mein Haus

›Okupas‹, Hausbesetzer, auf Mallorca

Das adrett gekleidete Paar fuhr mit dem Auto an der Finca vor. Der dort im Gemüsebeet arbeitenden Frau in Schürze und Gummistiefeln gegenüber gaben sie sich als Mieter aus. Leider war ihnen entgangen, dass sie vor der Eigentümerin standen. Diese ergriff kurzerhand eine Latte und schlug die Eindringlinge in die Flucht. Nicht immer haben Eigentümer so viel Glück – dank der spanischen Gesetzgebung, nach der Hausbesetzer, *okupas* genannt, nach 72 Stunden ungestörten Aufenthalts nicht mehr als Einbrecher, sondern Bewohner gelten. Mit Artikel 47, der das Recht auf eine würdige Wohnung garantieren soll, wollte man der Wohnungsnot begegnen. Denn viele Spanier hatten während des Immobilienbooms Wohnungen ohne finanzielle Absicherung nur als Spekulationsobjekte gekauft, ein Wunschtraum, der zerplatzte. Ergebnis waren Geisterstädte im ganzen Land, auch auf Mallorca.

Prominentestes und deshalb besonders medientaugliches Opfer der Besetzung auf Mallorca ist Boris Becker, in dessen lange leerstehender Finca in der Nähe von Artá im Mai 2018 der deutsche Althippie Jesus Bruder Bauchi einzog. Er will den heruntergekommenen Komplex im Rahmen seines »Intergalaktischen Hilfs- und Rettungskommandos« sanieren und zu einem sozialen Treffpunkt machen. Die Wellen schlagen hoch, vor allem in den sozialen Netzwerken. Von Verständnis bis zu Hasstiraden gegen den »asozialen« Besetzer ist zu lesen.

Aber längst nicht alle Besetzer handeln aus Not. Vor allem zugereiste mafiaartige Clans machen sich die Gesetzeslage zunutze. Gegen Zahlung einer mehr oder weniger hohen Summe erklären sich bereit, das besetzte Gebäude umgehend zu verlassen, nutzen die besetzten Wohnungen aber auch als Lager für Diebesbeute und Drogen. Die Balearenregierung hat akuten Handlungsbedarf erkannt und will die Gesetzgebung umgehend anpassen, um dem neuen Geschäftsmodell den Boden zu entziehen. Bis dahin dürfte die Gegenbewegung *desokupa* großen Zulauf erfahren: Sie versucht, die Besetzer mit muskulösen Männern in schwarzen Lederjacken, unterstützt von Anwälten und Verhandlern der Besitzer, mehr oder weniger friedlich zum Abzug zu bewegen. Fruchtet dies nicht, so werden diese nach Einkäufen nicht mehr auf das Grundstück gelassen. Die Methode sei nach Aussage von Desokupa sehr erfolgreich.

Ein deutscher Steuerberater nahm die Sache in die eigene Hand, drehte den Spieß um. Mit einem befreundeten Boxer stieg er nachts in seine besetzte Villa, ver-

Selbst vor dem alten leerstehenden Gefängnis von Palma machten die ›Okupas‹ nicht Halt.

schanzte sich dort 72 Stunden und hatte nun als Besetzer seines eigenen Hauses das Recht auf seiner Seite.

Diese Auswüchse sind allerdings nur die eine Seite der Medaille, Ergebnis einer seit Jahren andauernden prekären Wohnungsnot und verfehlten Politik. Viele Familien können sich die immer weiter steigenden Mieten nicht mehr leisten und werden gekündigt. Auch die neue, strenge Regulierung der Ferienvermietung, seit 2017 in Kraft, konnte daran bisher nichts ändern. Nach Auskunft von Margalida Cladera, Leiterin der Anti-Zwangsräumungsbehörde Oficina Antidesahucios, gäbe es zwar nach wie vor sehr viele leerstehende Wohnungen. Die meisten gehörten aber Banken, obwohl diese das bestritten und an einer sozialverträglichen Lösung ohnehin nicht interessiert seien.

Auch das Thema Bauruinen hat hier seinen Platz, sind sie doch das Ergebnis verfehlter Investitionspolitik, die lokalen Politikern, Bauunternehmern und auch den Banken angelastet werden muss, vor allem aber dem Platzen der Immobilienblase 2008. Spektakulärstes Beispiel ist die aus 189 Doppelhaushälften bestehende Siedlung nahe der Cala Romàntica. Von romantisch kann jedoch nicht die Rede sein. Die von Weitem recht ansehnlichen Neubauten erinnern an eine Spielzeugsiedlung, der man den passenden Namen Legolandia gab. 2005 wollten sich hier vor allem Ausländer einen Altersruhesitz schaffen. Zunächst veruntreute der Bauunternehmer Millionen, dann sperrte die Bank die Kredite, ging aber beim Immobiliencrash selbst pleite. Seither sind die Gerichte mit der Sache befasst, während die Siedlung langsam ihrem Verfall entgegendämmert. Ob noch Hoffnung besteht, ist fraglich. Vielleicht kommt doch der Abriss wie in Ses Covets am Strand von Es Trenc, verbunden mit einem Bauverbot. Die Natur und wohl auch viele Anwohner an der an sich sehr schönen und ruhigen Cala Romàntica wären dankbar. ∎

Ob die 378 Doppelhaushälften in Cala Romàntica im Inselosten ein lohnendes Ziel für die ›Okupas‹ wären? Die Immobilienblase des Jahres 2008 platzte vor dem Erstbezug, sodass die knapp 400 Wohneinheiten nie bezogen werden konnten.

Kleingedruckte

Das

Dürfen bei keinem Patronatsfest fehlen: die ›gegants,‹ riesige Pappmacheefiguren, die in feierlichen Prozessionen durchs Dorf getragen werden. So richtig ins Schwitzen kommen ihre Träger dann beim sog. Tanz der Giganten.

Anreise

… mit dem Flugzeug

Der Flughafen liegt ca. 10 km östlich von Palma. Er wird im Liniendienst von Iberia und Lufthansa angeflogen, vor allem aber von Chartergesellschaften. Die wichtigsten sind Condor, Eurowings, Laudamotion, Ryanair und Tui-fly. Direktflüge gibt es von zahlreichen deutschen Städten. Die Flugzeit beträgt 2–2.45 Std.

Bei der Ankunft am Flughafen z. T. sehr lange Fußwege (über 100 Flugsteige). Info- und Mietwagenbüros in der Ankunftshalle, Taxistände und Haltestellen öffentlicher Busse davor. Flughafenbusse verkehren nach Palma (Linie 1), Platja de Palma und Arenal (Linie 21), Magaluf–Peguera (A11), Can Picafort–Platja de Muro/Alcúdia (A32), Cala Bona–Cala Millor (A42), Campos-s'Arenal de Llucmajor (A51). Ab Sommer 2019 soll es auch eine Verbindung mit Cala Rajada geben. www.aena.es

… mit dem Schiff

Fährverbindungen mit Palma bestehen von Barcelona und Valencia (ca. 7–8 Std.). Es gibt auch eine Verbindung von Barcelona nach Alcúdia (ca. 6.30 Std.).

Bewegen und Entschleunigen

Golf

Bei Golfern genießt Mallorca höchstes Ansehen, wen wundert's, gibt es doch 24 Plätze, einige mit eigenem Hotel der Luxuskategorie. Eines der schönsten ist der Club de Golf Alcanada bei Port d'Alcúdia (golf-alcanada.com), gegründet von Hans-Peter Porsche, Sohn des legendären Autobauers. Das Meer hat man immer im Blick. www.golfplaetze-mallorca.de

STECKBRIEF

Lage: 39,4° nördl. Breite, 3° östl. Länge, etwa auf der Breite von Lissabon und der Länge von London
Fläche: 3680 km², größte Ausdehnung ca. 100 km Länge und 77 km Breite, größte Balearen-Insel
Einwohner: knapp über 900 000; Ausländeranteil 19,6 % (2016)
Hauptstadt: Palma, ca. 430 000 Einw. (2017)
Staat und Politik: Die Balearen genießen seit 1983 einen weitgehenden Autonomiestatus.
Amts- und Umgangssprache: Spanisch, doch gewinnt Katalanisch immer mehr an Bedeutung.
Religion: überwiegend römisch-katholisch; ca. 3 % der Bevölkerung muslimisch
Wirtschaft: Rund 63 % des Bruttoinlandsprodukts erwirtschaftet der Tourismus (ca. 10 Mio. Gäste/Jahr, ca. 1700 Unterkünfte mit 300 000 Betten). Die Einnahmen für 2016 beliefen sich auf 14,6 Mrd. Euro. Etwa drei Viertel der Bevölkerung beziehen ihr Einkommen direkt oder indirekt aus dem Tourismus.

Radfahren

Seit die Profis hier trainieren, ist Mallorca ein Mekka der Radtouristen. Die einen quälen sich in Pulks die Berge hoch, die anderen strampeln gemütlich auf Feldwegen durchs Flachland. Aufgrund der wachsenden Verkehrsdichte und Unübersichtlichkeit der oft engen Straßen ist diese Art körperlicher Betätigung allerdings nicht ganz ungefährlich. Immer wieder kommt es zu schweren Unfällen. Mittlerweile existiert ein ausgedehntes Radwegenetz entlang wenig befahrener oder für den Autoverkehr gesperrter Straßen (Infos im Internet, s. oben).

Reiten

Vom Rücken eines gutmütigen Pferdes die Gegend zu beschauen ist Entschleunigung pur – der Gaul bestimmt das Tempo. Einen Überblick zu Reitmöglichkeiten findet man unter www.mallorca-majorca.de/reiten-auf-mallorca.php. Wer etwas Ausgefallenes sucht, kann von der Finca Can Paulino bei Llucmayor aus eine romantische Eselswanderung bei Vollmond mit Umtrunk unternehmen oder nachts mit dem Pferd am Strand entlangreiten (www.balear.me).

Wandern

Mallorca ist ein Wanderziel par excellence. Bevorzugte Wanderregion ist das Tramuntana-Gebirge, aber auch die weniger überlaufene Halbinsel Victòria im Norden und die Serra de Levant im Osten. Ausgeschildert sind der ehemalige Prozessionsweg Artà–Santuari de Lluc (GR 222) und die 120 km lange Route durch die Tramuntana von Andratx nach Pollença (GR 221). Viele Wanderungen sind auch als Tagesausflug möglich, für einige anspruchsvolle Touren benötigt man mehrere Tage. Etliche Wanderhütten bieten einfache Unterkunft.

Zur Ausrüstung gehören feste Schuhe, Trinkflasche, etwas Verpflegung, Sonnen- und Wetterschutz. Anhand zahlreicher Spezialreiseführer kann man Wanderungen selbst planen oder sich einer geführten Gruppe anschließen.

Über 200 Wanderreisen allein auf Mallorca vermittelt das Reisebüro Schrei-

ner und Stein in Aschaffenburg (www.wanderreisen.de). Wer sich erst vor Ort entscheidet, kann sich an den Wanderservice Mar y Roc wenden. Man kann die Touren in einigen Hotels und Reiseagenturen oder online buchen (www.maryroc.de). Ein Verzeichnis der Wanderhütten findet man unter www.caib.es (nur Mallorquin und Spanisch). Wer den Kontakt zu Einheimischen sucht, sollte einmal einen Blick auf die Website von Foment del Turisme de Mallorca werfen (www.fomentmallorca.org). Der Förderverein für Tourismus bietet regelmäßig geführte Tagestouren (8–18 km) an. Nicht-Mallorquiner zahlen 20 €.

KARTEN UND WANDERFÜHRER

Alpina-Karten: 1 : 25 000 – aktuelle Wanderkarten des spanischen Verlags Alpina insbesondere über die Tramuntana, erhältlich vor Ort, www.editorialalpina.com
GR 221 – Serra de Tramuntana, acht Etappen. Die Natur, Städte und Gemeinden: sehr ausführlicher Führer auch in Deutsch

Im Internet
www.gr221.info: hervorragendes, aktuelles Portal mit Hinweisen zu Karten, Routen, geführten Touren
www.bikemap.net: ausführliche Beschreibung von über 2000 Routen mit Karten und Höhenprofilen, zusammengestellt von Radlern
www.cycling-friendly.com: auch hier große Auswahl, dazu Fahrradverleihstationen, Unterkünfte
www.conselldemallorca.net: super Wanderportal; unter dem Stichwort Umwelt/Trockenmauerbau und Wandern detaillierte Infos zum GR221 und zum GR222 (mit Unterkünften)

Wassersport

Mallorca zählt über 100 größere und kleinere Strände. Einige, wie die Platja des Caragol bei Sant Jordi oder die Bucht von Coll Baix auf der Halbinsel Victòria, sind sehr abgelegen und nur zu Fuß erreichbar, andere, wie die Platja de Palma, in der Saison brechend voll.

Man findet fast alle Wassersportarten. Auch Windsurfen, Stehpaddeln (SUP) und Jetski haben längst ihren Weg auf die Insel gefunden. Ein besonderes Erlebnis ist ein Ausflug mit dem Hochseekajak von der Cala Sant Vicenç entlang der Küste zu verschwiegenen Buchten.

Auch Tauchen wird auf Mallorca groß geschrieben. Es existieren mehrere Tauchschulen entlang der Südwestküste sowie an der Ostküste und im Norden.

www.urlaubsguru.de/reisemagazin/mallorca-tauchen/

Einreisebestimmungen

Für die Einreise nach Spanien benötigen Deutsche, Österreicher und Schweizer einen gültigen Reisepass oder Personalausweis. Auch Kinder benötigen unabhängig vom Alter ein eigenes Reisedokument. Deutsche und Österreicher können sich beliebig lange in Spanien aufhalten, Schweizer ohne Visum bis zu drei Monate. Zum Anmieten eines Fahrzeugs sollten Pass oder Ausweis noch mind. drei Monate gültig sein.

Zollvorschriften

Innerhalb der EU gelten folgende Höchstmengen: 800 Zigaretten, 400 Zigarillos, 200 Zigarren oder 1 kg Tabak, 60 l Schaumwein, 10 l Spirituosen. Geschenke sind bei Flug- und Schiffsreisen bis 430 € zollfrei.

Mitnahme von Haustieren

Für die Mitnahme von Hunden und Katzen ist ein EU-Heimtierausweis mit einem gültigen Tollwutimpfeintrag vorzuweisen. Da-

HUND IM FLUGZEUG

Wer seinen vierbeinigen Liebling mitnehmen möchte, sollte sich einmal Barbaras Blog **www. mallorca-talks.com** ansehen. Die engagierte ehemalige Rundfunkjournalistin gibt wertvolle Hinweise, und das nicht nur zu diesem Thema.

rüber hinaus muss eine Tätowierung oder ein Chip das Tier eindeutig identifizieren. In den meisten Hotels und Restaurants sowie in Taxis, Bussen und Bahnen werden auf Mallorca Haustiere allerdings nicht akzeptiert. Und auch bei einigen Airlines dürfen Hunde nicht mitfliegen.

Essen und Trinken

Zu den lokalen Spezialitäten zählen Lammgerichte, gebratener Fisch, *pa amb oli* (Brot mit Öl), *bocadillos* und natürlich Tapas. Die größte Auswahl frischer Ware findet man auf den großen Märkten von Palma (Olivar und Santa Catalina) und den zahlreichen Wochenmärkten, die allerdings nur bis Mittag geöffnet sind. Es gibt in den größeren Städten auch sehr gut sortierte Feinkostläden, in denen man ausgesuchte heimische Produkte wie Flor de Sal, Oliven und die berühmten *sobrassada*-Würste bekommt. Restaurants mit mind. drei Sternen müssen ein günstiges mehrgängiges Mittagsmenü anbieten *(menú del día)*. Manchmal gehört sogar der Wein dazu. Selbst hochpreisige Restaurants haben nachgezogen und bieten Spitzenküche für weniger als 20 €.

Feiertage

1. Januar – Neujahr; 6. Januar – Hl. Drei Könige; 1. März – Balearen-Tag; Gründonnerstag; Karfreitag; Ostermontag; 1. Mai

– Tag der Arbeit; 15. August – Mariä Himmelfahrt; 12. Oktober – Nationalfeiertag in Spanien; 1. November – Allerheiligen; 6. Dezember – spanischer Verfassungstag; 8. Dezember – Mariä Empfängnis; 25. Dezember – Weihnachten

Informationsquellen

www.spain.info/de_DE: Infos über Spanien/Mallorca sowie zu den spanischen Fremdenverkehrsämtern in Deutschland (Berlin, Frankfurt/M., München)

Fremdenverkehrsämter auf Mallorca: Jeder größere Ort hat ein lokales oder staatliches Fremdenverkehrsamt; in Palma an der Plaça de la Reina, 2 (T 971 17 39 90, Mo–Fr 8.30–20, Sa bis 15 Uhr).

www.infomallorca.net: offizielles Tourismusportal, sehr gut

www.mallorca.com: ebenfalls sehr ausführlich

www.tib.org/de: alles zu Bus- und Bahnverbindungen

www.180gradsalon.de/mallorca: liebevolle, sehr professionell gemachte Seite einer Bloggerin mit vielen Tipps auch zu Essen und Trinken

www.mallorca-aaaxel.com: Wen wundert's, dass ein ehemaliger Chefredakteur auch als Resident auf Mallorca seinem Metier weiterhin treu bleibt. Vor allem mit Anekdoten, Begegnungen und Beobachtungen lässt er uns hinter die Kulissen blicken und zuweilen schmunzeln.

www.dream-of-mallorca.com: sehr ausführliche Seite eines Pärchens aus Dresden, mit Werbung und Shop

Internetzugang

Freier Internetzugang über WLAN (WiFi) ist auf Mallorca weit verbreitet. Nur in einigen Hotels muss man zahlen. Er wird

nicht nur von vielen Restaurants und Cafés angeboten, auch im öffentlichen Raum gibt es zahlreiche Hotspots. Eine aktuelle Karte findet man auf www.islawifi.com.

Kinder

Die meisten Urlaubsorte sind auf Familien mit Kindern eingestellt und bieten in ihren größeren Hotelanlagen Kinderplanschbecken, teils sogar ein eigenes Unterhaltungsprogramm. Nicht alle Strände sind kinderfreundlich und nicht alle Hotels akzeptieren die Kleinen (*adults only*). Besonders familienfreundlich sind Can Picafort und Cala Millor mit seicht abfallenden, breiten Sandstränden. Viele Tipps findet man auf www.eltern.de (Familie & Urlaub).

Klima und Reisezeit

Heiße, trockene Sommer und kühle, regnerische Winter sind Kennzeichen des auch für die Balearen typischen gemäßigten Mittelmeerklimas. Die Temperaturen auf

| J | F | M | A | M | J | J | A | S | O | N | D |

15 14 16 18 22 26 32 32 27 23 18 16

Mittlere Tagestemperaturen in °C

6 6 8 11 14 18 21 22 18 15 11 8

Mittlere Nachttemperaturen in °C

13 13 14 15 17 21 25 26 24 21 18 15

Mittlere Wassertemperaturen in °C

4 5 6 8 9 11 11 12 9 7 5 5

Sonnenstunden/Tag

10 9 9 8 7 5 2 1 5 12 12 11

Regentage/Monat

Das Wetter in Palma

Bereiten sich die Mallorquiner auf die Landung Außerirdischer vor oder wie ist das Graffito zu lesen? Nein, der Sprayer möchte auf das auch auf Mallorca heiße Eisen ›Klimaschutz‹ hinweisen.

Mallorca schwanken zwischen 15 °C im Januar/Februar und über 30 °C bei meist wolkenlosem Himmel im Juli/August. Zu den milden Wintern trägt das Tramuntana-Gebirge bei, das die Insel vor den vom Festland kommenden kalten Winden abschirmt.

Trotz der geringen Größe der Insel variieren die Niederschläge erheblich. Im Südosten bei Colònia de Sant Jordi fallen im Durchschnitt 350 mm pro Jahr, in der Tramuntana 1500 mm. Am regenreichsten sind die Monate September bis November, in denen 40 % des Jahresniederschlags fallen. 25 % sind es zwischen März und Mai, weitere 25 % zwischen Dezember und Februar, im Sommer hingegen nur 10 %.

Der weltweite Klimawandel macht sich auch auf den Balearen bemerkbar. So übersteigen die Sommertemperaturen mittlerweile immer häufiger die 40-Grad-Marke, während im Oktober wärmere Wassertemperaturen Wirbelstürme auslösen. Klimatische Störungen sind häufiger geworden und die milde, ruhige winterliche Wetterlage, die *calmes*, ist keine Garantie mehr.

Lesetipps

Die Balearen, Erzherzog Salvator von Österreich. Mehrbändiges Monumentalwerk aus dem 19. Jh., das nach wie vor eine Fundgrube ist und durch die zahlreichen zeitgenössischen Abbildungen begeistert. Noch immer als Reprint erhältlich.
Ein Winter auf Mallorca, George Sand. Der Klassiker über den Winteraufenthalt von George Sand und Frédéric Chopin 1838/39, auch als E-Book erhältlich.
Geschichten aus dem anderen Mallorca, Robert (von Ranke) Graves. Zwölf Kurzgeschichten über die Insel und ihre Bewohner. *Das* Kultbuch des Protagonisten des Deià-Mythos, auch als E-Book erhältlich.
Papa ante Palma – Mallorca für Fortgeschrittene, Stefan Keller. Amüsanter, ehrlicher und zuweilen anrührender Blick auf Mallorcas Touristen, auch als E-Book erhältlich.
Ein Jahr auf Mallorca – Reise in den Alltag, Marie Roth. Eine nette Lektüre für die Ferientage auf der Insel. Im Vordergrund stehen Beschreibungen von Land und Leuten abseits der Touristenhochburgen.
Mallorca-Krimis, Andreas Schnabel. Im Mittelpunkt der sehr unterhaltsamen Krimireihe – u. a. »Tod unter Pinien«, »Poolposition« und »Tod auf Cabrera« – stehen Comisario Cristobal García Vidal und sein deutscher Freund Michael Berger.
Mallorca unter dem Hakenkreuz, Alexander Sepasgosarian. Ein Blick in die dunkle Vergangenheit der Ferieninsel zu Zeiten des Franco-Regimes, hervorragend vom Autor des »Mallorca Magazin« in langjähriger Arbeit recherchiert. Schon damals gab es deutsche Residenten, Exilanten auf der einen, Nazis auf der anderen Seite.
Insel des Zweiten Gesichts, Albert V. Thelen. Der Lyriker und Übersetzer dokumentiert als Augenzeuge jener unruhigen Zeiten seine Erlebnisse auf Mallorca zwischen 1933 und 1936 in Romanform.

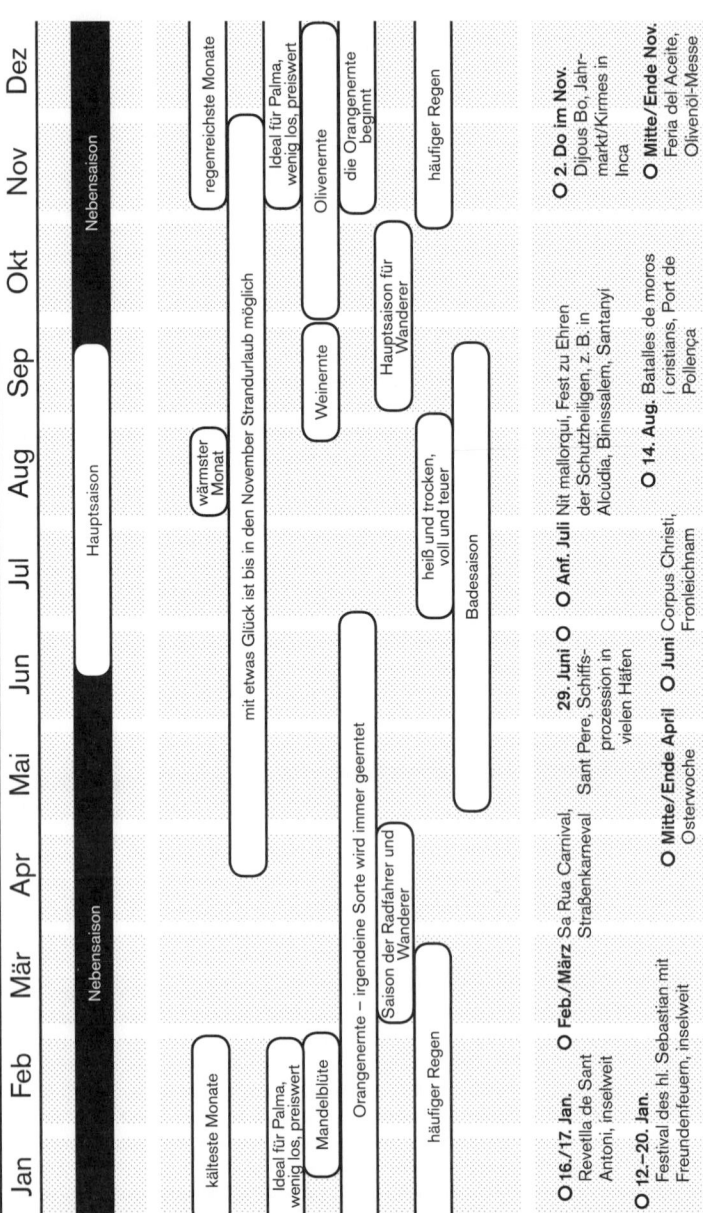

Jan	Feb	Mär	Apr	Mai	Jun	Jul	Aug	Sep	Okt	Nov	Dez
Nebensaison					Hauptsaison					Nebensaison	

kälteste Monate

wärmster Monat

regenreichste Monate

Ideal für Palma, wenig los, preiswert

mit etwas Glück ist bis in den November Strandurlaub möglich

Ideal für Palma, wenig los, preiswert

Mandelblüte

Olivenernte

Orangenernte – irgendeine Sorte wird immer geerntet

die Orangenernte beginnt

Weinernte

Saison der Radfahrer und Wanderer

Hauptsaison für Wanderer

heiß und trocken, voll und teuer

Badesaison

häufiger Regen

häufiger Regen

○ 16./17. Jan. Revetlla de Sant Antoni, inselweit

○ 12.–20. Jan. Festival des hl. Sebastian mit Freundenfeuern, inselweit

○ Feb./März Sa Rua Carnival, Straßenkarneval

○ Mitte/Ende April Osterwoche

○ 29. Juni Sant Pere, Schiffsprozession in vielen Häfen

○ Juni Corpus Christi, Fronleichnam

○ Anf. Juli Nit mallorqui, Fest zu Ehren der Schutzheiligen, z. B. in Alcúdia, Binissalem, Santanyí

○ 14. Aug. Batalles de moros i cristians, Port de Pollença

○ 2. Do im Nov. Dijous Bo, Jahrmarkt/Kirmes in Inca

○ Mitte/Ende Nov. Feria del Aceite, Olivenöl-Messe

Reisen mit Handicap

Infos über Reisen mit Handicap sind leider rar. Einige Informationen findet man unter www.handicapnet.com/barrierefrei-reisen/rollstuhl_mallorca.shtml und www.wato.de, ausgesuchte Hotels unter www.runa-reisen.de/rollstuhl-urlaub-mallorca.

Reiseplanung

Stippvisite

Nur wenig Zeit? Die Insel ist relativ klein und gut erschlossen, sodass viele Ziele als Tagesausflug unternommen werden können. Ganz oben steht der Besuch von Palma, der quirligen Inselmetropole mit ihrem ganz besonderen Flair. Landschaftlicher Höhepunkt ist eine Fahrt entlang der Gebirgskette Tramuntana. Da nur wenige Linienbusse verkehren, ist ein Mietwagen ratsam oder aber ein von fast allen Hotels angebotener Pauschalausflug. Auch bei wenig Zeit sollte zudem eine Fahrt mit der historischen Eisenbahn ›Roter Blitz‹ von Palma nach Sóller auf dem Programm stehen, sie bietet grandiose Ausblicke gepaart mit nostalgischem Reisegefühl. Zurück in Palma ist man dann wieder schnell mit dem Bus.

Im Sommer überlaufen

Wer den Urlaubsfreuden ›Strandleben und Party machen‹ nichts abgewinnen kann, sollte während der Hauptsaison die Hochburgen des Massentourismus meiden, insbesondere die Platja de Palma, an der trotz Verschärfung der Gesetze bisher keine Ruhe eingekehrt ist. Auch in Cala Rajada geht es mittlerweile hoch her. Ebenso würde ich den beliebten Strand von Es Trenc im Sommer links liegen lassen. Und wohin dann? Wer nicht jeden Tag am Meer liegen will, könnte sich ein kleines Hotel in einem der hübschen Städtchen, in Campos oder Santanyí etwa, oder eine Finca im Landesinnern buchen und einen Mietwagen gleich dazu. Gewiss nicht billig, aber ruhig.

Überfüllt sind im Sommer nicht nur die Badeorte, auch die Straßen. Wer den morgendlichen Stau im Berufsverkehr von zu Hause gewöhnt ist, kann (noch) nach Sa Calobra fahren, ans beliebte Cap Formentor darf man seit dem Sommer 2018 im Juli und August nur noch mit dem Shuttlebus.

Im Winter ein Traum

Seit ich mehrfach in den Wintermonaten auf Mallorca war, kann ich diese Jahreszeit trotz der kühlen Temperaturen nur wärmstens empfehlen. Eine Woche vor Weihnachten in Palma ist schon ein besonderes Erlebnis. Entspannt bummeln, shoppen, Kultur aufsaugen, keine überfüllten Cafés, nette Menschen, eine traumhaft illuminierte Altstadt … Allein die Krippen in den Kirchen und Klöstern sind die Reise wert.

Kulturelle Highlights

Nicht nur für Badeurlauber, auch für Kulturinteressierte bietet Mallorca ein breites Spektrum. Eine der schönsten und größten Kathedralen Europas dominiert die Altstadt von Palma, umgeben von prächtigen Stadthäusern mit ihren charakteristischen Innenhöfen. Relikte einer weit zurückreichenden Epoche findet man in den noch immer rätselhaften Bauten der Talaiot-Kulturen von Capocorb Vell und Talaiot de ses Païsses. Sollte es einmal regnen: Über ein Dutzend Museen gewähren Zuflucht. Auf den Landgütern von Raixa, Alfàbia, Els Calderers oder Sa Granja lässt sich die Uhr um 200 Jahre zurückdrehen.

Auch die Neuzeit ist vielgestaltig vertreten. Man kann einen Blick in das Atelier des genialen Malers Miró werfen, die Museen des Bankiers und Mäzens Joan March besuchen, die sich Werken von Salvador Dalí und Pablo Picasso, aber auch etwa von Juan Gris widmen, sowie im großartigen Museum Es Baluard in Palma oder in der Fundación Yannick i Ben Jakober bei Alcúdia moderne Kunst bewundern.

LIEBLINGSAUSFLUG

Mein momentaner Favorit ist die sehr schmale, kurvenreiche und deshalb von Ausflugsbussen gemiedene Verbindung zwischen dem Badeort Peguera im Süden und dem Museumslandgut La Granja. Als Ma-1012/1032/1101 verläuft sie durch mehrere Längstäler der Tramuntana, berührt den kleinen Ort Es Capdellà, das von Künstlern bevorzugte Galilea und das ansehnliche Puigpunyent. Mehrere kleine Pässe sind zu überwinden, von denen man einen großartigen Blick auf die Orte und das Galatzó-Massiv hat, ehe man am Parkplatz von La Granja wieder auf das touristische Hauptfeld trifft.

Bereit fürs Abenteuer?

Die bühnenreif illuminierten Höhlen bei Porto Cristo mit Führung zu besuchen kann jeder. Durch ein kleines Loch in die Cova de na Mitjana an der Ostküste hinabzuklettern, dazu gehört schon Überwindung, selbst bei einer geführten Tour. Denn allein sollte man auf keinen Fall gehen, sondern sich einer erfahrenen Agentur anvertrauen, z. B. Mesaventura (www.mesaventura.com, 45 €).

Auch Kletterer, *boulder climber*, finden auf Mallorca ihr Paradies. Sie treffen sich in dem winzigen Nest Tijuana zwischen der Cala Santanyí und der Cala Figuera, um sich an den hier senkrecht abfallenden Felswänden an der Küste auszutoben.

Etliche Berufsfischer haben den Tourismus als zusätzliche Einnahmequelle entdeckt, als ›Beifang‹ gewissermaßen. Wer einigermaßen seefest ist, kann in mehreren Häfen frühmorgens an Bord gehen. Angesichts der harten Arbeit wird er von nun an seinem Grillfisch im Restaurant mit größerer Ehrfurcht begegnen. Die ganztägigen Ausflüge kosten etwa 130 €/Person inkl. Mittagessen an Bord – Fisch natürlich, frischer geht's nicht. Eine Auswahl an Booten und Häfen findet man unter www.pescaturismomallorca.com.

Sich einen Ferrari oder Lamborghini zu mieten mag für manchen das höchste der Gefühle sein, ist aber nichts Besonderes. Wer das ultimative Fahrgefühl sucht, sollte sich einen handgefertigten Loryc Electro RS im Retro-Look aus der kleinsten Autofabrik der Welt für einen Tag ausleihen. Kostet zwar 400 bis 500 €, dafür keinen Sprit (www.lorycelectric.com).

Sicherheit und Notfälle

Kriminalität

Berühmt-berüchtigt sind die sog. Blumenmädchen, überwiegend zugewanderte Sinti. Sie bieten dem arglosen Touristen insbesondere vor der Kathedrale eine Rose an und greifen dann mit geübten flinken Fingern ins Portemonnaie. Als Hochburgen des Taschendiebstahls gelten die Partymeilen, insbesondere die Platja de Palma und Magaluf, wo ganze Gruppen von Prostituierten sich alkoholisierten Touristen nähern und sie berauben. Auch in den großen Diskotheken tummeln sich gern Taschendiebe. Selbst von Einbrüchen im Hotelzimmer wird neuerdings immer häufiger berichtet. Platja de Palma ist überdies ein Hotspot des Drogenhandels.

Diplomatische Vertretungen

Deutsches Konsulat: Carrer Porto Pi, 8, 3°, T 971 70 77 40, Mo–Fr 9–12 Uhr
Österreichisches Konsulat: Carrer Paraires, 23, T 971 42 51 46, Mo, Di, Mi, Fr 11–13 Uhr
Schweizer Honorarkonsulat: Carrer Antonia Martinez Fiol, 6, 3°A, T 971 76 88 36, palmamallorca@honrep.ch

Wichtige Notfallnummern

Polizei: 112
Unfallrettung (Notarzt): 61

EC-Kartensperre: +49 116 116
Kreditkarten-Sperre (Visa/Master): +49 30 4050 4050

Übernachten

An Übernachtungsmöglichkeiten herrscht wahrlich kein Mangel. Es gibt circa 1700 Unterkünfte mit etwa 300 000 Betten, dazu kommen noch etliche mehr oder weniger legale Privatquartiere. Allein im Raum Palma sollen 90 % der privat vermieteten Appartements illegal sein – noch. Auf die großen Ferienanlagen mit oder ohne All-inclusive-Angebot wird hier nicht eingegangen.

Kuschelig, privat und edel
Es gibt zahlreiche kleine, individuell ausgestattete Boutiquehotels mit tollem Ambiente und nur wenigen Zimmern. Sie liegen überwiegend in Städten, insbesondere in Palma, aber auch in Artà, Sóller und Santanyí. Allein in der Altstadt von Palma finden sich mehr als 20 dieser Hotels. Viele von ihnen bewegen sich aber in einem gehobenen Preissegment von über 200 € pro Nacht.
https://de.escapio.com/kleine-hotels/mallorca
www.abc-mallorca.de/besten-boutique-ho tels-mallorca

Rustikal auf dem Land
Finca-Urlaub auf Mallorca – verspricht das nicht entspannte, naturnahe Ferien mit einem Hauch von Luxus, so ganz das Gegenstück zum Bettensilo am überlaufenen Strand? Viele Fincas sind aus Landwirtschaftsbetrieben hervorgegangen, wurden teilweise in traumhafte Anwesen umgewandelt. Aber Vorsicht, auch hier gibt es etliche schwarze Schafe, deren angebotene Finca kaum mehr ist als ein primitives Bauernhaus oder gar nicht existiert. Das trifft bestimmt nicht auf die Häuser zu, die sich der Associació Agroturisme Balear (www.rusticbooking.com) angeschlossen haben. Fincas, die noch Landwirtschaft betreiben und Feriengäste aufnehmen, bei uns

bekannt als ›Ferien auf dem Bauernhof‹, gibt es allerdings kaum noch. Der Begriff Finca dient gern auch als Verkaufsförderung für moderne Villen und kleinere Hotels. Etliche Fincas kann man nur komplett mieten (meist für 4–8 Personen). Rückt man mit Großfamilie oder guten Freunden an, ist der Aufenthalt durchaus bezahlbar. Für 250–400 € pro Tag lässt sich ein sehr schönes Anwesen mit mehreren Schlaf- und Badezimmern und natürlich einem Pool finden. Ein umfassendes Angebot ist unter www.mallorca-fincavermietung.com aufgelistet. Dort sind auch Fincas verzeichnet, die als Hotel betrieben werden. Meist sind sie aus den Granjas hervorgegangen, den Herrenhäusern größerer Besitzungen. Die Preise für ein Doppelzimmer beginnen bei etwa 120 €.

Privatunterkünfte
Die Vermittlung von privaten Appartements ist ein heißes Thema auf Mallorca. Die Zahl der Appartements, die an sog. Rollkoffer-Touristen vermietet werden, die auf eigene Faust anreisen und ihren Urlaub in einer Ferienwohnung verbringen, ist unbekannt, liegt aber über 3000. Da man mit Touristen weitaus mehr verdient als mit

TOURISTENSTEUER

Um die sog. Touristensteuer ›Ecotasa‹, mit der vor allem Umweltprojekte gefördert werden sollen, ist lange gerungen worden. Die Höhe bemisst sich nach der Art der Unterkunft und der Saison. In der Hauptsaison von Mai bis Oktober zahlt man pro Person und Tag in einem 5-Sterne-Hotel 4 € (Nebensaison 1 €), in einem 3-Sterne-Hotel sind 3 € fällig (Nebensaison 0,50 €), auf einer Finca, in einem Landhotel und einem mittelpreisigen Appartement 2 € (Nebensaison 0,50 €).

regulären Mietern, stehen viele Wohnungen in den Wintermonaten leer oder werden nur für die Kurzzeitvermietung erworben. Um der damit verbundenen Wohnungsnot Einhalt zu gebieten, hat die Balearenregierung 2017 strenge, recht komplizierte Gesetze erlassen. Je nach Region dürfen Wohnungen gar nicht oder max. 60 Tage pro Jahr an Touristen vermietet werden, aber nur, wenn sie als Hauptwohnsitz des Eigentümers dienen. In abgelegenen Regionen darf man auch ganzjährig vermieten. Voraussetzung für alle ist eine gültige Lizenz. Auf die sollten Touristen auch bei Buchung über Portale wie airbnb oder fewo achten. Im April 2018 gab es auf den Portalen noch über 10 000 Angebote für den Bezirk Palma, von denen nur 645 legal waren! Besonders auf der Hut muss man bei rein privaten Vermietungen sein, wenn die komplette Vorauszahlung gefordert wird. So mancher Tourist stand vor einem verschlossenen rostigen Gartentor statt einer noblen Finca. Die seit Juli 2018 zur Verfügung gestellte App ›Ferienvermietungscheck Mallorca‹ zur Überprüfung der Legalität angebotener Ferienappartements dürfte dem Wildwuchs hoffentlich bald ein Ende bereiten.

Umweltfreundlich unterwegs

Die Vereinbarkeit von Tourismus und Nachhaltigkeit ist ein weltweites Problem, dem sich etliche Institutionen widmen, u. a. der Verband für nachhaltigen Tourismus (www.oete.de) und das NRO-Netzwerk für Biodiversität (www.ceeweb.org).

Umweltfreundlich unterwegs zu sein heißt vor allem, zunächst sein eigenes Verhalten zu überprüfen und nicht der Maxime »Nach mir die Sintflut« zu folgen. Warum ist der Wasserverbrauch von Touristen in den Hotels doppelt so hoch wie zu Hause, und wechselt man daheim auch täglich die Handtücher? Sollte man nicht lieber einen Stoffbeutel zum Einkauf nehmen als jedes Mal eine neue Plastiktüte? Muss man sei-

HIMMLISCHE RUHE **H**

Wem der ganze Trubel zu viel ist, kann sich in eines der ehemaligen **Klöster** flüchten. Mögen sie tagsüber auch gut besucht sein von Radlern, Wanderern und Mietwagenfahrern, nachts herrscht himmlische Ruhe, etwa im Kloster Lluc, auf dem Santuari de Sant Salvador oder dem Santuari de Cura. Früh am Morgen kann man gleich zu tollen Wanderungen aufbrechen oder einfach den Blick in die Ferne genießen.

ne Cola aus einem Plastikbecher trinken, den man unmittelbar danach entsorgt – am besten gleich am Strand? Abgesehen von den Stränden ist auch das Meer rings um die Insel mit Plastikmüll verseucht, der allerdings nicht nur von den Touristen, sondern auch von den Schiffen auf hoher See stammt. 30 spezielle Müllsammelschiffe kreuzen in den Sommermonaten vor den Stränden Mallorcas und sammeln pro Tag etwa 500 kg Abfall.

Mit den Slogans ›Öko‹ und ›Nachhaltigkeit‹ werden sehr gern auch die Finca-Urlaube beworben. Die Ferien in einem historischen Landhaus zu verbringen bedeutet aber noch lange nicht, sich auch umweltbewusst zu verhalten – im Gegenteil. Die meisten Fincas verfügen über Pools, deren Wasser regelmäßig gewechselt wird, und auch der Energieverbrauch liegt pro Person weit über dem eines Strandhotels.

Einen wertvollen Beitrag zur Nachhaltigkeit kann der Tourist durch den Kauf einheimischer Produkte leisten. Muss es denn das deutsche Importbier sein und der Billigfummel ›Made in China‹, mit dem die Märkte überschwemmt werden? Mallorca bietet unendliche Möglichkeiten, sich mit hochwertigen lokalen Produkten zu versorgen, angefangen von exquisiten Lederwaren über Weine, Olivenöle bis zu Gewürzen und Schinken – auf in den Mercat d'Olivar!

Wem das nicht genügt – noch ein kleiner Tipp: In Ecuador hat Caroline Sevilla die Initiative #5minuteBeachCleanup (www.5minutebeachcleanup.com) gegründet, die bereits an vielen Ferienzielen Nachahmer gefunden hat. Warum nicht auch auf Mallorca selbst einen ersten kleinen Schritt machen und fünf Minuten lang den Müll ringsum aufsammeln, ehe man sich mit gutem Gewissen auf dem Badetuch niederlässt – natürlich ohne Einwegbecher und Plastikstrohhalm? Die sollen ab 2019 auf Mallorca verboten werden. Wird auch Zeit!

Verkehrsmittel

Öffentliche Verkehrsmittel

Während der Hauptsaison mit dem Mietwagen unterwegs zu sein kann nerven. Über 100 000 legale und illegale Fahrzeuge drängen sich auf den Straßen. Einen Parkplatz zu finden ist reine Glückssache. Mallorca verfügt über ein gutes öffentliches Verkehrsnetz. Zentrum ist der unterirdische Bahnhof für Schnellbahnen und Busse an der Plaça d'Espanya in Palma. Stressfrei und preiswert kann man mit der Bahn etliche interessante Städte im Landesinnern besuchen, etwa den Markt von Inca, Petra, Manacor. Alle Städte und größeren Ortschaften werden überdies regelmäßig auch von Bussen angefahren, kleinere hingegen nur ein oder zwei Mal pro Tag. Fahrpläne findet man unter www.tib.org/de. Für iPhones gibt es die sogar als App.

Mietwagen

Die Voraussetzungen für das Mieten eines Autos oder eines Motorrads über 125 ccm sind ein gültiger, mind. ein Jahr alter Führerschein sowie ein Mindestalter von 21 bzw. 23 Jahren. Überdies benötigt man eine Kreditkarte, selbst wenn man das Fahrzeug bereits in Deutschland gebucht hat. Üblicherweise wird der Wagen mit Vollkasko ohne Kilometerbegrenzung vermietet. Da die Mindestdeckungssummen für Personen- und Sachschäden in Spanien mittlerweile weit über denen Deutschlands liegen, ist ein Abschluss der sog. Mallorca-Police für Mallorca nicht mehr nötig (www.finanz tip.de/kfz-versicherung/mallorca-police).

Bei Buchungen über das Internet ist Vorsicht geboten, da sich hier etliche unseriöse Anbieter tummeln. Und weil bei diesen Buchungen die Vorauszahlung des gesamten Mietpreises üblich ist, könnten sich ernste Probleme ergeben. Kleine lokale Anbieter versuchen häufig, den Klienten Zusatzversicherungen abzupressen, selbst wenn dieser schon eine Vollkasko hat.

Bei Vorausbuchung kann man den Wagen bereits am Flughafen übernehmen, sollte jedoch bedenken, dass viele Charterflüge erst spät in der Nacht eintreffen, man meist für den gesamten Tag zahlen muss und sich vor den Schaltern lange Warteschlangen bilden. Bei einer Pauschalreise ist man unter Umständen besser beraten, den ohnehin eingeschlossenen Transfer in Anspruch zu nehmen und sich den Mietwagen im örtlichen Büro abzuholen oder sogar an das Hotel bringen zu lassen, ein Service, der bei längerer Mietdauer oft kostenlos ist. Die Preise schwanken saisonabhängig erheblich. Einen Preisvergleich gibt es unter www.mietwagenmarkt.de.

Auf die Extrakosten für ein Navi kann man verzichten. Es gibt genug Apps mit Offline-Karten für das Smartphone (z. B. google maps, maps.me). Man sollte sich die Karten bereits zu Hause über WLAN herunterladen und installieren.

In Anbetracht der starken Konkurrenz versuchen viele Firmen, dem Kunden zusätzliche Euro zu entlocken. Sehr beliebt ist die Abbuchung einer kompletten Tankfüllung, selbst wenn der Tank noch halb gefüllt ist. Spätere Reklamationen von zu Hause aus haben kaum Aussicht auf Erfolg. Bei einer Panne wendet man sich zuerst an den Autovermieter.

Sprachführer Katalanisch/Kastilisch

AUSSPRACHE

A

Betont wird meist auf der vorletzten Silbe. Andernfalls gibt oft ein Akzent die betonte Silbe an.

c vor a, o und u wie: k
c vor e und i wie: ss
ç wie ss
g vor a, ue, ui, o und u wie j in Journalist
ei wie äi

j wie j in Journalist
ll wie j
ny wie nj
qu vor e und i wie k
ua, **üe**, **üi** und **uo** wie uá, ué, uí und uó
uig wie udsch
tg und **tj** wie dsch
tx wie tsch
x wie sch
z ist ein stimmhaftes s

Deutsch	Katalanisch	Kastilisch
Allgemeines		
Guten Morgen/Tag	bon dia	buenos días
Guten Abend	bona tarda	buenas tardes
		bon vespre (Mallorquin)
Gute Nacht	bona nit	buenas noches
Auf Wiedersehen	adéu; adéu-siau	adiós
Danke	gràcies	gracias
Entschuldigen Sie bitte	perdoni	perdone
ja/nein	sí/no	sí/no
Hallo, wie geht's?	Hola, com va això?	Hola, ¿qué tal?
Unterwegs		
rechts/links	a la dreta/a l'esquerra	a la derecha/a la izquierda
geradeaus	tot dret; recte	todo recto
Straße (innerorts)	carrer	calle
Fernstraße	carretera	carretera
Touristeninformation	informació turística	información turística
Flughafen	aeroport	aeropuerto
Zug	tren	tren
Bahnhof	estació	estación
Postamt	correus	correos
Schiff	vaixell	barco
Hafen	port	puerto

Zeit

Stunde	hora	hora
Tag/Woche	dia/setmana	día/semana
Monat/Jahr	mes/any	mes/año
morgens	al matí	por la mañana
nachmittags/abends	a la tarda	por la tarde
nachts	a la nit	por la noche
gestern/heute/morgen	ahir/avui/demà	ayer/hoy/mañana
Montag	dilluns	lunes
Dienstag	dimarts	martes
Mittwoch	dimecres	miércoles
Donnerstag	dijous	jueves
Freitag	divendres	viernes
Samstag	dissabte	sábado
Sonntag	diumenge	domingo

Notfall

Arzt	metge	médico
Zahnarzt	dentista	dentista
Krankenhaus	hospital	hospital
Apotheke	farmàcia	farmacia
Ich habe Fieber	Tinc febre	Tengo fiebre
Polizei	policia	policía

Übernachten

Hotel	hotel	hotel
Pension	pensió	pensión
Haben Sie ein Zimmer frei?	Tenen habitacions lliures?	¿Tienen habitaciones libres?
Einzelzimmer	habitació individual	habitación individual
Doppelzimmer	habitació doble	habitación doble

ZAHLEN (KASTILISCH)

Z

1	uno, un, una	12	doce	40	cuarenta
2	dos	13	trece	50	cincuenta
3	tres	14	catorce	60	sesenta
4	cuatro	15	quince	70	setenta
5	cinco	16	dieciséis	80	ochenta
6	seis	17	diecisiete	90	noventa
7	siete	18	dieciocho	100	cien/ciento
8	ocho	19	diecinueve	101	ciento uno
9	nueve	20	veinte	150	cientocincuenta
10	diez	21	veintiuno	200	doscientos, -as
11	once	30	treinta	1000	mil

Kulinarisches Lexikon

Katalanisch	Kastilisch	Deutsch

Allgemeines

Katalanisch	Kastilisch	Deutsch
mantega/nata/formatge	mantequilla/nata/queso	Butter/Sahne/Käse
ou	huevo	Ei
sal/pebre	sal/pimienta	Salz/Pfeffer
salsa/sopa	salsa/sopa	Sauce/Suppe

Fisch und Meeresfrüchte

Katalanisch	Kastilisch	Deutsch
anfós	mero	Zackenbarsch
anxoves	anchoas	Anchovis
bacallà	bacalao	Kabeljau/Stockfisch
boquerons	boquerones	Sardellen
calamars	calamares	Tintenfisch
gamba	gamba	Garnele
llenguado/lluç	lenguado/merluza	Seezunge/Seehecht
musclos/ostra	mejillones/ostra	Miesmuscheln/Auster
rap	rape	Seeteufel
salmó	salmón	Lachs

Fleisch und Geflügel

Katalanisch	Kastilisch	Deutsch
ànec	pato	Ente
botifarra	butifarra	Blutwurst
cabrit	cabrito	Zicklein
carn de porc/vaca	carne de cerdo/vaca	Schweine-/Rindfleisch
conill	conejo	Kaninchen
costella/llom/escalopa	chuleta/solomilo/escalope	Kotelett/Filet/Schnitzel
mandoguilles	albóndigas	Hackfleischbällchen
pernil dolç	jamón york	gekochter Schinken
pernil serrà	jamón serrano	getrockneter Schinken
pollastre	pollo	Hähnchen
porcella	lechona	Spanferkel
salsitxa	salchicha	Würstchen
xai	cordero	Lamm

Spezialitäten

Katalanisch	Kastilisch	Deutsch
albergínies farcides	berenjenas rellenas	gefüllte Auberginen
brou	caldo	(Kraft-)Brühe
bullit, bollit	cocido	Eintopf mit gekochtem Fleisch und Gemüse
caldereta	caldereta	Eintopf auf Fischbasis

empanades/panada	empanadas	gefüllte Teigtaschen
ensaladilla	ensaladilla	Kartoffelsalat
fideuà	fideuá	ein Nudelgericht
pa amb oli	pan con aceite	Brot mit Öl, Tomaten, Käse oder Schinken
peix a la sal	pescado a la sal	Fisch in Salzkruste
sarsuela	zarzuela	Fischtopf
sobrassada	sobrasada	mallorquinische Paprikawurst

Gemüse und Beilagen

all/ceba	ajo/cebolla	Knoblauch/Zwiebel
arròs	arroz	Reis
bolet	setas	Pilze
carabassons	calabacines	Zucchini
espinacs	espinacas	Spinat
faves/mongetes	habas/judías	weiße/grüne Bohnen
olives	aceitunas	Oliven
patata	patata	Kartoffel
pebrot	pimientos	Paprikaschoten
pèsol	guisantes	Erbsen

Obst

llimona/taronja	limón/naranja	Zitrone/Orange
macedonia	macedonia	Obstsalat
préssec	melocotón	Pfirsich
pinya	piña	Ananas
raïm	uva	Traube

Nachspeisen und Backwaren

bunyols	buñuelos	Krapfen
coca	coca	Blechkuchen bzw. eine Art Pizza
gató	tarta de almendras	mallorquinischer Mandelkuchen
gelat	helado	Speiseeis
pastís	pastel	Kuchen

Getränke

cafè amb llet	café con leche	Milchkaffee
canya/cervesa	caña/cerveza	Bier vom Fass/Bier
herbes	licor de hierbas	Kräuterlikör
orxata	horchata	Erdmandelmilch
pal	palillo	inseltypischer Aperitif
suc	zumo	Saft

Das

Warum die atemberaubenden Serpentinen hinab zur Bucht von Sa Calobra auch »Schlangenstraße« genannt werden, bedarf wohl keiner Erklärung.

Magazin

Wenn die Ähren golden schimmern

Ein Erfolgsschlager? — Einige Landwirte bauen in Sa Pobla noch Reis an. In den Handel kommt aber allein der Arròs Grif.

Die Steinmühle von Sa Pobla hebt sich malerisch im grünen Reisfeld ab, im Hintergrund zeigt die Tramuntana eine kinoreife Kulisse, darüber spannt sich ein oktoberblauer Himmel. Ein perfekter Tag, um Reis zu ernten, der goldgelb auf den Feldern von Sa Pobla steht und jetzt reif ist. Ein großer, roter Mähdrescher fährt über das Feld und lässt Stoppeln hinter sich zurück. Anders als in Asien werden die Reispflanzen auf Mallorca wie Getreide auf dem Acker kultiviert und mit Sprühregen aus dem Schlauch bewässert.

Früher war es mühsam

»Zwischen früher und heute liegen Welten«, sagt Catalina Serra Crespí, die am Feldrand Unkraut jätet, während ihr Sohn Joan die Erntemaschine im Blick behält. Catalinas Eltern kultivierten Reis noch in der Albufera, wie das Feuchtgebiet östlich von Sa Pobla heißt. »Der Reisanbau war damals mühsam«, erinnert sich die heute über 80-Jährige. Die Reispflanzen wurden per Hand in den Schlick gesetzt, mit der Sichel geerntet, per Maultier und Karren auf die Finca gebracht und die Reiskörner von Hand gedroschen und an der Sonne getrocknet. Als Mitte der 1950er-Jahre die Erntemaschinen aufkamen, zu groß für die kleinen Felder der Albufera, begannen Sa Poblas Bauern Reis im Trockenanbau zu kultivieren. Für die Reisernte konnten sie dieselben Maschinen nutzen, mit denen sie auch das Getreide einholten.

Angesagt

Heute bauen in Sa Pobla noch rund ein Dutzend Landwirte Reis für den privaten Bedarf an oder verkaufen ihn an Restaurants weiter. Catalina vertreibt ihre Körner als Einzige offiziell, kiloweise im Baumwollsäckchen verpackt findet man den Rundkornreis ›Arròs Pobler Tradicional Es Grif‹ in Feinkostläden und in den Hipercentro-Märkten der Insel.

Rund 45 t beträgt die Reisernte pro Jahr, gut die Hälfte der 12 ha großen Finca wird mit Reis bestellt, die andere Hälfte mit Kartoffeln, Zwiebeln und Artischocken. Doch während die Preise für Kartoffeln und Zwiebeln in den vergangenen Jahren fielen, verkauft sich Reis aus Mallorca mit jedem Jahr besser.

Besonders ergiebig

Ihr Reis gehört zur Sorte *bombeta* und ist verwandt mit der Varietät *arros bomba* aus Valencia. Als Anfang des 20. Jh. die Valencianer Reispflanzen mit nach Mallorca brachten, wählten die Bauern mit jeder Ernte die Samen der gesündesten Pflanzen aus. So entstand im Lauf der Jahre die Sorte *bombeta* mit kleinen harten Reiskörnern, die sich beim Kochen auf die drei- bis vierfache Größe ausdehnen. So kann der Reis viel Würze und Geschmack

›Arroz Brut‹, schmutziger Reis, ist keineswegs schmutzig, sondern köstlich.

aus der Brühe annehmen, in der er auf Mallorca gekocht wird, beispielsweise in der Kaninchensuppe, als Brühe mit Fleischeinlage und natürlich in der Paella. Preisgünstig ist der Inselreis mit 6,50 € pro Kilo nicht gerade. Dafür ist er sehr ergiebig, man benötigt pro Person nur etwa die Hälfte der Menge von Langkornreis. Das Besondere am Inselkorn: Es bleibt al dente und wird auch nach längerer Kochzeit nicht pampig. »Im Kühlschrank hält sich der gekochte Reis mehrere Tage, Mallorcas Klima und Wasser sind dafür verantwortlich«, sagt Catalina.

Der Reisanbau macht keinen Ärger

Wie schon ihre Eltern und Großeltern benutzen Catalina und Joan für den Reisanbau ihre eigenen Samen. Die Aussaat erfolgt im April, geerntet wird zwischen September und Oktober. Das Wasser zur Bewässerung stammt aus dem eigenen Brunnen, mit dem Unterschied, dass früher die Windmühle das Nass aus dem Boden pumpte, während heute eine elektrische Pumpe den Job übernimmt. Bis zur Ernte werden die Reispflanzen zwei- bis dreimal gespritzt. Für Joan ist das kein großes Thema, die Kartoffeln muss er fast wöchentlich gegen Ungeziefer und Krankheiten behandeln. Überhaupt sei der Reisanbau unkompliziert, so der Landwirt. Die Gefahren sind neben dem Pilzbefall zu viel Regen oder starker Wind kurz vor der Ernte, denn dann können die Pflanzen knicken und die reifen Körner frühzeitig zu Boden fallen.

Im Namen des Drachen

Ist der Reis geerntet, werden die Reisähren im Anhänger zur landwirtschaftlichen Kooperative von Sa Pobla gefahren. Dort wird der Reis gedroschen und maschinell getrocknet, sehr kleine sowie gebrochene und unreife Körner werden entfernt. Eine Reismühle trennt die Spelzen und zurück bleibt die eigentliche Reisfrucht, die aus Mehlkörper, Keimling und Silberhäutchen

besteht. Anschließend muss man den Reis noch mindestens 20 Tage lagern, damit er geschmacklich reift. Um ihn zu verkaufen, entfernt man das Silberhäutchen und den Keimling durch Schleifen, erst dann werden die Körner in die Säckchen mit dem schwarzen Drachen verpackt, Sa Poblas Stadtwappen (online zu beziehen über: www.mallorquiner.com).

Ein Verkaufsschlager?

Läuft der Verkauf weiter so gut wie in den letzten Jahren, will Joan die Anbaufläche vielleicht erhöhen. Warum so zögerlich, mag man denken und sieht Mallorcas Reis bereits als Insel-Verkaufsschlager, sollten zukünftig noch mehr Bauern in Sa Pobla Reis anbauen. »Die Maschinen kosten Geld, man muss eine Marke gründen, die Verpackung entwerfen …« Es gab mal zwei Reis-Kooperativen hier, doch die Mitglieder haben sich zerstritten. Auch bei Gesprächen in der Bar spielt das Thema Reis unter Landwirten heute keine große Rolle. »Wir in Sa Pobla sind eigenbrötlerisch und lassen uns nicht gern von jemand anderem reinreden«, sagt Joan und spricht damit wohl auch über sich selbst. ∎

von Jutta Christoph

Ist Reis das Korn, um reich zu werden?

Welch ein Paar!

Kurzbesuch mit Folgen — 1837 eroberte George Sand den jungen Komponisten Frédéric Chopin und fuhr im Jahr darauf mit ihm nach Mallorca, was fatal für das ungleiche Paar war.

Die Französin Madame Dupin, die sich den männlichen Künstlernamen George Sand gegeben hatte, lief in Hosen rum und rauchte Zigarren. Sie hatte zwei Kinder, wohl von zwei Männern. Nicht nur darüber, auch über ihre zahlreichen Liebschaften rümpfte man in Paris die Nase – eine Femme fatale, der es an Selbstbewusstsein nicht fehlte. Sie arbeitete unermüdlich, eine Vielschreiberin, die bald sehr erfolgreich war, auch wenn einige sich abschätzig über ihre Arbeit äußerten, darunter Nietzsche, der sie als »Milchkuh mit schönem Stil« bezeichnete. Kollegen wie Heine, Balzac und Dostojewski hingegen waren voll des Lobes.

Ein kalter Winter war's

Die Reise von Sand und Chopin nach Mallorca im November 1838, die ihren Niederschlag in dem berühmten Buch »Ein Winter auf Mallorca« gefunden hat, war keineswegs als Urlaub geplant, sondern als Kuraufenthalt für den rheumakranken Sohn Maurice und als Flucht vor einem ehemaligen Liebhaber. Da auch Chopin kränkelte, er litt an Tuberkulose, schloss sich der Komponist an, freilich nicht ohne sein geliebtes Klavier.

Mit Glück kam die Familie in der Kartause von Valldemossa unter, wo sie eine recht gemütliche Drei-Zimmer-Wohnung bezog. Der Winter war in jenem Jahr ausgesprochen kalt und nass und setzte Chopin derart zu, dass die Reise nach 98 Tagen abgebrochen wurde. 1847 trennte sich das ungleiche Paar.

»Eine Folter für ihn und eine Qual für mich.«

Sands berühmte Erinnerungen entstanden erst 1842, drei Jahre nach der Reise. Dass der Name Chopin im gesamten Buch nicht auftaucht, ist befremdlich. Die Dichterin ließ den Geliebten in der Anonymität verschwinden. Nur von »unserem Kranken« ist die Rede oder gar von dem »anderen«. Später, in ihren Memoiren, bekennt sie: »Unser Aufenthalt in der Kartause von Valldemossa war eine Folter für ihn und eine Qual für mich. So angenehm, witzig und charmant Chopin in Gesellschaft war, so unerträglich war er im Familienkreis.«

Die Abrechnung

Die Beziehung zwischen den beiden muss schon in Valldemossa zerrüttet gewesen sein. Vielleicht ist das auch einer der Gründe für die sarkastischen, in höchstem Maße beleidigenden Bemerkungen Sands über Mallorquiner an und für sich: »Er täuscht, wuchert, lügt, beleidigt und plündert ohne den geringsten Gewissensbiss.« Wenn es aber um die Beschreibung der Landschaften geht, war ihr Spott verflogen und machte schwärmerischer Naturbetrachtung Platz. »Alles, was Dichter und Maler nur erträumen könnten, hat die Natur an diesem Ort verwirklicht.« Dem kann man nur zustimmen. ∎

Verspielte Ästhetik

Katalanischer Modernisme — Aufbruchstimmung war angesagt gegen Ende des 19. Jh. Ein neues Jahrtausend stand bevor, die industrielle Revolution hatte ihren Anfang genommen. Da passte die dem Historismus zugewandte Kunst nicht mehr.

Sehet, der neue moderne Künstler will Euch aber mit der Natur vereinigen … Er will Eure Augen liebevoll machen für den Glanz des Lebens selbst …«, schrieb der österreichische Bohemien Peter Altenberg. In Deutschland erhielt die neue Kunstrichtung nach der Zeitschrift »Die Jugend« den Namen Jugendstil, in Frankreich hieß sie Art Nouveau, in Österreich Sezessionsstil, in Spanien Modernisme.

Die Künstler hatten sich viel vorgenommen, wollten alle Kunstrichtungen gleichermaßen mit ihren neuen Ideen und einer Ästhetik durchdringen, die in den Alltag einfließt. Neben der Malerei sollten sich vor allem Kunsthandwerk, Design und Architektur dieser Stilrichtung verpflichtet fühlen. Eine asymmetrische Ornamentik, fließende Formen, florale Elemente, angereichert mit Symbolismus und exotischen Materialien, waren ihre unverwechselbaren Merkmale. Zu den bekanntesten Vertretern des Jugendstils gehören neben Gustav Klimt und Luis C. Tiffany auch der Architekt Antoni Gaudí. Wie kein anderer prägte er in Katalonien die Baukunst jener kurzen Epoche zwischen 1890 und 1910, hat aber auch auf Mallorca seine Spuren hinterlassen.

Palma: Schatzkiste des Modernisme

Vor allem in Palma gibt es etliche hervorragend erhaltene Gebäude aus jener Epoche. Sie entstanden infolge der Neuordnung Palmas durch Bernardo Calvet, der die Altstadt unangetastet lassen wollte. In diesem historischen Zentrum erkannten bereits damals einige hellsichtige Architekten den Tourismus als vielversprechenden Wirtschaftszweig. Nicht von ungefähr war eines der ersten

---

K

UND DOCH: KLEIDER MACHEN LEUTE

Zeitlebens hatte sich **Antoni Gaudí** nie um Äußerlichkeiten geschert und damit vielleicht sogar seinen Tod heraufbeschworen, der so bizarr war wie sein Leben – und seine überbordende Fantasie. Im Juni 1926 wurde er 74-jährig in Barcelona von einer Straßenbahn erfasst. Man hielt den Verletzten für einen Bettler und ließ ihn zunächst einfach unversorgt liegen. Als er erkannt wurde, war es zu spät. Unter Anteilnahme der Bevölkerung Barcelonas fand einer der größten Architekten des frühen 20. Jh. in der Krypta der von ihm so geliebten Sagrada Família seine letzte Ruhestätte. Sogar eine Seligsprechung leitete der Vatikan in die Wege. Eine wichtige Voraussetzung hatte Gaudí wohl erfüllt: ein asketisches Leben als zölibatärer Laie.

Modernisme vom Feinsten: Francesc Rocas Zwillingshäuser, die Edifici Cassayas an der Plaça Weyler, gehören zu den schönsten Beispielen des opulenten Baustils.

Gebäude im Stil des Modernisme das von Lluís Domènech zwischen 1901 und 1903 errichtete Grand Hotel an der Plaça Weyler. Schräg gegenüber stehen sich, nur durch eine schmale Gasse getrennt, die von Francesc Roca entworfenen ›Zwillinge‹ Edificis Cassayas gegenüber. Weitere imponierende Beispiele des katalanischen Jugendstils sind das Águila-Ensemble und das Forteza-Rey-Haus an der Plaça Marquès del Palmer sowie das Corbella-Haus an der Plaça Cort.

Gaudí: allgegenwärtig, aber kaum sichtbar

Weniger offensichtlich, aber umso nachhaltiger ist der umtriebige Gaudí auf Mallorca selbst in Erscheinung getreten. 1904 erhielt er von Bischof Campins den Auftrag, den Innenraum der Kathedrale nach eigenen Vorstellungen umzugestalten. Ob der Bischof wohl wusste, auf was er sich da eingelassen hatte?

Der Besucher bringt vor allem den großen Baldachin mit Gaudí in Verbindung. Tatsächlich aber hat dieser das gesamte Kirchenschiff umgestaltet, die Kanzel und das Chorgestühl versetzt, unterirdische Schallverstärker eingebaut und über 50 weitere Arbeiten ausgeführt, die Außenstehenden völlig unbekannt sind. »Es ist eine Schande! Wenn heute ein Tourist die Kathedrale betritt, sieht er von Gaudí nicht viel«, klagte der Architekt Gabriel Vicens. Im Gegensatz zu Barcelona, dem Zentrum der Gaudí-Verehrung, ist man auf Mallorca von seinem Wirken wohl nicht so recht überzeugt. ■

Mit gutem Gewissen!

Auf den eigenen Möbeln sitzt es sich gut: Alejandro Dumon und Nicoletta Mantoan in ihrem Studio.

Slow Design auf Mallorca — parallel zu Slow Food entwickelt sich in Mode- und Einrichtungswelt die Slow-Design-Bewegung. Auch Künstler, Architekten und Designer auf Mallorca arbeiten mit der Langsamkeit.

Slow Food ist so erfolgreich, dass jeder schon mal davon gehört hat. Aber Slow Design? Mit dem ›langsamen Entwurf‹ ist nicht die Zeit gemeint, die es braucht, etwas zu entwerfen und herzustellen. Ähnlich wie in der Gastronomie geht es darum, sich Zeit für das zu nehmen, was man tut, Materialien aus der Region zu nutzen, möglichst wenig Maschinen einzusetzen. Designer Alastair Fuad-Luke, Professor an der finnischen Aalto-Universität, prägte den Begriff von Slow Design als kreativem, nachhaltigem Design, das respektvoll mit Umwelt und Ressourcen unseres Planeten umgeht. Statt schnell für den Markt zu produzieren, entwerfen die Designer nach konkreten Wünschen des Kunden. Auch auf Mallorca findet Slow Design immer mehr Anhänger.

Möbeldesign: wandelbare Einzelstücke

Unter dem Namen 2monos entwerfen Nicoletta Mantoan und Alejandro Dumon Möbel und Wohnaccessoires. Ihre handgefertigten Stücke, die in der Werkstatt auf einer Finca bei Campos entstehen, sind für ein ganzes Leben gemacht – ein Gegenentwurf zum Industriedesign und zur Fertigung in Serie.

Ihre Idee: Der Gebrauch eines Gegenstandes ist nicht vorbestimmt, der Kunde entscheidet, ob er ein U-förmig gebogenes Blech mit Lochmuster als Bücherständer, Teelicht oder Handyablage nutzt. Mit perforierten Eisenblechen arbeiten die Designer schon seit Jahren, langweilig wird es ihnen nicht. Aus dem Material sind bereits Regale, Leuchten und Sitzflächen für Hocker und Stühle entstanden, die im Studio ausgestellt sind.

Als Slow Designer kümmern sich die beiden auch um Details, fertigen Tür- und Handgriffe selbst und benutzen alte japanische Techniken, um Holz härter und resistent gegen Insekten zu machen – ganz ohne Chemie. Eisenstangen behandeln sie mit Öl und Hitze und verleihen ihnen so Patina. Anschließend entstehen daraus Handtuchständer und Regale für Kaminholz. Um 45 Grad gewendet, wird aus demselben Gegenstand ein Bücherregal oder eine Sitzbank. »Es geht bei Slow Design darum zu entscheiden, was man wirklich braucht«, sagt Nicoletta Mantoan. Wenn sich Bedürfnisse ändern, muss sich das Möbel anpassen können.

Der Besuch ihres Studios in Campos (Carreterra Sa Ràpita) ist möglich, bitte anmelden unter: www.2monos.com.

Glaskunst: für den Alltag gemacht

Die Insektenkolonie von Glaskünstlerin Raquel Pou scheint direkt vom Feld in ihre Galerie gewandert zu sein. Die Mallorquinerin eröffnete am Ortsausgang von Campos eine Glasgalerie, das Hot Glass Studio, Wohnung und Werkstatt liegen nur ein paar Fußminuten entfernt (Av. Sa Pista, 18, www.raquelpou.com). »Kurze Wege sind mir wichtig«, sagt Pou, die Palmas Glasmacherschule besuchte und in verschiedenen Glasfabriken Erfahrungen sammelte, bis sie 2005 ihre eigene Werkstatt eröffnete.

Slow Design ist ein kreatives, nachhaltiges Design, das respektvoll mit der Umwelt und den Ressourcen des Planeten umgeht.

Sie arbeitet ausschließlich mit nachhaltigen und wiederverwertbaren Rohstoffen aus der Umgebung, recycelt Eisen vom Schrottplatz und Fensterglas aus der Glaserei in Campos. Trinkwasser kauft sie in Glas- statt Plastikflaschen, die sie anschließend im Schmelzofen schmilzt. Der Ofen brennt bei ihr nicht jeden Tag, sondern nur an Werkstatttagen – dann bis zu 14 Stunden am Stück.

Die Künstlerin liebt es, Dinge des täglichen Gebrauchs in Design-Unikate zu verwandeln. Sonst wäre es für sie nur eine sinnlose Wiederholung des immer Gleichen. Im Studio stehen Ölflaschen, deren Verschluss größer ist als die Flasche – die Bedeutung hat sich umgekehrt. Ölgefäße, die nicht verkauft werden, schmilzt Raquel Pou wieder ein und fertigt daraus neue Installationen, beispielsweise lang gezogene Blasen, die als Mobile von der Decke hängen. Darunter krabbelt die Kolonie aus Ameisen und Käfern. Mit ihren türkis leuchtenden Glaskörpern und Köpfen aus alten Bettfedern sehen die Biester ziemlich drollig aus – und sind originelle Dekostücke für die Wohnung.

Fashion Design: mit gutem Gewissen

Maria Trepat wusste schon während ihres Modestudiums in Barcelona, dass sie mal eine eigene Öko-Linie haben würde. Statt nach den Regeln des Modemarkts Sommer- und Winterkollektionen zu entwerfen, produziert die mallorquinische Designerin rund 30 Teile im Jahr, die kein Ablaufdatum kennen. Ihre schlichten und geradlinigen Modelle orientieren sich nicht an Trends, sie funktionieren wie Basisstücke im Kleiderschrank über mehrere Jahre. Das passt zu Marias Einstellung, bewusst zu konsumieren und mit Ressourcen sparsam umzugehen. Langweilig ist ihre Mode deshalb nicht – sie spielt gerne mit Details wie unterschiedlichen Rocklängen, andersfarbigen Aufschlägen an Hosenbeinen und angesetzten Ärmeln an Kleidern.

Einen Teil ihrer Kollektion lässt Maria Trepat in Indien produzieren. Nicht, weil das günstiger ist, sondern weil in Südasien nach international gültigen Öko-Standards produziert wird, die in Spanien noch fehlen. Den Kontakt zu den indischen Fabriken baute sie während eines NGO-Projekts in Indien auf, auch Stoffe aus Biobaumwolle bezieht sie von dort.

Ihre Entwürfe verkauft sie in ihrer Boutique Suite 13 an der Plaça Major in Palma (www.suite13.es). Das Lokal in der Carrer Estade Nummer 2 teilt sie mit der Taschendesignerin Christina Bussmann, die ebenfalls nach dem Prinzip Slow Fashion arbeitet. Die Handtaschen, Portemonnaies und Rucksäcke ihrer nachhaltigen veganen Kollektion Maravillas Bags (www.maravillas-bags.com) fertigt die Deutsche aus Piñatex, einem Material, das aus Ananasblattfasern hergestellt wird – ein rein pflanzliches Material mit einer sehr markanten Oberfläche. ∎

von Jutta Christoph

Glasdesignerin Raquel Pou in ihrer Galerie (oben), Taschendesignerin Christina Bussmann an der Näh-maschine (rechts), zwei Entwürfe von Modedesignerin Maria Trepat (unten).

Statt schnell für den Markt zu produzieren, entwerfen die Slow Designer nach konkreten Wünschen des Kunden.

Das zählt

Zahlen sind schnell überlesen — aber sie können die Augen öffnen. Nehmen Sie sich Zeit für ein paar überraschende Einblicke. Und lesen Sie, was auf Mallorca zählt.

24

Golfplätze zählt die Insel und hat damit wohl die größte Golfplatzdichte der Welt mit einem Platz pro 134 km². In Irland (ca. 400 Plätze) kommt ein Platz auf 175 km², in Deutschland (ca. 700 Plätze) einer auf 510 km².

53

Gemeinden zählt die Insel, verteilt auf sechs Landschaftszonen. In der Hauptstadtregion leben mit gut 430 000 Menschen knapp 50 % der 900 000 Inselbewohner. Deshalb gibt es noch so viel unberührte Natur.

2,5

Prozent beträgt der Anteil der Landwirtschaft am Bruttoinlandsprodukt, obwohl über 70 % der Gesamtfläche landwirtschaftlich genutzt werden. In Deutschland sind es nur 0,8 % bei einem Nutzflächenanteil von 52 %.

20

Prozent (knapp) der Inselbevölkerung sind Ausländer. Der Anteil in Deutschland lag laut Statistischem Bundesamt im Jahr 2017 bei etwa 11,3 %.

6.000.000

Fahrzeuge sind auf Mallorca gemeldet, dazu kommen 100 000 Mietwagen, das macht ungefähr ein Auto auf zwei Einwohner – und das bei einem Straßennetz von nur 4400 km Länge.

237

Einwohner pro Quadratkilometer beträgt die Bevölkerungsdichte auf Mallorca und damit etwa genauso viel wie in Deutschland mit 231 Einwohnern. Die meisten drängen sich im Großraum Palma.

19.000

Deutsche (knapp) sind auf der Insel gemeldet, Tendenz fallend.

31

Kirchen findet man allein in der Altstadt von Palma, wohl nicht nur ein Zeichen einstiger tiefer Religiosität, sondern auch Symbol für die Dominanz der katholischen Kirche nach der Rückeroberung von maurischer Herrschaft im Jahr 1229.

600

Liter Wasser verbraucht ein sog. Qualitätstourist auf Finca-Urlaub im Durchschnitt pro Tag. Urlauber in Hotelanlagen benötigen 200 l/Tag. In der Heimat kommen die Deutschen mit 123 l/Tag aus – sind wir zu Hause Schmutzfinken und/oder im Urlaub Verschwender?

60.013

Hektoliter Wein wurden 2016 auf einer Gesamtfläche von 1580 ha produziert, womit der Ertrag innerhalb von 10 Jahren um 42 % gesteigert werden konnte. Zum Vergleich: Die Pfalz produziert auf fast 23 400 ha etwa 2,3 Mio. hl Wein.

71

Regentage pro Jahr verzeichnet die meteorologische Station Palma. In Berlin regnet es an ungefähr 100 Tagen, in Köln sogar an etwa 187 Tagen. Die Sonne scheint auf Mallorca durchschnittlich 2730 Std., in Deutschland etwa 1585 Std. pro Jahr. Damit erübrigen sich wohl alle Fragen zur Beliebtheit der Insel.

208

ausgewiesene Strände gibt es – wobei man diskutieren könnte, wie man ›Strand‹ definiert. Aber über 100 besuchenswerte sind es auf alle Fälle.

1.074

Flüge wurden am 5. August 2017 abgefertigt und 180 000 Passagiere durch das Terminal geschleust. In Frankfurt, immerhin viertgrößter Flughafen Europas, starten und landen durchschnittlich etwa 1300 Maschinen pro Tag.

85

Wach-, Signal- oder Verteidigungstürme, sog. *talaias,* säumten im 16. Jh. die Küste, die meisten davon entlang des Tramuntana-Gebirges. Sie dienten der Früherkennung und Abwehr von Piratenangriffen. Etwa 50 sind noch nachweisbar, einige, wie der von Animés bei Banyalbufar, sind als Selfie-Hintergrund sehr gefragt.

43

Häfen bieten fast 15 000 Booten Platz. So viele Schiffe hat es selbst zur Blütezeit des Seehandels nicht gegeben. Die Mecklenburgische Seenplatte bietet Liegeplätze für ca. 20 000 Boote – die jedoch meist kleiner ausfallen.

Weinselig

Der Wein kam mit den Römern nach Mallorca — zunächst aber nur als Import. Auf Mallorca herrschte Anbauverbot, um die Winzer in Italien nicht zu gefährden. Später riss man sich auch in Rom um die *vinos balearicos*.

Jedes Jahr im September ruft die Bodega Can Majoral bei Algaida zur ›Weinlese im Mondschein‹ auf, ein Mordsspaß mit Musikbegleitung traditioneller Trommler und Dudelsackmusikanten. Bis zum Ende des Pachtvertrags im Jahr 2018 zog es die Besucher in Scharen zu den Veranstaltungen ›Wein und Musik‹ auf dem Weingut Santa Catarina. Weinfeste mit spektakulärer Traubenschlacht und Traubentreten wie im Hauptort Binissalem, aber auch in Felanitx dürfen natürlich ebenso wenig fehlen wie eine Weinkönigin oder die jährliche Weinmesse ›Wine Days‹. Man lässt sich schon einiges einfallen, um den einheimischen Wein populär zu machen.

»Jeder gute Wein beginnt am Rebstock!«

Dabei hat sich Mallorcas Wein bei Kennern schon seit Langem einen guten Ruf erworben. Obwohl die Anbaufläche nur ein Tausendstel der gesamtspanischen beträgt, heimst Mallorca nunmehr wieder höchste Preise ein. Pere Obrador, Eigentümer des Kultweinguts Ànima Negra (www.annegra.com), führt mehrere Faktoren ins Feld. Zunächst sind Klima und Böden, wie bereits die Römer festgestellt haben, für die Kultivierung besonders geeignet. Hinzu kommen einheimische Sorten wie die Callet- oder Manto-Negro-Traube und ein neues Qualitätsbewusstsein.

Im Vordergrund steht eine maximale Qualität

Ein weiteres Geheimnis ist die Rückkehr vieler Winzer zur traditionellen Kellertechnik. Ànima Negra etwa nutzt statt Edelstahl wieder gemauerte Tanks, die dem Wein ein unnachahmliches Aroma verleihen, und viele der mallorquinischen Winzer verzichten auf die ›brutale‹ hydraulische Pressung.

José Luis Ferrer vom alteingesessenen Weingut gleichen Namens (www.vinosferrer.com) macht für den Erfolg nicht zuletzt die Einführung der geschützten Herkunftsbezeichnung D. O. Binissalem verantwortlich, die verhindert, dass importierte und nur auf den Balearen abgefüllte Weine sich mit der Herkunft Mallorca schmücken dürfen. Heute geht über die Hälfte der mallorquinischen Produktion nach Deutschland und in die Schweiz.

Zwar sind arbeitsintensive Steillagen wie an Rhein und Mosel auf Mallorca selten, die Lese ist dennoch mühsam. Gern werden hier ausländische Arbeitskräfte eingesetzt.

Das sorgsame Aussortieren schlechter Trauben und eine traditionelle Kellertechnik mit Ausbau in Holzfässern sind Garanten hoher Qualität.

Mallorcas Wein hat sich bei Kennern längst einen guten Ruf erworben.

»Und wir geben euch von den Früchten der Palmen und der Weinstöcke, woraus ihr euch ein Rauschgetränk macht ...«

Eine berauschte Vergangenheit

Neben Oliven gehören Reben zu den ältesten Kulturpflanzen der Insel. Sie kamen, wie sollte es anders sein, mit den Römern nach Mallorca und gediehen dort prächtig. Bald waren die *vinos balearicos* selbst in Rom heiß begehrt. Unter der muslimischen Herrschaft wurden Trauben auch weiterhin kultiviert, konnte man sich damals doch noch auf die Sure 16:67 berufen: »Und wir geben euch von den Früchten der Palmen und der Weinstöcke, woraus ihr euch ein Rauschgetränk macht und schönen Unterhalt.« Richtig in Fahrt kam der Weinanbau nach der Rückeroberung der Insel durch christliche Heere im Jahr 1229. Vor allem der süße Malvasier-Wein war damals in ganz Spanien gefragt. Allein in Palma gab es im 15. Jh. 156 Weinhändler.

Lausige Zeiten und eine Renaissance

Als 1863 die aus Nordamerika stammende Reblaus dem Weinanbau auf dem Kontinent nahezu den Garaus machte, profitierte Mallorca zunächst durch seine Insellage. Im Jahr 1891 verschifften die mallorquinischen Winzer fast 50 Mio. l vor allem nach Spanien und Frankreich. Dann erreichte der Schädling auch die Insel und dezimierte die Bestände, die sich damals noch auf 30 000 ha beliefen. Erst mit der Pfropfrebe war die Gefahr gebannt, damit aber auch Mallorcas vorübergehende Vormachtstellung beendet. Frankreich, Italien und das spanische Festland überschwemmten nun die Märkte. Mit dem Tourismus und neuen Anbau- und Vermarktungsstrategien stieg die Nachfrage nach einheimischem Wein erneut. Knapp 3000 ha sind heute mit Rebstöcken bepflanzt, weitere sollen hinzukommen. Eine Erfolgsgeschichte wird weitergeschrieben. ∎

W **WISSENSWERTES RUND UM DAS THEMA WEIN**

Rings um Binissalem wird eine etwa 100 km lange **Ruta del vino** mit der Besuchsmöglichkeit bei zahlreichen Bodegas propagiert (www.binissalemdo.com). Das Problem dürfte hier die Unvereinbarkeit von Autofahren und Weinverkostung sein. Wer dem entgehen will, kann sich zu einer geführten Tour vom Hotel abholen lassen (**www.bodega-besuch-mallorca.de**) und zahlt inkl. Transport und Verkostung für den vierstündigen Ausflug 75 €. Ähnliches bieten die **Weintouren** (www.mallorcawinetours.com) mit Besuchen von Weingütern und Vinotheken. Zu kaufen gibt es den Wein auch in Deutschland, u. a. bei www.mallorcavino.com und www.mallorquiner.com. Es muss ja nicht gleich die Magnumflasche vom Weingut 4Kilos (www.4kilos.com) zu 1000 € sein ...

Sie nannten ihn Arxiduc

Chronist des Mittelmeers — 1867 betrat der erst 20-jährige Erzherzog Salvator von Österreich-Toskana mallorquinischen Boden, er sollte der erste ›Naturschützer‹ der Insel werden.

Statt sich dem strengen höfischen Protokoll in Wien zu unterwerfen, zog Erzherzog Ludwig Salvator, beseelt von Reiselust und Forscherdrang, durch die Welt. Mallorca begeisterte ihn derart, dass er gleich den schönsten Abschnitt der Tramuntana-Küste zwischen Valldemossa und Deià aufkaufte und sich hier niederließ. Bis in den hintersten Winkel erforschte er die Balearen und hinterließ neben vielen anderen Schriften ein monumentales siebenbändiges Werk, das mit den zahlreichen Abbildungen noch heute eine unerschöpfliche Quelle ist.

Catalina und die Nixen

Die Mallorquiner dankten ihm sein Wirken mit der Ehrenbezeichnung Arxiduc. Ihnen war er besonders zugetan. Mit dem Bauernmädchen Catalina Homar lebte er auf seinem Landgut Miramar zusammen und übertrug ihr wichtige Aufgaben in der Verwaltung seiner Besitzungen. Die ›Nixen‹ hingegen, Schiffe, die man heute als Megajachten bezeichnen würde, empfand er als seine wahre Heimat. Neben der Mannschaft und Freunden bevölkerten auch Katzen, Hunde, Vögel und der Schimpanse ›Gorilla‹ seine Archen. »Ein Schiff ist überhaupt wie eine selbstständige kleine Welt; ähnlich einer ländlichen Heimstätte hat es obendrein den Vorteil, dass sich an dasselbe Erinnerungen knüpfen an die Gegenden, die es durchsegelte«, schrieb er 1886. Er selbst besaß das Kapitänspatent für große Fahrt, heuerte aber 1893 einen Kapitän an, der die erste ›Nixe‹ vor Algier versenkte. Mit einer neuen setzte er die Reisen fort, die zu seinem Schicksal werden sollten.

Brandeis statt Miramar

Auf einer der Expeditionen erkrankte Catalina, die hin und wieder mitfuhr, an Lepra und verstarb 1905. Ludwig Salvator selbst hatte sich irgendwo im Orient oder in Afrika mit der Elefantiasis infiziert, die zur extremen Vergrößerung von Körperteilen führt und bis heute nicht heilbar ist. »Dicker Luigi« wurde er von seinen Verwandten am Hof despektierlich genannt. Am Vorabend des Ersten Weltkriegs beorderte der Hof ihn auf sein ungeliebtes böhmisches Schloss Brandeis zurück, wo er am 12. Oktober im Alter von 68 Jahren an einer Blutvergiftung infolge eines chirurgischen Eingriffs starb. ∎

Sie nannten ihn auch den Dicken Luigi, aber der hatte was auf dem Kasten!

Erdrückende Umarmung

Kleine Inseln des Ferienglücks im Sandmeer – wie wenig man doch für Momente der Zufriedenheit braucht!

Overtourism — George Sand und Frédéric Chopin gelten als Wegbereiter des Tourismus auf Mallorca – auch wenn ihnen das sicherlich nicht bewusst war. Sands 1839 erschienenes Buch »Ein Winter auf Mallorca« ist jedenfalls alles andere als eine Hommage an die Ferieninsel.

Abenteuerlicher Anfang

Es begann mit einem Tröpfeln im 19. Jh.: Die ersten Besucher waren Engländer – kein Wunder, denn das kaum mehr als einen Steinwurf entfernte Menorca war mit Unterbrechungen bis zum Jahr 1802 britische Kolonie. Die Beschreibungen von Thomas Welch (1800), Sir John Carr (1809) oder Henry Bridgeman (1813) schlummern heute leider vergessen in den Magazinen von Museen und Bibliotheken. Stattdessen gelten denn Sand und Chopin als Wegbereiter des Tourismus auf Mallorca, obwohl ihr Aufenthalt hier alles andere als vergnüglich war (s. S. 261).

Zaghaftes Erwachen

Im Jahr 1899 eröffnete mit dem Can Mario in Valldemossa das erste Hotel der Insel, das noch immer existiert, wenn auch nur als uriges Restaurant. 1903 entstand das pompöse Grand-Hotel in Palma, 1905 wurde der noch immer höchst lebendige Touristenverband Institucíon Fomento del Turismo gegründet, der älteste der Welt.

Zwei Jahre später landete die erste Touristengruppe hier, gut betuchte Engländer auf Bildungsreise durch Europa. Das Tor zum Massentourismus war zaghaft aufgestoßen. In Deià ließen sich die ersten Künstler nieder, darunter der argentinische Schriftsteller Jorge Luis Borges, weil es »billig und schön war und es außer uns kaum Touristen gab«. Das sollte sich bald ändern.

Auf silbernen Schwingen
So richtig in Fahrt kam der Tourismus erst nach dem Zweiten Weltkrieg, als das Flugzeug zum bezahlbaren »Ferienflieger« mutierte. Der erste »Scharterflieger« (Escalas: »Führer von Mallorca«, 1970) landete am 18. Mai 1946 auf der Insel. Die mit dem Pauschaltourismus einsetzende Reisewelle befreite Mallorca endgültig aus der Armut und führte zu einer bis heute ungebrochenen touristischen Monokultur. Im Jahr 1950 sah die Insel 100 000 Besucher, ein Jahr später bereits über 200 000. Unaufhaltsam ging es nun bergauf. Bald war Mallorca das bevorzugte Ferienziel am Mittelmeer vor allem der Deutschen. Das Klischee von »Ballermann« und »Putzfraueninsel« machte die Runde. Aber es gab nun eine andere Seite. Jachthäfen entstanden, Golfplätze wurden angelegt und so manch vermögender Unternehmer oder Promi errichtete hier sein luxuriöses Domizil. Eine Zwei-Klassen-Gesellschaft entstand. Sangria am überfüllten Strand für die einen, Sushi-Häppchen und Champagner im Golfclub für die anderen. Mallorca hat es bisher in bewundernswerter Weise verstanden, beide Welten zu versöhnen.

Dank der regelmäßig wie die Zugvögel einfliegenden Reisenden dürfen sich die Balearen nunmehr als reichste, wenngleich nach wie vor hoch überschuldete Provinz Spaniens rühmen und haben somit allen Grund, ihren katalanischen Nationalstolz, sehr zum Leidwesen Madrids, ganz offen zu demonstrieren, ohne allerdings das goldene Kalb Tourismus zu gefährden.

Vom Traum zum Alptraum
Zu viel des Guten kann aber auch Überdruss bescheren. Derzeit verteilen sich mehr als 1600 Unterkünfte aller Kategorien mit nahezu 500 000 Betten über die Insel. Allein entlang des bei Deutschen beliebten Küstenabschnitts zwischen Palma und Arenal drängen sich über 250 Hotels.

Ihren bisherigen Höhepunkt erreichte die Tourismuswelle 2017, ausgelöst auch durch politische Unruhen an anderen beliebten Urlaubszielen rings ums Mittelmeer wie Tunesien und Türkei. Mehr als 11 Mio. Urlauber schwebten ein.

Erstmals begehrte die einheimische Bevölkerung auf. Mit Slogans wie »tourist go home« oder gar »refugies welcome, tourists not« ging sie auf

INVASION DER KREUZFAHRER   **I**

Als wären die mit dem Flieger anreisenden Urlauber nicht genug! Auch die Kreuzfahrtschiffe, die unästhetische Symbiose aus schwimmendem Hotel und Shopping Mall, haben längst an Mallorca Gefallen gefunden. Zuweilen versammeln sich mehrere von ihnen im Hafen Palmas und entlassen dann bis zu 25 000 Passagiere zum Landgang. In der Zwischenzeit blasen die wartenden Schiffe so viel Feinstaub in die Luft wie eine ganze Stadt. Da sie jeweils etwa 3000 € Liegegebühr in das Stadtsäckel spülen, drückt man bisher ein Auge zu und modernisiert sogar die Anlegestellen. Doch in anderen Städten gibt es schon ein Umdenken beim Kreuzfahrttourismus, etwa in Venedig und Amsterdam – vielleicht kündigt sich ja eine Trendwende an.

die Straße. Selbst die Touristen fühlen sich buchstäblich in die Enge getrieben. Überfüllte Strände, mit Mietwagen verstopfte Straßen, lange Wartezeiten in den Restaurants, überfordertes Personal – Urlaubsfreuden sehen anders aus.

Pilates statt Party
Bereits seit Jahren versucht die Balearenregierung, die immer höher brandende Welle einzudämmen, bisher allerdings recht halbherzig, denn wer schlägt schon die Hand, die einen füttert? Klasse statt Masse soll nun das Allheilmittel sein. Der Platja de Palma, berühmt-berüchtigt für exzessive Trinkkultur, hat man den schönen Namen Palma Beach verliehen, der renovierte Kiosk Ballermann heißt nunmehr Beach Club Six, die Promenade wurde aufgehübscht und erste Fünf-Sterne-Hotels in Betrieb genommen. Pilates statt Party ist das Motto.

Ein Dorn im Auge sind der Regierung seit geraumer Zeit Privatunterkünfte, die durch Internetportale angeboten werden und mittlerweile die Zahl der Hotelbetten übertreffen sollen. Eine neue Gesetzgebung will dem ein Ende machen und die Wohnungsnot eindämmen. Man darf gespannt sein, wie Mallorca den Spagat zwischen immer mehr und zu viel hinbekommt. ∎

Zwischen Strand und Hotelwabe spielt sich für so manchen der Urlaub auf Mallorca ab; mitunter sind's nur wenige hundert Meter, die sie von der Insel sehen.

Ganz schön clever (und urig dazu), die Schinken über den Gästen zu platzieren – wer könnte da schon widerstehen?

Bon Profit!

Genuss für Körper und Seele — Touristen, die nach ihrer Ankunft sofort nach der vertrauten heimischen Kost suchen, Schnitzel, Pommes, Pizza, entgeht ein Großteil der fremden Kultur. So wollen wir denn die einheimische Speisekarte aufschlagen und zu köstlichen Entdeckungstouren anregen.

Pinchos und Tapas – die kleinen Appetithappen

Die *pinchos*, die ›Spießchen‹, sind Mini-Appetizer, mit Zahnstochern aufgespießte Brotscheibchen, bestückt mit Aïoli und einem Schinkenstreifen, einem Happen Ziegenkäse, etwas Thunfisch mit Sardellen oder Oliven, Peperoni und Anchovis. Dem Einfallsreichtum, was da aufgespießt wird, sind kaum Grenzen gesetzt. Meist haben alle *pinchos* denselben Preis, so um die 1,70 €. Die Abrechnung mit dem Kellner ist ganz einfach: Er muss ja nur die Zahnstocher zählen.

Sehr aufwendig sind auch die bei uns längst in Mode gekommenen *tapas* zusammengestellt. Die »Deckelchen«, so die Übersetzung, sollen ihren Namen der Gewohnheit spanischer Gastwirte zu verdanken haben, die Gläser mit Schinkenscheiben gegen umherschwirrendes Ungeziefer abzudecken. Ihrer schnöden Funktion sind sie mittlerweile längst entwachsen und in unzähligen Variationen als Ausdruck kreativen Schaffens erhältlich.

Albondigas und Cocarrois – fremde Namen, vertraute Speisen

Der Sättigungsfaktor ist hier schon etwas höher. Je nach Größe reichen drei bis vier von den *albondigas*, kleinen Frikadellen in Tomatensauce, oder *cocarrois,* mit Fleisch oder Gemüse gefüllten Teigtaschen, die in Südamerika *empanadas* heißen, schon aus, um den hungrigen

LANGSAM STEIGERN

Von unserem Sprichwort »Morgens essen wie ein Kaiser, mittags wie ein König und abends wie ein Bettelmann« halten die Mallorquiner rein gar nichts. Zum Frühstück *(desayuno)* gibt's einen Kaffee und eventuell ein Croissant, für den kleinen Hunger zwischendurch vielleicht ein belegtes Brötchen *(bocadillo)*. Mittags zum *menú del día* wird es üppiger. Man profitiert von der Vorschrift, dass alle kleineren Restaurants ein preiswertes Zwei-Gänge-Menü anbieten müssen. Abends *(cena)* geht es dann richtig zur Sache, aber bitte möglichst nicht vor 22 Uhr. Achtung: Die Preise im Restaurant sind manchmal ohne Mehrwertsteuer aufgeführt, das kommt aber recht selten vor. Ein Trinkgeld von mind. 10 % ist üblich. Man lässt das Geld nach dem Bezahlen der Rechnung einfach auf dem Tisch liegen.

Magen nach einem anstrengenden Stadtbummel zumindest zu beruhigen.

**Sopa mallorquina ist keine Suppe
und Coca mallorquina kein
Getränk …**
Hinter beiden Begriffen verbergen sich
veritable Mahlzeiten. Unter *sopa* verstehen die Mallorquiner dünne geröstete
Brotscheiben, die zusammen mit Spitz-
kohl, Zwiebeln, Spinat, Blumenkohl, Tomaten und Hammel- oder Hühnerfleisch
in einem Tontopf geschichtet werden,
wobei die Brotscheiben den Boden bilden.
   Wer *coca* bestellt, bekommt eine
mallorquinische Pizza, wobei diese kein

**LAMMSCHULTER À LA
ES VERGER**

Bei der Erwähnung des eher an eine
Scheune erinnernden **Es Verger** in
Alaró (Camino del Castillo de Alaró,
s/n, s. S. 122) verdrehen Freunde
von Lammgerichten verzückt die Augen. Kein Wunder, dass die Rezepte
durchs Internet geistern. Grundzu-
tat ist die langsam in hellem oder
dunklem Bier gegarte Lammschulter,
hinzu kommen etliche Gewürze, vor
allem Thymian, Knoblauch, Olivenöl,
Zwiebeln, Möhren, eine Stange
Lauch und eine Bio-Zitrone. Die
Zutaten werden geschält oder gewaschen, grob gewürfelt und zusammen mit dem Fleisch in einen Bräter
gegeben, gesalzen und gepfeffert.
Bei nicht mehr als 160 Grad drei
bis vier Stunden vor sich hinbrutzeln
lassen (Umluft nicht empfehlenswert). Detaillierte Rezepte findet man
u. a. bei www.chefkoch.de und www.
tim-maelzer.info – der ›Küchenbulle‹
hat die Lammschulter à la Es Verger
bei seinem Aufenthalt auf Mallorca
2018 nachgekocht.

---

einfacher Abklatsch des italienischen
Dauerbrenners ist. Da der Hefeteig der
inseltypischen Pizza Olivenöl enthält,
unterscheidet er sich in Konsistenz
und Geschmack von der italienischen
Variante. Tomatensauce und Käse sind
hier nicht vorgesehen.

**… und Tortillas sind keine mexika-
nischen Maisfladen**
Die mallorquinischen *tortillas* sind nicht
zu verwechseln mit den mexikanischen
Maisfladen gleichen Namens. Es handelt
sich bei der spanischen Ausführung um
eine Art Omelette aus Kartoffeln. Auch
hier gibt es zahllose Variationen, angereichert wird der Kartoffelkuchen etwa
mit Gemüse, Wurst oder sogar Fisch.
Ein Stück ist schon eine kleine Mahlzeit.

Paella – ein Import vom Festland
Wenn es einen Touristen nach einheimischer Kost verlangt, dann steht die
paella ganz oben auf der Wunschliste.
Mallorquinisch ist sie aber nicht, auch
wenn der Name aus dem Katalanischen stammt, wo er so etwa seit 1892
für eine große Metallpfanne verwendet
wird, später dann für das ganze Gericht.
In der Region von Valencia wurde die
paella zum Nationalgericht und hat sich
seither über ganz Spanien ausgebreitet.
Sie ist kein Tellergericht für Einzelrei-
sende, sondern verlangt nach Gemeinschaft, weshalb sie sich wohl auch bei
Gruppenausflügen mit Bus oder Schiff
großer Beliebtheit erfreut. Grund-
bestandteil ist Reis, angereichert mit
Gemüse, Huhn, Kaninchen oder auch
Fisch. Der Reis wird mit etwas Wasser
erst nach dem Anbraten der Zutaten
zugegeben. Danach ist Umrühren tabu!

**Ensaïmadas und Bunyols – ›endemi-
sche‹ Verlockungen**
Sie haben es bei, diese *ensaïmadas*,
die als urmallorquinische Backware sogar Herkunftsschutz genießen wie der

Wahrscheinlich ist hier kein Sternekoch am Werk, aber man sollte sich nicht täuschen lassen. Sind die Tische gut besetzt, nichts wie rein – authentische Kost wartet!

Champagner in Frankreich oder der Stollen aus Dresden. Der Teig besteht aus Weizenmehl, Eiern, Milch, Zucker und Schweineschmalz und umschließt eine wahrhaft himmlische Füllung namens *cabell d'angel*, ›Engelshaar‹, hinter der sich eine Kürbiskonfitüre verbirgt. Vorsicht, hohes Suchtpotenzial und für Diäten nicht geeignet!

Das gilt auch für die ebenfalls süßen *bunyols*, in Fett ausgebackene Kringel aus Kartoffeln und Süßkartoffeln. Streng genommen sollte es sie nur am 21. Oktober geben, dem Tag der Jungfrau. Dass sich diese Einschränkung nicht durchsetzte, ist verständlich. Man bekommt die kalorienhaltigen mallorquinischen ›Krapfen‹ vor allem in der kalten Jahreszeit fast überall.

Sobrassada, Botifarra und Jamón de Cerdo Negro – Schweinkram
Sie hängen auf den Märkten verlockend in den Ständen, die eingeschnürten rostbraunen *sobrassadas*, luftgetrock-

nete, streichfähige Rohwürste. Wie die süße *ensaimada* genießt auch sie Herkunftsschutz. Erwähnt wurde die Wurst erstmals im Zusammenhang mit den jährlichen Schlachtfesten der *matances* (Hausschlachtungen). Schweinefleisch und -speck, gewürzt mit Paprika, Oregano, Rosmarin und Thymian, sind die Hauptbestandteile – typisch mediterran also.

Bei der *botifarra* handelt es sich um frische Schweinswurst, die auf Mallorca gern mit Innereien wie Leber und Zunge angereichert ist und zuweilen sogar mit Pinienkernen und Trüffel verfeinert wird. Eine gehörige Portion Knoblauch darf natürlich auch nicht fehlen.

In einer ganz anderen Liga spielt, zumindest was den Preis betrifft, der *Jamón de Cerdo Negro*, der Schinken vom schwarzen Schwein. Verführerisch schaukeln die Keulen über den Theken der Feinkostläden und in ausgesuchten Marktständen. Da kosten 100 g schon mal gut 20 €. ■

Mallorcas Märkte

Supermarkt? Nein, danke! — So frisch wie auf den zahlreichen Märkten bekommt man Obst und Gemüse nirgends. Dafür wartet man gern ein wenig.

Nicht nur mit den süßen ›ensaïmadas‹, auch mit herzhaften Backwaren wie mit Oliven gefüllten Brötchen weiß die Insel zu verführen.

Keine Angst, beißt nicht (mehr). Nach wie vor ist das Meer rings um die Insel voller Leben und verhilft so manchen Restaurants zu den begehrten Sternen.

Den Mallorquinern ihre traditionellen Wochenmärkte zu nehmen – einfach undenkbar!

Oben: Die Fischhalle des Mercat de l'Olivar in Palma überwältigt mit ihrem Angebot, ein Tempel ›maritimer‹ Genüsse.
Unten: Kein Markt, auf dem nicht die begehrten Orangen aus dem Tal von Sóller feilgeboten werden. Andere möchte man gar nicht mehr essen.

Angekommen auf Mallorca

Ingrid Flohr im Interview — die umtriebige Deutsche bringt Gästen und Mallorquinern nicht nur die Kunst näher.

Wir sitzen an einem warmen Apriltag vor Uwe Ochsenknechts Restaurant Sa Cova auf der Plaça von Santanyí. Immer wieder winken Passanten herüber, kommen zu einem kurzen Plausch an den Tisch oder das Handy klingelt. Man merkt schnell, Ingrid Flohr ist hier voll integriert. Wir kennen uns schon viele Jahre, haben uns das erste Mal in einem edlen, mit moderner Kunst üppig ausgestatteten Finca-Hotel getroffen, das sie managte.

Was hat dich eigentlich nach Mallorca gezogen?

Wie bei vielen Residenten war es die Liebe, nicht zu einem Mann, sondern zur Insel selbst. Dazu kommt die Kunst als meine zweite große Leidenschaft, der ich bereits seit frühester Jugend verfallen bin. Damals begann ich, mich mit Keramikgestaltung zu beschäftigen.

Wie hat alles angefangen hier?

Zunächst war es nur ein Urlaub in einem gemieteten Ferienhaus. Doch dann wurden die Aufenthalte auf der Insel immer länger. Und die Sehnsucht, hier permanent zu leben, ist immer weiter gewachsen. Leider zerbrach daran meine Ehe, zumal mein Mann als Unternehmer ständig unterwegs war.

Hast du gleich hier in Santanyí gelebt?

Nein, nicht sofort, obwohl ich die Südwestecke Mallorcas von Anfang an ins Herz geschlossen hatte. Nirgends sonst sind Berge, Meer und die Kunst so eng miteinander verbunden. Mit erspartem Geld mietete ich mir 1998 eine Finca in Cas Concos bei Santanyí und eröffnete darin eine Galerie. Für eine Unbekannte war das schon ein kühnes Unterfangen.

Und, wie ist das bei den Leuten angekommen?

Alle wollten sehen, was die verrückte Deutsche da auf der Finca macht. Sogar die Zeitung und das Radio standen auf der Matte. Und allmählich kamen auch die reichen, eher zurückhaltenden Finca-Nachbarn, meist Deutsche aus dem Hamburger Raum, viele von ihnen Kunstliebhaber. Auch meine Kontakte aus Deutschland halfen beim Start. Und so konnte ich bald

---

I

INTERESSANTE WEBSITES

Ingrid Flohr: www.kunst-touren-mallorca.com – nette Website mit Kontaktinformationen und näheren Angaben zu Kunstführungen
Rolf Schaffner (1927–2008): www.rolf-schaffner.com – informative Website über den bei uns wenig bekannten Künstler
Asociación Cultural Patrimonio Histórico del Mediterráneo: www.itinerem.com – Website des Vereins zum Schutz historischer Landgüter im Mittelmeerraum

das eine oder andere Kunstwerk über meine Finca-Galerie verkaufen.

Wenn's gut lief, warum dann der Umzug nach Santanyí?

Nach Ablauf des Mietvertrags wollte der Eigentümer die Miete extrem erhöhen, sodass ich mir 2004 in Santanyí selbst eine neue Bleibe suchte und natürlich wieder eine Galerie eröffnete. Ganz allmählich fasste ich Fuß, knüpfte freundschaftliche Kontakte zu einheimischen Künstlern wie Anna David aus Port de Sóller. Sie hat schon vor Jahren bezaubernde Kunstwerke aus angeschwemmtem Müll gefertigt – sehr aktuell heute.

Ging es von da an steil bergauf?

Nein, durchaus nicht. Zunächst liefen die Geschäfte sehr gut. Doch die Finanzkrise von 2009 ließ die Verkäufe dramatisch einbrechen. Jetzt kamen mir meine Kontakte zugute. Ich gab die Galerie auf und managte ein deutsches Finca-Hotel bei Sóller. Dann erhielt ich einen Anruf von Nora Braun aus Köln, der Begleiterin des 2008 verstorbenen Bildhauers Rolf Schaffner, den ich gut kannte. Ob ich nicht seinen Nachlass verwalten wolle. Ich war in meinem Metier und setzte alle Hebel in Bewegung, seine großartigen Werke bekannt zu machen, veranstaltete Führungen zu seinen Monumentalplastiken und richtete in der Casa Cultura hier einen Schaffner-Raum ein.

Und wie sieht es heute bei dir aus?

Ich habe zwar noch einen kleinen Ausstellungsraum, den ART Show-Room in Santanyí, konzentriere mich aber auf Führungen für Kunstliebhaber. Wir besuchen Galerien und Ateliers befreundeter Künstler, Vernissagen und private Musikdarbietungen, aber auch kunstvolle Gärten oder restaurierte Landgüter, und zwar in Zusammenarbeit mit dem Verein zum Schutz historischer Landgüter im Mittelmeerraum. Ich glaube, ich habe da

Sympathisch und gut vernetzt in der Kunstszene: Ingrid Flohr.

eine vielversprechende Nische gefunden. Derzeit bin ich voll mit der Organisation des dritten internationalen Jugendtreffens ›Equilibrio‹ beschäftigt. Es bringt junge Menschen aus den vier Ländern in Santanyí zusammen, in denen Rolf Schaffner seine Objekte errichtet hat, also aus Cork in Irland, aus dem russischen Wolgograd, dem deutschen Bensberg und von hier, aus Santanyí. Und dann ist da auch noch die alljährliche ›Nit del Art‹ in Santanyí, an der ich ebenfalls beteiligt bin.

Welche Fähigkeiten braucht man, um immer wieder solche Wagnisse einzugehen?

Man muss auf die Menschen zugehen und ihnen vor allem erst einmal zuhören können und nicht gleich mit der Tür ins Haus fallen. Empathie ist die vielleicht wichtigste Voraussetzung. Natürlich muss man auch Ideen haben, sich bietende Gelegenheiten beim Schopf packen und über ein gewisses Organisationstalent verfügen. Vielleicht am wichtigsten aber ist der Aufbau und die Pflege eines Netzwerks. Facebook und Instagram sind da nur einige Bausteine. Ohne persönliche Kontakte aber läuft gar nichts. ∎

Ein Idyll, aus der Zeit gefallen. Ist es historisch oder aktuell? Einigen wir uns auf zeitlos, denn Mallorca hat noch immer viele Gesichter.

Reise durch Zeit & Raum

Und mittendrin die Balearen — historisch gesehen ist das Mittelmeer ein brodelnder Kessel, an dessen Rändern Reiche entstanden und vergingen, das durchkreuzt wurde von Galeeren, Handelsschiffen, Kriegsflotten, Piraten und neuerdings von Geflüchteten in Gummibooten.

Vom Sammler zum Bauern
ca. 8000–1500 v. Chr.

Wann genau die Menschen den Boden Mallorcas betraten, ist ebenso wenig bekannt wie ihre Herkunft. Aber es müssen mutige Seefahrer gewesen sein, die vor ca. 9000 Jahren den Sprung übers Meer gewagt haben. Man lebte in Familienverbänden und ernährte sich vom Fischfang, dem Sammeln wilder Pflanzen und bescheidener Jagd auf Nagetiere und Vögel. Um 1500 v. Chr. ließen sich Bauern und Viehzüchter, wohl aus Korsika oder Sardinien kommend, auf Mallorca nieder und führten die zyklopische Baukunst ihrer Heimat ein. Ihnen verdankt diese Epoche den Namen Talaioticum, abgeleitet vom arabischen *talaia* (Beobachtungsturm). Die Talaiot-Niederlassungen duckten sich hinter wehrhaften Mauern – die Zeiten friedlicher Koexistenz waren damit wohl vorbei.
Zum Anschauen:
Capocorb Vell, S. 194,
Talaiot de ses Païsses, S. 231

»Als die Römer frech geworden ...
123 v. Chr.–3. Jh. n. Chr.

Zogen sie nach Deutschlands Norden«, heißt es in einem Volkslied. Aber nicht nur nach Germanien hatten sich die Söldner auf den Weg gemacht, den ganzen Mittelmeerraum eroberten sie. Mit 3000 kampferprobten Soldaten landete Quintus Caecilius Metellus im Jahr 123 v. Chr. unter dem Vorwand, das Piratenunwesen in den Gewässern der Baleraren zu beenden. Rom gab den Neuerwerbungen den Namen Balearis Major für das größere Mallorca und Balearis Minor für das kleinere Menorca. Im 3. Jh. wurden daraus Maiorica und Minorica. Die Insel profitierte aber durchaus von dieser Fremdherrschaft. Römische Veteranen brachten neue Agrarprodukte wie den Olivenbaum und den Weinstock ins Land. Aber auch ein solides Straßennetz entstand und eine einheitliche Gesetzgebung. Im 1. Jh. n. Chr. bevölkerten bereits 30 000 Menschen den Archipel. Gut 200 Jahre später begann das aufgeblähte, nicht mehr regierbare Imperium zu zerbröckeln. Unruhige Zeiten folgten.
Zum Anschauen:
Alcúdia, S. 154

Schrecken unter vollen Segeln
8. Jh.–9. Jh.

Ausgehend von den nordafrikanischen Hafenstädten hatte sich im

8. Jh. die Piraterie zu einem lukrativen Geschäftsmodell entwickelt und wurde schnell zur Plage im gesamten Mittelmeer. Warum sollten die Mallorquiner da außen vor bleiben? Erfolgreich plünderten sie die spanischen, französischen und italienischen Küsten. Im Jahr 903 hatte der Emir von Cordoba – die Stadt befand sich seit 765 unter islamischer Herrschaft – genug vom mallorquinischen Piratenunwesen und besetzte die Insel.

Zum Anschauen:
Wachtürme, z. B. bei Sant Elm, S. 72, und Ses Ànimes, S. 79

Unter dem Banner des Propheten
903–1229

Mehr als 300 Jahre war Mallorca unter islamischer Herrschaft (Madinat Mayurqa), genug Zeit für einen nachhaltigen Wandel. Das Bewässerungssystem wurde verbessert, Terrassen für die Landwirtschaft angelegt, Steinmauern für Feldbegrenzungen gezogen, neue Produkte wie Mandeln und Aprikosen eingeführt und herrliche Gärten angelegt. Vieles, was heute den Reiz der Insel ausmacht, hat seine Ursprünge in arabischer Zeit.

Zum Anschauen:
Jardins d'Alfàbia, S. 124, und die Horta de Banyalbufar, S. 81

Die christliche Reconquista
1229–1349

Mit den Kreuzzügen bemühte sich das christliche Abendland zwischen 1095 und dem 13. Jh., die vom Islam eroberten Gebiete zurückzugewinnen. Im Jahr 1229 eroberte Jaume I, König von Aragón und Graf von Katalonien, die Balearen. Aus Madinat Mayurqa wurde Ciutat de Mallorca. Der Landbesitz wurde umgehend aufgeteilt, die eine Hälfte erhielt der König, den Rest durften sich die Kirche, verdiente Heerführer und Sponsoren teilen. Im Jahr 1262 teilte Jaume I sein Königreich unter seinen Söhnen auf. Aragón, Katalonien und Valencia fielen an Pere III, die Balearen und etliche französische Provinzen an Jaume II. Mit der Toleranz gegenüber Andersgläubigen aber war es nicht weit her. Viele Muslime verließen die Insel und auch die Juden gerieten immer mehr in das Visier vor allem der religiösen Orden. 1349 kam es zu Auseinandersetzungen zwischen Mallorca und Aragón, die mit der Eroberung Mallorcas durch König Pere IV, dem Tod Jaumes III und damit der Unabhängigkeit der Insel endeten.

Zum Anschauen:
Denkmal in Llucmajor, S. 185

Niedergang und Wiederaufstieg
1492–1713

Das Jahr 1492 war ein Wendepunkt in der Weltgeschichte. Das Emirat Al-Andalus ging zugrunde, Katalonien und Aragón vereinigten sich zu Spanien und mit Amerika erschien ein neuer Kontinent auf den Landkarten. Die Häfen des Atlantiks waren nunmehr die bevorzugten Ausgangspunkte für die Handelsfahrten. Mallorca geriet ins Abseits und verarmte. Erst als die Insel zu Beginn des 18. Jh. durch Erbfolgestreitigkeiten am Spanischen Hof unter die Vorherrschaft der Bourbonen unter König Philipp V. gelangte, setzte ein Aufschwung ein. Neue Feldfrüchte, darunter Kartoffeln, wurden eingeführt, der Weinbau und die Kultivierung von Zitrusfrüchten intensiviert, Technik und Kunst gefördert, Sümpfe trockengelegt.

Zum Anschauen:
Weingüter bei Binissalem, S. 131, Orangenplantagen im Tal von Sóller, S. 95

Fremdherrschaft und Bürgerkrieg
1808–1939

Der Einmarsch Napoleons in Spanien (1808) erstickte das zarte Pflänz-

Jahrein, jahraus begehen die Mallorquiner die ›Festes del Rei en Jaume‹ – sie feiern den Sieg von König Jaume I im Jahr 1229 über die Muslime. Hier dargestellt auf einem Gemälde in der Wallfahrtskirche von Artà.

chen. Und auch nach der Niederlage der Franzosen kehrte keine Ruhe ein. Das 19. Jh. war geprägt von Konflikten zwischen republikanischen und liberalen Kräften, aber auch vom wirtschaftlichen Niedergang. Die Spannungen mündeten im 20. Jh. in einen Bürgerkrieg, der von 1936 bis 1939 dauerte und General Franco an die Macht brachte, nicht zuletzt durch die tatkräftige Unterstützung Hitlers mit Entsendung der Legion Condor. Zwar fühlt sich Mallorca seit jeher zu Katalonien gehörig, das sich vehement und mit Waffengewalt gegen die Diktatur stemmte, Franco wurde

dennoch auf der Insel überwiegend mit offenen Armen empfangen, begünstigt durch die Parteinahme der katholischen Kirche. Sehr schnell war Mallorca fest im Griff des Regimes aus Madrid. Katalanische Autonomiebestrebungen wurden im Keim erstickt, die eigenständige Sprache und eigene Symbole verboten, etwa 2000 Mallorquiner ermordet und in Massengräbern verscharrt. Ein Befreiungsversuch durch republikanische Truppen scheiterte kläglich. Dissidenten aus Deutschland, die auf Mallorca ab 1933 Zuflucht gefunden hatten, verließen fluchtartig das Land.

Zum Anschauen:
Reste von Befestigungsanlagen, S. 161,
Insel Cabrera, S. 201

Wie Phönix aus der Asche
ca. 1970–heute

Auch nach Ende des Zweiten Weltkriegs, aus dem sich Franco geschickt herausgehalten hatte, konnte sich der Diktator unter dem Deckmantel der Monarchie bis zu seinem Tod im Jahr 1975 an der Macht halten. Erst 1983 erhielten die Balearen einen Autonomiestatus. Das verschüttete Kulturgut erwachte ebenso zu neuem Leben wie das katalanische Selbstbewusstsein. Die ersten Pauschaltouristen konnten der Verlockung der Strände nicht widerstehen und setzten einen ungeahnten Wirtschaftsaufschwung in Gang. Die alten Konflikte zwischen Katalonien und der Zentralregierung sind jedoch, wie die Unabhängigkeitsbestrebungen unserer Tage zeigen, noch immer nicht beigelegt. Mallorca, durch Sprache und Kultur eng mit Katalonien verbunden, zeigt Sympathie, hält sich aber bisher mit eigenen Forderungen zurück, in der Befürchtung, sie könnten den wichtigsten Wirtschaftszweig der Insel gefährden – den Tourismus.

Zum Anschauen:
Osborne-Stier bei Algaida, S. 189

Plastik drängt ins Meer. Eine hübsch arrangierte Warnung, denn beide vertragen sich nicht. Verzicht ist angesagt.

Für und gegen die Natur

Das Wasser steht der Insel bis zum Hals — Die ›Schöne‹ der Balearen lockt sie alle, die Touristen zum Jahresurlaub und die Residenten, die hier gar nicht mehr weg wollen. Im Gegensatz zu den Piraten bringen sie viel Geld ins Land, allerdings auch so manche Probleme. Der unberührten Natur, dem vielleicht größten Schatz der Insel, steht das Wasser bis zum Hals.

Müllschwemme

In der Brandungswelle des Massentourismus ist der Abfall zum ernsten Problem geworden. Plastikflaschen, Trinkbecher, Sonnenöltuben und vieles mehr gehört zu den Hinterlassenschaften der Badeurlauber. Hinzu kommt angeschwemmter Unrat von Schiffen und von den nordafrikanischen Küste. Der sorglose Umgang mit Abfall – bei Einheimischen wie Touristen gleichermaßen – ist nur die eine Seite der Medaille, mangelnde Prävention die andere.

Bisher hält die Inselregierung die Einführung von Flaschenpfand für unnötig und auch Mülltrennung und Recycling sind noch ausbaufähig. Erst allmählich will man sich die Richtlinien der EU zu eigen machen. Im Mai 2018 hat ein großer deutscher Discounter als Erster den Verkauf von Plastiktragetaschen in ganz Spanien eingestellt und damit vielleicht einen wichtigen Impuls gegeben. Ab 2019 will auch Mallorca mit Verboten nachziehen.

Wassernot

Da auf Mallorca Flüsse fehlen, war der sorgsame Umgang mit dem kostbaren Nass seit alters her eine Herausforderung. Mit großer Umsicht angelegte Kanäle und Windmühlen, die Grundwasser auf die Felder pumpten, sicherten früher die Versorgung. Klimaschwankungen, Massentourismus und Intensivierung der Landwirtschaft nagen nunmehr vor allem im Sommer an den spärlichen Reserven aus den beiden Stauseen im Tramuntana-Gebirge, Gorg Blau und Embalse de Cúber, und den Entsalzungsanlagen. Jeder Tourist verbraucht 440 l pro Tag, Einheimische lediglich ein Drittel. Mehr als 20 Golfplätze müssen täglich beregnet und die Pools der Fincas gefüllt werden. Der Grundwasserspiegel ist dramatisch abgesunken, sodass Meerwasser sich bereits einen Weg weit ins Inland bahnen konnte.

Im Sommer 2016 mussten Tanklastwagen das Bergdorf Estellencs an der Nordwestküste Mallorcas mit 10 t Trinkwasser täglich versorgen. Nicht genug damit: Etwa ein Viertel der kostbaren Tropfen versickerte, weil das Leitungsnetz marode ist. In Erwartung immer neuer Besucherrekorde ist die Balearenregierung aufgewacht und steckt jetzt einen Großteil der Ökosteuer Ecotasa in die Sanierung. Denn den Touristen die Duschen abzustellen wäre sicherlich keine gute Werbung für das Ferienziel.

Etwas Geld nebenher verdienen

Lange Zeit kümmerte es niemanden, wenn die Bauindustrie großzügig und nicht immer legal den vermögenden Residenten Grundstücke für ihre Traumvillen zur Verfügung stellte. Schneller Profit um jeden Preis, hieß die Devise – oder: nach mir die Sintflut.

Als Spitze des Eisbergs wurden im Jahr 2006 die Machenschaften des Eugenio Hidalgo publik, der in Personalunion das Amt des Bürgermeisters, des Baustadtrats, des Bauunternehmers und des Bauträgers in Andratx innehatte. Skrupellos ließ er für die meist deutschen Interessenten, die Andratx sehr schätzen, Villen und Appartements gegen eine anständige ›Gebühr‹ in geschütztem Naturraum hochziehen. Die Einheimischen scherte es relativ wenig und die fremden

DIE MÜLLSAMMLER

Vor allem an den Badestränden, dem unschätzbaren Kapital der Balearen, bemühen sich öffentliche und private Organisationen um Sauberkeit – eine Sisyphus-Arbeit, die bisher nur kurzzeitigen Erfolg bringt und jeden Morgen von Neuem beginnt. Mit der Verbindung von kreativen Projekten und dem Sammeln von Müll an diversen Stränden schärft die Organisation Ondine (www.asociacionondine. org) das Umweltbewusstsein von Schülern und damit der kommenden Generation. Und vor den Stränden fischen zwischen Juni und September 13 spezielle Müllfischboote den treibenden Unrat aus dem Wasser. Mehr als 40 t sind es in einer Saison.

Grundbesitzer erst, als immer neue Häuser den teuer erkauften Meerblick verstellten.

GOB – der Umwelt verpflichtet

Doch so langsam zeichnet sich ein Hoffnungsschimmer am Horizont ab. Mit der GOB hat sich eine schlagkräftige Truppe gebildet, die sich weder von den Politikern noch von den Spekulanten einschüchtern lässt und bereits so manchen Erfolg verbuchen konnte.

Hinter dem GOB, der Grup Balear d'Ornitologia i Defensa de la Naturalesa, verbirgt sich weit mehr als ein Verein zur Beobachtung von Vögeln. Er ist das Umweltgewissen der Balearen, einflussreicher und sehr erfolgreicher Vorkämpfer für den Erhalt der Natur, der auch vor Anzeigen und Prozessen nicht zurückschreckt. Den Mitgliedern ist es zu verdanken, dass die Insel Dragonera unbesiedelt bleibt und etliche Regionen als Naturschutzgebiete ausgewiesen wurden, darunter die Bucht von Mondragó, der Parc Natural de s'Albufera und seit 2017 der Strand von Es Trenc.

Achtung, die Abrissbirne kommt

Auch die Regierung macht nun ernst. Zunächst ging es vier deutschen Residenten von Llucalcari bei Deià an den Kragen. Ihre Natursteinhäuser wurden dem Erdboden gleichgemacht, ihre Schadensersatzforderungen von 15 Mio. € abgewiesen. Ebenso erging es den Eigentümern der bis zu 600 000 € teuren Appartements in zwei direkt am Meer errichteten Wohnblöcken in Cala Llamp.

Auch auf Mallorca mahlen die Mühlen der Bürokratie langsam, aber sie mahlen. ∎

Wasser benötigen sie beide, der gepflegte Golfrasen und die zarten Salatpflanzen. Es ist eine Frage der Einstellung, wem man das knappe Wasser am ehesten gönnt.

Was der Bauer nicht kennt oder
futtern wie bei Muttern – Sangria
und Paella sind okay, aber sonst soll
alles lieber wie zu Hause sein.

Der Deutschen liebste Insel

Das 17. Bundesland — seit Jahrzehnten haben die Deutschen Mallorca ins Herz geschlossen. Den einen genügt die regelmäßige Wiederkehr für einen schönen Strand- und Erholungsurlaub, doch nicht wenige beschlossen, hier ihr Domizil aufzuschlagen. Durchaus nicht immer zur Freude der Einheimischen.

Eine Nachricht ging im Mai 2018 durch alle Medien: Hausbesetzer, die ›Okupas‹ (s. S. 238), nisteten sich in der verwahrlosten Finca von Tennisidol Boris Becker ein. Bei den Einheimischen kam verhaltene Schadenfreude auf, kämpft man doch verbissen gegen die Wohnungsnot und zeigt wenig Verständnis für die vielen nur zeitweise genutzten Feriendomizile wie das von Becker, der sich zu allem Überfluss kaum an die Villa zu erinnern schien.

Die geliebten Ungeliebten

Andererseits bringen sie gutes Geld, die deutschen Residenten. Sie zahlen hohe Preise, beschäftigen Heerscharen von Maklern, Rechtsanwälten, Haushaltshilfen, Gärtnern und Handwerkern. Und dennoch, so richtig integriert sind sie nicht. Längst nicht alle sprechen Spanisch, von Mallorquín ganz zu schweigen. Warum auch! Der Bäcker ist aus Deutschland, es gibt mehrere deutsche Zeitungen und Zeitschriften, einen deutschen Radiosender und ein deutsches Altenheim. Mehr als *buenos días* und *gracias* braucht man nicht, um sich in der Enklave wohlzufühlen. Die wenigsten der Residenten pflegen engere Kontakte zu den Einheimischen, fühlen sich von ihnen zuweilen sogar übervorteilt. Ganz ungetrübt ist ihr Dasein aber nicht.

Mallorca als deutsches Bundesland?

Als eine deutsche Boulevardzeitung 1993 das Sommerloch mit der Mitteilung füllte, ein CSU-Abgeordneter mit dem bezeichnenden Namen Dionys Jobst hätte den Vorschlag gemacht, Mallorca für 99 Jahre zu pachten, gingen die Wogen hoch. Das wäre doch überhaupt nicht nötig, meinte ein mallorquinischer Politiker, die Deutschen besäßen doch schon die halbe Insel. Ganz unrecht hatte er nicht. Etwa 10 % des Grundbesitzes sollten sich bereits in deutscher Hand befinden und mit 40 000 Bewohnern stellten die Deutschen damals gut 5 % der Inselbevölkerung.

Die Euphorie der Anfangsjahre ist mittlerweile verflogen. Prominente wie Claudia Schiffer und Boris Becker sind weitergezogen, das Model war der Finca überdrüssig, der Tennisstar bekam Probleme mit illegaler Erweiterung und hat notorische Geldsorgen ... und dann kam noch die Besetzung durch die ›Okupas‹ hinzu.

Nicht wenige Residenten kehren Mallorca wieder den Rücken, vielleicht weil sie nicht mehr die »Insel der Ruhe« ist, als die sie der Künstler Santiago Rusiñol 1922 beschrieb. Andere befürchten aber wohl eher, ihre teuer erworbenen Immobilien könnten aufgrund dubioser Baugenehmigungen der Abrissbirne zum Opfer fallen oder von illegalen Hausbesetzern bewohnt werden. Im April 2018 lebten nur noch knapp 19 000 Deutsche mehr oder weniger permanent auf der Insel.

DIE VIELEN LEBEN DES KÄPT'N BILBO **K**

Die deutschen Exilanten kamen gern ins ›Waikiki‹ in Cala Rajada, wo sie mit billigem Wein ihren Kummer über die verlorene Heimat ertränkten und den Abenteuern des Wirts lauschten. Eigentlich hieß dieser **Hugo Baruch,** entstammte einer reichen jüdischen Familie aus Berlin und war wie viele seiner Gäste dem Terror der Nazis entkommen. Er war Autor eines Buchs, in dem er selbst im Mittelpunkt stand, und zwar als Bodyguard des berüchtigten Gangsters Al Capone, eine spannende Story – wenngleich erfunden. Weitere (wahre) Stationen seines Lebens: 1935 Kämpfer gegen Franco in Katalonien, 1936 Flucht nach London, wo er sich als Maler betätigte, 1950 Rückkehr nach Berlin und Eröffnung der Kultkneipe ›Käpt'n Bilbos Hafenspelunke‹. Sein erfülltes Leben endete 1967 im Alter von 68 Jahren.

Mallorca als Exil

Nicht etwa Port d'Andratx oder Cas Concos waren die ersten deutschen ›Kolonien‹ auf Mallorca. In Cala Rajada oben an der Nordostecke der Insel hatten sich bereits 1933 Deutsche zusammengefunden – und das keineswegs aus freien Stücken. Als sich in den 1920er-Jahren die dunklen Wolken diverser Diktaturen über Europa aufzutürmen begannen, schien Mallorca zunächst ein sicheres Refugium für Dissidenten.

Die Machtergreifung Francos spülte in den 1930er-Jahren aber auch Deutsche ganz anderer Gesinnung auf die Insel. Der Literat und Publizist Harry Graf Kessler notierte über Cala Rajada in jenen Tagen: »Die Hälfte der Geschäfte ist in deutscher Hand. Diese Deutschen gehören zur Unterschicht, ziemlich unangenehme Typen. Es sind keine Juden. Ich glaube, die meisten von ihnen sind Nazis. Das ist eine richtige deutsche Invasion.« Zum Glück trägt die Invasion der Pauschaltouristen heute friedlichere Züge, auch wenn so manche Entgleisung jugendlicher Kampftrinker an der Platja de Palma das Bild in den Sommermonaten trübt.

Die Schattenseiten

Nicht nur ungetrübte Sonnentage verspricht die Insel. Viele Deutsche wollten teilhaben am wirtschaftlichen Aufschwung, brachen ihre Zelte zu Hause ab und versuchten einen neuen Anfang. Nicht wenigen gelang es, aber durchaus nicht allen. Ihre Illusionen platzten, sie landeten als Bettler und Almosenempfänger vor Supermärkten, schlafen am Strand oder auf Parkbänken, durchwühlen Mülltonnen und sterben zuweilen elendiglich, wie Karl Uwe K. in einem Abwasserrohr bei Sóller oder René B. auf einer Bank im Flughafen. Über 2000 obdachlose Deutsche soll es auf Mallorca geben, die meisten in Palma. So genau weiß das keiner, will es vielleicht auch gar nicht wissen. ∎

»Die Paradiesinsel für 99 Jahre pachten oder den Spaniern ganz abkaufen …«

In den 1950er-Jahren gab es die ersten deutschen Charterflüge mit Dr. Tigges und später Neckermann auf die Insel. Baden-Baden war passé, Mallorca olé!

DAS KLIMA IM BLICK

Reisen bereichert und verbindet Menschen und Kulturen. Wer reist, erzeugt auch CO_2. Der Flugverkehr trägt mit einem Anteil von bis zu 10 % zur globalen Erwärmung bei. Wer das Klima schützen will, sollte sich für eine schonendere Reiseform (z. B. die Bahn) entscheiden – oder die Projekte von atmosfair unterstützen. Atmosfair ist eine gemeinnützige Klimaschutzorganisation. Die Idee: Flugpassagiere spenden einen kilometerabhängigen Beitrag für die von ihnen verursachten Emissionen und finanzieren damit Projekte in Entwicklungsländern, die dort den Ausstoß von Klimagasen verringern helfen. Dazu berechnet man mit dem Emissionsrechner auf www.atmosfair.de, wie viel CO_2 der Flug produziert und was es kostet, eine vergleichbare Menge Klimagase einzusparen (z. B. Berlin – London – Berlin 13 €). Atmosfair garantiert die sorgfältige Verwendung Ihres Beitrags.

atmosfair

Hans-Joachim Aubert – Reisen, Schreiben, Fotografieren: Das sind die drei Leidenschaften, denen der Wirtschaftsgeograf in zahlreichen Bildbänden, Kalendern, Zeitschriftenbeiträgen und Reiseführern nachgeht. Trotz des Massentourismus zieht es ihn immer wieder nach Mallorca. »Man muss nur zur richtigen Jahreszeit kommen, die richtigen Plätze kennen und vor Ort Freunde haben, dann entfaltet die Insel nach wie vor ihren unwiderstehlichen Charme.« Im DuMont Reiseverlag sind von ihm auch Reiseführer zu Indien erschienen. Wer mehr wissen möchte: www.achimaubert.info.

Abbildungsnachweis

Hans-Joachim Aubert, Bonn: S. 15 o. re., 15 u. re., 36, 65, 68, 111, 129, 132, 140 li., 146, 171 o. re., 189, 190, 191 o. re., 191 u. re., 193, 196, 207, 209 o. re., 233, 239, 285 u., 291, 303 **Christina Bussmann,** Palma: S. 267 re. **Jutta Christoph,** Llucmajor: S. 53, 115, 119, 260 **Pedro Citoler,** Köln: S. 2/3, 55 o. re., 74/75, 102, 274/275 **DuMont Bildarchiv,** Ostfildern: S. 14 li., 14 u. re., 29, 31, 77 o. re., 85, 104, 123, (Frank Heuer); 278 (Hartmut Schwarzbach) **Fotolia,** New York: S. 6 li. (davidsandron) **Getty Images,** München: Titelbild (EyeEm/Jörg Farys); S. 186 (Spectrum/ Peter Thompson); 230 (Niels van Gijn); Umschlagklappe vorn, 212 (Westend61) **Glow Images,** München: S. 277 u. re. (imageBroker) **laif,** Köln: S. 54 li. (Alpix/Thompson); 23 (Archivolatino/Lorenzo Moscia); 208 li., 215 (Aurora/Corey Rich); 121 Mi., 159, 284 re. (Dietmar Denger); 259 (GAMMARAPHO/ Owen Franken); 89, 181, 256/257 (Tobias Gerber); 93 (Monika Gumm); 57 (hemis.fr/Ludovic Maisant); 153 (hemis.fr/René Mattes); 195 (hemis.fr/Richard Soberka); 7 u., 8, 25, 34, 44, 66, 76 li., 77 Mi., 107, 141 Mi., 145, 157, 164, 171 Mi., 183, 198, 201, 209 o., 209 u., 240, 273, 282/283, 284 u. li. (Frank Heuer); 284 o. li. (Malte Jaeger); 245 (Bernd Jonkmanns); 295 o. (Gunnar Knechtel); 15 Mi., 51, 191 Mi., 203, 292 (Dirk Kruell); 61, 94, 120 li. (Le Figaro Magazine/ Fautre); 285 o. (Thomas Linkel); 55 o., 73, 83 (Heiko Meyer); 12/13, 156, 163 (Jörg Modrow); 80, 271 o. li./u. li./re. (REA/Francois Perri); 281 (Redux/NYT/ Lourdes Segade); 151 (robertharding/Hans-Peter Merten); 299 u. (SZ Photo/Kurt Schraudenbach); 288 (VU/Chr. Stromholm Estate); 216 (Clemens Zahn); 7 re. (Urban Zintel); 277 o. (Samuel Zuder) **Look,** München: S. 229 (Arnt Haug); 221 (Thomas Roetting) **Mallorca-Zeitung,** Palma: S. 121 o. re., 139, 264, 267 o. li. (Bendgens) **Mauritius Images,** Mittenwald: S. 170 li., 173, 174 (age fotostock/Tolo Balaguer); 176 (Alamy/Bartomeu Amengual); 263 (Alamy/Bild-

archiv Monheim GmbH); 225 (Alamy/Martin Thomas Photography); 141 u. re. (Alamy/Sam Oakes); 236 (Alamy/Matthias Scholz); 141 o. re., 169 (Alamy/The Protected Art Archive); 180 (Alamy/Paolo Trovu); 149 (Ernst Wrba); 295 u. (TPP/Julie Benz); 296 (Travel Collection/Theis, Gulliver); 87 (imageBroker/AR); 121 u. re., 135 (imageBroker/Stanislav Belicka) **Schapowalow,** Hamburg: S. 7 o. (Gabriele Croppi); 40 (Reinhard Schmid) **Suite13,** Palma: S. 267 u. li. (Elisabeth Salcedo) **Shutterstock.com,** Amsterdam: S. 77 u. re. (Prachaya Roekdeethaweesab); 299 o. (Hadrian); 55 u. re. (Sergiy 1975) **Ingrid Flohr,** Santanyí: S. 287 (Daniela Urbschat) © **VG Bild-Kunst,** Bonn 2018: S. 34 Glowing Core, Rebecca Horn; S. 57 Tänzer von Joan Miró/© Successió Miró

Umschlagfotos
Titelbild: Schnorcheln im glasklaren Wasser
Umschlagklappe vorn: Schafe unter blühenden Mandelbäumen in Santanyí

Kartografie
DuMont Reisekartografie, Fürstenfeldbruck
© DuMont Reiseverlag, Ostfildern

Autor: Hans-Joachim Aubert **Lektorat/Redaktion:** Susanne Völler **Bildredaktion:** Susanne Völler, Titelbild: Carmen Brunner **Grafisches Konzept und Umschlaggestaltung:** zmyk, Oliver Griep und Jan Spading, Hamburg

Hinweis: Autor und Verlag haben alle Informationen mit größtmöglicher Sorgfalt geprüft. Gleichwohl erfolgen alle Angaben ohne Gewähr. Bitte schreiben Sie uns! Über Ihre Rückmeldung und Ihre Verbesserungsvorschläge freuen wir uns: DuMont Reiseverlag, Postfach 3151, 73751 Ostfildern, info@dumontreise. de, www.dumontreise.de

1. Auflage 2019
© DuMont Reiseverlag, Ostfildern
Alle Rechte vorbehalten
Printed in China

Offene Fragen*

Hat die Insel ein Problem mit dem Klimawandel?

Ist das edle Flor de Sal gar kein Salz, sondern Plastik?
Seite 206

Wird Plastikmüllfischer bald ein Lehrberuf?

Was hat der Name des Städtchens Portocolom mit Kolumbus zu tun?
Seite 219

Dürfen in Zukunft nur noch Kreuzfahrtschiffe mit Umweltplakette Palma anlaufen?

Warum brechen auf Mallorca Hauseigentümer in ihre eigenen Fincas ein?
Seite 238

Werden neue Hotels wegen ›balconing‹ nur noch ohne Balkone gebaut?
Seite 59

Hatte Chopin einen heimlichen Geliebten in Valldemossa?
Seite 261

Haben die Templer ihre Schätze in Mallorcas Höhlen versteckt?

Sind Busse auf der Serpentinenstrecke Sa Calobra verboten?
Seite 107

Ersetzt Airbnb die klassische Hotelanlage?
Seite 250

Warum werfen Portugiesische Galeeren vor der Küste keinen Anker aus?

* Fragen über Fragen – aber Ihre ist nicht dabei? Dann schreiben Sie an info@dumontreise.de. Über Anregungen für die nächste Ausgabe freuen wir uns.